別冊

会津学

Vol. 1

からむしを中心とした植物繊維に関する調査が
今後もさらに深く展開されることを願って
第一次資料として次の世代に残したい。
さらなる研究の礎として。

「からむし」については、カラムシ、苧麻、青苧等の呼び名があるが、
本書では「からむし」と表記を統一した。

奥会津の繊維植物

村の神社に奉納されたからむし原麻（福島県昭和村）

❶からむし原麻（福島県昭和村）
❷からむし群落（福島県柳津町）
❸アカソ（福島県柳津町）
❹干したアカソ（福島県三島町）
❺ヒロロ（福島県昭和村）
❻ヒロロとスゲ類（福島県三島町）

一九七〇年代
福島県昭和村大岐の麻畑

コガヤ
福島県昭和村大岐

モワダ（シナノキ）の樹皮
福島県昭和村大岐

別冊

会津学 Vol.1

目次

暮らしと繊維植物 ～奥会津昭和村のからむしを中心に～

5. 多様な植物の利用

暮らしと繊維植物

～奥会津昭和村のからむしを中心に～

1．聞き書きの記録

●昭和村でのからむし栽培聞き書きの記録

からむしは、福島県大沼郡・南会津地域を含む奥会津一帯、いわゆる江戸時代の南山御蔵入領内の各村でアサ（麻―ヲとも言う）とともに栽培されてきた。

アサは後作に越冬用野菜（ダイコンや菜類）を栽培できるため、一年に二回利用できる二毛作で、畑の高度利用が可能だった。からむしは多年草、宿根草のため畑を一定年数占有するため、「畑を持っている人」しか多くの面積を作れなかった。

この「アサ・野菜」の栽培で数年使った畑にからむしの根を植え付けた。そして二～三年後、からむしを刈り取り収穫する。六～八年で根が込み入り、欠株も出てきて（ウセクチがたつ）、からむしの植え替え時期となる。養成畑と収穫畑の比率は半々と考えられる。収穫している面積と同じだけの養成畑を経営しながら、一方でアサと野菜の畑を組み合わせる。このようにして一年の暮らしをしていた。

からむしは枝を出させない育て方、つまり密植叢生であり、もやしのように育てる。風に弱いので、あまり軟弱にもできない。そこで農家個人別の技術が生まれてくる。

昭和村では、村全域のかつての栽培技法について総合的な調査をしていない。いまもっとも必要なことは、各集落の各戸が、それぞれに所有し利用したからむし畑の立地環境の調査、畑の土壌の透水性、石混入具合等を含めた土壌物理性の調査である。加えて聞き取りによる、昭和三十年代までの栽培実態の記録も必要だ。そうした中から、一般的に語れる「からむし栽培」の技術が明らかになると思われる。

今回は限られた時間の中で、いくつかの聞き書き事例から考えられることをまとめてみた。すべて個別の畑環境に対応した技術で、一般化するためには課題を残しているが、畑環境のとらえかたなどの参考として紹介する。

親切に、ていねいに教えて下さった昭和村のからむし生産を経験された皆さんに、御礼を申し上げる。

福井勝義・秋道智彌・田中耕司編『講座　人間と環境第三巻　自然と結ぶ　～「農」にみる多様性』（二〇〇〇、昭和堂）で、編者の田中耕司は、福岡県の宇根豊氏（娘さんがからむし織体験生として来村され、本人も何度か来村されている）の「土台技術」という言葉について、次のように言っている。

農業を担《にな》うひとびとが、それぞれの「場《ば》」において　継承し築きあげてきた、その「場」に根ざした技術や知恵である。

要するに、農を営む人たちが自分自身の判断で自然と深くつきあうなかで身につけてきた技術といえるだろう。

また、農業を家業として営んできた人たちは、その「地」に住みつづけようとする人が「在《あ》」るからこそ、農業が続いているだけだという、その主張は、在来農業の本質をつくる。

一．星 富一さん（一九一四・大正三年生、当時七十五歳）に聞く

一九八九（平成元）年二月八日も、私は昭和村大芦地域の古老から話を聞いて歩いていた。

大芦の五地区（中見沢・山崎・大向・中組・赤田）のうち、集落中央の中組にある「山の神様」（大山祇神社）の参道石段のわき、北側には、かつて江戸時代にヲ《アサ》商いをしていた若松屋、村の文化財保護審議会長で絵師の皆川伝三郎さん、一軒おいて、山本家・星富一さん宅が並ぶ（居宅は二〇一七年に解体された）。


この星富一さんのお宅から、一九〇三（明治三十六）年に、昭和村小野川字大岐の我が家に嫁いできたのがトメ（一八八五・明治十八年生）である。トメは私のとしょばあ（曽祖母）で、からむしの引き手であった。からむしは引いた後に、繊維で販売し、糸にしたのは別に栽培していたヲである。祖母トシがいざり機（地機）を使って麻布を織り、母のミヨ子もいざり機を使った（記録映画『からむしと麻』民族文化映像研究所 一九八八年制作）。

私が小学五年生のとき、一九七一（昭和四十六）年二月四日に、曽祖母トメは八十六歳で亡くなった。倒れた日は寒かったが、朝から麻桶《をぼけ》に麻糸を貯め、麻績《をう》みをずっと行っていた。

・第二次世界大戦前の一九四二（昭和十七）年ころまでは、二反五畝《たんせ》（約二十五アール）ほど、からむし畑がありました。一畝は三〇坪。九十九平方メートル）ほど、からむし畑がありました。同時にヲも栽培していました。
からむし畑のある場所は、サワダ（沢田）に三畝、ヒトツボッタ（一坪田）に一畝、メエヤマ（前山）に六畝、オオシンデン（大新田）に一反歩のさき（十アール以上）、マァリブチ（廻渕）に五畝です。

・五～六年に一度はウセル（失せる。連作障害でからむしが生えなくなるなど空隙が畑内に出来る）畑がある。植え替えなど収穫できない養成中の畑もあるため、実際に収穫しているからむし畑は経営面積の半分の約一反二畝ほどです。
また、からむし畑の半分がウセはじめたら、そのウセた部分に、六月にヲの種を蒔き、からむしと一緒に収穫

します。翌年にはその残りのからむしの根を全部掘り上げて、ヲを作ります。

　当時は、姉、妹二人、婆様の四人でからむし引いていました。そのほかに「若いオナゴテイ（女性ら）」を三人、たのんで来てもらってからむし引きをしてもらいました。この七人が、なかの土用（七月中旬）から一ヶ月間は毎日からむしを引きました。

　からむしは「一畝から八百匁」しか、収穫しませんでした。（註1）

・大芦のシモッパラ（下原）では一畝の畑から一貫目も採れるが、キラ（光沢、つや）が良くないのです。

　土が肥えてくるとキラが落ちてくるのです。土が良いとキラが良くないので、引いたからむしを売るときにも、半値（半分の価格）になってしまいます。

　土の肥えてないところ（肥沃な畑土では無いところ）に作ったからむしが最高品質でした。肥えた畑だと、からむしの伸びがとても良くて、また枝も出てくるので、オヤソ（親苧）が多くなります。

・からむし栽培にむいている（適した）「からむしぱたけ（畑）」の場所は、山と山にはさまれ、風が当たらない「カザヨド（風淀）」で、「イシマグソ（石馬糞）の畑」です。「畑の土に、小石が混ざっているようなところ」が良いのです。（一九八九年二月八日談）

（註1）一畝《ひとせ》から八百匁《め》（もんめ）しか採らないという。一匁は三・七五グラムなので、百匁で三七五グラム。八百匁は三千グラムになる。シモッパラという畑では一貫目とれたとし、千匁で三、七五〇グラムということになる。畑、特に土質の違いにより収穫量が増減した。粘土質の土壌は肥料を保つ力（保肥力）があるためだと考えられる。

　昭和村では、からむしを一本ずつ刈り取るのが大きな特徴。畑から生えてくるなかでも、特に良いからむし（カゲソ）を選んで収穫していることを富一さんは語っている。

　農家経営の規模により、からむしについての対応や考え方が異なることを示唆している。家族の引き手のみで、小面積の畑に生えた「すべてのからむし」を採取し、カゲソ・オヤソ・ワタクシと分類することも行われていた。

　一方で、畑を多く持ち、からむしの引き手も複数雇用して大規模に経営する場合は、雇用労力の人時生産性を考えると、高い値段で販売できる高品質のカゲソのみを採取して引いてもらうことが、経営的にもかなっている。引き手の女性を雇用した大規模な経営ほど、高品質のカラムシを生産したであろうことを示している。

　二〇一五年一月三〇日に大芦字宮田の皆川吉三さん（一九三七・昭和十二年生）・アサノさん（一九四二・昭和十七年生）ご夫妻に話を聞いたときにも、「昔は、今より吟味《ぎんみ》していました。越後から直接に家の中にからむしを買いに来ると、引いて干したからむしの品質について、去年言ったことが直っていないから、来年はこうして下さいと、直接に言われました。よい品物を作ることを第一に考えて仕事をしていたものです」といい、「からむし畑に生えたからむし全部を採るのではなく、よいものしか採らないのです」と言っている。

二　圃場（畑）の立地について皆川吉三さん（一九三七・昭和十二年生）に聞く

二〇一五年一月三十日、大芦の皆川吉三さんから教えていただいたことを紹介する。

・昔は、ヤマネ（山根、山際）のほうにからむし畑を作った。遠くても、よい場所を選んだ。毎朝刈って背負ってきた。からむし畑は、直接に風が当たらない場所がよい。収穫する頃に風で倒れないように育てる必要がある。

からむしの草丈を長く育てるためには、肥やし（肥料）を多くやればよいから簡単だが、それでは、収穫する頃にからむしが倒れてしまい、繊維に傷が付き品質が悪くなる。

・からむしの根の品質も大切で、良い繊維のとれるからむしは一般的に、根の力は弱い。「イイネ（良い根）は早く腐る」し、「ノガラムシ（野からむし、葉の裏が白い）は、イキマ（勢い）がよい」。

「イイネが長持ちするような畑」を選ぶのが大切で、それは、風に当たらない山間地のカザヨド（風淀）の傾斜地で、畑の土の下が砂利で水はけの良い層位の畑。「土そのものには、あまり力が無いほうがよい。畑が肥えていると、からむしの繊維は厚く、硬《かた》くなる」

・からむし畑にウセクチがたってくると、一年間にヲと野菜（一年間に二作する）を、何年か作って、「畑をもとに戻して」から、からむしの苗（根）を植える。

畑によっては植え替えせずに、植えたままのからむしがウセズ（なくならず）に何十年も収穫できる畑が今でも大芦にある。一畝くらいの畑だが、その畑は傾斜地で土の下は砂利で水はけがよい。

三．からむしを続ける強い意志

困難な時代でも、伝統作物のからむしを栽培し続けた精神とは何か？ということを調べている。家族、家庭のなかで、どのような会話が交わされていたのだろうか？

第二次世界大戦のさなか、そして敗戦。その時期、食料が不足して、昭和村内全域で栽培されていた畑のからむしの根を掘り起こし、ジャガイモなど食料となる野菜・穀類を植えることになる。その際、根は焼いて灰にして肥料にした。

それでも、後に、すぐ畑にからむしの根を戻せるように、山際や、畑のほとり（へり、ふち）に掘った根を並べて植え「根をやとう」ことが行われた。戦後、それを掘り返して、畑に戻している。

しかし、畑のまま、からむしの根を維持し、強い意志を持ち栽培を続けた人々が大芦では数軒あった。そのひとつが、五十嵐善良さん宅、そして皆川吉三さん宅である。

二〇一五年一月末、からむし工芸博物館の吉田有子さん、保存協会の小林奈津紀さんの調査に同行して大芦赤田の五十嵐善良さん宅を訪ねた。

重要な話をいくつかうかがった。柳津町芋小屋から大芦に婿に来た文三《ぶんざ》さんは、昼休みをせずに、植林があまり行われていなかった当時の大芦で、山に杉の木を植えたそうである。働き者の文三爺《じい》は善良さんのひいおじいさん（曾祖父）である。幕末から明治、昭和時代にかけてのことで、長生きされたという。

この文三爺は、常日頃、家族に「からむしだけは無くすんなよ」と言っており、善良さんもそれを今も覚えていると言う。

皆川吉三さんの父は善次さん、母はハツ子さん。祖父は仙次さん、祖母はヤノさん。一九三七（昭和十二）年生まれの吉三さんは、戦中・敗戦時、小学生だった。「からむし、なげる人があったら、ナエ（根）をもらっておけよ」と、いつも家庭内では言われ続けたようだ。「からむしを畑から掘り上げ、その根を捨てる人があったら、その根をもらっておきなさい」ということである。

その理由は「ヲ・からむしで一年の生計をたてていたから」と吉三さんは語る。「ヲ（を）」とは、アサのことである。「ヲ」で糸を績み、布を織り、染め、ほとんど自家用の衣類やスキンノウ（赤飯やモチふかしの敷き布）を作った。

しかし当時は現金があってもコメ・食料は買えなかったから、畑にイモなどを植えたことが多かった。

昭和二十七年の村勢要覧

さて、同時代資料で戦後すぐのことを見てみる。『一九五一　昭和村勢要覧』（昭和村役場、昭和二十七年三月）に、一九四九（昭和二十四）年の夏の状況が「主要農産物収穫面積及作付農家数」として記載されている。ガリ版印刷。下中津川の本名信一さん（村文化財保護審議会委員、近世名主家）宅に保管されている資料である。

水稲農家数　六〇八戸、栽培面積約二九〇町歩
あさ　四六九戸、一一五三畝
ラミー（からむし）　一〇八戸、二六六畝
亜麻《あま》　六戸、十三畝
楮《こうぞ》　二戸、一畝

当時は亜麻も栽培している。栽培経験のある人がまだ生存しているかもしれない。楮は、たぶん松山集落の紙すきに使われたものと思われる。

主要物産は、「用材」「木炭」「漆器素地」「苧麻・大麻」「茸《きのこ》」となっている。以下原文のまま紹介する。

◎苧麻（青苧・からむし）は古来より本村の特産物で、越後縮布の原料として、新潟県小千谷町に販出する。大麻は鹿沼麻に次ぐ優良品を産する。

これらの作物は戦時中食糧栽植に転換したので、主産

の減少を呈したが近年逐次増植されつつある。

大麻は生産九二〇貫で、この製品の六〇％を村外に販出し、約四〇％は自家用に供し、手織で蚊帳地、股引地を生産する。

苧麻の年産額は二〇〇貫で、その大部分を販出する。大麻を縦糸とし、苧麻を横糸にして優良な洋服地を、手織で生産する。これを夏服に仕立てれば、実に瀟洒《しょうしゃ》・冷涼である。

四．五十嵐儀八郎さん（一九二五・大正十四年生）に聞く

二〇一三年五月七日、大芦字上赤田の五十嵐儀八郎さんに大芦戦争（戊辰戦争）の話を聞いたのだが、その際にも、アサやからむしについて聞いた。語り口調で再現してみる。

・おらいのからむし畑はシモッパラに、四畝の畑、七畝の畑、一反のさきとあった。またヲの畑は四畝ほどあったかなあ。ヲを播《ま》くのは、まわりの山の木の青葉が出てから、山の木の葉がついてからだ。
からむしを作り続けたのは、そのころ何も無かったから。からむしを作っていれば繊維を売って、二百万もあれば一年は暮らしていかれた。そのなごりがずっと続いた。

・夏の山仕事（伐採等）もあったが、体の丈夫な人でないとできない。
からむしは畑の仕事で、涼しい朝早くの刈り取りだから、だれでもできる。

おら爺様《じさま》、「これ（からむし）なくさねでおけ。たいせつな作物なのだから」とよく話していた。

大きな反別《たんべつ》（畑の面積）でなくとも、からむしは続けられるから、今も残ってきた。からむしで糸作りや布に織ることはあまりしてこなかった。

・からむしは風の当たんねように垣《かき》を結う。ボーガヤ（ススキ）で囲った。春のからむし焼きのための「ヤクサ（焼草）」はコガヤ（カリヤス）を使う。コガヤは背丈ほどの長さで細くてヤッコイ（柔らかい）。
カヤバ（萱場）は春の村の総会で山焼きの日を決めた。ニンズカンゼ（人数数え）と呼ぶ大芦での人集めのやり方で、山を焼いた。ニンズカンゼは十五歳からの大人が皆出た。矢ノ原、向山、大向の上の方、中見沢は峠の下まで焼いた。みな大芦の共有地だ。

・焼いたコガヤのカヤバにはシメジが出た。秋にシメジ採りに行くとき「コガヤを倒さなねように歩けよ」とよく親に言われた。
それが山を焼かないでおいて雑木（コナラ類）が立ってくっと、コガヤは出なくなる。木が育ち雑木林のなか

に太陽光が届かなくなると、コガヤが出なくなる。しかしボーガヤはどこさでも出る。

・よいからむしとは、きれいに引けるからむし。乾かしたからむし（繊維）を買うときにも、それはわかる。

子どものころ、辰太郎爺様のころかな、越後から来た「からむし買い」がおらいさ泊まっていた。越後弁はカラカラ話すし声が高く通るのでやかましいと思った。

・からむしのタツ（系統・品種）は、植えて何年も保つ「イイ（良い）からむし」がある。普通は五年から六年でウセクチがたち、植え替える。赤田から矢ノ原さ行くところの畑に植えたからむしは何年も保った。畑の排水がよかったのや。

・よくできる家は決まっていた。

ノガラムシは葉の裏が白い。これは使わない。しかしな、「イイからむし」にも葉の裏が白いものもある。いずれにしても、良いタツのものだけ残す。

雪はきれいに一回消えれば、苗代うないをした。八十八夜からは雪は降らない。

・赤いシボミズは良くない。からむし剥《は》ぎや引きのときの水は、畑小屋のほうからの水で堀を通ってきたのを使った。山が広いから良い水が流っちぇくる。

・大向には良い堰《せき》があって、水に不自由しなかった。

それでも夏のからむし時にたまに渇水することがある。そのとき爺様に「水掛けてこう（水を掛け流してきなさい）」なんで言われた。

・中組の星富一がい（の家、宅）は戊辰戦争の火災にあわずに残った。文雄、伝三郎、若松屋、古屋、甚八さん宅は戦火にあって焼けた。会津藩は畑小屋の曽根を来た。

五．下中津川上平　舟木栄志さん（一九三二・昭和七年生）に聞く

・上平のカヤバは「タテノコシ山」で岩地蔵の下側。「カヤカッパ（カヤ刈り場）」は不動沢林道のところでカベツチでコガヤだ。「ヘイダ」というブンドウのこっち側。そしてその手前の「トチクボ（栃窪）」。ヘイダとトチクボは戦中にカノ（焼畑）もした。カノは一年目はソバを播き、二年目の春はアズキとアワ（粟）を播いた。

・トメヤマ（留山）があって、「コガヤ山の口」があり、それは午前中で刈り終わった。屋根のいちばん下にコガヤを葺《ふ》く。またコガヤはからむし焼きでも使った。コガ

ヤは火をつけるとサアーッと焼ける。上平ではからむしを作り、アサを作り、養蚕になった。

アサは家の周囲で栽培した。からむしは二畝、アサは五畝か六畝だった。アサの後作には夏の終わりにダイコンとサントウサイを播いて雪降る前に収穫した。養蚕の後は葉たばこ栽培をした。

・からむしは朝早く男の人が採ってきて剥ぐ。ヒノナカ（日中）に採ると葉採りの時に皮までくっついて採れてしまうから、ヒノナカはからむしを刈らない。

六、大芦字中見沢　五十嵐哲朗さん（一九三三・昭和八年生）、良さん（一九三五・昭和十年生）に聞く

・アサを作っていた。アサが仕事。アサは糸にしてから機煮をする。「ヒトヒロ（一尋）にそば粉をひとつかみ」入れて煮る。春先の雪の上で、引っ張る。家のまわりには梨の木とか桃の木があってそれに片方をひっかけて四人から五人で引っ張る。杭棒で押さえて、干すが、二本、三本は切れるもの。乾燥すれば述べた糸をタグミながら「ハタオッコミ（しまう）」する。そして片方ずつハタク。ハタノベ後は、オガセ（苧枷）にする。

・カヤ（蚊帳）地（布）も織った。織ったアサ布からは田仕事ではくサルッパカマというももひきを仕立てた。女のものはユッコギ。アサは五畝から一反歩作った。

・アサ畑には収穫後にジナ（地菜）を作って、味噌桶に三本くらい漬けた。それを四月ころからはクキナ煮にして食った。

・からむしはヤチ新田と小矢ノ原とムケエに二反歩から三反歩（三〇アール）くらい作って、女の人が五人くらいで引いていた。からむしは繊維を新潟さ出した。隣の家に新潟から来たからむし買いの人が泊まっていた。

戦後になって、からむしは値段が安くなり、小林蔵田村長が葉たばこを作るよう村中に勧めてからはからむしを止めた。ここの家のイチタロウ爺様は短気だから、昭和三〇年ころ、からむし一貫目で二五〇〇円に下がったとき「からむしでは暮らしになんね（ならない）」と言って、一年にからむしの根をみな掘ってしまった（止めた）。そして葉たばこに切り替えた。マメやジャガイモを植えた。となりのイチタロウ爺様は「長い年月には良いときも悪いときもあるから」といって、からむしをやめなかった。

・その後、五十嵐初喜さんたちがからむしを増やそうと言って勧めたので、からむしの根を探して、知っている人

から、からむしの根をもらって植え、また栽培するようになった。

・良さんの実家の赤田の善八はアサやゼンマイを集め他所に商っていた。

七．野尻字久保田（中向）菊地宗栄さん（一九三一・昭和六年生）、智子さん（一九三七・昭和十二年生）に聞く

・中向のセイザエモン（斎藤清左衛門）さんは「からむしあきんど」で、その父のセイイチさんもあきんど好きでやってやった。戦前にセイザエモンさんが、収量が多いからとラミーを他所から持ってきて作る人を増やしたことがあるが、茎も硬く、皮が硬いのであまり作り続ける人がいなかった。ラミーの葉裏は、ノガラムシのように真っ白で、最近まで山の神様の下にあった。

・からむし引きをしている人たちは、キラ（繊維の光沢、つや）でタツ（系統や品種）がわかったものだ。大芦から中向に嫁に来た女の人たちはからむし引きは上手だった。上手な人を「大芦出《おおあしで》」だから、といった。

・アサの栽培は村中みんなでやった。糸に績み、中向にあった染屋に黒く（濃紺？）染めてもらう。アサで作ったモモヒキは、田仕事で水切れがよく重宝した。六月一〇日頃に田に水を引くための堰普請をする。そのときには新しいモモヒキをはいた。堰普請には新しいモモヒキをはかせんなんねからって、仕立てた。女の人のはユッコギと言った。会津高田の方はサルッパカマと呼ぶ。

・ふかし（赤飯）を作るアサで織ったスキンノウ（敷き布）は何十年も持つ。

アサ糸をタテ糸として、古布を裂いたものをヨコ糸として織った山帯《やまおび》も作った。

・アサを引くときに出た「オクソ」の繊維は川の水の流れではたいて（打ち付けて）洗って、乾燥させてから枕《まくら》の中に入れた。また「オクソ」をそのまま家のまわりに植えてあったグミの木の根っこに肥やしとしてやったりした。

・深くウナッテ（耕して）、地獄肥えってやって、ジフク（地福）をよくしてアサの種を蒔いた。アサは三種に分けて収穫する。太いものをゾウソ（雑麻）、良いものをウミソ（績み麻）、短いものをシタナミ（下草とも）。タケ（草丈）がノサナイ（伸びない）ときもあった。アサは昭和三十八年ころまで三畝くらい作っていた。

・イナバ（稲場）といって、それぞれ持ち場があって、草が生えていて、「アサ採りすっと、イナバ刈りしんなんね」といった。そこにアサを干した。

・アサのツケバに乾燥したアサを一晩浸けてから返して三日目に上げて、ムシロをかけて寝かせておく。ツケバを持たない人は苗代を使った。しかしそれらはすべて昭和四十四年の八月の水害で流された。

八．野尻字中島（中向）小林喜右エ門さん（一九三三・昭和八年生）、五ノ井ツカヨさん（一九二八・昭和三年生）に聞く

・佐倉生まれのオキチ婆様（明治生まれ）は、からむしの糸の作り方などを教わりに、昔、越後の小千谷に若い女たち五人ほどで住み込みで行ったと語っていた。繊維の裂き方、糸紡ぎのしかたなどを習ったそうだ。

中向でもからむしは終戦後までやっていた。そのからむしは茎が黒い（濃緑）のタツ（系統・品種）で、新潟からもらってきた苗（根）だから、なくすんなと言われていた。

・からむしは二種類あって、普通のイイからむしと、悪いからむし。タツは葉でわかる。悪いからむしは、葉の裏が白くノガラムシと言うが、それは、引いてもシッポが切れる。からむしは風でもめると繊維に真っ赤な傷がつく。

からむし畑を焼くコガヤ（カリヤス）は春の山焼きで、マギイリとかマナイタクラ山（美女峠）を焼いた。ボーガヤ（ススキ）は家の屋根葺き材には良いが、からむし焼きに使うと根まで焼けてしまってウセルからコガヤ（カリヤス）で焼いた。

・おらい（我が家）では、からむし引きはオキチ婆様しかできなかった。タカシ爺様に繊維は売っていた。アサは若松？からむしは越後出し。野尻の銀一さんにも売った。

・アサはわがい（我が家）で使うもので、モモヒキに仕立てた。中向には染屋があって、モモヒキは染めた。佐倉から上流はサルッパカマって呼ぶと思う。

・アサは墓場の近くの畑に四畝作っていて、畑かイナバで干した。アサを引き抜いて、ダイコンを蒔いてそのうえにアサガラ（麻柄）を干したこともあった。イネを育てる春の苗代をアサのツケバに利用した。

九．大芦字干場　五十嵐一喜さん（一九二五・大正十四年生）に聞く

・からむしは三畝くらいやっていた。からむしを植えてから三年間は、背丈を伸ばしたままで採らないでおく。畑は長くて八年くらいは使える。しかし手入れしないからウセテくる。

・大芦のからむしはタネから育てるものではない。根から次の根を取って、順繰り、育てる。赤田の光雄さんは、油粕を肥料としてからむし畑には絶対使うなと言っていた。からむしの繊維にキズが付くという。

十．大芦　五十嵐利一さん（一九三一・昭和六年生）、イチコさん（一九三二・昭和七年生）に聞く

・からむしはずっと続けてきた。親父の代まで、硬い幹（茎）で、良いタツ（系統・品種）だと思うものを残して、悪いと思う根はすぐ掘り捨てた。「からむしを無くすんのもかわいそうだと思って」ずっとやってきた。

十一．喰丸　山内サトミさん（一九二六・大正十五年生）に聞く

・喰丸峠を下がったところにカヤ刈り場があった。カヤは屋根葺き、冬垣（囲い）、からむし焼きに使った。山の口があって、区長様がホラ貝を吹く合図で村中で一斉にカヤ刈りをした。

・柳津の虚空蔵様には十三参りに行った覚えがある。一晩泊まりだった。いつも着ねえが、「会津縞《しま》（会津木綿）」の着物に、わらぞうりで行った。こずかいは一〇銭くらい？細っけごどは覚えていない。

・春にはじめてツバメがやってくると「ツバメゆえい（祝い）」をした。正月餅を凍みらせ餅にして食べた。

十二．大岐　菅家ミヨ子さん（一九三三・昭和八年生）・清一さん（一九三二・昭和七年生）に聞く

・からむし焼きの後に散らすワラはカサワラ（笠藁）だった。秋に稲刈りして、細木でハシゴ状に結ったネリ（稲架、はさ）に下の段からイネ束をふたつに割って架けていく。いちばん上の段に架けたイネ束のことを「カサワラ」という。雨が直接あたるのでこのワラは湿気《しけ》っている。雨がいつもあたるから乾かない。このカサワラは脱穀後、別にしておく。

からむし畑に背負っていって、畑のほとり（縁、土手）に積んで置く。カサワラを寝せて置く（寝せるは熟成という意味で、湿気を保ったまま）。

からむし焼きの後、水や肥料（下肥）をまいた後に、この湿気ったカサワラを散らす。普通に乾燥したイナワラだと、風で飛ばされてしまうことがあるが、湿気ったカサワラだと水分を含み柔らかく重いので、風に飛ばされずに、良い。

・小野川の実家では、かなりの面積のヲを作っていた。畑でアサキリ後、湯がけしてから干していた。ツケバに乾燥した麻柄《アサガラ》を浸けて、そして剥いで、引く。繊維はからむしのように室内で干す。

実家の母は、干しあがったアサガラをほどいて、座敷やオメエの廊下でヲを並べて、さらに一本一本、質を見て、選り分けて、選別していた。そうして品質ごとにまとめなおしてから、束ねたものを浸け場に持っていった。（ミヨ子）

・アサ切りの時、引き抜いて重ねたばかりのヲは根も葉も付いており、これは雨や夜露に当てても大丈夫である。しかし根切りをして葉打ち（葉落とし）をしたものは雨にはあてない。水滴が付くとシミができ品質が悪くなる。（清一）

・ヲ畑のなかに短いハナソが咲いたら収穫時期で、本来はそのハナソから収穫していく。これが最良の繊維となるため「ウミソ（績み麻）」として自家用にし、販売はしなかった。短いものはシタナミといい、これもていねいに引き抜き収穫した。最後に販売用の長いヲを収穫したものだ。（清一）

十三．野尻　渡部一二さん（一九二三・大正十二年生）、青木梅之助さん（一九二一・大正十年生）に聞く

・野尻のカヤバは美女峠の上のヒロダイラで、一三〇町歩（ヘクタール）あった。朝四時に家を出て片道一時間半、六束ずつ刈って馬に付けてきた。当時は野尻に馬が四十匹《ひき》（頭）いたから、その飼育にも必要だった。またウマヤに入れて踏み肥えにして畑にも入れた。

・カヤバは、春に山焼きして、馬の留山《とめやま》もあり、山の口もあった。コガヤ（カリヤス）は秋に刈り、小束を五束で立ててカヤマルキとして乾かした。

このコガヤでからむし焼きもした。家（集落）の近くにはボウガヤ（ススキ）があり、これをからむし畑の垣

に使った。（二〇一〇年三月七日談）

十四．大芦　金子茂太郎さん（一九二九・昭和四年生）に聞く

・おらい（我が家）のからむし畑は、畑沢川の左岸のヒトツボッタ（一坪田、狭い田畑のあるところをこのように呼ぶところが多いたとえば下中津川新田の奥にもある）からはとても質の良いからむしが採れた。そこは沢の中で、風に当たらない。そして日当たりもよい。そのほかには、ナカノワタドやシモッパラにある畑でもよいからむしが採れた。

・大芦の各坪（地区）ごとに河川から取水する堰があり、用水としている。中組は畑沢川から引く。その冷たいきれいな流れ水を家の近くに引いていて、池や水たまりを作り、そこに畑から採ってきたからむしを浸けて、剥いだからむしも浸けた。流れ水でないとよくない。（二〇一〇年三月七日談）

十五．大芦　五十嵐善信さん（一九三六・昭和十一年生）、五十嵐文雄さん（一九四二・昭和十七年生）に聞く

・からむし畑は、風の当たらない所にある畑に植えたものだ。そしてライサマ（雷様、かみなり）の弱いところを選ぶ。雷雨でからむしが倒れるからだ。

　クボのニケイテエラ（窪の二階平）のような水はけのよいところにある畑が良い。

　畑の土質は、土のなかに砂が入っているようなクロボク（黒土）だと五年も六年も作れるが、出来の良い土の畑だと三〇年も作り続けられる。

・春五月に山焼きをしてコガヤを育てる。中学校を卒業した人から六〇歳までの村人が、ニンズカンゼで出て、四班にわかれて焼く。山焼きをすると野ネズミがいなくなる。ダニもいなくなるので山ウサギは増える。キノコ（シメジ）も出る。（文雄さん）（二〇一〇年四月八日談）

・「かまどの普請」と区長様から触れが来た時は、一軒から男一人出る。家には囲炉裏《いろり》があり、そこに吊されるカギンボ（かぎのはな）は一本しかないから各家一人という意味。

・大水出て川の堤防が崩れそうになった時や、ダイモチ引きは「ニンズカンゼ」で区長様から頼まれる。大芦の村中から十五歳以上の男が出る。老人は除く。

　春に山に雪が無くなっと大芦ではニンズカンゼで山焼きやった。各坪ごとに焼く場所があり四ヶ所ほどあっ

た。火をつけたら消さねでかまわねで二日も三日もおく。輪の沢はタレコヒキバから焼いたし、中見沢も金石川の山の神から右に火を付けた。左は国有林だから焼けない。畑小屋の前も焼いた。すべての火は御前ヶ岳の北向きのところで止まる。オオギ立ちは燃えねからな。しかし薪や炭にするのにちょうどよい二十年から三十年たったコナラのワカゴ立ちは燃える。

・カヤバはコガヤ（カリヤス）が一面になるが、ヒメサユリも多かった。それは掘って食った。

・九月になり空気が乾くとカヤバではカッポシ山の口で刈った草を広げておき乾いたところを取りに行く。秋、遅くなってコガヤ山の口があり、冬がき（囲い）、屋根材、春のカラムシ焼きに使うコガヤを刈る。

　コガヤ藪《やぶ》にはキノコのシメジがたくさん出る。腕《うで》ん棒《ぼう》の太さくらいの木立がよく出るが、樹が育ちオオギ立ちになると太陽が当たらなくなり地面が冷えるのでシメジは出なくなり、真っ黒なシシタケ（香茸）が出るようになる。

　カヤバでシメジを採る時は「コガヤ踏ん倒さねぇようにすんだぞ」とよく言われた。（善信さん）（二〇一三年三月十六日談）

十六、大芦字干場　五十嵐英盛さん（一九二八・昭和三年生）に聞く

・昔の風景はよく覚えている。かつて、大芦の村中《むらじゅう》の畑は、ヲとからむしだけだった。

・山の間のサワップチ（沢縁、沢の出口、山際）にからむし畑はあった。風があたらない場所を選んで植えていた。一方、ヲ畑（をばたけ、アサバタケともいう）は平らなところにあった。

・からむし畑《ばたけ》の、ウセクチにヲを蒔いたが、良いヲが採れるというわけではなくて、土地が、畑が空《あ》いているから蒔くっていうぐらいのものだ。

・ヲのまわりのからむしを切れば（収穫すれば）、ヲはバラッと広がって倒れてしまう（しまう）。

・からむし畑のまわりに、カヤでまわす垣《かき》の代わりにヲを蒔くときは、三尺幅（約一メートル）くらいに蒔く。

　からむし畑のまわりといっても、ぐるっと全部にヲを蒔くのではなく片側だけ蒔く場合もあった。それは屋敷まわり、家が近くにある場合。たとえば赤田のトミオがい（の家、トミオさん宅）も、からむし畑の脇で、ひと（他

人）の家の側のからむし畑の垣はヲを蒔いていた。ゼンミあんにゃ（兄者、目上の男性に向かっていう）も、そうしていた。

・ヲは、からむしよりも風には強い。からむしが倒れてもヲは倒れない。よく植物を観察してみると、それは葉っぱの形が違うからだと思う。雨が降ってきても、ヲの葉っぱに落ちてきた雨はすぐ落ちる。

夏の土用（七月）に、からむし引きをはじめて、八月のお盆になると、別の畑のヲのハナソが見えてくる。

・アサはヲ、ヲ引き、ヲ引き盤、ヲ績みと「ヲ」と言う。

からむし焼き、からむし引き、からむし引き板、からむし績《う》みと言う。ただからむし引きの盤は、ヲ（苧）引き盤と呼び、からむし引き盤とは言わない。

バン（ヲ引き盤）はクリの木を削って作る。マブネ（馬の飼料を入れるカイバ桶、ハンゾウともいう）も、クリの木を刳《く》り抜いて作る。ハンゾウは短く、トチノキで直径が三尺くらいのものから作ったものが多かった。湯や水を張って子どもが入る。両原には木挽《こび》きが多かった。イサコビキ。

・ゲンマ（原麻、原苧）とは大芦では言わなかった。農協工芸課がからむしを買い上げはじめたころからゲンマと呼ぶようになったと思う。

・からむし焼きは、風が吹いているときは心配だが、風下《かざしも》から、追いかけて燃やすようにする。

・からむしの刈り取りで、いつが適期かというと、俺は畑に生えている一本のからむしを見て考えたことをいうと次のように見立てている。

・からむしの上、植物のてっぺん（最先端、ウラともいう）の葉の生長が止まり、伸びなくなると、茎や葉の色がチゴウ（違う）。それは「ミガイッタ」（実、成熟した）からだ。そのミガイル（成熟する）ときの四日から五日前に根元から切って、剥《は》いで、引いたものが、いちばんキラ（繊維の光沢、つや）が良い。

・隣の家の人がからむし引きを始めたから、おらい（我が家）もからむし引きを始める、というのはだめなことだ。畑それぞれで、からむしの生育具合がチゴウ（違う）わけだから。ひと（他人）を定規《じょうぎ》（ものさし）に、しっから（するから）、うまくいかねえ。

・からむしに聴《き》いて、引かねえでは、だめ。すべて畑に聴いて、ものごとをやる。百姓（農業）は、わが作り（自分流の作業）。ひと（他人）に、デアセテタでは（合わせていては）だめだ。

・からむしは早く引かないと、よいものが引けない。ミガイル（成熟する）少し前に引く。四、五日早く引くとよい。ヒカリ（光沢）のある、いいからむしになる。去年（二〇一三年産）の妹の家のからむしを、早めに斎藤和代さんに引かせたら、これまで採ったことがないようなよいからむしになって、保存協会の品評会でも賞をもらった。

・越後から毎年来ていた「からむしケエ（買い、商人、仲買人）」は、大芦の家ごとに品質をわかっていて買った。よいからむしとは「キラ（光沢、つや）があり、キズが無いこと」。

　大芦の赤田地区の上平などの畑は、黒土《クロボク》が深くて（耕土が深い）、雨が降っても、雨が降らなくとも、どんな年でもよいからむしが採れる。からむしを焼いたあとに、水をたっぷりやればよく育つ。

　しかし、今の保存協会がやっている野尻の居所入（いしょいり）の稲荷神社の左にあるからむし畑のような日《ひ》陰《かげ》のところは、からむし焼きの後に、水をやりすぎると、からむしの根が腐る。

・雪どけ後、今年は雨がスケネエ（少ない）から、からむしを焼いたら、水をイッペエやんねとなあ（たくさんやる）と考えて、焼き始める。たぁだ（ただ、何も考えずに）、作業として水をかけるわけではない。その年の天候具合を考えて、水をやる量も加減（調整）をする。

　その年の降る雨がスケネエ（少ない）と、からむしの伸びが止まったりして、繊維にしたときに、同じ高さのところにキズ（繊維が褐変する）がつくことがある。大芦地区の誰《だれ》（みんな）の引いたからむしでも、同じところ（位置）の色がチゴウことがあったから。

・からむしの根は、畑に植えてから三、四年目のサカリ（盛り、最盛）の畑のものだと、根（植え付ける吸枝根）の量も多く穫れ、植え替えるには良い。ウセクチがたってきたような畑からのものでは、よい苗（根）はとれない。

・野尻の保存協会の畑には、大芦赤田の善良さんのからむし畑の根を植えた。しかし、面積が広かったので、足りないところには、いろんな人の根を植えた。

・からむしは、それを引く場（場所）と、水も無いとだめだ（水が必要だ）。

　畑からからむしを採ってきて水に浸《ひた》す。剥《は》いでからも水に浸す。からむしには水が大切。からむしを浸ける水がぬるんで（あたたまって）、からむしの繊維はだめになる。

・からむしを剥いだだけの皮（外皮）は、カラッパギという。これは、よく揉《も》んでから使う。また何年もおけば、柔《やわ》らかくなる。撚《よ》って、手細工で籠《かご》を作ったりできる。大芦のジンナイさんなど、よく、こしゃってやった（作っておられた）。

　カラッパギを撚った紐《ひも》は、からむし畑の垣《かき》を結うのに使ったりした。垣の横棒にボウガヤ（ススキ）を立てて、カラッパギで、縛《しば》る。

　以前に、沖縄からからむしのカラッパギの注文が来たときは、外に並べて干したものを送った。

・ヒロロ（ミヤマカンスゲ）は採って使った。

・エラ（ミヤマイラクサ）は山菜として採ったが、繊維を採ってということは経験がない。

・シナッカワ（シナノキ、モワダともいう）は、大芦山（おおあしやま、大芦の山）には少ないが、あった。シナノキを伐って、ゴヨウ（株元から萌芽して伸びてくるひこばえのこと）を出すと、木立つ。木が太くなると皮が厚くなってしまう。シナッカワは、木から皮をむいて、水に浸けて腐らせて、干して、細いロープ（綱）に混ぜた。ワラ（稲藁）にシナッカワを混ぜて撚《よ》る。ヲにシナッカワを混ぜて撚る。こうしたナワ（縄）で馬の背に掛けるアブヨケ（虻除け）にしたりした。

・大芦ではキガミ（生紙、和紙）の原料となるコウゾ（楮）を植えた人は、あまりいないと思う。ヤマウルシの実を戦前には採って売ったことがある。実はローソクの原料（二〇一四年五月九日談）。

十七．「イシマグソ」について五十嵐かよ子さん（一九二五・大正十四年生）・菅家清一さん（一九三二・昭和七年生）・五十嵐善良さん（一九三八・昭和十三年生）に聞く

・小石が混じるイシマグソの畑に適する作物は、大豆《だいず》などマメ類が良く、小石の混じっていない畑に育てたマメ類は生育が良くない。（二〇一四年十二月二日　五十嵐かよ子さん談）

・畑の土に小石が混入しているのは悪くはないが、そのイシマグソの畑では、他の作物よりもソバとか小豆《あずき》とかを育てたほうが良いものが採れる。

・大岐の高畠のノサラシパはイシマグソで、ヲやからむしは良いものが採れた。（菅家清一さん談）

・イシマグソにはマメ類、小豆などを作るのに適している。

・粘土質の畑土に植えたからむし畑では、からむしが早くトシトル（歳取る、老成する、成熟する）から、収穫も早めに行う。

・からむしには、ここの家の裏の畑のような、ヤッコク（やわらかく）なるようなクロボクの土壌が良いと思う。しかしクロボクの土でも水が早く引くような土が良い。（これは土質に加えて畑の立地―斜面とか丘陵とか、水がたまらない地形―が重要であることを意味している）

・一畝から収穫するからむしは六百匁から七百匁ぐらいで、からむし五畝、アサ五畝ぐらいがかつての我が家の経営であったようだ。

・からむし畑はできるだけ「畑に力《ちから》があるところ」を選ぶ。

・アサを播く前に馬の堆厩肥を入れ、収穫後にも堆厩肥を入れてダイコンやハクサイを栽培し（年に二回堆肥を入れた）、こうして数ヶ年続け「畑に力が出たころ」に、からむしの根を植えるのがよい。

・このとき、春に新しいからむしを植える前の畑の耕起時には堆肥を入れない。植えたあとには「細かい堆肥」を馬に付けたビクで運んで、散らしてから、最後にワラ（稲藁）を散らして終える。（二〇一五年一月二十八日五十嵐善郎談）

　一九五五（昭和三十）年代までは集落周辺の秣場《まぐさば》の草を刈り家に運び馬を飼育していた。ウマヤ（厩、馬小屋）には草を敷き入れ、馬の糞尿がそれに掛かり、この敷き草を馬に踏ませていた。その後に、ウマヤから外に出し（コイダシ、肥出という）、積み上げ層位として堆肥（厩肥）とした。これを畑に入れアサの種を蒔き、盆明けに根ごと引き抜き収穫後、越冬用のダイコンや「ヲ畑菜」などの野菜類を播いた。越冬野菜播種前に、また新たに堆肥を畑に入れる場合もあった。こうして年一～二回堆肥を入れたアサ畑を数年経営したあとに、からむしの根を植え込み、からむし畑として利用していた。数年は草むしりをして株養成してから収穫をはじめた。

　当時、農業では、馬の糞《ふん》がたいせつな肥料であった。畑に混じっている小石は、馬糞《ばふん》（まぐそ）のような肥料であるという意味から「イシマグソ（石馬糞）」と言う。これは日中の太陽光を蓄熱し畑の土を保温すること、小石が混じることから土が固まらず排水性（透水性）が確保できること、土ばかりで根が窒息するようなことがないよう、畑の土中の空隙の確保等の意味があるように思える。

私はこのときにはじめて「イシマグソ」という言葉を聞いた。「石は肥料である」という発想である。「小石は、畑から拾い出さずにその畑の土の中に置く」という考え方は、たいへん重要な意味を持っていると感じた。

たいへん優れた農家（お百姓さん）とは、勤勉なこと、そして圃場（畑）がきれいなこと、草など生えていないこと、そして畑のなかに石などが混じっていないこと、というのが当時のかけだし農家でもあった私の考えだったが、見直すことになった。

優れた農家を「篤《とく》農家」という。篤農家は、作物に応じた畑の土の有り様を考えた人をいう。大芦地域に暮らした農家の、からむしとアサの輪作体系の発明や、土作りへの思索を考えると、「イシマグソ」という表現は、とても重要な思想を表現していると、このとき思った。

さて、その後の私は、「カラムシパタケはイシマグソ」が良いと思い込んでいたが、その畑の立地条件により違うことも、その後に、大芦の皆さんに教えられた。

こうしてみると、それぞれの農家によるからむし生産のうち、畑作りの技術というのは異なることがわかる。それは畑の環境が異なり、土壌も違うからである。また投入する堆肥などの量や管理技法も微妙に異なる。そしてからむしの生育を見つめる認識（見立て）にも家による違いがある。

したがって、言葉の表現として「畑の土の力」といっても、どれだけの差を感じ取っているのか、家により違いがある。しかし観察（見立て）と、適切な対応を続けてきたなかで生まれてきた表現については、その大切さを優先として記録に残し、その意味を考え続けることが必要だろうと考える。

そして、気象環境もかつてと今ではかなり異なり、毎年、その降雨量や風あたり、雷雨の様子も異なる。こうした変化への対応を調整しながら高品質のからむしを生産することは、なかなかできることではない。しかし、昭和村地域では、三百年近く前からこうした取り組みを継続している。たいへん稀有なことで、とても貴重な尊敬すべきいとなみだと思う。

南会津町の奥会津博物館の研究員渡部康人氏が、二〇〇九年六月に聞き取り調査された結果を、同年の十月に教えていただいた。それは、南会津郡の旧舘岩村前沢集落の小勝エツさん（一九三一・昭和六年生）、福渡地区の芳賀芳男さん（一九三四・昭和九年生）から聞いた話として、「畑のなかの小石は、イシゴヤシ（石肥やし）とよび、畑の土を温めるために必要」「畑から小石を出すと親に怒られた」

このように南会津の舘岩地区には「イシゴヤシ」という言葉が残っており、大芦地区をはじめ昭和村域での「イシマグソ」と同じような意味を持っている。

会津地域の先人たちの環境認識に感動するとともに、その自然観察の鋭さ、小石を単なる石と見ていないこと、その役割をよく考えて、人間の対応を制限していることに多くの学びがある。


十八．山形県寒河江市谷沢の木村美紀さんに聞く（機織り作家、からむしのからっぱぎを使用している。夫の良晴さんが自生種を採取）

山形県の最上苧・米沢苧とも男性がからむし引きを行うが、奥会津昭和村は女性が行う、それも若い女性（生娘）が引いたからむしに価値があるという。

木村美紀さんは、この話を受けて次のように語った。

「たぶん養蚕地帯のある会合で、マユから糸取りができる女性（子供含む）は村に残れて、それができないと他所に売られたという。女性が働ける場を農村が持つということは、若い女性が他所に売られずに済むからなのではないか」

2．からむしの歴史的背景

●からむしと人の関係史

●先史時代

アサとからむし

人の植物利用は、食糧資源、建築・土木用材、塗料、繊維など、様々な形で利用されてきたことが、近年明らかになってきている。

国立歴史民俗資料館の共同研究「縄文時代の人と植物の関係史」によると、野生植物、栽培植物を含めて、クリ、ウルシ、トチノキ、アサ、ヒョウタン、ササゲ属やダイズ属などの豆類、鱗茎類の利用が「いつ」「どのように」はじまったのかが調査・研究されている。それぞれの種の生態的特徴や分布などを検討し、14C年代測定、安定同位体分析、木材化石の分析、花粉分析、種実遺体の分析、デンプン分析、土器圧痕分析、DNA分析などの最近の研究成果を融合して、縄文時代の植物利用の実態とその時間的変遷を体系的に示すことを目的としている（2014a.工藤）。

アサ（Cannavis sativa L.）は中央アジアが原産と考えられているアサ科の一年生草本で、繊維・油脂・薬・食糧など用途が広く、古くから世界各地で栽培されてきた。アサは縄文時代の十六遺跡から紐や種子の出土が確認されている。そのなかで近年、千葉県沖ノ島遺跡から縄文時代早期のアサ果実を検出し、14C年代測定で約一万年前のものであることが判明した。縄文時代早期後葉の秋田県菖蒲崎貝塚では、土器内面に炭化して付着したアサ果実も見つかっている（註1）。

また福井県鳥浜貝塚から出土した縄文時代草創期の縄類でアサとされた一点は判定できず、縄文前期の縄でアサとされた一点はマタタビ属の材だった。縄文中期の富山県小竹貝塚から出土した縄は十四点がリョウメンシダ、一点がからむし。からむしの可能性があるとした青森県の土井一号遺跡のものは確定には至っていない（2017.鈴木）。からむしの縄類はあまり多く確認されていない。

現在、日本国内でのアサ栽培は、伝統文化維持等のため特別に許可された微少面積栽培を除いて、唯一の営利生産を行っているアサの産地が「野州麻」の栃木県鹿沼地域である（註2）。

この産地を抱える栃木県立博物館の篠崎茂雄氏の報告によれば、アサは播種後九〇日で草丈が二～三メートルとなる成長の早い植物である。葉は五～九枚の葉片からなる掌状。雌雄異体のため雄株と雌株があり、夏の終わりから秋頃に開花し、風で受粉し種ができる。これまで、一世紀ごろに日本に伝播したと推定されていたが、現在では縄文時代には栽培が行われていたと考えられている。

日本列島各地でアサは広く日常的に栽培された(註3)。しかし戦後になるとGHQの占領政策によりアサ栽培は法的規制が行われ、都道府県知事の事前許可が必要となり、また化学繊維の普及等から昭和三〇年代ころにアサの日本国内での栽培は急激に減少した。

繊維生産用のアサは成長したときに主幹から分枝しないように密植する。現在の生産事例ではアサの花が咲く前に収穫する。風害が少なく、砂礫地で腐植質の少ない畑で栽培し、種実取得用の場合は肥沃な土地が適地とされる。多く実をつけさせるため枝が付いたものを利用するので、疎植して別に管理する(註4)。肥沃な土地で生育したアサからも繊維を取ることはできるが、強靭な繊維は期待できない。したがってアサは山間部の腐植の少ない土壌の地域でその生産が行われた、とする(2014.篠崎)。

篠崎氏によれば、からむし(苧麻)はイラクサ科の多年草で、野生種は田の縁や道端などに雑草として生え、地下茎を伸ばして群生する。そして、一~二メートルに成長し、丸みを帯びた葉をつける。この植物の幹(茎)から得られる繊維は「苧」「紵」「青苧」「真苧」などど呼ばれ、『魏志倭人伝』にみられる「細苧」はからむしであるとしている(註5)。

中世になると越後や出羽などでは特産化し、現在も宮古上布や小千谷縮などの高級麻織物の原料として用いられている。明治時代になって、外国との交流が深まると、からむしに加えて、アマやコウマ、マニラアサ、サイザルアサなどの植物から得られる繊維もアサとして流通するようになる。しかし、植物分類学的には異なる植物であり、繊維の質も利用される用途も異なる。

アサとからむしの繊維は、よく似ており判別は難しい。しかし、民俗学の事例によれば、アサは紐やロープ、漁網、下駄の鼻緒の芯縄などの原料となり、細く裂いて糸に績んだものからは普段着や作業着が作られた。また、手で綯うことにより、簡単に紐にすることができるので、日常生活用具や農具、漁具等に用いられた。さらに、祭礼や年中行事、人生儀礼などの信仰の用具としても利用された。そのため商業的な生産と併せ、自給用にアサを生産し、利用した事例は全国各地に見られた。

これに対してよそ行きの着物はからむしで織られた。繊維が長く、細い糸がとれるからむしは着物、特に高級織物の加工に向いており、庶民の生活においては両者は区別されていた(2014.篠崎)。

首都大学東京の山田昌久氏(実験考古学)は植物利用についても興味ある研究を続けている(2005.2014.山田)。

からむし繊維の紐の特徴は、縄文時代の石斧石刃を柄に固定するような場合でも、紐が劣化して伸びることがなく、固定が長持ちすることが実験でわかっている。またからむしやアカソなどで想定される茎からの繊維取り出しは、現在のオヒキガネ・オヒキダイのような器具組み合わせで行うのとは異なる処理方法があったことも考えられる。実験で剥片石器の刃を潰した例や木刃などで繊維を引き出そうとしたが、うまくいかない。

現在では七月下旬がよいとされている採取時期が、必ずしも縄文時代の技術でも適期であるとは限らない。東日本での八月以降の実験では、硬くなった植物からの繊維引きだしは手間がかかり、長い繊維を取れない。しかし石垣島のように一年に三毛作しているからむし利用もある（2014.山田、一九三頁.註6）。

『考古学ジャーナル』（683号、2016）にも最新事例が掲載された。

特集「原始・古代の植物繊維資源化技術～遺物誌・実験誌・民俗誌から探る～」では、山田氏らが十七のフィールドで行っているなかのシナノキ、コウゾ、からむし、フジ、ツヅラフジについての研究結果が公表された。

山形県天童市の西沼田遺跡で出土した紡錘車・カセ・タタリ・マイノハネをモデルにして古墳時代の「傾斜棚構造機」とよぶ機織り機の復元をしている。またからむしの移植育成による生産量調査は、面積あたりの採取資源量を継続して調査中で、関東・北陸・山陰でも進められている。利用適期の材質実験に加え、オヒキガネの利用時の長方形木盤の利用（使用痕研究）についても留意している（2016.山田.註7）。

（註1）編者の工藤氏はアサの種については種子あるいは果実と発掘調査報告書に記載されているが、果実という語句を統一して使用したいとしている。

（註2）国内最大で唯一と言えるアサ産地のため他県からの視察・研修生を受け入れていたが、近年の大麻取締法違法事例等から栃木県内栽培者に県外からの研修生や見学の受け入れを見直した。鹿沼市の県立鹿沼南高校の生徒がアサ栽培技術継承のための生産体験で栽培・加工したアサを日光二荒山神社に奉納していたが二〇一七年が最後の奉納となった。鹿沼産のアサは全国生産量の約八割で、十三戸の農家が約七九〇アール栽培している（二〇一七年六月三日毎日新聞）。

厚生労働省によればアサ栽培免許は二〇一五年十二月末で栃木県など十三道県の三十四人が取得している。

（註3）筆者の調査では、アサの栽培は沖縄県の石垣島（八重山）・宮古島では行われた記録が確認できない。また沖縄本島でもそのような記録は現在確認されていない。理由は不明である。からむしのほか、バショウ、クロツグ等利用できる植物が周囲にたくさんあったことが要因の可能性もある。沖縄と隣接する台湾でも先住民族がアサを栽培した事例は現在のところ知られていない。からむしが利用されている。

（註4）奥会津の伊北麻のことを調査した安藤紫香（正教）氏の報告でも成長過程の図を含め紹介している（2002.安藤）。福島県奥会津地方での過去のアサ栽培経験者にたいする筆者の聞き取り調査の事例だと、畑の「ほとり」（周囲）のものは枝を多くつけるので、これを種実用として夏に収穫をせずに晩秋まで残していた。このアサは長期間の生育で茎も黒色化し、

硬く太い幹（茎）になっていた。これを引き抜き種実を採取後、茎は「タナボウ」とよび、よく乾燥させ、束ね、冬期間天井裏等で保管し、翌年に水浸けし茎から繊維を取りだした。色も黒っぽく通常のアサ繊維とは風合いも違い、別に管理していた。「タナソ」と呼ぶのかと聞くと、特別に繊維の呼称の記憶は無く、紐あるいは布用にも利用したのではないかとする（筆者の父・菅家清一談、一九三二年生）。

栽培された雌雄株を見ると雄株は細く草丈も低い。雄株の花が咲き花粉が飛ぶようになればアサの収穫時期で、この雄株を最初に引き抜きまとめて「ウミソ（績み麻）」として自家で織る布の原料とした。最良の繊維はこのウミソであり、繊維原料（麻苧）としての販売はしなかった。布に織り販売し、また自家用衣料として利用した。

カラムシ繊維（青苧）は仲買人に販売をした。

奥会津地方（昭和村）では「いちばん肥えた良い畑にアサを蒔いた」とし、アサ採取後に越冬用野菜（オバタケナ、ダイコン等）を蒔く。初雪頃に野菜は収穫し、軒下に吊したり、土室《つちむろ》やニュウを作りワラで囲い冬期の食糧とした。

野菜類の播種前に堆肥等を入れる場合もあるが、一般的には施肥を行わないため、アサと野菜の施肥量を見越して、最初の作物であるアサ播種前には大量の堆肥を入れていたと考えられる。

数年アサを栽培した畑にからむしの根を植え、その後五〜一〇年カラムシ畑として利用し、からむし根を掘り起こしてアサ畑として利用する輪作体系が出来ていた。アサ→越冬用野菜→アサ→越冬用野菜…→からむし（〜一〇年）→アサ→越冬用野菜という循環（輪作）によりからむしの連作障害をうまく回避していたことがわかる。

連作障害によりパッチ（穴）状の「ウセクチ」がからむし畑内に出た場合、その周囲のからむしは枝を多くつけてしまうので、からむし焼き後にそのパッチ状の空隙にアサの種子をまきつけて同時生育をすることも行われた。

昭和村では、からむし畑の周囲の風除けの垣にアサを蒔き付け囲うことも行われた。これは奥会津地域、たとえば現在の柳津町湯八木沢地区では畑の周囲に三尺幅で、アサを蒔き付け、囲った中の畑に瓜など野菜等を栽培した事例もあり、アサによる遮蔽壁（バンカープランツ）としての利用は、からむしだけに限ったことではない。

二種の繊維作物の栽培に注目したのは、東京新宿の民族文化映像研究所の所長・姫田忠義氏である。一九八六年から来村し「からむしと麻」の映像記録を開始した際に、「昭和村では一軒の家でからむしとアサという異なる繊維作物をなぜ栽培しているのか？意味があるのではないか？」と疑問を持ったことによる。からむしの研究者、アサの研究者らは、それまで二種の組み合わせを見ずに、単体のみの調査がなされていたのである。

アサの本場、鹿沼地方にはコブガハラサマ（古峯神社）があり明治時代以降、火伏せの神として奥会津地域の各集落から代参による参拝が現在まで行われている。アサの優良種子導入や栽培・製造技法について学ぶ定期的な旅（代参）であったと推測される。

近代の会津と鹿沼地域のアサに関する交流については、河原田宗興氏が中心となって編纂した『伊南村史』の資料編、民俗編等に詳しい。昭和村の南西にある伊南村は合併し南会津町となったが、かつては伊北麻の中心地・集散地であった。

アサのヒキゴは、栃木県内では竹製のものであったが、口粟野村（鹿沼市粟野）の中枝武雄氏が、明治期にアサの種蒔き器や円筒金属製ヒキゴを発明している（2011. 篠崎）。それらは南会津、奥会津地域には波及していない。

湯殿山信仰も奥会津地域では行われ、出羽三山に代参している。通過点に最上苧の産地がある。一方、山形県域からは会津柳津の虚空蔵尊（円蔵寺）に十三講参りで来域している。

（註5）森浩一氏は『日本の深層文化』（二〇〇九　ちくま新書）の三十二頁、七十一頁で、いわゆる三世紀代の日本列島の貴重な情報がわかる『魏志倭人伝』の、これまでの読み方を考え直している。「種禾稲紵麻」は「禾稲（いね）と紵麻（ちょま＝からむし）を植えている」と読まれてきたが、「禾と稲と紵と麻」と読むべきではないかと新説を提示している。それは前段の読み方について、農学の鋳方貞亮氏が著作『日本古代穀物史の研究』（一九七七　吉川弘文館）で「禾稲（いね）」ではなく「禾（アワ）と稲（イネ）」と明快に判定していることに注目している。しかし鋳方著作には後段の紵

麻についての言及がない。同じ文であり、ここは織物の原料となる「紵と麻」はカラムシとアサと読むべきではないか?と森浩一氏は提案している。慧眼《けいがん》である。

(註6)指摘されるように、からむしの採取適期は、必要とされる用途により繊維充実度を見ながら採取する。沖縄県の石垣島では現在四十二日程度で収穫し春から秋にかけ三回の収穫としている。宮古島では加えて冬期間も二回ほど収穫することもできるとするが、それは布とするには不向きであるという。

すべての繊維を布にするための材料とみるのではなく、暮らしのなかで使う糸、紐、綱などに加工できるため、繊維の質を見極めることが必要であった。アサやカジ、コウゾ、樹皮類など他の植物繊維の場合にも共通するが、現在の調査は布原料に適する繊維かどうか?という狭い適用範囲で、良いか悪いかを判断しており、布原料には不適でも生活のなかで使う様々な用途で利用場面があり、活かされてきたことを、もっと詳細に聞き取りを行うべきである。

本章で最上苧・米沢苧と越後の様子について紹介しているが、短いからむしほど繊維の質が良いという。商品規格でいえば子供苧・私苧《わたくしそ》等である。こうした現況を見ると八重山・宮古の短いからむし利用は、自ら繊維から糸を績む生産と加工が同じ場所で行われているなかでたいへん合理的な品質概念(実利)が見える。からむし繊維を商品とする場合に重要なことは「見た目(外観)」である。産業化して生産地と加工地が離れ分業化していくと、品質と輸送費等を含む費用はトレードオフの関係にある。二十一世紀が手仕事・生活工芸の時代になるならば、からむしは八重山・宮古のような短い繊維、糸にしやすい状況(成熟度合いの再確認)を優先すべきである。日本国内ではからむしは産業化、分業化してその使命をいったん閉じている。文化財的素材になるという意味は産業化しないあり方を模索すべき素材になったという社会的な合意を意味する。そうした意味で産業化、分業化しなかった台湾原住民のからむし文化の有り様は、素材とどのように関係性を持って行くか示唆に富む。

奥会津昭和村の場合でも、かつてはからむしは二回の収穫をしており、秋収穫は二番苧《そ》として繊維取り出し、販売していた。あるいは自家用として利用した。またからむし剥ぎをしただけで外皮を付けたままの「カラッパギ」は皮付き繊維で乾燥して、綱(ロープ)等に編み込み利用した。紙漉き(製紙)のコウゾ類の処理で、剥いだまま乾燥させる黒皮に該当する。台湾の台東市の布農(ブロン)族の阿布糸織布工作坊でも台風で倒されたからむしから外皮をつけたままの繊維を乾燥させ、叩いて綿状に加工してクッション材等に使う等の試作をしていた。布農族はからむしは「リブ」と呼ぶ(二〇一七年十一月二十五日現地調査)。

アサでも皮付きでの製品が栃木県内では生産されたことが記録されている。皮麻といい、収穫したアサを熱湯で四〇分ほど煮てから、皮を剥いで乾燥させたもので、表皮やゴム質のかすが残り黄色味を帯びた緑色をしている。野州麻の産地ではこれをニハギ(煮剥)と呼び、「煮て皮を剥いだもの」という意味である。皮麻は精麻と比べると手間がかからないため安価で取引された。都賀町や西方町、鹿沼市東部で、精麻とともに皮麻も作られた。また鹿沼市西部でも成長しすぎたアサや屑アサなどを皮麻に加工し出荷した人もいた。皮麻は撚りをかけて糸にし、菰《こも》のタテイトや畳糸として利用された(二〇〇八 栃木県立博物館 四二頁)。

繊維を取り出す道具は昭和村のからむし引きの「オヒキゴ」「カナグ」以外に、宮古島で使用しているような貝類(ミミガイ等)の貝刃を利用してからむし引きをする例、石垣島では竹刀で繊維取り出しをした事例、台湾では竹管を割った隙間に皮を挟んで引き、外皮を取り去る合理的な事例等、現在奥会津で行われるような道具立てによらない方法も多い。

外皮と内皮にはさまれた靭皮繊維の取り出しでは、外皮《ソヒカワ》を浮かせる、ソヒカワを剥ぎ取る、反対面(内皮面)の青水・不純物を取る作業、手持ち部の外皮を剥ぎ取る。以上が日本国内では普通であるが、台湾の竹管利用の場合は同時処理のため一回(持ち手部分も引くので計二回)で済む。

昭和村の家庭では近年、からむし糸を使って毛糸を編む要領で帽子を制作することが行われている。村当局が毎年冬の間、その制作教室を開催している。製品が道の駅等で販売され好評である。これは機織《はたおり》を伴わないので簡便である。大量のからむし繊維を必要としないことから、畳一枚ほどのからむし畑を屋敷地近くに構える事例も増えている。自らかぶる帽子であり、家族等に贈与する帽子が基本である。布にすることに縛られた利活用から、ようやく素材を活かす時代に近づいたと思われる。

最上苧を復活した山形県大江町や新潟県内の事例では、からむしの葉を食品加工素材として利用している。漬け物、蕎麦・うどん等への練り込み材、石けん等に加工されている。

台湾のタイヤル族のユマ・タル氏らの野桐工坊ではからむしの総合利用を計画しており、それによれば、刈り取り時に発生するからむしの葉を利用しニワトリを飼育し、繊維取り出し後の幹（茎）を養鶏場に敷きつめ鶏糞とともに堆肥として畑に戻す。またからむし引き時に出る青水は沈殿池に流し込み、魚類を飼養するというものであった。なおタイヤル族ではからむしは「ガリー」という（二〇一七年三月十六日、現地調査）。

（註7）二〇一六年六月十一日、山形県天童市西沼田遺跡公園のからむし畑を視察した。担当者より話を伺うと山形県内の最上苧（もがみそ）の復活が進む大江町より株を譲り受け移植をしたという。大江町内は葉裏白型のからむしが多いとされているが、西沼田に移植されたものの葉裏は緑が九割、白が一割であった。

● アンギン（編布）

縄文時代のウルシを漉す布、土器の底部の圧痕等の解析をした尾関清子氏は、様々なアンギン（編布）の技法を再現した（2012.尾関）。

多様な技法解明のなかで、会津の三島町の荒屋敷遺跡（縄文晩期）で出土した巻紐製品（異物番号9027）をモデルにして細密編布用ケタ（荒屋敷編具）を考案した。このモデルになった製品の原料は不明であったが、鈴木氏らの研究でカバノキ属外皮のコルク層を材とした細い紐を巻いたものであることが明らかになっている（2014.鈴木）。

尾関氏の著書では、秋田県中山遺跡（晩期前半）のからむし、山形県押出遺跡・石川県米良遺跡、福井県鳥浜貝塚の三遺跡のアンギンがアカソでできたものとしている。尾関氏は、原料産地として昭和村にも一九八七年秋に来て調査を行っている（2012.尾関、二五一頁）。

新潟県内でアンギンの発見後、民俗利用の研究を進めている新潟県歴史博物館の陳玲氏らは、二〇一七年一月から「すてきな布　アンギン研究一〇〇年」展を開催した。小林存《ながろう》氏によるアンギンの発見、滝沢秀一氏のからむしを使ったアンギンの復元など、先行研究を概観し、叩くことでアカソの繊維を取り出し利用する新たな繊維精製法を廣田幸子氏らと行い、柔らかいアンギンを作った（2017.陳）。

からむしは越後上布、小千谷縮布の原料だが、このアンギン展では、からむしの経糸《たていと》に、アカソ（オロ）を緯糸《よこいと》として振り編みをした袖無《そでなし》を多数展示していた。不思議と同じ形状をしていることは、道具が共通しているためと思われたが、なぜアカソを緯糸としたのか?が気にかかる（註1）。

またアカソの繊維取り出し技法の実践・研究も深化していた。叩いて品質を整える技法は、現在みられるイナワラの加工技術にも引き継がれている。

異なる種類の草の繊維を編む、ということは織物ではよくあるが、アカソを緯糸とする精神性があるように思われた。陳玲氏はアンギン袖無の微細な使用痕の観察により分類をして、生活のなかでどのように使用したのかを明らかにしていた。袖無のライフサイクル、つまり劣化したら別の機能を持たせる、別の使い方にする等、優れた基層文化の研究成果だった。

袋に製したり、帯にしたり、本来は多様なものがあったと展示から想起された。アンギンの現物とともに、研究史をこうして概観できたことはとてもよかった。

地域にある歴史的な資産を再認識し、生活を支えた本質に研究課題が近づいていることも、よく理解できた。

アンギンが作られていた同じ地域で、江戸時代には越後上布・縮がからむしという共通の材料と技術を基盤としながら、アンギンは自家生産自家消費の布であり、越後上布・縮が換金商品の布であった（註2）。

（註1）佐藤利夫氏が作製した佐渡の「繊維原料の分布」地図が『佐渡・相川の織物』（一九八一　相川郷土博物館編）に掲載されている（二十四頁）。からむし、チョマ、ブヤマソ、アカソ、ヤマソ、イラ、シナ、フジ、クスヤ、アサが利用されてきたことがわかる。原料自生地としているがアサは栽培と考えられる。

（註2）地産地消ということがいま注目されているが、製品を売らない価値、自家生産・自家消費というあり方が、次の時代の中心に来ることを予感した。アンギンを編むのは男性で、それも野から採取した植物を利用する。一方、からむし（苧麻）から糸を績み、機で上布や縮布を織るのは女性。当初、自家栽培したからむし「地苧《じそ》」を利用し積雪期間に糸を作り春に布を製した。しかしからむし繊維も購入し、糸を作り（あるいは糸をも購入し）、布を製するのも積雪期間だけでなくなって量産するような構造となっていく。

そのなかで、野良・山仕事で着用するアンギン袖無は、野の草の繊維で、男性により製造され続けた。アカソを適度に利用し続けることが、アカソ生育地を護り、また隣接集落との山の利用の権利を明示し境界を維持した、あるいは入会地・共有地としてコモンズを継承したと考えられる。

山野利用の歴史を考える時、販売用に採取できる植物種には限定があり、たとえばアカソを採取し、原料としてそれを販売すること、あるいはアカソ素材の製品を販売することは制限されていたとも考えられる。限りある資源の利用については地区内で自家用の利用は良いが、販売前提の場合は制限される事例もある（アカソ製財布が流通しているが小さなものである）。自ら利用する、着用するものの原料としては採取して良いという規定が感じられる。

● 弥生時代の輪状式原始機

弥生時代から古墳時代は、機《はた》による織物が導入された時代である。これまでの定説であった直状式の機織道具が使用されたとしていたが、東村純子氏による国内の発掘出土品のていねいな分析から、輪状式原始機（無機台腰機）が当初導入されたと大幅に改められた（2006〜2016．東村）。

縄文時代のアンギンでも漆漉《うるしこ》し用の細かな目の編物《あみもの》が制作されたことが明らかとなっているが、織布を製する場合は、素材を裂いて糸に加工するため、繊維を採取する技術が問われる。そして織物をつくるには糸を大量につくらなければならず、繊維に撚りをかける技術も問われる。そこで効率的で均一な撚りをかける紡錘車が必要となる。また糸の長さをはかる技術がないと機《はた》に掛けることができない（2006.東村）。

東村氏は古代の紡織生産体制について、考古学の立場から『考古学からみた古代日本の紡織』（二〇一一 六一書房）という優れた論考をまとめている。


この輪状式原始機については民芸運動の岡村吉右衛門氏が早くから注目し現地調査をしている（1968.1975.1977.1982.岡村）。しかし民俗学・考古学を含む学会では岡村氏の著作は注目されることがなかった。東村氏は、岡村氏の先行研究を評価し、同様の台湾の事例研究が行われ（2012a.東村）、弥生時代の日本国内の輪状式原始機は台湾から東南アジアに分布するものであることが明らかにされた。

台湾では、からむし（苧麻）が使用されている。

またアサとからむしを織るための機は、輪状式原始機から「いざり機」（地機）に転換し、養蚕によるマユから採った糸を使用する絹織りには高機が導入されたと考えられている（註1）。


（註1）河野通明『大化の改新は身近にあった』（二〇一五 和泉選書）でも「地機」についての記述がある。通常の地機の二倍、布幅七十二センチの調布を織るために機台幅八〇センチ弱の特別仕様の地機が必要で、それは国衙工房か評衙（郡衙）あるいは豪族邸と考えられる。原始機から地機への一斉乗り換えは、大化改新政府の地機の様配布を想定している。

千葉県袖ケ浦には広幅の望陀布《もうだぬの》を産した記録があり、この布の復元のための一メートル二十二センチ杼《ひ》を昭和村の大工・鈴木勇《ちかし》がを制作している（『広報しょうわ』二〇一六年十一月）。

●鯨捕り網

からむしは漁網として古くから利用してきたと考えられている。

石垣島の事例では、釣糸はからむし（あるいはテグス、馬の尾毛等）。ピィキィ網（曳き網）はからむしで編み造る。パイナー（延縄？）はからむし糸を縒って三〇～四〇メートルにし、それに豚血あるいは卵白等を塗りつけて、蒸して造った。最近は県外から移入する漆塗りの縄を用いている。これは糸への水分のしみこみを防ぎ、水の抵抗を減ずるためである（1977.喜舎場）。

からむしやアサで製した漁網には柿渋が塗られた。今井敬潤『柿渋』（二〇〇三 法政大学出版局）によれば、明治時代後期には南洋諸島のマングローブなどの樹皮から採取した「カッチ」が漁網の保護剤として使用された。


田辺悟氏の『網《あみ》』（二〇〇二 法政大学出版局）でも、からむしは釣糸や投網《とあみ》の原料としたが、価格が高かった、という。しかし羽後国では刺網類にからむしを用いたという。網地はアサを購入し糸に紡いだが、米のとぎ汁を桶かタライに張り、これにアサを一時間ほど浸して取り出し、十分に水を絞る。ムシロをしいた上にヌカを散布し、アサを竹の先に付けて、十回ほど強く打つ。質の悪いアサは十三〜十四回打つ。それを、竿にかけて干す。その後、アサを揉み、やわらかくしてから裂いて糸を績む。

一六七五（延宝三）年ころ、日本国内で鯨の網捕り法が考案されたとされる。それまで鯨捕りは銛《もり》による突き取り法で行われている。網船の一組が鯨の進行方向に網を張って待ち受け、勢子船が鯨を追い込む。鯨が網に突入すると泳ぐ力や行動力が弱まるので、その時をねらって銛を打ち込み、捕獲する。網は二重、三重に張り、規模も大きい。

山下渉登氏の『捕鯨Ⅰ』（二〇〇四 法政大学出版局）では、鯨網は当初、藁縄《わらなわ》で作られたが、弱いことと水を含むと重くなりすぎるので、丈夫なアサの苧縄《おなわ》製になった。大きさは十八尋《ひろ》＝二十七メートル四方を一反とし、一反ごとに藁縄で結び合わせて十九反を一隻の網船に積み、二隻の船がそれぞれにつんだ網の端を細縄で結んで（計三十八反で一結《むすび》という）、艫《とも》を合わせるようにしておいてから、両側に漕ぎ開いていきながら網を下ろしていく。これを、鯨の進行方向に二重、三重に張っていく。

一八〇二（享和二）年の『前目勝本 鯨組永続鑑』では捕鯨道具を記載しており、網や綱）の材料として新苧（新しいからむし）二万五〇〇〇斤＝約十五トン（銀六〇貫）、市皮《いちび》六〇〇〇斤（銀三貫）、椎皮（新網の塗料の原料）三万五〇〇〇斤（銀二貫八〇〇匁）、網葉（あば、桐製の浮き）五〇〇枚（銀一七〇匁）とある。当時米三斗入四〇〇〇俵＝一二〇〇石が銀八〇貫である。船の新造で勢子船六艘・持双船二艘・双海船二艘で計十艘で銀九貫一六〇匁である。

船が銀九貫に対し、鯨捕網素材のからむしは銀六〇貫もかかっている。

総額は銀二四二貫、米に換算すると一万二一〇〇俵（三斗入）、約三六三〇石相当となっている。

網や綱の原料であるからむしは、九州では肥後産の「熊（球磨）苧」が知られていたが、ここでは石見大田産のからむしを下関で購入している。

河野良輔氏の『長州・北浦捕鯨のあらまし』（二〇〇五）では、鯨が縄網を切って逃げるので、頑丈なからむし製の縄で苧網《おあみ》を使用することになり、現在の山口県の北浦地方の阿武郡川上村産の川上苧を使用したとしている。また川尻浦ではからむし原料を瀬戸崎・萩に求めていた。小島孝夫『クジラと日本人の物語』（二〇〇九 東京書籍）にも同様の記載がある。

さて、越後ではからむしを原料として糸を績み上布を織っていたが、寛文年間ごろ（一六六一年〜）播磨国明石から小千谷に来た浪人・堀次郎将俊（明石次郎）が、絹織物の明石縮の技法を応用し、ヨコイトを強く撚ることで「シボ」（細かいしわ）をだし、越後縮（小千谷縮）を考案した。これが夏の高級織物として江戸市中で評価され製造が盛んになった。そのための原材料のからむしも米沢や会津から多く求めるようになっていく。

一六六九（寛文九）年に谷野新田村（喜多方市山都町）の谷野又右衛門が、山形県最上よりからむしの根を調達して会津ではじめて、からむし栽培を開始した。これも越後縮（小千谷縮）が発案されたと同じ寛文年間のことである。

多田滋氏によれば越後縮の原料としてのからむしの移入は一六九二（元禄五）年に「羽前より参る青苧を求め」とあり、奈良晒向けより転じて越後への移出量が増え、一七〇四年代（宝永期）に魚沼郡一円のからむし栽培は減少していく（地苧の栽培は少量続く）。羽州苧とは現在の山形県で産するからむしで、最上苧《もがみそ》・米沢苧《よねざわそ》である。一七一一〜一七三五年（正徳・享保の頃）には越後松之山の織り手の要望により撰苧《えりそ》の生産が米沢ではじまっている。会津苧《あいづそ》は羽州苧には遙かに遅れて一八〇〇（寛政十二）年から一八〇四年（文化期）に越後移出が開始されたとする。

一八〇五（文化二）年、米沢藩が越後の小千谷側の意向をたずねたことに対する返答書に次のように記載されている。

「近年は格別之上縮に用ひ候分は、会津南山御預所之内、金山谷《かねやまだに》と申すより出候青苧仕入仕…四五年以来までは会津苧と申すは目立候ほどに買入申さず品に御座候」（『小千谷市史上巻』）（1984. 多田）。

金山谷とは現在の金山町・三島町・昭和村であり、近世はからむし生産を行っている。

一八〇七（文化四）年「大沼郡金山谷　風俗帳」では、「青苧、夏土用中はきひき仕、勿論其節越国より買人参り相払申候、野尻組大谷組に御座候」等と、野尻組（昭和村）と大谷組（三島町）が夏のからむし産地であること、その繊維が越後の買人により買われていることが記載されている。

昭和村（近世野尻組）では、村内松山の佐々木太市家文書の一七五六（宝暦六）年中向からむし・青苧畑証文三通が、からむし栽培を確認できる最古の文書である（福島県立博物館所蔵）。下中津川上平の菅家和孝家資料では一七七三年（安永二年）より一八七六（明治九）年まで、青苧畑、からむし畑、青苧時、からむし時という文字が記載された文書が十一点ほど確認された。また『昭和村の歴史』八十六頁に、大芦村の一八五一（嘉永四）年の「青苧畑書入（質入）証文の事」が掲載され大芦での栽培初認となっている（註1）。

一七八八（天明八）年に幕府巡見使に随行した古川古松軒は『東遊雑記』で、現在の只見町布沢から昭和村野尻にかけての記述で、「緒《お》にする唐《から》むしという麻にほぼ似たるものを作る、この辺に多く作りて」「麻も多く作る」と、二種の繊維作物の生産をみている。唐むしとは青苧・苧麻のことであろう。

これらからみて現在の資料では昭和村（近世野尻組）では一七五六年ころには野尻中向でからむし栽培が確認され、一七八八年に古川古松軒が野尻中向に宿泊しこの地域のからむしを見ている。金山谷産のからむし（青苧・繊維原料）が越後側で確認できるのは一八〇〇年ころ、越後から金山谷に買付に来ることが確認されるのは一八〇七年である。

私は、鯨捕用の網素材としてからむしの需要が西日本で高まり、繊維原料用以外への販路が拡大していくなかで、羽州苧（最上苧・米沢苧）の商品規格とされる「長苧《ながそ》」は鯨網用に転用もされたのではないかと考えている。長いため、羽州苧は男性が繊維を引き出している（昭和村は女性が引く）。鯨捕用の繊維材料には衣料原料のような厳しい品質は問われず、それよりも量目が重要であったろう。羽州苧は最上川舟運で日本海を利用し関西地方に移出されていたので、九州・紀州・四国方面への移出にも向いていたと考えられる。時代による商品規格が未調査で、あくまでも仮説（推察）である。

日本国内とすれば鯨網需要の高まりで、布用の良質のからむしが不足となり、新興産地の会津金山谷（昭和村を含む）に、鯨用に転用しにくく短く切り揃えたからむし（オヤソ・カゲソ・コドモソ）を越後側が要望して、羽州苧とは異なる商品規格が生成されたのではと想像する。（註2）

しかし近世後期となると捕鯨数が減少し、鯨組の再生のためには、良質のからむしを調達して網を強化しなければならない。

数百人からなる専門の捕鯨集団は、紀州・土佐などの他の捕鯨地域では数組に限られたが、北部九州海域の西海地方では突取式捕鯨の最盛期に約七十組、網取式捕鯨（網掛突取法）が普及し規模が拡大した十八世紀以降においても約十数組が存在した。産業規模は約一万人に達していたと推定されている。

また一八五六（安政三）年の大坂屋組の予算構成表では、苧《からむし》代が、銀三万八千匁、金換算五五九両、予算に占める比率は十五・一％で、からむしは一万斤調達とある。

そして鯨網の品質が捕獲高に直接反映されることは唐津中津組の総支配人を務めた藤松甚次郎が「網の改良により、捕獲高が増加した」と述懐している。大坂屋組の融資斡旋をした安藤元純も「教書」で鯨網に重点的に設備投資するよう助言している。からむしなどの特産品と船舶など技術的集約度が高い設備・資材は大坂や肥後などの域外市場から調達した。会津藩の御用達の足立仁十郎から百貫目（二四七〇両）の融資を長崎で受け、からむしの調達先は肥後方面に切り替えている（註3）。

一八五六（安政三）年の平戸藩から大坂屋組への融資事

詳細な論文を報告している。示唆を受けることが多い。

●羽州苧（最上苧・米沢苧）

伊豆田忠悦氏は「青苧と最上紅花」（『日本産業史体系三東北地方篇』一九六〇年）で、「江戸時代末期の養蚕業の発達以前には青苧・蠟《ろう》が特産商品であり、山形を中心とする村山地方は青苧・紅花が二大特産物であった。青苧はそれぞれ米沢苧・最上苧とよばれたが、あわせて羽州苧とも称され、江戸時代を通じて会津方面とともに最も主要な生産地帯であった。（略）米沢地方は、江戸全期を通じて上杉藩のゆるぎない支配下にあって強固な領主的統制のもとにあり、村山地方は積極的な領主の統制支配をなし得ない政治状況下にあった。したがって全国的市場への参加の仕方も異なっていた。

山形県内では、青苧はアオソとよんでいるようである（昭和村ではからむしとよぶ）」。

●米沢苧（含、南陽の青苧）

前掲書には、米沢苧のうち上物とされたのは、大塚村と屋代村から産したものであった。大塚村で栽培されたからむしのはじまりは越後松之山の大塚原から根分けしたものと伝えられている。屋代村はのちに天領となったので、こ

例（表）のなかに、八百両が琉球苧など前細工入用とあり、沖縄からのからむしの調達も行われていたようである（註4）。

（註1）原本を未確認であるが、菊地成彦先生が翻刻した『昭和村史料集（その一）』（一九八六　昭和村教育委員会）から出ている。そのなかに一七八三（天明三）年に大芦のアサ・からむし（青苧）に浅間山噴火の火山灰が降り積もったという記事がみられる。「天明三、四年大凶作記録」野尻郷大芦。「七月朔之夜おびただしき砂ふり誠に厚き所は二三寸も有之候　それより大雨降り出し麻青そとても中頃の長ヶ丈相成候えとも、比到とは捌は翌日より小ざをほうき等にて打落としさわかしき事共也」

（註2）これは筆者の推定で、それを示す書面はまだ確認できていない。ただ近世江戸時代のからむしが布原料としての先行研究しか行われておらず、からむしの原料の時代別の商品規格も調査が行われていない。各地のからむし・アサの原料繊維がどのような流通であったのかが未解明である。

アサについては近年、平野哲也氏が鹿沼麻と九十九里浜の漁網、魚粕の関連について興味深い報告をされている（2016.平野）。

またアサは水中で漁網に利用されるものであり、鯨網の材料には使用されなかったのだろうか？麻苧《あさお》と記載されたものは、アサの原料繊維（原麻、半完成品）で、この流通量、からむし（青苧）の流通量で鯨網の製造現場ではアサとからむしの分別が可能だったのだろうか？等々、検討しなければならないことがある。

（註3）会津藩の薬用人参の輸出のため足立は長崎にいた。会津産のアサ・からむしは鯨用網の材料にはならなかったのだろうか？また加賀の銭屋五兵衛も、会津藩のロウソクと米の扱いを行っており、こうした豪商らの行動も今後調査が必要である。

（註4）古賀康士「西海捕鯨業における中小鯨組の経営と組織―幕末期小値賀島大坂屋を中心に―」（二〇一二　九州大学総合研究博物館研究報告　十）。古賀氏はこのほかに、膨大な同時代資料を読み込み、西海捕鯨の

こから産したものは御領苧の名があり、羽州苧のうち最良品とされていた（1935.西脇より引用）。

最上川上流両岸の山麓地帯である下長井郡西通・東通が青苧の第一の産地で、東方の北条地方（現在の南陽市等）は一七五一（宝暦元）年頃から青苧栽培が盛んになる。

米沢苧の主産地は、なかでも白鷹山西南の丘陵沿にある山手の諸村である（1997.渡部）。

最新の研究成果で、山形県内のからむし生産の全体像については、菊地和博氏が『やまがたと最上川文化』（東北出版企画 二〇一三年）で詳しくまとめている。

からむしの生産はほとんど無くなっていたが、米沢苧といわれた生産地域のなかのひとつ北条郷（南陽市）で、一九八九（平成元）年のふるさと創生事業の一環として青苧栽培が復活する。その経緯については漆山英隆氏が『よみがえる南陽の青苧』（二〇一三年）に二十五年間の活動記録を掲載している。初年度にからむし繊維の取り出しをしているので域内に残存（栽培種が自生）していることがわかる。そしてその後、畑に移植、四年目となる一九九二（平成四）年七月に福島県昭和村のからむし栽培の視察をしている。

「青苧の栽培方法について」（二十四頁）では、上段の文章は、研修した昭和村の生産の内容を転記したものとなっており、実際に南陽市域で行われた手法や道具・呼び名は、下段や別項の写真の説明文を読むとわかる。本来はその土地のやり方を詳細に記録することが重要で、たとえば「写真で見る　青苧繊維つくりの「剥ぎ」「そぎ」の作業工程」（三十二頁）が、この南陽市域での手法である。奥会津の昭和村とはかなり異なる。伝統としては羽州苧域が古風を残しているので、この工程写真は重要である。からむし引きではなく、「そぎ」という呼び名が大切である。

そして昭和村では、畑から刈り取ったからむしは男性が剥ぎ、それを女性がからむし引きを行うが、羽州苧の栽培地域では逆となっている。大きな違いである。こうした男女による作業の分業・分担についても、その土地の様子が具体的に記載されたものは少ない。仕上げる商品規格、長さ、質、呼称についても産地の本来のあり方が重要である。「オヤソ」「カゲソ」「ワタクシ」は現在の昭和村の呼称であり、昭和村でも明治期には「ワタクシ」ではなく「小供《こども》苧《そ》」（※子供ではなく、明治期は小供と漢字表記している）としている。

南陽市域では、本来は、昭和村のような短く切り揃えた繊維ではなく（時代により長さの変化はある）、特別に長さを揃えず、成長した長さのままを活用した「長苧《ながそ》」といわれた長い繊維であった。その「からむしそぎ」（昭和村ではからむし引き）に男性が従事した意味は、「からむしそぎ」に強い力を要したからと考えられる。詳細をみると「からむしそぎ」は剥いだ皮を四枚並べて、上から体重をかけて行うなど技法が昭和村とは異なる。昭和村では女性が二枚の皮を同時に引く「二本びき」が主体であったが、現在は一本ひきである。繊維長も圃場でヒトヒロ（両手を広げた長さ）に裁断しているので、引きやすかった。

　山形県内のからむし生産の道具類も、昭和村とは異なり、作業の質・呼称、呼称の背景にある産地哲学も異なったはずである。

　菊地和博氏は「青苧《あおそ》の生活文化史」（『山形県立博物館研究報告』第十四号　一九九三年）で、南陽市での青苧生産作業を調査している。それは、次のように記録されている。

①刈り取ったからむしを清流から取り上げ、まず指を使って青苧の表皮を一気に剥ぎ取る（剥皮という）。

②表皮はさらに青苧ひき（青苧かき）台（「なで板」とも称す）に載せて「こ」（小刀・「おかき」とも称す）を使って表裏の青みの皮を全面的に剥ぎ落とす（甘皮取りという）。

③残った白っぽい皮を靭皮《じんぴ》繊維といい、これが衣料原料となるものである。

④かつて剥ぎ皮の作業は女性、甘皮取りを男性が行ったといい、

⑤一日の基準は前者が四束、後者が五束とされた。

⑥この靭皮繊維を束にして竿に掛けて乾燥させる。かつて乾燥の仕方は、会津産は日陰干し、山形産のものは日干しであった。前者（会津産）の繊維は青味を帯び、後者（山形産）のそれは赤味を帯びていたという。

漆山氏の著作の写真解説文等から、南陽市域では次のようなことがわかる。

①「剥《は》ぎ」は、からむしを二本、元から三〇センチのところを折り曲げ、折った箇所より元の方に親指を入れ、左手で末《うら》をしっかり押さえ元の方へ剥ぐ（註1）。

②剥いだ元の方をしっかり押さえ、親指と人差指を入れて末の方へ剥いでいく。

③基準は一本のからむしから二本の繊維を取るのが理想で、表と裏をはっきり区別する。

④皮をはいだ茎であるオノガラを二本（三〇センチ間隔）置き、剥いだ皮は表面を上に、八の字を書くように置く。オノガラとは皮を剥いで残った芯（茎）をいう（註2）。

⑤オノガラを二本上げ、挟むようにして上下のオノガラを四箇所結ぶ。

⑥それを二時間ほど水浸けする。表皮を削りやすくし、アクを取るためである。

⑦水浸けした剥いだカラムシを「そぐ」（昭和村では引くという）。四本の皮（繊維）を表面を揃え、裏側に「こ」（金属の道具）をあて、元より手一杯、末の方へこく。

⑧引き台（ホウノキ製）、こ（鋼鉄製の刃に木製の持ち手を付けたもの）。

⑨「あか皮」を浮かした皮を表にし引き台の上に皮を四枚

並べる。「こ」の角度は四十五度にして一度目は軽くそぎ、二度目からは白い繊維が出るよう力を入れる。からむしが長いほど手前に引いて末までそぐ。手を持ち替えてそぐ。挽き台の長さは二十五センチなので、持ち替え三回くらいそぐ。

⑩手に持っていた元を逆に返し揃えて、元をそぐ。

⑪そぎおえた繊維の元を八本、揃える。揃え方は中心より一、二、そして一の前に三、二の後ろに四。三、一、二、四というように二回繰り返し、繊維八本を一束とする。

⑫挽き台の上に繊維を揃え、ばらばらにならないように、十センチくらいの所に結ぶ位置を決める。ばらばらにならないように、角板に揃えた繊維の上に「こ」を置き、くず繊維を使い、上から下に一回まわしひとつ結びにする。

⑬三、一、二、四と揃えたので半分に分けやすく、竹竿に掛けて二〇日間ほど乾燥させる。陰干し。

『南陽市史編集資料』第六号（一九八一）に南陽市太郎の川合芳吉氏宅で川合太吉氏が実演した写真が掲載されている（一九八一年七月二十八日）。

青苧はぎは二本剥ぎ。青苧ひきは引き台にのせ「こ」で表皮を何回もそぐ、としている。

また錦三郎氏による解題では、江戸末期の小滝村の畑総面積の三〇～四〇％が青苧畑であったろう、としている。

青苧栽培の年間作業について、川合太吉氏、川合芳吉氏、川合太兵衛氏（以上、太郎地区）、江口平馬氏の話をまとめている。貴重な聞き取り内容であり以下に紹介する。

①青苧畑にその年生ずるからむしを、そのまま育てると側枝が出、繊維の質も良くなく収量も少ない。それで立春から数えて一二〇日ころ、いわゆる「焼畑」をする。「一一〇日の霜に合わなくとも、一二〇日の霜にあう」などの諺があり、焼畑は霜が降りなくなる頃になされた。そのころ、すでに苧は三〇センチくらいに伸びているが、それを刈り取り、そのあと、山の雑草と小柴を刈り取ったもの、または萱屋根を葺き替えた時の古萱などを畑にかける。この状態を「刈りかけ」と呼ぶ。

刈りかけが乾燥すると火をつける。ちょうど田ウナイのころである。「夜あがり」してから火を付けるが、必ず風のない日の夕方に行った。夕暮れになって火が見えるころになって火をつけたという。山火事になることを警戒した。

②焼畑のあとに、堆肥（厩肥《うまやごえ》）を施したり、下肥を散布する。冬期間、青苧畑に人糞尿をふりかけると青苧につく毛虫が発生しなかったともいう。焼畑により二番発生の苧は、長さ太さが均一のものとなった（昭和村ではからむし焼き後に発生する芽を一番としており、山形県内の表現とは異なる）。

③青苧は、風を嫌うので、畑の周囲に「風かこい」をした。

萱《かや》を編んだものを、とくに、風上に立てた。それでも、青苧畑の外側の苧は「外苧《そとそ》」とよばれ、品質が落ちる。畑の中央部の苧は「中苧《なかそ》」とよばれ、よい苧に生育した。

八十八夜を基準にして一回、畑の上部を耕した。その時、「飛び芽」も雑草とともに削りとった。これを「青苧畑うない」といった（畑の外部に伸び出たものを掘り取ることを意味していると思われる）。

④青苧の刈り取りは、六月中旬から始まった。「お熊野《くまん》様のお祭りの前」、つまり土用までに終えるようにともいわれていた。一度刈り取った青苧畑に生育する「二番青苧」（これは実際には三番になるので三番青苧の誤りと考えられる）は、秋の彼岸前に刈り取った。これは、いくらか短いが品質がよく、越後の青苧商人が買いに来た。この二番苧（三番苧か？）は、吉野川渓谷の特産品であったらしい。この繊維からは肌着にする布が織られたという。

青苧刈りは、一朝《ひとあさ》に、三把刈るのが一人前であった。刈る時は、鎌を苧の根元にあてて水平にひき（昭和村ではカマを斜めに当てる）、切りあとが平らになるようにする。そのあと、葉をかきとる。

「外苧」は別に束ねる。また長い苧、短い苧、その中間の苧と、区別し束ねる。イナワラを三～四本ずつ両手に持ち、穂先の方を結んだ「つなぎ」で束ねる（昭和村ではスゲという）。

一八五一（嘉永三）年の「青苧取日記」によると青苧刈は七月二十三日から八月二十一日まで約一ヶ月間続いている。

⑤刈り取った青苧は二～三日、池や川にひたし、重石（おもし）をしておく。良い繊維を得るには、何日水にひたしておけばよいかも、耕作者にとっての大きい問題であった。長すぎると繊維の色、艶、強度に悪影響があった。池の場合は、常に水が流れている池でなければならなかった（昭和村では冷流水で二時間、あるいは夕方浸けて朝取り上げる）。

⑥池・川にひたした苧をとりあげて「青苧はぎ」をする。苧を二本、膝の上にあげ、元《もと》から三〇センチのところを二箇所折り曲げ、親指をさし入れて、まず元の方の皮をはぐ。続いて末《うら》の皮をはぐ。はいだ皮は、「おのがら」（皮をはいだ苧）の上に円形に置く。

⑦次に「引き台」の「引き板」（ホウノキ製）の上に、はいだ皮を載せ「こ」（鋼鉄製の梯形の刃に木柄をつけたもの）で表皮を、そぐように削りとる。削りとった表皮は「ひかす」（挽滓）とよばれ、乾燥したあとに打ち、布団綿の代用にもした。

また「おのがら」は三～四ヶ月池にひたし、とりあげると中芯がとれる。これは、火を移す「つけ木」代用ともなった。皮は元の方は、きれいにはぐことができるが、末の方に、はぎ残りがでる。それをていねいにはいだものは「からはぎ」とよんで自家用品にした。

⑧引いた苧は、もと十センチばかりのところを「ひとつむすび」にし、長さ二間の竹の竿（干竿）にふりわけて掛け、乾燥する。そのとき干竿の両端、約二尺あけた。

⑨青苧挽きの職人もおり、中山（白鷹町）や隣村の荻から七～八人も来たという。引き職人は一日に竿十六本分を挽いた。

⑩青苧には売苧《うりそ》、役苧《やくそ》、手前苧《てまえそ》と区別され、竿に掛けるとき、結び目の上部の形を変えた。売苧は四方に散らす「獅子頭」、役苧は筆の穂先のようにまとめる「筆止め」にし、手前苧は特に手を加えない。

下げた苧は、先端を返して上部に結びつけた。よれないようにするためである。

川合太吉氏によると「役苧」は元の方の皮を引くときは、ことさらおおざっぱに引いたということである（註3）。

米沢藩は、畝苧、相場苧、下々苧(切苧)等と分けている。

（註1）南陽市では、二本を同時に剥ぐ、ことが行われている。かつての産地であった経験が見える。昭和村でも二本で剥ぎが行われたが、現在では一本ずつ処理する（剥ぐ）のが基本的である。引きも同じでかつては二本引きだった。効率化のためである。それは産業として位置づけられた意味を持っている。現在は一本で剥ぎ、一本を引く。

（註2）南陽市では、残った芯（茎）をオノガラと呼ぶようである。昭和村ではオガラと呼ぶ。剥いだ外皮の置き方は、昭和村ではオノガラは使用しないが、アサ剥ぎの置き方と同じにみえる。繊維が長いためにこのような共通する置き方になるものと思われる。しかしオノガラを四本使用する、という記録はたいへん貴重である。

（註3）役苧なので、繊維の重さを確保するために、おおざっぱに引いて、植物質を残したのではないかと思われる。

なお米沢藩内でのからむしの連作障害についての記録もある。一七八九年～（寛政期）には役苧の所持者は困窮を訴え、青苧畑の手入れも行き届かなくなって、根腐や荒畑も多く年々の年貢の皆済も難渋になっている。その青苧の不足分を最上領や会津領から購入した買苧をもって米沢藩に納入しても、家や畑を没収された。一八五二（嘉永五）年における根腐の数量は検見に基づいて決定されたようで貢納高の四割になっている（1976.渡部.四二頁）。

また米沢領内の青苧植え立てについては、旧記が無い。宮村の青苧下役菅卯左衛門の先祖が勧められて、最上地方から青苧を取り寄せて上立てたのが初めとされている。しかしその時期は不明である。慶長末年には栽培は行われている。また慶長の頃から大瀬、栃窪の辺りから植え始められ、段々と周辺の荒砥、鮎貝の方へと広がったともあり、上杉氏が入る前に栽培は開始されている（前述書.六六頁）。

一六〇四（慶長九）年の月布村の大泉氏は最上義光から五反三畝歩の田畑屋敷、山林を給地されたが、「外に青苧畑並畑方有」という文書があり、村山地方における青苧栽培は中世末期から近世初頭にかけて行われた(1990.渡部)

最上苧の山形藩では保科氏時代（一六三六～一六四四・寛永十三～二十一年）には青苧畑一反歩につき三百文の青苧役銭が賦課されている。その後、農民から畑年貢と青苧役銭の二重取りへの異論が出され、松平氏は寛文三年以降に植え付けられた青苧畑からは畑年貢だけで、青苧役銭を徴収していない。しかし一六六三（寛文三）年以前の青苧畑からは従来通りに役銭を徴収している。そのため青苧畑が拡大した（1986.渡部.一三三頁）。

この保科氏は会津へ移封となり、最上の青苧根を買い会津各地に植えている。これが会津苧のはじまりと考える。

● 最上苧の復活（大江町）

渡部史夫氏の「最上苧の生産と流通」（1997）によれば、最上苧といわれる村山郡の青苧の主産地は白鷹山東北部の山麓と、出羽丘陵東麓の宮宿・左沢・七軒・大谷・谷地方面であった。

高山法彦氏が執筆した「産物第一の青苧」（『大江町史』1984年）を見ると、写真の解説として「野生の青苧」「青苧はぎ」「青苧すき（引き）」、また「上」「中」「下苧」という品質規格も見える。

宮崎柳条氏が一八八一（明治十四）年に出版した『広益農工全書』の内容を以下のように記載している。

「苧麻と麻と共に皮を剥いで糸に製し、通じて苧と称す。故に分って苧麻を真苧《まお》と云。岩代の若松、羽前最上の産、良品にしていわゆる青糸線苧《まがいそ》なり。殊に影苧《かげそ》と名づる絶品とす」といって最上産の青苧を「まがいそ」として良品に取り扱っている。「まがいそ」を「間替」とも書いている。

取引の仕切書に記載された青苧の銘柄「田代」「青七夕」「飛田代」「飛七夕」は七軒地区の生産地をさし、「本郷」「飛本郷」は本郷地区の生産であろう、とする。

『大江町史地誌編』（一九八五）を見ると、大江町内の月布川流域の貫見は湯殿山に至る三山行者の通過地で、行者宿も行っている。江戸時代の記録では、旧暦五月末から七月二十五日ころまで、年間五〇〇～一〇〇〇人が泊まっている。この行者は会津からが最も多く、次いで白河、相馬、岩城などで隣接地域では米沢周辺の置賜衆が泊まったとする。この貫見でも青苧は栽培されている（1986.渡部.一三三頁）。

月布川上流の七軒地区の柳川（七夕畑・長畑・田ノ沢・矢引沢・徳沢・南又・道知畑・切留）の青苧は良質のもので知られ栽培記述を紹介する（一八五頁）。

春早く青苧畑を焼いて二番苧を育てる（春に自然と伸びたものを一番としているため、焼いてから再萌芽するものを二番としている。昭和村では焼いてから出るものが一番で、夏収穫後の再萌芽分秋収穫が二番苧という）。早く芽を出したものは成長が揃わず、またうっそうと茎を立てると、枝がつかず質が落ちるという（枝が付くと質が落ちるの誤り）。それに対して二番苧は白くて質がよく、成長が揃っている。八月末から九月初めにかけて、花が咲き花がおちるころ刈り取る。

普通は一戸で二～三畝歩に青苧を植えるが、多い人はその十倍くらいの面積に栽培することがある。だいたい一畝歩から一貫目の青苧がとれ、肥料はシモ肥が多く、そのほか菜種油粕もまいたという。肥料をすると青苧がハケ（剥ぎのことと思われる）易くなり、また艶がでる。

刈り取ったものは井戸につけておいてから、表皮をはぎ

とる。皮を揃えて二～四本並べ、石の上において棒でたたいてから糸をとったが、後には板と金具を用いた。糸を取った残りはアクで煮て綿をとる。糸からはさまざまな織物を作ったが、労働着としてよく用いられたサッパカマは、水切りがよく雪がつかない。蚊帳はあとまで作られた。カタビラは二番苧の良質の糸で織られた。（註1）

表皮をはぎとったあと、裏っぱぎしてよりをかけ、畳の芯にした。残りのカラは干して屋根の下に葺いた。また井戸の中にカラを漬けてくさらし、付け木にもするなど、捨てるところなく利用していた。明治中期に柳川全域で青苧生産は二二〇貫目であった。養蚕はそのころから盛んで、蚕種は自然ふ化によっていた。

青苧生産は、明治三十七～三十八年ごろには、屋敷の片隅に植えられている程度に衰微し、養蚕に代わった（1954.文部省）。

二〇〇八（平成二十）年五月に山形県大江町に「青苧特産品づくり支援隊」、九月に「青苧復活夢見隊」が発足した。最上苧復活の動きの経過は、東北芸術工科大学等との共働による報告書が発刊されている（『山形県大江町　蘇りの青苧ものがたり　青苧復活夢見隊の軌跡』二〇一二年）。大江町内に残存している葉裏緑色のからむし根を利用し移植した。それを利用し繊維を取りだし糸績み・機織りが行われている。またからむしの葉を収穫して、粉体加工して加工品を育成するなど、村上弘子さんらによる活発な活動が行われている。昭和村との行き来もある。

大江町内の七軒地区にある十郎畑の地主で、青苧商人の齋藤家の母屋と土蔵を移築保存、歴史民俗資料館となり、そこにからむしの生産道具類も保管・展示されている。

（註1）昭和村ではアサとからむしを栽培しており、蚊帳はアサを原料とし、アサガラを屋根材として使用し、からむしの茎のオガラは屋根材には使用しなかった。オガラは付け木として火を灯すものには使用した。また日常衣料もアサによる自家用布であり、からむしを素材にした布を利用することは無い。ただし、アサをタテイトに、からむしをヨコイトとした「カタヤマ」という布は村内でも織られ、隣の田島の染め屋で藍で染められ裃（かみしも）等に加工された。

文中にからむしの茎を井戸に浸けるという表現があるが、飲料水にしている水には浸けないので表現の誤りと思われる。外皮を剥いで残ったからむしの茎は、池や水田の落水地で、ホリなど泥水の方が髄が腐りやすい。

いずれ最上苧の産地では、奥会津（昭和村）とは異なるからむしの利用をしている。暮らしのなかのすべてでからむし素材を利用している。一方、奥会津ではからむしは素材を販売するもの、アサは原麻と布に加工して販売するが、アサが暮らしのなかで使うものである。

● 新潟県の地苧

からむしの生産、次いで上布の生産、縮の生産と、越後はいつでも本州のからむしの中心地であった。近世には、地苧《じそ》が少なくなり、域外から購入することが多くなった。現在は県内各所でからむし栽培が小規模に復活され、学校教育等での栽培体験が行われている。また食品加工のための青苧栽培も行われている（「広報しょうわ」二〇一六-七）。

現在、昭和村のからむし原麻の一部は新潟県の小千谷縮布の原料として納品されている。一九五五（昭和三〇）年に「越後上布・小千谷縮布の製作技術」が、国指定重要無形文化財の指定となる。一九七五（昭和五〇）年、通商産業大臣の「伝統的工芸品」の指定。二〇〇九（平成二十一）年「小千谷縮・越後上布」はユネスコ（国際連合教育科学文化機関）の無形文化遺産保護条約に基づき登録された。このからむし原料供給地として一九九一（平成三）年に「昭和村からむし生産技術保存協会」が国選定保存技術として認定された（註1）。

永原慶二氏は『苧麻・絹・木綿の社会史』（二〇〇四）で、

江戸時代に入ると苧《お》（からむし）や麻は、中世のように四季を通じて民衆の日常衣料ではなくなった。しかし夏の衣料としても、裃《かみしも》のような武家の礼服用としても、また蚊帳《かや》や各種の綱（麻）などのような生活用品の材料としても、苧も麻も依然として重要な用途に供されており、その需要もけっして小さいものではなかった。むしろ近世に入ると、中世的な自給型の生産に代わって、苧も麻も商品生産として新たに発展しはじめたということができる（三四六頁）。

中世後期では越後などが苧上布の主産地であり、各地で生産された青苧《あおそ》が奈良に送られて、糸績み、織布・晒《さらし》加工が行われ、「奈良晒《ならざらし》」として高い評価を受けだした。それに対して、近世に入ると、出羽の置賜地方（米沢が中心）や村山地方（山形が中心）の羽州苧、また会津苧などが台頭、越後はからむし原料生産（地苧）の代表的産地としての地位を低下させた。

越後の苧栽培や青苧・上布生産はこのころ、むしろ停滞したらしく、江戸時代に入ると縮布のような高級品生産が開始されるが、その原料は地元のものではなく、会津青苧や羽州青苧を用いるようになっていく。それは青苧生産と苧績み、織布の地域的社会的分業の成立ということであるが、なぜ越後の苧麻栽培・青苧生産が衰退したのか明確な理由は、これまで説明されていないようである。しかし、もともと越後の苧麻・青苧生産は自給生産を主とし、売り出される部分もこれと結合したものであって、栽培技術・青苧生産技術はかならずしも高いものとはいえなかったため、急速に商品生産的性格を強めて台頭してきた羽州や会津の苧・青苧生産に、技術的にも圧倒される結果になったのではないかと思われる。この点は今後検討しなくてはならない問題である。米沢藩や会津藩が、藩財政の観点から青苧奨励に力を入れていたことも、その重要な一要因であった。こうした苧麻・青苧産地の越後から羽州（置賜・村山）・会津へという推移は、その意味で苧麻生産の商品生産化の進展に対応するものといってよいだろう（三四七頁）。（註2）

一八三七（天保八）年、鈴木牧之編『北越雪譜』では、「縮に用ふる紵《お》は、奥州会津・出羽最上の産を用ふ。白縮はもっぱら会津を用ふ。なかんづく影紵《かげそ》というもの極品なり。また米沢の撰紵《えりそ》と称するも上品なり。越後の紵商人かの国々にいたりて紵をもとめて国に売る」として製品により原料を吟味している。

一九三五（昭和十）年、新潟県北魚沼郡小千谷町の西脇新次郎氏が四四五頁の大著『小千谷縮布史』を発刊する。これに「青苧の産地について」（三二〇頁）で次のように記載している。

縮布の原料青苧の栽培は現在福島・山形両県のみで行われ、当新潟県では全く致しません。福島県の産地は大沼郡野尻村、大芦村にして（会津領故会津苧《あいづそ》と称す）此の地方にては畑苧、野苧に区別してあります。縮布の原料になる畑苧は即ち畑に栽培せるものなれども野苧は野生にて劣等なるが故に、もしこれが畑苧に若干混在せるを発見せば皆芟叙いたします。

苧は左の三種に区別してあります。

親苧《おやそ》　刈り取りの際、四尺位に切り、之を三尺四～五寸に製苧。

影苧《かげそ》　二尺以上三尺以下に製苧せるものを云う。然して優良品は此の種の内にあります。

私苧《わたくしそ》　又は子供苧《こどもそ》と云う。二尺以下のものにて稀に見る最優良品は此の種の内にあります。

山形県米沢苧・最上苧の産地の内優良品の産地は、

大塚村　（米沢領）昔越後松之山大塚原より根分け移植せしが原なりと、然して原村名に因みたるものとの説あり。

屋代村　（米沢御預地）最良品とす。此の地は徳川直領（米沢御預り）なるが故に御領と呼ぶ。此の地に産するを以て御領苧と称します。

先著縮布考に会津、米沢、最上の三産地それぞれ、その苧色が違うように書きましたが、それは土地固有の色が一定してある意味でなく、夜干し又は蔭干しせし品と、日干しにせし品とによりて青味にも赤味にもなるものでありまず。故に三産地共青苧問屋の好みによりて如何様にも作り出されるものであります。

三産地の苧はその八割は小千谷商人の手に買収されたものであります。

以上が青苧を仕入れた機問屋でもあった西脇氏の認識である。

一九七一（昭和四十六）年に渡辺三省氏が『越後縮布の歴史と技術』（小宮山出版）で、親苧、影苧、子供苧とし、

発育が遅れ大人が処理していては間尺に合わない屑様のものは、子供に挽かせるので子供苧の名前がある。しかるに、品質が優れ、優良縮布に使うのは親苧より影苧であり、子供苧はさらに品質がよい。つまり人間でいえば栄養失調・発育不良のものほど、その繊維が繊細・柔軟で優良品である（一四五頁）。

「樹芸記」は、安永九年の青苧生産高を、村山地方（最上苧）千駄、置賜地方（米沢苧）五百駄、会津地方七〇～八〇駄、越後地方七〇～八〇駄としている。米沢苧のなかで上質品を選別した「撰苧《えりそ》」の生産がはじめられたのは一七一一～一七三五年（正徳・享保）頃という（1971.児玉）。(註3)

越後と羽州、会津の関係は以上のようであるが、越後（現在の新潟県）でのからむし生産については、杉本耕一氏が「越後縮の生産と地域社会—十日町市域の生産と流通—」（『日本海域歴史大系第五巻　近世篇Ⅱ』二〇〇六年）で新潟県内の先行研究を整理している。

そのなかで児玉彰三郎氏は従来「問屋制家内工業」とされていた越後国内の縮生産を、「零細な家内工業」であると結論づけた点が、それまでの学説を大きく覆すものであった、とする。縮製織の労賃を計算し「縮布生産は、その要した手間賃を計算しては引き合わない、わずかの現金収入を得るための仕事であり、婦女らはお互いに技術を競って、全く採算を度外視して丹誠を込めて織り上げるもの」と結論づけている、とする（1971.児玉）。

杉本氏は児玉氏が立ち入らなかった十日町市域での労賃等を取り上げている。時期別に労役計算をして児玉氏のいうような実態でなく利益があると反論している。一八四二（天保十三）年の場合で、婦女の織の手間賃は、男子手間賃の二倍以上になり、熟練した織り手であればあるほど機織りに集中することにより多くの収入を得たとする（註4）。

機前からの縮が特定の経路に限定されていないこと、初市の時期を過ぎれば村には仲買人や江戸商人などが多数出入りし、「セリ」と思われるような取引をはじめ様々な形での取引があった。縮布の原料である青苧の売買も様々な経路で行われているなど（1986.杉本）、少なくとも原料の買い入れから縮の販売まで、機前が特定の問屋や商人の支配を直接受けることはなかった点はもっと注目されてよいだろう、としている（本章の主要な部分は農文協『からむし』に初出）。

（註1）福島県昭和村の「奥会津昭和からむし織」は、二〇一七年十一月末に経産省の伝統的工芸品に指定され「昭和村からむし後継者育成協議会」が指定団体である。協議会は、昭和村からむし生産技術保存協会、昭和村からむし織技術保持団体、奥会津昭和村振興公社で構成され昭和村役場からむし振興室が事務局である。

（註2）永原慶二氏（一九二二年生）は『新・木綿以前のこと』（中公新

書 一九九〇年）で古代・中世における「苧麻（からむし）」中心の時代から十六世紀以降の木綿の時代へのことを書かれたが、内容について不十分であり、誤りについても訂正増補の必要性を感じたことから絶版として、本書『苧麻・絹・木綿の社会史』（二〇〇四年十二月刊）に書き改めた。しかし出版を見ずに二〇〇四年七月九日逝去された。この本が絶筆となったが、本を書き上げることが生きる目標になっていたという。

「散歩の折に自宅近くの玉川上水べりに『からむし』を発見すると、『からむし』のことから今考えている問題について語りつづけた。予想以上に病気（血管肉腫）の進行がはやく、初校ゲラを見終わる時間しか与えられなかった。苧麻・絹・木綿を通して古代から近世にいたる社会の生産と流通、都市と農村などの問題を考え「中世」の意味を明らかにしたいという多年の課題を果たすことができた」（妻の永原和子氏のあとがきより）。

（註3）横山昭男氏による。児玉彰三郎「越後縮布史の研究」（一九七一 東京大学出版会）の「原料青苧の移入」より。ここで、米沢藩のからむしについての「四季農戒書」（地下人上下身持之書）を直江兼続の著とすることには疑問があり、兼続に仮託して恐らく寛文から元禄期頃に著されたものと言われる（『藩政成立史の綜合研究』六九三頁）。

また上杉氏が越後から会津に来た際にからむし（青苧）が奨励されたと言われる書が多いが、三年の統治であり、否定されている。その後、米沢に移封するがすでにからむし栽培は行われていた。現在判明する書面類からすると越後が古く、次いで最上苧の地域が古くから行われ、そこより米沢苧の産地形成が進み、会津は保科正之の会津移封（一六四三年）で最上苧の根を求め、一六六九（寛文九）年に谷野又衛門が植え、飯田兵左衛門により南山御蔵入地域にも産業振興したと考えられる。

（註4）一八〇〇年の『績麻録』では縮布一反あたりに必要な原料の青苧は一五〇匁で、価格は一貫五〇文。一五〇匁の糸のうち四〇匁分を染めるが、その染め賃が一六〇文、出来上がった縮を市に売り出す際の宿泊費を含む諸雑費を二〇〇文とみている。上縮一反にかかる費用は一貫四一〇文となる。労役日数はタテイト（経糸）の苧績みが七〇日、ヨコイト（緯糸）が四〇日、一反あたりの苧績みにかかる日数は計一一〇日、機織りは機拵《はたごしら》えなどの準備作業も含めて十五日となる。一反あたりの労役日数は百二十五日。

上縮布の一反の売値は一両ほどであった。このころの当地方の両替相場は一両が六貫二四〇文であり、費用を差し引きすると四貫八三〇文となる。労役日数で割ると、一日あたり三十九文。苧績みから機織りまでの工程を一人の婦女子だけで行ったとすると年間三反が限度で、寛政年間（一七八九〜）の縮製織の純益は二両と二貫一〇文。

●会津でのからむし栽培の歴史

●昭和村の「からむし栽培暦六百年説」への疑問から

同時代の地域呼称で現在の昭和村域は、中世には中津川郷、近世に野尻郷、野尻組として継続し明治期に野尻村と大芦村に分村された。昭和二年にもとの野尻組に合併し、年号をとって昭和村とした経緯がある（一九七三 昭和村の歴史）。ここでは昭和村として表記していく。

昭和村でからむし栽培が資料から確認できるのはいつか？について以下に述べる。

稲作とからむしの原産地と日本列島への伝播ルートは、ほぼ一致するのではないか？という仮説を早くから唱え(2005.滝沢)、国内外の調査をされている研究者に会津若松市在住の滝沢洋之先生（一九四〇年生）がいる。滝沢先生は金山町生まれ、また、奥様は昭和村小野川の出身で、早くから昭和村のからむしに接しておられる。会津地方の高校教員として会津の民俗調査等にもあたられ自治体史への執筆も多い。

からむしに関する著作『会津に生きる幻の糸カラムシ―伝播のルートを探る』（二〇一三 歴史春秋出版）はこれまでの滝沢先生のフィールドワークの集大成となっている。三四頁に「**応永三年（一三六九）「稲荷神社縁起」**の「**野尻郷でカラムシ栽培始まる」との文献記録が初見であるという**」がある。この主張をされた昭和村の郷土史家菊地成彦先生の立論の過程を振り返る。

昭和村中向の春日神社の神主で学校教員でもあった菊地成彦先生が、『福島の民俗』第一〇号（一九八二 福島県民俗学会）に「野尻郷のからむし栽培」を発表した。これによれば神社縁起では応永三年（一三九六）に武蔵国豊島郡岸村の人、岸物兵衛氏がこの地に来て開拓をして土着し、岸の宅を創建し子孫の繁栄と郷土の発展を祈願して稲荷神社を創建した、という。しかしこの縁起そのものが不明であり確認できない文献となっている（註1）。

さらに、この神社周辺には縄文時代の土器が発見され繊維が混入されている、からむしの自生もみられる、という。菊地先生はそこで推察し「岸氏がからむしが換金作物として有利なことを知っていたので、ここにはじめて栽培したのではなかろうか？」とまとめている。稲荷神社縁起にからむし栽培の記載があるとは言っておらず、稲荷神社縁起とからむし栽培を結びつけて、推定しての言及である。

菊地先生はその一年後『歴史手帖』九月号（一九八三 名著出版）に「会津のからむしと越後の縮布」を執筆する（註2）。ここでも、越後の上杉家の領地の移動でからむし生産の伸びがあったとだけ記している。

同年『歴史春秋』第十八号（一九八三 会津史学会）に「からむし栽培のルーツと展望」では、「**応永三年（一三九六）武蔵国豊島郡岸村の人、岸物兵衛なる人物が、奥会津の野尻の里に、からむしを移植したとみるのである**」と推察している。前述の『福島の民俗』に記載したと同じ根拠で、新しい資料を示さずに、状況から推察を繰り返しただけである。

しかしその翌年になると、菊地先生は『福島の民俗』第十四号（一九八四 福島県民俗学会）に「からむし産業を支えるもの」として、昭和村中向にある春日神社の嘉永五年の越後衆の寄進者面付を紹介する。実在する資料の紹介の冒頭で、これまで推定であった既報の稲荷神社とからむし推定論を、次のように断定して記している。

「からむし栽培が奥会津に定着してから六百年近く経過したと見られるが、（1）武蔵野の一角から此の地に移し植えられてこの方、種々の困難を経、社会的な大きな変動があったにかかわらず今に伝わって細々ながら支えている事実から…」（註3）

菊地先生は竹内淳子氏を野尻稲荷神社に案内し、六百年説を披露する。そのことは竹内氏の著作『草木布Ⅰ』（一九九五 法政大学出版会）に詳しく書かれている。その文中で、竹内氏は『福島の民俗』に掲載された「野尻郷のからむし栽培」をも見ている。稲荷神社六〇〇年説には同意も否定もせず菊地先生の説を紹介。しかし、ここで引用文献等は示さずに新たな記述を竹内氏は次のように展開する。それは、

「からむし栽培が会津領の表舞台に登場してくるのは応永年間（一三九四―一四二八）で、会津城主の芦名盛政公のときに領民の換金作物としてからむし栽培を奨励し、このころから越後上布の原料供給地になったといわれる」

これを示す文献等は管見ではみあたらず、また滝沢先生もこうした説はとっていない。そもそも会津蘆名家の時代の書面・文書類は極めて少なく、この説も創作物語で史実ではない。

福島県歴史資料館の村川友彦氏は『福島県歴史資料館研究紀要』第三号（一九八一）「会津地方の近世における麻と苧麻の生産―伊南・伊北麻を中心に―」で、新潟県内の研究者の渡辺三省『越後縮布の歴史と技術』より、

「原料となる青苧（からむし）の生産は上杉氏の移転とともに会津や米沢へと移ったと記述されているが、（略）会津地方の近世の青苧の生産は、これ（米沢や最上苧）に比べて、活発であったとはいえない。しかし元禄以後には、麻や苧麻の生産が序々に普及した。上杉氏が会津移入とともに青苧が会津地方に直に広まったということはないとしても、後に越後縮布の原料となる会津苧が、各地に広まることとなり、幕末以後南会津郡では麻や苧麻の生産が活発に行われた」とする。

滝沢先生の著作に戻り、三十四頁に記載されている寛文六年の『会津風土記』（一六六六）の「**（青苧―夏土用中はぎ引仕、勿論其節越国より買人参粗払申候）（金山谷・野尻組・大谷組）**」とあるのは誤りで、これは文化四（一八〇七）年の『金山谷風俗帳』のことである。

また同様に『苧《からむし》』（二〇〇一 からむし工芸博物館）の二十六頁と二十九頁にある記事も同じ誤りで、文化四（一八〇七）年の『金山谷風俗帳』が正しく、現在からむし工芸博物館では正誤表を封入して書籍を販売している。

これらはいずれも昭和村（農協工芸課）が作製した冊子資料の誤記載が原因である。

（註1）『昭和村の歴史』（一九七三）が発刊されたが、その際の村史編さん委員は五名（五十嵐朝良、須藤徳一、菊地成彦、本名春喜、酒井弘で事務局は菅家長平である、敬称略）。しかし執筆者は小滝利意、山口孝平、室井康弘、酒井淳、安藤紫香、齊藤慧、五十嵐朝良であった。からむしについては近世編で酒井淳によりアサとからむしが生産され越後向けに出荷されていたと記載するにすぎない。また安藤紫香が資料編でからむしについてふれている。しかし起源等、中世までさかのぼること等は記載されて

いない。
　その後『昭和村史料在家目録』（一九七五）が昭和村教育委員会から刊行される。昭和村文化財調査委員会として五名（五十嵐朝良、菊地成彦、須藤徳一、本名宗一郎、皆川伝三郎、事務局は菅家長平）が記載されている。これを当事者として編さんした菊地成彦先生は野尻の稲荷神社に関する文献としては一八五〇年の次の二点を掲載した。
　嘉永三年　岸御宮拝殿建替寄附帳・岸稲荷神社再建取調帳（菊地成彦文書）
　野尻の岸の稲荷神社の縁起は資料にみられない。またこの村史編さん事業で収集した資料類は所持者に一部は返却されたものの、多くは返却されることなく経過しており、現在も大きな問題となっている。原本が不在のまま、当時、ガリ版で翻刻した編さん資料しか現存していないのである。

（註2）菊地先生の著述中に、昭和村小中津川の本名トミ氏（明治四十三年生）宅で、明治十二年作製と書かれたいざり機（地機）を確認している。トミ氏は大芦から小中津川に嫁入りしこの機を愛用している。機は大工が作ったと思われるが、大芦の星治助氏（七十歳）は大工ではないがいざり機を注文されると作製しているとする。

　そして、五十嵐彦三郎・彦四郎という大工が作った機が残っているとする。この兄弟は兄と三人で、柳津町冑中に発電所が建設される（現在の滝谷川発電所）大正時代に、越後から来て、工事終了後に大芦に落ち着いた、と貴重な聞き書き調査の結果が示されている。


（註3）こうした昭和村でのからむし栽培の創始物語は、菊地先生が根拠がないまま推定を重ねて六百年前からはじまった、という独自の創作により、それが批判もされずに定説化していった。特に、からむしを対外的にアピールする広告代理店・出版社・新聞・テレビにより「六〇〇年前から昭和村のからむし栽培は始まっている」と喧伝されていく。その環境のなかで育っていく村内の子どもたちが村役場の職員になり、役場が発行する資料や様々な文化財関係の指定にこの「六百年」が使用される。菊地先生の論述した資料群の再検討をした人はいない。

　「昭和村でからむし栽培は六百年前からはじまった」とする言説・記述、あるいは報道機関等への説明について現在は見直し、二〇一五年から、昭和村では「江戸時代中頃（一七五六年）から栽培を確認できる文書類（書面）が確認できる」、という表現にしている。

　また奥会津の三島町荒屋敷遺跡から縄文時代晩期の植物繊維が多数出土し、当時は、繊維はからむしではないかと推定されたが、近年の再分析により「カバノキ属の外樹皮（コルク層）」であることが確認された（2017.鈴木）。

●地名「奈良布」について

　会津藩が編纂し一八〇九（文化六）年に完成した『新編会津風土記』。その「巻之八十二」の陸奥国大沼郡之十一、野尻組の「小野川村」に、原野として「楢布原」があり「ナラフ」とふりがなが付く。近世の大岐の草刈り場として「ナラブッパラ」という湿地を含む原野であった。

　第二次大戦後の開拓が行われ、将来を祈念し奈良の都と音が同じであることから奈良の漢字を当てて「奈良布」と改名して「奈良布開墾」とした経緯がある。同じように両原の日落沢は落日の集落では縁起が良くないとし、「日の出開墾」と希望ある名称にしている。

　しかし、この奈良布という地図上の集落名表記から、次のような誤った推察をされる方が出てきた。滝谷川の流域で小野川・奈良布・大岐・琵琶首と集落が連なる。

　『柳津町誌　下巻』（一九七七）の三八一頁の「琵琶首」にその記載がある。それには、塩川町（喜多方市）の日本民俗学会員の中地茂雄氏が、**「会津の文化の中核地は高尾**

嶺（会津美里町）と考えられ（略）、琵琶平三渓谷のうち最も早く拓けたのは、現在奈良布などの古代史的な地名が残っている東部滝谷川の流域で、ここには大和文化以前の土着文化があったとみられる」という説を紹介し、越後の国から会津に進出し琵琶平文化を形成したとする興味深い推考である、と紹介している。奈良布ではなく、楢布原なので、これは誤った論考である。

滝沢先生は著作の三十六頁で、

「越後では奈良時代に越後布が朝廷に献上されたとの記録もあり、すでに奈良時代には盛んに栽培されていたことがわかる。その当時、越後と会津地方は物資の交流もあったので、越後からもたらされたのではないかと考えられる。また、奈良から伝えられたという説もある。『奈良布』という集落が昭和村の小野川、昭和村に隣接する金山町小栗山にあるが、その地名がそれを裏付けるものという。」

以上のように紹介しているだけなのだが、奈良布説は誤りで、ナラの木が多く茂った草刈り場地名としての「楢布原」である。

●会津のからむし栽培資料

筆者が調査したもので会津のからむし栽培の資料を時系列に示す。

■一六六九（寛文九）年に会津藩主保科正之公より下賜された松原（現在の喜多方市山都町）に新しい畑を開いて、最上《もがみ》（山形県西村山郡大江町付近と推定）より苧《からむし》の根を調達して会津で苧栽培をしたいと谷野又右衛門は申請した。そこは、谷野新田と名付け子孫が現在も住み続けている（2014.菅家長平）。

■保科正之公（土津様）が亡くなり、猪苗代の見彌山に埋葬以来四〇余年、毎年祭礼には又右衛門は、自ら栽培した青苧を奉納し続けた。このことについて一七一六年（享保元年）十一月一〇日に米三俵を褒美として与えた（註1）。

■先任地の最上《もがみ》（山形県）からからむしの根を購入して会津に移植している（家世実紀）。

保科正之〜谷野又右衛門のからむし栽培が確認されている。現在のところ会津で確認されるからむし栽培の初見資料である。

■一六七三（寛文十三年、この年の九月より延宝元年）、会津藩から、からむしを植えるように言われ、大塩善左衛門と高柳五郎兵衛の二人が最上に行き、からむしの根（青苧根）を買ってきて組（与・くみ）中にて少しずつ作った（2012.新明）。

二人が最上に行く、ということは青苧根の買い付けだけではなく、当然、栽培地をよく見て、その栽培方法を視察し教示され、繊維にする技法や道具などもよく視察、聞いて来たと思われる（註2）。

■一六七四（延宝二年）の「青苧造様之覚」

　青苧造様之覚は、文末に「**延宝二年寅ノ八月七日　右ハ　河原田　谷屋又右衛門方より之指南　泉田久太郎殿、梁取助太郎書付　被遣候写如此**」とある。

　保科正之公が最上（山形県）から会津に移り、谷野又右衛門が最上苧の根を移入し会津に植え、それを会津藩が各地に勧めていることが読み取れる。

　南会津郡からも谷屋（谷野）又右衛門宅に和泉田村（旧南郷村、現南会津町）と梁取村（只見町）から二名（名主と思われる）が指南（指導）を受けている。

　南郷村界は鳥居峠をはさみ大芦村（野尻組）に隣接し、南郷村では青苧《からむし》も麻も栽培してきた記録がある（註3）。

最上青苧の根　↓　谷野又右衛門　↓　会津藩の青苧《からむし》勧農　↓　産業としての青苧生産へ　↓　小千谷縮の原料へ特化　↓　野尻組（大芦村）の本場化　↓　『北越雪譜』の会津苧（大芦苧）のかげそ（影苧、陰苧）という流れが想定される。

■一六八五（貞享二）年　地下風俗覚書　会津郡楢原郷

　南会津郡内での会津藩のからむしの勧農をみると、第一回会津藩預り支配の南山御蔵入郡奉行　飯田兵左衛門重成が出てくる。

　「貞享二年　地下風俗覚書　会津郡楢原郷」（南会津郡下郷町　星徳左衛門蔵）によると、現在の南会津郡下郷町域の諸村にたいして、一六七四年（延宝二年）に、南山御蔵入郡奉行の飯田兵左衛門が、栗の木を植えること、からむし（青苧）を植えること、桑の木を植えることを勧めている。

　からむし（青苧）は、「たね（根）」求め次第にだんだんに植え、本書面が作成された一六八五（貞享二）年までの一〇年ばかりで「ゑき（益）」になっている、と記述している（註4）。

　からむしは根を畑に植え付けてから三年目くらいから収穫となるため、安定した収穫になっていることを示している。「たねもとめ」としているため、この種苗（根）はどこから入手したものだろうか？一六七四年は「青苧造様之覚」の年で、谷野又右衛門の圃場であろう。

■一六八五（貞享二年）会津郡郷村之品々書上ヶ申帳　伊南古町組

　伊北《いほう》麻の生産・流通の拠点である伊南古町のことをまとめた本書は麻の加工等についても詳述されており、その後段にからむしのことが出てくる。

「**郷村御巡見始候比（頃）より村々にて、からむしを植、**

漆之苗木を調植候へと被仰付、或ハ桑を沢山に植立養蚕を能仕絹紬を致習候へと被仰聞、田地方ハ第一種子物に念を入やしないを多貯」

飯田兵左衛門の支配のやり方は、飯田自身で、たびたび村を巡回して歩き、村人（地下）に、また郷頭や肝煎（名主）にもたびたび以下のことを言い続けた。「たびたび」という表記が、勧農（農業政策）は、自ら出向いて「言い聞かせる」ことが肝要であることを説いている（註5）。

飯田兵左衛門は、暮らしを支える産物（商品作物）として、

（一）からむしを植えなさい
（二）うるし（漆）の苗木をととのえて植えなさい
（三）くわ（桑）を「たくさん」植えて、養蚕《かいこ》を飼い絹紬織りを習いなさい

この伊南古町組の様子と前掲の楢原組の一六七四（延宝二）年に飯田兵左衛門が、からむしを植えるよう勧農したことを見ると、

一六七四年（延宝二年八月）の南郷村界に残された文書「青苧造様之覚」に「**延宝二年寅ノ八月七日　右ハ河原田　谷屋又右衛門方より之指南　泉田久太郎殿、梁取助太郎書付　被遣候写如此**」とあることの背景が見えてきます。

つまり、飯田兵左衛門によるからむし栽培の勧農は、具体的には農民（名主層や村役人）を坂下組谷野新田村の谷野又右衛門方に視察に行かせ、からむし栽培や製法を教示させることをともなっていたと思われる。

谷野又右衛門は高遠、最上、会津と保科正之公に随伴してきた保科家中（藩士）であるから、会津藩の勧農（農業政策）の一翼を担っていたと思われる。

■一六八四（貞享元）年　佐瀬与次右衛門『会津農書』

会津若松城下近くの幕ノ内村の肝煎である佐瀬与次右衛門がまとめた『会津農書』一六八四（貞享元）年にまとめられた。

麻の作り方は人時生産性も含め栽培・製法を詳述している。しかしからむしについては、一通りの概説を述べただけで詳しく記述しない。麻は佐瀬与次衛門は栽培していたことが推察され、苧は見聞きしたことを記述したと思われる内容になっており、この時点であまりからむしは会津地域で栽培面積が広がりを見せていなかったとも思われる（註6）。

（註1）会津藩の正史『家世実紀』巻之百三、一七一六（享保元）年十一月十日条では、以下のようである。歴史春秋社編・吉川弘文館刊本『会津藩家世実紀』（一九八〇年刊）では第六巻二九二頁に掲載されている。

十一月十日、坂下組　谷野新田村　又右衛門義、土津様御代　からむし新田場　被下候処、見彌山御遷宮以来　御祭礼之毎度　青苧致奉納候に付、為御褒美　米三俵被下、又右衛門は勢州之産、大田小太夫倅にて家名谷野と申、京都四条室町に致居住候処、土津様御上京之節、御用被仰付宜相勤候を以、御家人に可被召拘旨蒙仰候得共、固く辞退申上候得者、御供仕罷

下候様被仰付候に付致供罷下、寛文九年 会津にて苧作立度旨申上、最上より苧之根致調儀、当所松原之内被下候新畑開発致し植殖候を以、此所に致居住、則谷野新田と名付、子孫相続致居住、土津様見彌山御鎮座以来四拾余年、御祭礼之毎度青苧致奉納候に付、見彌山社司西東左内義被称被下度由願出候、依而加判之者共吟味頭へ相尋候処、数十年無懈怠青苧致奉納候義奇特成者に有之、且彼者内証兼而困窮いたし、御年貢も漸々皆済いたし候得共、御厚恩忘却不仕、卑賤に者奇特成者候間、為御褒美米三俵も可被下成之旨申出候、又右衛門義 四十三年以来 御祭礼之節、無懈怠青苧致奉納候義、

卑賤之者志不相変、殊に連々及困窮候得共 別而奇特成義に候間、吟味頭申出候通米三俵被下可然哉と、僉議之上致言上候処、又右衛門義奇特成者に候間、言上之通為褒美米三俵被為取之旨被出之

会津藩が一八〇九（文化六）年に編纂し、幕府に献上した地誌『新編会津風土記』全百二十巻。現代読める刊本で最新のものは会津若松市門田町中野の歴史春秋出版株式会社が発行したもので、今回取り上げるのはこの二〇〇二（平成十四）年の第四巻二五二頁である。原本では巻之九十「陸奥国河沼郡之五 坂下組」。

谷野新田村（タニヤ シンデン）

府城ノ西北ニ当リ行程六里、
此地東西ハ河原田村ノ山ニ界ヒ、
南ハ田中村ノ山ニ接シ、東西五町・南北八町、
寛文十二年谷野又右衛門ト云モノノ闢ケル所ナリ、
又右衛門ハ信州高遠ヨリ肥後守正之ニ従ヒ来リシモノニテ、
後此地ニ陸田ヲ開キ羽州最上ヨリ苧根ヲ求テ種植セリ、
延宝二年村名ヲ与テ谷野新田ト云、
彼子孫一家相続テ寛延中マテ此ニ住セシカ、
高敞ノ地ニアリテ用水ノ便少ケレハ、
今ハ堰沢村ノ東一町ニ移レリ

（註２）一六七三年（寛文十三丑年）「からむし植候様に被仰付、最上より買参、与中にて少宛作、大塩善左衛門、高柳五郎兵衛、最上へ買に参候」「青苧根代金、当年無利に御貸、三年目卯年より巳年迄三年上納ニ帳面上ル、壱駄に付三分三百三十文宛」

この雄国新田村（小名 七本木 本林 蘆平 獅子沢）は、陸奥国耶麻郡に属し、小沼組下九ヶ村ある。小沼組は、雄国新田村、漆村（端村 谷地 戸合 上吉）、中目村、上利根川村、金森村、常世村（小名 中道地）、金沢村（端村 山神新田）、宮目村（小名 反田 端村 与蔵新田）、辻村。

（註３）二〇一四年十一月二日に、昭和村公民館で行われたからむし織り体験生二〇年のシンポジウムで、「青苧造様之覚」を取り上げ、伊南の河原田宗興氏と解読した（2015c. 菅家）。この「青苧造様之覚」は南郷村界（南会津町界）の斎藤兵平家文書（福島市 福島県文化センター歴史資料館蔵）である。村川友彦「会津地方の近世における麻と苧麻の生産」（『福島県歴史資料館 研究紀要 第三号』一九八一年）、『南郷村史第二巻』（一九八五年、六六五頁）、『田島町史第六巻下』（一九八七年、一七一頁）、『只見町史第四巻』一九九九年、六七五頁）は延宝を延享と誤植あり、『伊南村史第三巻』（二〇〇三年、六一〇頁）に記載。

『只見町史 第一巻』（二〇〇四年）九四二頁で、飯塚恒夫氏は「延宝年間（一六七〇年代）からからむしの栽培がはじまり、小千谷縮の原料となる「会津青苧」の生産が盛んとなった」とする。

（註４）庄司吉之助編『会津風土記・風俗帳 巻二 貞享風俗帳』（一九七九 歴史春秋社）の「貞享二年 地下風俗覚書 会津郡楢原郷」（南会津郡下郷町 星徳左衛門蔵）の二五二頁。『下郷町史第一巻』（二〇〇九）九〇七頁にも収録されている。

右弐拾四ヶ村同品之覚、としていろは順に「い」から「ほ」まで記載があり

む）栗林立候得は用木に成、其上くりを取、大き成ゐきに成候間立林仕候様にと、延宝二年（一六七四）寅年 飯田兵左衛門様 被仰付候に付、村々にて立林仕候

う）右立林仕候得共、栗立不申、雑木はかり立候所へは、栗を萌候様に被仰付候に付、まき申候へハ、少し生出あいあいに栗の木立申候

ゐ）からむし作候様に右同人様（飯田兵左衛門）より被仰付候付、たねもとめ次第段々植申候得ハ、ゐきに罷成候

の）くわの木右同断

（註5）庄司吉之助編『会津風土記・風俗帳　巻二　貞享風俗帳』（一九七九　歴史春秋社）の「会津郡郷村之品々書上ヶ申帳　伊南古町組」（南会津郡田島町　室井康弘蔵）の二一一頁。

地下《ぢげ》家業風俗ならわしの儀　古へハ何様にて　只今ハいか様にと其品々書現シ可申様無御座候へとも　郷村並テ心立直に罷り身持家業大切に仕劫者に罷成者多ク御座候、是ハ飯田兵左衛門様　御蔵入御仕（支）配以来、郷村御巡見之度々、又ハ郷頭肝煎罷出候度々に地下身持家業之筋委細に御教へ被遊候に付、段々家業無油断風俗直り申候、郷村御巡見始候比（頃）より村々にて、からむしを植、漆之苗木を調植候へと被仰付、或ハ桑を沢山に植立養蚕を能仕絹紬を致習候へと被仰聞、田地方ハ第一種子物に念を入やしないを多貯、田畑共に土を能（よく）こなし田之水かけ引大切に仕、男女共に朝起致シ女ハ不断之喰物に砂無之様に拵《こしらえ》、野山之糧《かて》を年々多ク取、豊年を凶年と心得、雑穀を食延　味噌不絶様に心掛　其外品々貯様之義諸事倹約を守、家業無油断身持大切に仕候へと被仰付（後略）

（註6）『会津農書』の「**苧麻　壱反取束　麻ヨリ取　劣ナリ**」という表現はたいへん気がかりな表記。一反という面積で比較すれば麻の収量が多い、ということを言っている。佐瀬与次衛門の立場からすれば会津藩が新しく青苧を勧農（推進）しているけれども、「作るなら麻です」ということになる。

現在の私たちは奥会津・昭和村のからむし（青苧、苧麻）の栽培・生産を標準だと思って見ている。畑で枝の有無等で三種類の長さに選別し「親苧《おやそ》」「影苧《かげそ》」「わたくし（私苧・子供苧）」に「切りそろえ」ている。

昭和村（野尻組）では麻の栽培もからむしとの輪作でかつては行っており、麻の繊維は長いままを利用し「切りそろえる」ことはしない。長さにより選別（ホンソ、シタナミ等）は行う。

しかし、からむしも原初は、長いままの繊維に利用価値があったと思う。山形県内の羽州苧（最上苧・米沢苧）の古文献を見ていると「長苧《ながそ》」ということが散見される。

米沢苧のなかより短く切りそろえた規格の「撰出青苧」、つまり「撰苧《えりそ》」が小千谷縮の原料としての要望により発生し、原苧の販売単価も二倍の値段での取引が担保され、短い繊維規格が誕生しそれは越後向け原料商品として発展していく。

佐瀬与次衛門の時代は、まだ小千谷縮が発明・発展されておらず、収量的価値に意義があった時代のため、からむしより長い繊維を取得できる麻の栽培を主とすることが賢明であったと思われる。

『会津農書』の原本がいまだみつからず写本による解読作業が行われているなかで、昭和村松山の佐々木太市家が福島県歴史資料館に寄託している『会津農書（写本）』について、『民具研究』第一五一号（二〇一五　日本民具学会）で、桂眞幸「『会津農書』唐箕使用初出節批判」が巻頭論文として掲載された。

佐々木太市家寄託本の奥付の貼り付け紙の下に「寛延二年　巳五月写之　栗城〇〇〇秀興」とあり、一七四九（寛延二）年に栗城秀興が筆写し「寛延元年　辰仲夏写之　佐々木和右衛門　好筆」という紙を貼り付けたと分析している。

また昭和村では松山の栗城家は近世になり佐々木家を名乗ることが周知の事実だが、この改姓のことを含め、筆写と所持者の関係については再調査が必要になっている。

● 野尻組（昭和村）からむしの記録

昭和村（近世野尻組）では、村内松山の佐々木太市家文書の一七五六（宝暦六）年、中向からむし・青苧畑証文三通が、からむし栽培を確認できる最古の文書である（福島県立博物館所蔵）。

二〇一四年六月、昭和村下中津川上平の菅家和孝家の土蔵より一六七五（延宝三）年から一八八四（明治十七）年の二〇九年間分の質地証文等約二〇〇点が発見された。

■一六九八（元禄十一）年より麻畑が多数、質地証文として出てくる。その他、田、畑、林、杉。一七七三（安永二）年より一八七六（明治九）年まで、青苧畑、からむし畑、青苧時、からむし時という文字が記載された文書が十一点ほど確認された。

これからうかがえることは、村内ではアサ（を）の栽培が先行しその後にからむしが畑を占有している、あるいは経済作物としての価値が高くなったことを示している。また『昭和村の歴史』八十六頁に、大芦村の一八五一（嘉永四）年の「青苧畑書入（質入）証文の事」が掲載されている。

近年の雪による家屋倒壊等の問題から昭和村内では家屋・土蔵の解体があり、その際、所蔵書面類が村に提供され、そのことについて、からむし工芸博物館では二〇一五年に企画展を開催した。その際、報告書『文字に見るからむしと麻』も発刊しており、それにすべて掲載している。今後、新たな事実が判明すれば、その都度、改めるべきであろう。

地域の産業や生活文化の確認には当該対象物、たとえばからむしだけを収集しても全体像の把握は難しい。アサとからむしを輪作していた実態をみれば、アサとからむし、その他のものを同時に資料を保存、調査していく必要がある。アサの基本技術の上にからむし生産が導入されているからである。

こうした点からみると、会津地方のアサ・からむしに関しては、村川友彦『福島県歴史資料館　研究紀要』第三号（一九八一）の「会津地方の近世における麻と苧麻の生産─伊南・伊北麻を中心に─」が根本資料をもとに記述したものとして評価される。

■一七八八（天明八）年に幕府巡見使に随行した古川古松軒は『東遊雑記』で、現在の只見町布沢から昭和村野尻にかけての記述で、「**緒《お》にする唐《から》むしという麻にほぼ似たるものを作る、この辺に多く作りて**」「**麻も多く作る**」と、二種の繊維作物の生産をみている。唐むしとは青苧・苧麻のことであろう。

■一八〇七（文化四）年「大沼郡金山谷　風俗帳」では、「**青苧、夏土用中はきひき仕、勿論其節越国より買人参り相払申候、野尻組大谷組に御座候**」等と、野尻組（昭和村）と大谷組（三島町）夏のからむし生産のこと、その繊維が越後の買人により買われていることが記載されている。

■一八五八（安政五）年、野尻組松山村（昭和村）の佐々木志摩之助が郡役所日向源蔵宛に提出した「安政五年七月　青苧仕法書上」（一九六八『福島県史　第10巻下資料編5下　近世資料4』四五八頁）は、昭和村のからむしの生産技法について現在と変わらないことを記している。これは喜多方市図書館所蔵で、からむし工芸博物館が二〇一〇年の企画展でとりあげている（二〇一一『昭和村のからむしはなぜ美しい　からむし畑』）。

■一八八一（明治十四）年に、昭和村下中津川村の戸長である本名信一郎（一八四二〜一九二二）が、福島県令（現在の知事）に提出した文書の下書きが、子孫の本名信一さんの家に残っている。下中津川村で各産物は「毎戸耕作」ということがわかる。村の「人造農産物」として、栽培収穫、産出量・金額が書かれ、からむしの金額が多いこと、からむしより麻苧（アサの繊維のこと）の生産量が多いこともわかる（註1）。

麻苧・毎戸耕作・四千五百斤・九百円

青苧（カラムシトモ云フ）・毎戸耕作・三千斤・千九百八十円

（註1）

米方・毎戸耕作・五三〇石・三七九二円

粟《あわ》・毎戸耕作・拾五石・五拾円

大豆・毎戸耕作・弐拾石・百円

蕎麦《そば》・毎戸耕作・弐拾石・八拾円

羅葡（らいふく）（大根）・毎戸耕作・四万八千六百貫目・四百八十六円・

立秋四五日後　麻伐取リタル跡ノ畑ヲ打返　肥料ハ厩肥人糞尿混和シ之ヲ施シ直チ播種ス

玉蜀黍《とうもろこし》・毎戸耕作・千八百七十六斤・三十七円

馬鈴薯・毎戸耕作・四千斤・二拾円

麻苧・毎戸耕作・四千五百斤・九百円

青苧（カラムシトモ云フ）・毎戸耕作・三千斤・千九百八十円

養蚕・一村一■通・四十二斤・三十二円

蚊帳地・毎戸製造・五百疋・五百五拾円・自製ノ麻ヲ以テ十一月末頃ヨリ始メ翌年四月■日頃マテ農隙中製造ス

青苧《からむし》については「植付」として、

立夏ヨリ小満ノ頃マテ植付　翌年小満ノ頃乾草ヲ散シ焼ク　（翌日人糞尿ヲ水ニテ和）毎年四五年モ経テ其根腐ルモ有リ　又　十年余モ保モ有リ腐ルヲ去リ若根ヲ撰ヲ取植替ル

「栽培」肥料ハ焼キタル跡ニ人糞尿ヲ水ニテ和ヲ施ス　又　厩肥腐草ヲ施ス

「採収」大暑始ヨリ採始メ　但シ　畑刈採リ一時間モ水ニ浸シ　皮ヲ剥キ採リ　又　水ニ浸シ　アラ皮去薄板ニノセ金具ヲ以テ引　三四匁程ツツ　小結ニシテ家内風ノ当ラサル様　サヲニ掛干ス

（■は解読不明）

※本稿の概要については農文協『からむし』に初出。

3. からむしの分類

●からむしの多様な分類

からむし（Boehmeria niponoinivea）はイラクサ科（Urticaceae）の多年草植物である。広くアジアに自生しているが、品種も多く植物学的な研究事例は多くはない。日本における牧野富太郎の植物学事典等でもアサ（大麻）の製繊作業の一技法である煮る・蒸すを「茎蒸」（からむし）の語源と誤認し、混同し記載している（1977.岡村、七四頁）。こうした基準書の誤りをいまだ正さず、現在多くのインターネット辞書等ではこうした植物事典等からの引用が多いため、正しくからむしを理解している人が少ない。

事典類の記載内容が正しいのかを精査し、考えて引用しなければならない。

本書では不確かな情報はできるだけ記載しない。そのため植物としてのからむしについては今後の調査研究・分類を待ちたい。中国語表記でからむしは苧麻（チョマ）である。苧をからむしと読む場合もある。

近年、植物考古学分野で人間が利用した植物の来歴の見直しが行われている。特に千葉県佐倉市の国立歴史民俗博物館の共同研究で人間が使用した植物由来のウルシ（2017.国立歴史民俗博物館）、アサなどの出土物の科学分析・再検定で来歴見直しを進めている（2014a.2014b.2017.工藤）。縄類の素材は樹皮のカバノキ属、あるいは植物のリョウメンシダであることが多数確認された。これは、新しい認識として大きな転換が求められている。

最古とされたアサやからむしの縄紐類についても最新の分析では「福井県の鳥浜貝塚出土の縄紐類は、縄文草創期のアサ（大麻）が二点とされたが、そのうち一点のみを再調査したが判定不明」となり、「縄文前期の縄は大麻二点、アカソ二点、アカソ様一点、タヌキラン様一点と判定されていたが、このうち五点を再調査した結果、アサ（大麻）とされた一点はマタタビ属の材であり、アカソとされた二点はマタタビ属の材とヒノキの樹皮、タヌキラン様とされた一点はリョウメンシダ」であった。

また青森県板柳町の土井一号遺跡から出土した朱漆塗り紐を分析した結果からむしの可能性が高いとしたが確定には至っていない（2017.鈴木）。花粉分析ではからむしが確認されているが縄紐類の確認は少ない。

●花城良廣氏のからむしの分類

私が参加し関与した、かすみ草の共同販売を行っていた昭和花き研究会（一九八四～二〇一四）は、一九九四（平成六）年九月、福島空港からかすみ草切花の空輸を開始し、大阪・京都・名古屋・福岡・沖縄等の卸売市場へ出荷を行った。当時国内約三十市場に出荷していた（現在は会津よつば農協に加盟）。

名古屋以西の卸売市場への販路拡大は、東京都内の卸・多摩生花の秋山卓司氏の紹介であり、当時から、たいへんお世話になった。

そんななか、沖縄県を訪問したのは二〇〇〇（平成十二）年二月十九日〜二十一日。「太陽の花」の沖縄県花卉園芸農協（一九七六〜）のコギクの販売対策会議が開催された時である。秋山氏と那覇市内で合流し、太陽の花の職員の販売部長の兼島学氏を紹介していただいた。沖縄県花卉卸売市場は、太陽の花が株主となっているためである（註1）。

この沖縄訪問前に、事前に兼島氏に依頼し、本部《もとぶ》にある海洋博記念公園（一九七六年開設、その後、美ら海水族館を併設。沖縄県国頭郡本部町）の花城良廣氏に連絡を依頼した。花城氏と交流があった兼島氏は本部まで私を自動車で送ってくれた。

二〇〇一年一月十日、海洋博記念公園の事務所で花城氏にお会いした。昭和村のからむし織の里落成記念のシンポジウム「アジア苧麻会議」を十月二十七日・二十八日に開催することが決まっており、沖縄の花城氏には「民族植物学から見た　からむし」という基調講演を依頼した（註2）。

花城氏は当時、海洋博記念公園の熱帯・亜熱帯都市緑化植物園に在籍していた。このとき、からむしの植物分類については研究成果が少なく、今でも行われていない、学術的に整理されたものがないことを強調された。また沖縄県内の八重山群島・宮古諸島と台湾のからむしの関係や、台湾台中の農業試験場に戦前の日本産カラムシ品種が集められ保存されていること等を教えていただいた。

特に必要なことは、からむし品種を多数、まず保存し、当面利用すべき品種と、そうではない品種を分け、遺伝資源としてすべてを保存することが必要である、と指導された（註3）。

● 花城氏の分類

イラクサ科のからむしの基本種は中国南部に自生しているナンバンカラムシ（Boehmeria niveaボヘミア　ニベア）で染色体が2ｎ（複相世代）であろう。この基本種から多くの変種がうまれ、染色体が倍加したラミーができ、東南アジアで広く栽培されるようになったと考えられる。

次にナンバンカラムシの亜種（サブスピーシス）に、日本に分布するものとしてからむし（Boehmeria nipononiveaボヘミア　ニッポノニベア）がある。日本がユーラシア大陸（中国）と陸続きであった時代には、ナンバンカラムシが分布していたが、いまでは独自の種に分化したと考えられる。

さらに、からむしを中心として多くの変種がみられ、そ

れがアオカラムシ、アカカラムシ、ノカラムシとよばれる種と考える（註4）。→図1

一般に栽培されるものは野生種よりもひとまわり大きな形態をしているため、染色体は三倍体か四倍体に変化していると思われる。三倍体は交配しても種子ができない。あるいは種子ができても発芽しない。

基本種のナンバンカラムシの二倍体あるいは四倍体を探せば育種は可能となる。

ナンバンカラムシの変種であるラミー（Ramie、学名：B. nivea var. candicans）は葉などが大きくなっているが、同じようにからむしのなかにも四倍体があるかもしれない。からむしは染色体数の変異が多く、育種には有効である（註5）（2002. からむし工芸博物館）。

花城氏は近年、沖縄県の宮古島内のからむしの分類も行っており十一種とした。工芸作物としての分類では第一人者である。工芸作物のからむし分類が行われたところは、管見では、この宮古島のみである。

それによれば宮古島内で繊維植物に利用しているからむし（ブー）は、青ブーA・B・C、赤ブーA・B・C1・C2・C3・D、赤中ブーE・Fの十一種となっている（2017.宮古苧麻績み保存会）。

からむし分類

ナンバンカラムシ――変種――ラミー
｜
亜種
カラムシ――┬アオカラムシ
　　　　　├アカカラムシ
　　　　　└ノカラムシ

（註1）沖縄県中央卸売市場は本島浦添市にあり、花卸の二社が入場している。そのひとつ沖縄県花卉卸売市場も訪問し平社長、中村剛課長らと懇談した。通常、卸売市場への訪問はかすみ草の出荷前と、出荷終了後の二回訪問していた。昭和村のかすみ草の出荷時期は六月から十一月上旬である。

沖縄へのかすみ草出荷を開始して二年目となる二〇〇一（平成十三）年は一月五〜十日まで出荷打合せのために沖縄本島を訪問した。滞在中、那覇から航空機で台湾の台北市の花卉卸売市場も訪問した。かすみ草出荷容器は水入り立箱の時代となっており、昭和花き研究会は一九九四年からオランダのプロコナ社のバケット（立箱）を導入し低温輸送していたが、同じものを台湾でも使用しているというので、そのための調査で台北市の卸売市場を訪問した。

（註2）昭和村では二〇〇一（平成十三）年七月落成予定でからむし織りの里整備、からむし工芸博物館等の事業を抱えていた。当時の私は、昭和村の博士山リゾート開発問題（一九八九〜二千一年）等への抵抗運動のため、昭和村文化財保護審議会委員（一九七八〜一九八九年、復職は二〇一二年）、消防団員等すべての職を罷免されており、村の事業に関与することは無かった。そのため一九九四（平成六）年からはじまった「からむし織体験生」等にも関与していない。

ただ、文化財保護審議会委員として、皆川伝三郎委員長のもと、「昭和村のからむし生産用具とその製品三七一点」を福島県指定重要有形民俗文化財指定にむけて民具調査・写真撮影・実測指導等を担当しており、一九八三（昭和五十八）年指定された。

二〇〇〇（平成十二）年春に昭和村役場の担当の舟木幸一氏から連絡があり、からむし工芸博物館の基本設計への協力要請があった。これまでの役場との関係もあり断るべきであったが、学術的に正しい展示にすること、からむし生産者を基本に置く展示であればということで協力することとした。この準備段階の名称は「からむしシンクタンク委員会」とされ、奥会津書房の遠藤由美子氏、織姫体験生三期生の大久保裕美氏（後にからむし工芸博物館学芸員）等も参加した。

二〇〇〇年四月十日、十九日、五月二十三日、七月十一日、七月二十四日、七月二十七日、十二月二日、十二月十四日、十二月十八～二十二日、二〇〇一年一月十七日、三十日、二月二日、五日、三月二十九日と会議に出席し、展示のための基本的な考え方、調査、展示パネル等の説明文の執筆、刊行する書籍等の執筆をした。なお七月からは展示品の収集作業を文化財保護審議会馬場雄伍委員長と行い、八月八日にはグルジアに行った遺族宅を訪問し、遺品の一括寄託を受けた。落成記念のシンポジウム「アジア苧麻会議」を十月二十七～二十八日に開催することも決まっており、その人選が行われ、沖縄の花城良廣氏には「民族植物学から見たからむし」という基調講演を依頼した。八月八日、京都生花卸へ営業に行った際に、京都市内の『染織α』編集長の富山弘基氏へはアジア苧麻会議の進行を依頼した。これら依頼・内容説明には花の卸売市場への営業訪問時に私が行うこととなった。

二〇〇一年十月に開催されたアジア苧麻会議の要録はからむし工芸博物館より二〇〇二年に発刊されており、現在でも購入することができる。

（註3）からむし品種の保存のことは帰村してから報告し、将来のことを考えて広島県三原市のトスコ株式会社三原工場（トスコは一九一八年創業、しかし二〇〇八年会社更生法手続開始・事実上の倒産後、二〇一四年更正手続終結。現在製造拠点は中国江蘇省昆山市の昆山東蘇克紡織有限公司）より同社が保存している世界のからむし六十二品種を二〇〇一年に提供していただき、昭和村と沖縄のからむしを加えて世界の苧麻見本園として六十四品種を屋外展示とした。

トスコには、当時、昭和村産のからむし繊維の機械紡績を依頼していた。機械紡績したからむし糸は現在でも国内各産地でも経糸（たていと）として使用されている。昭和村産のからむしは現在は機械紡績の加工は依頼していない。

（註4）昭和村のからむし品種は、現状で近世後期より認識しているものとして、葉裏緑色のホンカラムシと、葉裏白のノカラムシがある。また実際には、その中間型がある。ここでいうノカラムシは、花城氏がいうノカラムシとは異なる。

（註5）花城氏によるカラムシの植物分類は以下のようである。先行研究を明示しながら解説しているが、要約として掲載する。

・からむしの基本種は「ボヘミア　ニベア」という学名で、このニベアはナンバンカラムシだが明確な結論が出ていない。

・からむしの基本種が自生している中国南部ではイラクサ科で最もカラムシに近いヤブマオを含めて五十～六十種類ある。

・日本に三十種類あるというが、実際には十八種類と二種のバラエティがある。

・中国の基本種の自生地から日本まで種の連続性がある（大陸と陸続きの時代があった）。

・からむしは基本種の変異だと言っているが、亜種とするのが適当。

・イラクサ科のマオ属（ボヘミア）はからむしとヤブマオに分けられる。葉の付き方が異なる。繊維を取る作物であるからむしは葉が互生している（イヌヤブマオなどは互生になる種もある）。ヤブマオは葉が対生。

・中国にはヤブマオの仲間で葉が互生になる種類もあるが、日本には無い。

・基本種の扱いは研究者により異なっている（研究者名略）。

・細かく見ると、からむし（ボヘミア　ニベア）には「白苧麻」（毛が密生する）と、「緑苧麻」がある。日本には「白皮種」と「細茎青心種」があり、それぞれ寒冷地型・暖地型としている。

・大井三郎氏は基本種が二種あり、ナンバンカラムシ（ボヘミア　ニベア）には変種にラミーがある。またからむし（ボヘミア　ニッポノニベア）に変種アオカラムシがある。花城氏はからむし（ボヘミア　ニッポノニ

ベア）を亜種とし、その変種にアオカラムシとかノカラムシがある。
この著作は復刻すべきからむしの基本文献となっている。

●日本国内のからむしの呼称

日本国内の呼び名は多様である。会津ではからむし、アオソと呼ぶ。山形県内ではアオソ（青苧）が多く、あるいはからむし（1997.滝沢）。特に山形県内のからむし生産については渡辺史夫、菊地和博の研究が知られている。

新潟県内の津南町では、人里近いところにしか、からむしは自生していないので栽培植物として導入されたと認識されている（2011a.2011b.2012.津南町教育委員会）。近世の越後（新潟県）では会津等から青苧（繊維・原麻）を購入して糸に績み、布を織ったが、からむしの栽培も多かった。その場合、自作のからむしは「地苧《じそ》」と呼んだ。またからむしが基本であったので「アサ」と呼ぶ場合も多かったようである。研究者では滝沢秀一、多田滋、杉本耕一らである。

私が調査を行った場所では、からむしの呼称は、四国徳島の木頭ではヒュウジ、熊本県内はポンポン草、宮崎県内ではカッポンタン（高千穂）、ポンポン草、ラミー等呼称があるが、明治以降、産業的な大規模苧麻栽培を行った場所ではラミー（苧麻）と呼ぶところも多い。

また長崎県の壱岐等では二種のからむしが自覚されており葉裏が緑色のものをオンジロホで多少の毒性があるので家畜には食べさせない、葉裏白のものをシロホグサ、ウラジロと呼ぶ。また地区によりシログサ、ポンポン草、対馬でもシロホグサ、ポンポン草と呼びカラムシと呼ぶ人はいない。

石垣島のある八重山から宮古島等ではブー。沖縄本島はウー。

●からむし工芸博物館の苧麻見本園六十四品種

昭和村佐倉にあるからむし工芸博物館の北側屋外展示圃は、二〇〇一年の落成時にトスコ（広島三原）からの協力提供によりからむし六十二品種を保存している。それに昭和村、石垣島種を加え六十四品種の見本園となっている。由来は戦前の各試験場が育種素材として集めた品種で、そのなかから宮崎県川南試験地や栃木県農事試験場、トスコの山守博氏が育種しブラジル等で栽培されている品種がある。

昭和村のからむし
石垣島のからむし
山形在来種一、山形在来種二、山形白葉種、福島在来種、石川在来種、鹿児島在来種二、熊本在来種、調布種、沖縄

種

中国の品種として黒皮兜、線麻、黄殻種

（川南試験地が一九五一～一九五九年に各所より集めた育種原料の品種）

京都大学農学部より白皮四倍体二、白皮四倍体五

石川県農業試験場より米国種一、米国種三、仏国種三、仏国種四、爪哇種、細茎青心種五、鹿児島在来二、紅花種一、紅花種二、山形白葉種四、伊豆改良種、沖縄種、台湾種の嘉義山種一

栃木県農業試験場より白皮三十三号、芦野町採苗、砂連種、細紅花種、青心一号（日本で改良）、野生からむし、台湾種の青心種、台南紅心種、新竹青心種、支那種

鹿児島県農業試験場より宜蘭紅心種、阿喉烏皮種、朝鮮種

日華麻業会社より武穴産苧麻

台湾中央研究所より正種

台中州能高那役所より白花種

台南州立農業試験場より台南黒皮種、嘉義正種、嘉義山種

中には台湾の品種が十数品種あり、戦前日本政府が生産を国内外で推奨した。台湾少数民族が使用しているのは在来の独自の品種としてそれぞれに千年来維持されている。

（宮崎県川南試験地交配による選抜種）

川交一―五〇六、川交一―七〇四、川交二―一三一五、

（実生選抜種）

川南試験地により育成された品種として細茎青心種、宮崎一十二号、しらぎぬ（川南一号）、あおかぜ（川南二号）、川南三号

一九二三（大正十二）年に栃木県農事試験場が耐寒性品種として育成した白皮種

一九二七（昭和二）年に日本からフィリピンへ導入された比島産種。

一九三九（昭和十四）年に日本からブラジルへ持ち込まれた品種の宮崎種。宮崎百十二号に類似しブラジル栽培のラミーの六から七割を占める。

一九四一（昭和十六）年に日本からブラジルに持ち込まれた村上種。ブラジル栽培の三～四割を占める

一九五三（昭和二十八）年に東洋繊維株式会社立田山農場で選抜育成した立田改良種

（山守博氏育成品種）

東洋繊維株式会社（現トスコ）がブラジルのパラナ州農業試験場との提携によって、宮崎種の自然交雑種から選抜した品種のYAMAMORI種（普及品種中最も多収型）

とTPA種。ほかにTPA一九〇、F—五〇二、O—一—七十と調布種、人苧種がある（註1）。

（註1）東洋繊維（株）の取締役社長の山守博氏による「ブラジルで成功したラミー開発事業」では、この品種育成の経過等について詳述している。それによれば四年間で七千系統育成し、十系統を選抜し、三系統を増殖している。直営自給農場は三十～四十ヘクタールを五農場所有し二〇五ヘクタールの経営で五百トン収穫している。

　また一九八四年の融資審査時の資料に、IAPAR10-TPA　IAPAR11-YAMAMOTOの二品種を育成（一九八三年発表）を掲載している。また七十九頁から沖縄と昭和村にラミー（からむし）が残っているとする脚注が掲載しているが、沖縄は坪単位の経営、昭和村は〇・六ヘクタール（昭和五十八年）と小規模で、製品が高いのが欠点と指摘する。

　繊維工業からの視点でみれば、手績み用の高品質品種を機械紡績に出す意味は無く、機械紡績に出すためには相応の多収品種を低コストで作らなければ意味がない。上記資料二点を読めば、全体的な論調としては小規模な手仕事には意味が無い、と感じる

※本稿の概要の初出は農文協『からむし』である。

●昭和村のからむし商品規格

　現在に続く、昭和村からむし生産の「商品規格　かげそ（影苧）」（繊維原料）はいつから始まったのか、ということを、この十年をかけて、村内に残された同時代資料、特に証文、大福帳等から調べてみた。

　かげそは、鈴木牧之『北越雪譜』（一八三六・天保七年）で、「影紵」で初出し、松山村（現在の昭和村松山）の佐々木志摩之助が残した『青苧仕法書上』（一八五八・安政五年）で四尺五寸の長い「苧」と、四尺ほどの短い「かけ苧」と記述している。

　これらの調査結果は、あたらしく判明した会津藩による振興策を含め、からむし工芸博物館より『文字に見るからむしと麻』（二〇一五年）として刊行、企画展が行われた。

　一方、隣の山形県の米沢苧・最上苧の産地では、同時期の江戸時代に、どのような繊維原料の商品規格であったのかを、山形県内に出向いて調査した。

　まず、男性が引く（繊維取り出し）、道具が異なる、生育したままの「長苧《ながそ》」が基本で、米沢苧からは短い良質の繊維を選り出して「撰苧《えりそ》」としている。

　一方、同時代の奥会津では伊北麻《いほうあさ》と呼ばれるアサの栽培が盛んに行われている。これは長いままで、短く切断しない。奥会津では、アサが長苧の役割を果たし、からむしは江戸時代中期に会津藩により導入された新しい農作物なので、米沢・最上の無規格性とは逆に、後発産地として繊維原料に特化した「かげそ」としたと考えられる。

　では、なぜ、日本最大のからむし産地の最上苧栽培地域は、そのまま商品規格を変更せずに済んだのか。江戸時代後期に、現在の長崎県から山口県にかけて鯨捕りが盛行する。この鯨捕りの巨大な網の原料が、からむし（長苧）で、繊維原料が逼迫し、奥会津に越後の繊維原料専門の産地を作る必要が生じたと考えている。

　現在、からむしは衣料原料としてしか見られていないが、

かつては漁網・帆船のロープ類に大量に使用されていた。

また、生活文化に関するからむしの利用を考えると、台湾・沖縄に残存しているからむしの禁忌を調べないと、からむしが持つ意味を深く考えることができない。

台湾・沖縄の八重山群島では、畑作（特に焼畑）のアワとからむしがセットで出てくる。あわまんじゅうのアワである。

そして江戸時代のからむしの栽培品種、現在の栽培品種、集落ごとに異なる品種の調査と保存が必要となっている。

からむし工芸博物館では、台湾・宮崎県等のからむし品種を六十四品種保存展示しているが、昭和村内の品種の保存がなされていない。

そして繊維取り出し道具の問題である。金属器を使用する事例は日本国内では古代からあるが、東アジアをみるとタケ類を加工し道具とするか、貝刃が多く使用されている。弥生時代の穂積み具の石包丁と形状が似ている。

考古学の日本国内の出土遺物について、東村純子さん（福井大学）の研究によると、これまでの弥生時代の直上機が否定され、台湾の原始機（日本では輪状式、台湾では水平背織布機と表現）と同じ形状のものが使用されていたことが明らかになった。

台湾の少数民族は、現在も、この二千年前と同じ形状の織機を使用し、多彩で高度な織りを展開し、からむし畑の再生がはじまっている。

4. 営利植物としてのからむし文献

●加藤清之助の『苧麻』

台湾におけるからむし関連の調査で大変お世話になっている馬芬妹さん（註1）は、花連市の自宅で父・馬慶龍さん（一九二一年～二〇〇九年）の蔵書から、加藤清之助という人が書いた『苧麻』という本を見つける。その本には「民国三六年五月十五日　於花連市　馬慶龍」と署名があった。蔵書の角印が押されているほか「百五十元」と書かれている。民国暦は台湾表記年で中華民国が成立した一九一二年を紀元（元年）としていることから、一九四七（昭和二二）年五月十五日に百五十元で『苧麻』という本を購入したことが確認できる。

さてこの『苧麻』は台北の台湾総督府内の南洋協会台湾支部から一九二二（大正十一）年に刊行された。三六八頁、販売価格は二円であった。日本語で表記された本である。『苧麻』が台北で発刊されてから二十五年目に、花連市の馬慶龍さんが購入され入手した。この間、第二次世界大戦があった。

馬慶龍さんは東京農業大学農芸化学科を卒業しており、一九四五（昭和二十）年八月に日本の敗戦が決まり、半年後の一九四六（昭和二十一）年二月に台湾に帰国した。その後、約二年、花連農高の教師をされている（註2）。ちょうどそのころに『苧麻』を入手されていることになる。農業高校勤務での個人の資料として購入されたものであろうか？

私が実際に『苧麻』という本を手にしたのは、二〇〇六年四月二四日に北海道札幌市北区の弘南堂書店より八八四〇円で購入した『苧麻』が届いたときである。インターネット等の検索によりようやく発見した本であった。その後、二冊目は神奈川県横浜市のたちばな書房から二〇〇七年二月五日に五六〇〇円で購入した。こちらは日本の古本屋というポータルサイトで検索して見つけたものである。

この間、いくつかの図書館の蔵書でも存在すること等、確認しているが、現在、日本での研究者等の本（引用文献）を見ても、ほとんど、この著作は掲載されていない。また原著そのものは、国立国会図書館デジタルコレクションで自宅のパーソナルコンピュータ等端末で、全文を読むことができる（註2）。

さて、からむし栽培等の基本文献を集めているなかで、加藤清之助『苧麻』についても、著者の来歴等含め本格的に調査をはじめた。そのなかで、台北市内の大学図書館等で、戦前の日本の研究者、たとえば田代安定の資料が公開されおり、二〇一六年秋に台北市を訪問することを計画した（註3）。

二〇〇〇年七月にお会いした馬芬妹さんに十六年ぶりに連絡を取り、『苧麻』の執筆者である加藤清之助について調査協力を依頼した。

二〇一六年年十一月六日、八日。台湾在住の馬芬妹さんの調査・教示により、詳しい情報がわかってきた。

台湾史研究所の台湾総督府農業試験所職員録で、加藤清之助の本籍地が山形県であることがはじめて明らかになった。

一九一八（大正七）～一九一九（大正八）年は農事試験場種芸部の技師

一九二〇（大正九）年は農事試験場嘉義支場の技師

一九二二（大正十一）年に『苧麻』発刊

一九二三（大正十二）年に『サイザル及び龍舌草』（南洋叢書二四）発刊

一九四四（昭和一九）年は新竹州　州會議員

しかし、戦後の消息は不明のままである。また山形県立図書館にも照会したが加藤の出自等にあたるものは見つからない。

また、二〇一六年、国立国会図書館に頻繁に通って明治以降の花産業のことを調査している友人の千葉県内在住の松山誠氏を通じて、加藤の調査を依頼した。すると時々同時代の近代資料から加藤の経歴が明らかになってきていた。

一九三四（昭和九）年に加藤は大日本製糖株式会社の沖縄県南大東島の駐在員となり農務係長を務めている（1983．長谷部）。その後、台湾の製糖工場に移っていた。

『台湾農会報』の一九四二（昭和十七年）と翌年の雑誌に連載をしていること。そしてその雑誌の巻末には「執筆者紹介」が掲載されていることを発見した。

『台湾農会報』の一九四二（昭和十七年七月号（四巻七号）の「芭蕉科植物の繊維に就いて（上）」の加藤清之助は、「大日本製糖　北港製糖所」という肩書きであった。

一九四三（昭和十八年五月号（五巻五号）では、「大日本製糖　苗栗製糖所長」であった。

加藤は著作『苧麻』の例言で、田代安定氏、藤井米八郎氏、島田弥一氏に深謝の意を表している。また農学博士の東郷實氏・田中秀雄氏の多大な援助を得たとも記している。

東郷實、田中秀雄は、台湾の台湾総督府、農事試験場の職員。

東郷實は鹿児島県出身の農事試験場技師を経て、台湾総督府の調査課長（大正十一年）。後に政治家。東郷実。

田中秀雄（註4）は同僚で、熊本出身。農事試験場技手。種芸部。

加藤清之助は台湾の農事試験場に勤務し、『苧麻』の著作を書き上げたと推察できる。ウェブ検索の職員録では大正七年から九年までの職員（技手）であり、山形県が本籍地であることがわかった。ただウェブ検索ではヒットしない例（東郷實）もあることから、ウェブの職員録の写真閲覧を行い、精査する必要がある。

加藤清之助は、試験場後に、製糖会社に勤務し、台湾から出て、昭和九年には沖縄県南大東島、そして台湾に戻り、大日本製糖の工場勤務、苗栗工場長を経て、この工場がある新竹州の州會議員（昭和十九年）をしている、というところまでわかった（註5）。

『苧麻』を読み返してみると、台湾との日本内地の比較事例は「山形県」が多く、山形県生まれで、ある程度、そこでの苧麻との関連があったことが推察される。米沢苧（そ）、最上苧《もがみそ》のからむし産地を持つ山形県。会津はその南隣りの産地である。

近世は青苧（あおそ、からむし）と表記することが多いが、明治期は中国大陸からの輸入が増え、中国の読みの「苧麻《ちょま》」という表現が使われたようである。

苧麻の本場の中国大陸を知る植物学者・農学者は、日本国内、特に南西諸島（沖縄等）や台湾統治後は台湾へも「苧麻」作付け・産業化を田代安定などが推進している（註6）。

戦前、日本産からむし（苧麻）品種は、宮崎県の川南の農業試験場に集められ試験研究が進められた（註7）。

（註1）馬芬妹さんは、一九五二年台湾生まれ。日本文化女子大学生活造形学科卒業（専攻織物）。国立台湾工芸研究所助理研究員。専門は植物藍染色、天然繊維、手工芸織物技術の研究と応用、染織工芸新産品開発、染織工芸（藍染ほか）。馬芬妹『赴日本研究　服飾文物保存及染織工芸技術推広教育』（国立台湾工芸研究所、二〇〇〇年十二月、A４判四三頁）等、研究報告多数。

出国期間民国暦八九（二〇〇〇）年三月一六日～一〇月九日。この出張報告冊子は二〇一六年十一月に花連市訪問時に馬芬妹さんから受領した。

（註2）『苧麻』所蔵図書館は国立国会図書館、宮城県図書館、秋田県立図書館、大阪府立中央図書館、奈良県立図書館、九州大学附属図書館、三重大学附属図書館。なお台湾の八田與一（与一、一八八六～一九四二）記念館の蔵書にもある。

国立国会図書館デジタルコレクション『苧麻』は http://dl.ndl.go.jp/info:ndljp/pid/970456

（註3）田代安定（一八五七～一九二八）。国立台湾大学　田代安定文庫に彼の戦前の資料がある。田代安定著『日本苧麻興業意見』（国光印刷、一九一七）を加藤清之助は参考文献としている。

私は「日本の古本屋」というウェブサイト経由で、二〇〇七年十二月に鹿児島市中央町のあづさ書店西駅店から、この『日本苧麻興業意見』を一二、二四〇円で購入した。この本には田代安定の名刺が挟んであり、それは鹿児島高等農林学校谷口教授宛進呈となっている。献本者の田代安定の名刺の住所は「台北古亭村庄五百十一番地　五十二番戸　南門通配電所南隣」となっている。印刷は台北撫台街二丁目一四六番戸の台北印刷株式会社（遠藤祐太）。日本の発行所は、東京市京橋区築地二丁目二十一番地の國光印刷株式会社。

また近年、鹿児島市の南日本新聞社に勤務され定年退職された一九四二年生の名越護氏が『南島植物学、民俗学の泰斗　田代安定』（南方新社、二〇一七年）をまとめた。

田代安定は一九一七（大正六）年七月、『日本苧麻興業意見』（二一八頁）

という著作を出版している。苧麻《ちょま》とはからむし、あるいはラミーのことである。そのため、名越氏はからむしのことを説明するために、奥会津の昭和村のからむし収穫写真を掲示し説明している。

田代安定は、生蕃人（台湾先住民）の苧麻栽培について、調査し記述している。そのことを名越氏は、次のようにまとめている。

「山地原住民は、狩猟や原始的農業に従事していますが、農業においては古来の先人の知恵を受け継ぎ、老練家ぞろいです。山を焼いて、その灰を肥料にする伝統農法（いわゆる焼き畑農法）で『苧麻』を栽培して、糸紡ぎから染色、織りまで祖先から受け継いだ手法を伝えています。苧麻織物ができないと一人前の女性といえないともいわれています。これらの織物で製作した装身具は、彼らの貴重な『物々交換物』になっています。

田代安定は、彼らに苧麻栽培指導についてきびしい注文をする日本人を批判しています。これは山地原住民の種族ごとの特長をよく承知する田代ならではのことです。種族ごとに多少の差があるものの、一般的に彼らは頭脳緻密にして良智良能で、多大の経験を積み、手先が器用で勤勉多芸な集団です。その上、恥辱を知り義理を重んじます。そのため、日本人の指導者は生産増強策を強調するのではなく、彼らのやり方には口出しせず見守り、『彼らの熟長せる慣例のままに一任し、みだりに不完全なる、つまりその手法がいかに非経済的であろうとも、改良的な干渉を加えるべきでない』と警告しています」（一三二頁）。

田代安定は台湾日日新報で一九一六（大正五）年七月三日付～十一月七日付で八十一回にわたり連載記事を寄稿している。そのなかで、

「その剥皮《はくひ》採糸法でも（中略）原住民のやり方は単純原始的な不経済な方法であるが、他民族の様式に干渉的に教えることを避け、欧州式剥皮機械の使用奨励など強いるべきではない。原住民の伝承法に口出しせず、そのやり方に敬意を払いなさい」と、〝郷に入れば郷に従って〟見守ること、と強調している（一三二頁）。

（註4）田中秀雄，熊本県人。一九八〇年一月二日出生、一九〇八年三月熊本県立球磨農業學校卒業、一九〇八年一〇月私立肥料分析技術員養成所結業、一九一一年四月六日臨時台湾糖務局附属糖業試験場雇、一〇月一六日殖産局附属糖業試験場雇、一九一二年九月二四日依願免職、一九一三年十一月四日台北廳農会水返脚支会技手、一九一六年一月一〇日台北廳水返脚支廳雇、五月一八日台北廳士林支廳雇、一九一七年四月一〇日台北廳庶務課雇、一二月八日台北廳庶務課技手、一九一八年九月一三日農事試験場種芸部技手、一九二一年一〇月五日殖産局農務課技手、一九二四年一二月二五日殖産局特産課技手、一九三三年九月二八日依願免職、一九三三年一〇月三日殖産局囑託、負責擴大青果銷路相關事務。參閱〈田中秀雄囑託、手當、勤務〉、《台湾総督府公文類纂》第一〇二三九冊第六号、昭和八年、永久進退。（莊惠惇、許進發「日本殖民政府技術官僚認知的咖啡及其世界市場」二十五頁）

（註5）『南大東村誌（改訂）』（沖縄県南大東村役場、一九八九）二九八頁。東洋精糖の南大東島の農務係長として、昭和九年には加藤清之助が赴任、サトウキビの密植による作付けを奨励するなどした。

駒澤大学の長谷部八朗『離島村落』（一九八八）にも南大東島の加藤清之助が書かれている。「離島村落の変貌過程とその課題 沖縄・南大東島の場合」一八二頁。

「昭和九年に就任した加藤清之助の場合、指導は厳しかったが、仕事熱心な農家には金銭面で優遇してくれたり、収穫の時刈り取った甘蔗を道端にかつぎ出すのが従来のやり方であったのを、そうすることなく牛車を畑の中に入れて運ぶよう指導したため労働者たちは大いに助かった。かれらから、加藤さんは神様と慕われたそうである」

https://ci.nii.ac.jp/els/contentscinii_20180304180602.pdf?id=ART0008915551

二〇一八年三月四日閲覧

（註6）田代安定著『日本苧麻興業意見』（国光印刷、一九一七）

（註7）農林水産技術会議編「苧麻に関する川南試験地三〇年の業績」『プロジェクト研究成果』一三号（農林水産省、一九六三）

次のウェブサイトで全文が読める。二〇一七年十一月閲覧。

http://agriknowledge.affrc.go.jp/RN/2039014196

●『台湾農家便覧』

（台湾総督府農業試験場編纂・台湾農友会発行）

二〇一六年十月二十一日、奥会津書房の遠藤由美子さんから教示された台湾花連の馬芬妹さんに電子メールを送った。十一月十六日からかすみ草の調査で台湾に渡航することを書いた。昭和村で一時間ほど会話してから十六年間経過しており、馬芬妹さんが覚えているかどうか？

翌日、午後九時台に返事が届いた。国立台湾工芸研究所を定年退職後は、郷里の花連市に戻り東華大学で手織りを教えているという。

その後、日程の調整をして、私たちが台北市の花市場と台中地域のかすみ草栽培地の調査をした後の十一月十九日に花連市を訪問することとなった。

私はこれまで二度、かすみ草の調査で台湾を訪問している。最近では二〇一〇年十一月二九日～十二月三日、JFMA（日本フローラルマーケティング協会）の台北花博の視察とかすみ草・トルコギキョウの産地視察で、このときは十八名で渡航した。

二〇一六年十一月十二日、『改訂増補第六版　台湾農家便覧』（一九四四・昭和一九年）が航空便で馬芬妹さんから送られてきた。台湾総督府農業試験場編纂・台湾農友会発行のものである。第一版は一九〇八（明治四一）年、第二版は一九一一（明治四四）年、第三版は一六一六（大正五）年、第四版は一九二四（大正一三）年、第五版は一九三二（昭和七）年に出ている。

本文が二二四五頁、索引が一四五頁あり、二三九〇頁のものを、コピーし七分冊にしてある。

この航空便は十一月四日に出され、費用は一二五〇元NTSで、三三元の切手が三九枚、一元切手が二枚貼られていた。重さは約八キロ。

馬芬妹さんから電子メール添付で、この原本の表紙等写真は、民国七八年（一九八九）に古書店から購入されたようで、馬芬妹さんとご主人の王銘玉さんの氏名が書かれている。事前に読むように送付されたもので、内容については以下のようである。

『改訂増補第六版　台湾農家便覧』は第五版が絶版となり十余年経過し、改訂版の六版を出すと記されている。水稲、野菜、園芸、果樹、畜産、病害虫、農業土木と網羅した事典である。苧麻（からむし、ラミー）、芭蕉、ガジュマルの樹液、泥藍の製造等も書かれている。

なお、苧麻についての項目は、

品種、分根法、実生法、挿木法、土質、肥料、栽培法、繁殖法、粗麻製造法、種子容重、製造、病害（斑点病・疫病・白絹病・炭疽病等）道具類。

一例を示すと　苧麻の品種については、

台湾本島における苧麻栽培の起源に関しては、往古蕃人（先住民）の栽培にかかるものと、今より三百年前支那（中国大陸）から輸入されたものとの二説あり、判然としない。

苧麻を衣服の資料としている蕃人は台中・新竹・台北・花連港に古住しており、蘭人（オランダ）渡来以前よりすでにこれを栽培していたもののごとく、繊維を採取し自家用衣服を作っている。これら蕃人の栽培系統に属する苧麻は、性質極めて強健でやせた土地にも生育するから、各地に広く伝播し、なおこれらの苧は後住の支那人により蕃界付近の傾斜地に栽培されるにいたった。本島人による栽培の沿革は、今から三百余年前、安平を中心として支那農民が苧麻を栽培したもので、南部から漸次北部に伝播したと称せられる。領台後平地においては、苧麻移譲に有利な作物が現出し、取引の不安なのとあいまって、今日では山間僻地の地によみ栽培されている。

品種は数十種あり茎の色で分類している。青心種系（大有、青心佳苧、鉄線枝蕃苧、本地種、白皮種）、紅心種系（烏皮種、人苧、紅心佳苧）等。

「苧麻　粗皮製造法（イ）手剥法」一六七三頁

台湾本島においては収穫した茎を経二十四センチ内外の束となし、渓水または池水に暫時浸漬し、これを取り出して左右親指に攀指を、食指に直圏、中指、無名指に攀圏をはめて生茎一本宛を取り、根元四十五センチ位のところを親指及び人指で強くねじって皮部を縦に裂き、次に木質部を折って内部より木質部を抽出し、木質部と靭皮部との間に人差し指を挿入し、一端を引くと木質部と靭皮部とは分離する。得た靭皮を七十～百條宛重ねて木質部を三十センチ位に積み重ねた上にならべ、さらにその上に三～六センチの厚さに苧麻茎を覆い、その上より水を灌注し、一昼夜位そのままに放置し、発酵作用を起こさせる。ただし、ある地方ではその作業を省略し直ちに外皮の剥離を行なうところもある。以上により処理発酵したものを一條または二條取り出し、右手に持った麻刀と右親指にはめた抱管との間にはさみ、麻刀の刀部を粗皮の内部に当て、左手で粗皮の一端を持ち少し下の方に押し下げ、強く引けば粗皮の上皮は容易に剥離せられ粗製繊維が得られる。この繊維を清水で良く洗浄し、竹竿または縄に掛け、晴天であれば一日、曇天であれば二～三日陽乾し、充分乾燥すれば繊維の長短により選別し、適宜の小束にして販売する。

本島（台湾）においては近年当局の機械剥皮法の指導奨励により、苧麻剥皮機の普及をみたが、苧麻生産量の少ない地方では、現在でも主として手剥法によっている。参考までにそれに用いる機具を紹介する。

(a)麻刀（苧仔刀テーアトウ）
　本機は表皮分離の際使用する鉄製の鈍刀で、刃部は長さ一四センチ位、幅二～三センチ位、これに十八センチ内外の木製の柄が付いている。

(b)抱管（ハウコワン）（苧仔管テーアコワン）
　麻刀を使用するにあたり、これを右手の親指にはめ、抱管と麻刀の間に粗皮をはさみ上皮を除去するもので、竹製の管状の指輪で、親指の大小でそれぞれその大きさは異なる。

(c)攀指（バンチマ）（攀宰バンチアイ）
　木質部を除去する際、親指にはめるもので、各自指の大小に応じ自ら製するものである。

「苧麻鎌（テイモアリヤム）」一七八一頁
　苧麻の刈取用にして刃部はわずかに湾曲するも、背部は著しく丸味を帯び幅が広い。鎌の長さ二十三センチ、柄は刀に平行して十七センチある。使用年限七～八年。

「苧麻刀（チイモアトオ）」一七八八頁
　一名苧仔刀（チイアトオ）ともいう。苧麻竹管とともに使用するもので、、剥皮する苧麻の表皮を除去するのに用いる。その構造は経二・五センチ、長さ一八センチの竹筒に二辺は何れも一二センチと三・五センチ。梢、三角形の鉄板または銅板をはめたものである。この刀は鋭利ではない。苧麻刀を使用するには、左手に竹筒の一端を握り、同じく左手の親指に竹管をはめて筒の間に苧麻皮をはさみ、刃にその外皮をあて、右手で一端を持ち強く引くときは苧麻の繊維と表皮と分離する。
　一日工程、熟練した女一人で乾燥繊維約十二キロを仕上げ得る。使用年限三ヶ年。

「苧麻竹管（チイモアテッコアン）」
　一名苧仔管（チイアコアン）とも称する。長さ十センチ、経二・四センチの竹の外皮を剥ぎ去った指管で、これを左手の親指にはめ、苧麻刀を持って粗皮を除く際に使用する。

「苧麻剥皮機」
　全部鉄製で、高さ一五十センチ、幅六九センチ、長さ八十九センチ。発動機または電力により運転する。刈り取った苧麻を刃の付着したまま四～五本を差入口に差し込むと、内部に装置した回転刃により木質部は裁断除去せられ、これを引き出すとき回転刃と差入口の板金とにより扱かれ、表皮その他の付着物が除去される。（略）

●中世の越後青苧座に関する資料

●『越後縮布史の研究』

児玉彰三郎著『越後縮布史の研究』は一九七一年三月、著者の死後に東京大学出版会から刊行された。二十二頁から青苧について書いている。

越後布の原料に用いる麻は、もともとは山野に自生する山苧（やまそ）を使用した。『東頸城郡誌』によれば、「山苧は一名エラ苧といひ、山地は勿論田圃間の平地まで散生せりといふ」とあり（一〇一五頁）、また『越後風俗志』には「苧麻は古老の言に上古黒姫山に起こり頸城魚沼中郡蒲原の山辺りに皆産す就中妻ありさばし谷を以て名産とせり」ともあるから、やはり、魚沼郡とその周辺部に多く産したものであることは間違いない。しかし、越後の麻布が〝越後布〟として喧伝されるようになるにつれては、野生のものから一歩進んで、これを畑に栽培するようになった。

即ち〝自苧〟で、それは「自作苧の謂ひにして最肥沃湿潤なる地に培養したるものをいふ、之を青苧と名づけ縮布を織る」とある（『東頸城郡誌』一〇一六頁）。適地を選び、肥料や管理などに、相当な手間を要したもののようである。

苧麻《からむし》は蕁麻（イラクサ）科の多年生草本で、春、宿根より芽を生ずるが、それより先、〝カンナ焼〟と称して苧畑を焼き、その後に成長して六～七尺から一丈に達したものを、夏の土用頃から始めて八月中旬まで刈取る（『南魚沼郡誌』七七八頁）。

これから繊維をとるのは『和漢三才図会』（九十四之本、湿草）を、引用している。それは、

茎を水につけて蓆莚で覆って蒸すという方法によって、一層優れた品質のものを得ることが出来るようになり、これが青苧として著名になった……としている。

『和漢三才図会』は、前述の蒸す方法から「からむし」と呼ぶとしているが、これはアサ（大麻）の製造技法である。

一五〇八（永正五）年に神余《かなまり》氏と、蔵田五郎左衛門が苧公事（青苧座、青苧販売掛）を担当する（二十六頁）、とある。

ここでは藩政史研究会編『藩制成立史の綜合研究　米沢藩』（吉川弘文館、一九六三）の二十一頁（神余氏）、一八九頁（蔵田氏）をもとにしている。

・蔵田氏については、永原慶二「上杉領国経済と蔵田五郎左衛門」『戦国期の政治経済構造』岩波書店、一九九七年（初出は『歴史と民俗』十二号、神奈川大学常民文化研究所、一九九五）が、伊勢御師の出自の蔵田氏の国内ネットワークを究明している。二八七―三〇六頁。

・神余氏については、新潟大学の小林健彦『越後上杉氏と京都雑掌』（岩田書院、二〇一五）の単著（三五五頁）

で詳述している。

著者の児玉彰三郎氏は一九三一年六月十六日に東京府麹町で生まれた。両親が疎開する宮崎県内の高校を卒業し、東京大学文学部国史学科を卒業。大学院卒業後、東京都内の高校を経て一九六三年に新潟大学講師となり小千谷市史編纂にかかわる。一九六七年に新潟大学助教授となり、一九六九年十一月十九日、新潟市から小千谷市に向かう途中、交通事故で死去。

『越後縮布史の研究』は一九七一年三月、著者の死後に東京大学出版会から刊行された。

●「三条西家の越後青苧座の活動」

『歴史地理』第六十三巻第二号（一九三四年二月）

著者の小野晃嗣氏は一九〇四年岡山県生まれ。一九二八年三月東京帝国大学文学部国史学科卒。一九四二年に三十九歳で死去。

小野晃嗣氏は中世のからむし（青苧）流通に関する「三条西家の越後青苧座の活動」を『歴史地理』第六十三巻第二号（一九三四年二月）に投稿された。この論文は、からむし（青苧）流通に関する論文では必ず引用されるものである。

一九八九年に法政大学出版局から『日本中世商業史の研究』が刊行されたが、これには一九三二～一九三七年に学会誌に発表された小野晃嗣氏の八篇の論文が収録されており、「三条西家の越後青苧座の活動」も収録されている。「三条西家の越後青苧座の活動」（一九三四）のこの論文発表以後の学会動向について網野善彦氏は次のように解説している。

著者の小野氏は、越後から海津、戸津、天王寺にいたる苧の輸送、流通経路にふれた上で、三条西家の青苧座に対する支配が荘園とは全く無関係の、苧課役の知行に起源を持っていること、それ故、越後の青苧座のみならず坂本、京都諸口、美濃、丹波などと苧関として苧公事が徴収され、苧課役は甲斐・信濃にも及んでいたこと、その三条西家の経済の中で占めた比重などを的確に解明している。

これ以後、青苧座については、豊田武、脇田晴子、佐々木銀弥などの諸氏をはじめ言及した論文は多いが、基本的には小野氏の論旨を大きくこえていない、といわなくてはならない。この苧課役が、仁治元年（一二四〇）閏十月三日、造酒司解（『平戸記』）にみえる装束司が市《いち》の苧売買の輩から徴収した上文となんらかのつながりのあることは間違いないが、それが三条西家の手中に入るまでの経緯は、小野氏も保留しているように、未だ解明されていないのである。

さて、内容を一読してみると、まず冒頭に、苧《からむし》は繊維の摘出方法ならびに精製の差に応じて種々なる名称をもって呼ばれた。中世文献に於いては皮剥苧《かわはぎそ》・白苧（気比宮社伝旧記上所載、建暦二年九月日文書）、綱苧《つなそ》（高野山文書）、青苧等の称を見出すとしている。

そのなかで『越後略風土記』七の越後地方における苧の製作法について引用しているが、この文献を読むと、煮苧・白苧・青苧・綱苧とも、種子を播いて育てるとあり、これはアサの栽培のことであり、カラムシではないことがわかる。

「春の土用に種蒔、夏の土用に引取、根を切捨て日に乾し、夜気よき時には夜晒しにして、青色の去りし時に、茎の肥大に直なる上を金引きとし、茎の不レ大長き上を煮苧とし、其次を白苧とし各撰て品定めして製上る事也」

「白苧ハ茎に青草をかけ、ふせ黄て水を灌き柔きたるときに其儘剥引きたる也」

「種子取し麻を十月青きままに草を掩ひ、水を灌き剥引しを青苧とし、綱麻といふ」

このアサの加工を細別している『越後略風土記』はどのような書籍でいつ発刊されたのかが不明である。

さて、そのことを除けば、書かれている内容については、以後の研究者による判断に委ねるが、このからむしとアサの違いを指摘する研究者が存在していない。

現場では、からむしとアサは識別されていたと思われるが、こうした苧《を》とは植物繊維の束原料（半加工品）の総称であるので、区別しなくともよいのかもしれない。

しかしアサ原麻（麻苧、あさを、大麻繊維）も、三条西家の取締に該当したのか、等、課題は残る。

近世にカラムシが鯨捕網の原料となり大量に西海捕鯨組に購入されるが、それにもアサ（大麻繊維）が混入されていると考えられる。

■牧野富太郎は『牧野新日本植物図鑑』（北隆社）で、からむしを「茎蒸の意味で、皮のある茎《カラ》を蒸して皮をはぎ取るからである」と解説している。これも『和漢三才図会』を下敷きとした、誤った解説である。

アサ（大麻）とからむしの製造技法は異なる。からむしは宿根草で新鮮なまま繊維を取り出す。台湾等では種子を播いて育てることも行なうが、株分け・根を持ち増殖する日本では一般的ではない。

アサは種子を播き、当年に収穫できる。アサはいったん乾燥させてから、水浸け・腐熟させて皮を剥ぐ。あるいは湯掛け、煮てから乾燥させ、その後、腐熟させ剥皮する。

■小林健彦『越後上杉氏と京都雑掌』（岩田書院、二〇一五）の一六一頁。

織田信長の上洛という事件が、上杉氏在京雑掌廃止（消滅）の一つの契機となったことは確かである。

そして、在京雑掌職廃止のもう一つの理由は、青苧公事にあったと推察する。在京雑掌としての神余（かなまり）氏の職掌の一つとして、三条西家へ対する青苧公事の納入が挙げられる、としている。

児玉彰三郎氏は、永禄年間も半ばに達すると越後国の青苧座が上杉氏（長尾氏）の統制下に入り、且つ青苧座側にとっても無力な三条西家を本所として仰ぐことに依る利益が薄れていったものと指摘している。（『越後縮布史の研究』）

又、この後、慶長二年（一五九七）十二月十三日付の上弥彦社（魚沼神社）神主蔵田与三郎宛上杉家奉行人連署知行書出には「山野竹林川並蠟漆桑楮苧万小成物己下者、別而御料所ニ罷成候」とあって、青苧を始め万小物成を上杉氏の直轄支配として一般給人より切り離し、一般給人の支配を米だけに限定するという傾向が出現する。このことは、神余氏の重要な職掌であった青苧公事の三条西家への納入の停止をも意味しているのであり、その点でも神余氏が在京する必要性が薄れていったものと推察される。

としている。

●多田滋氏の仕事

二〇〇四（平成十六）年十月二十三日に中越地震が発生、昭和村大岐も大きな揺れで二階の我が家でも棚から物が落ちて破損した。避難所等への救援として収穫期にあった自家用のダイコン等を送り役場職員などが被災地新潟県内へ交替で派遣された。

翌年の四月に新潟県中里村、川西町、松代町、松之山町が加わり新生・十日町市が誕生した。この震災の影響で二〇〇七（平成十九）年十一月に清津峡にあった中里村中条の小貫（こつなぎ）集落は閉村した。

小貫は松之山町赤倉から八百年前に移住した人々が拓いた村で、諏訪社を建て御神木のスギを植えた。それが新潟県魚沼地方ではいちばん大きなスギ「小貫諏訪社の大スギ」として新潟県の文化財となっている。

二〇一二年の春、小貫生まれのからむし研究者の多田滋（しげる）氏の消息を追って、日町市博物館の佐野芳隆館長に手紙を出したところ、「多田氏は大病を患い、その後、言葉が出ないようになり、施設に入居されている」ということが判明した。

二〇一五年八月一日に十日町千手コミュニティセンターで昭和村大芦と大岐が舞台となった記録映画『からむしと麻』（民族文化映像研究所自主製作、一九八八年）が上映されることとなり、訪問した。ちょうど十日町市山間各集落でも「大地の芸術祭」が長期間開催されており「青苧・カラムシ」に関する取り組みも出ていた。

映画上映を企画した門脇洋子氏を通じて、多田氏の消息がわかったので、十月四日に再度、十日町市を訪問した。

日曜日午前、多田氏は施設には不在であったがデイサービスセンターでお会いすることができた。

訪問意図をお話しし、昭和村来村等について短い時間、対話をした。

多田氏は一九三一（昭和六）年生まれ、昭和村には二回か三回、からむしの聞き取り調査で訪問した。「引き盤」などの言葉など、方言について語られた。

多田滋氏は、一九七〇（昭和四十五）年（当時三十九歳）に新潟県の緊急調査で津南町『秋山郷』の民俗調査に参加した。当時は十日町実業高校の教諭をされていた。その後、自治体史の調査・執筆に加わっている。

一九八〇（昭和五十五）年から津南町史、一九八六（昭和六十一）年から十日町市史、一九八七（昭和六十二）年から中里村史の調査と執筆をされている。

昭和村大芦に調査に来られたのは一九八〇〜一九八三（昭和五十五〜五十八）年の五〇歳ころ。成果は一九八五（昭和五十九）年に発刊された『津南町史　資料編　下巻』に「苧《からむし》から縮《ちぢみ》まで」を六十一頁にまとめ掲載された。

アサ栽培生産には「ヲ」、からむし生産には「からむし」と表現することを明確にしている。「からむし焼き」「からむし引き」という言葉を正確に記録している。

ここで、昭和村でのからむし栽培は「大芦・両原・大岐・小野川にしか残っていない」としている。多田氏が聞き取りをされた大芦地区のカラムシ栽培・生産にかかわる皆さんは、星庄吉・五十嵐コウエ・皆川善次・五十嵐光雄・五十嵐ヒナコ・皆川虎之助・皆川ヤチヨ・五十嵐チョウノ・五十嵐スイコの九名（『津南町史資料編下巻』七八七頁、敬称略）。

昭和村では、多田滋氏のような、言葉（作業や呼び名）にこだわった記録調査がいまだ行われていない。三十年前に行われた多田氏による「土地の言葉」による記録はたいへん貴重なもので、基本文献といえる。

多田氏は新潟県民俗学会の『高志路』二八一号（一九八六）から七回の連載「越後地方の雪語彙《ごい》」として雪に関する表現・地域の言葉（方言）を採録した記録を、寄稿している。人びとの発音・表現にこだわった記録をされている。

なお、一九八六年から十二年間の調査は、一九九八（平成十）年に十日町市郷土資料双書八『越後縮の生産をめぐる生活誌』（十日町博物館）として刊行されている（註1）。

一九八九年に刊行された『中里村史　通史編下巻』は近代・現代・民俗が納められている。このなかの民俗編は多田滋氏が執筆した。六七七〜一二五八頁で、分量は五八一頁。（四〇〇字詰めで一三〇〇枚、五四万字）。

（註1）『越後縮の生産をめぐる生活誌』（一九九八）は、十日町市等の博物館・図書館等で閲覧するしかないのだが、聞き取りによる新潟県内の調査を含め、歴史についても言及している。この文献を参照したものとして朝倉奈保子「苧の道」（『会津学』二号、会津学研究会・奥会津書房、二〇〇六年）がある。

ほかに一九八六年九月三日、二十四日、二十八日、十月二十七日の聞き取り調査については『市史リポートとおかまち第二集』（一九八八）に「古老の語りにより越後縮の民俗落ち穂拾い」として発表。『同第五集』（一九九二）には「絹織物生産をめぐる女性たちの生活世界　古老の語りによる点描」を執筆。

●「縮調査メモ　縮調査のための目安」滝沢秀一氏よりの所管

一九八六年、民族文化映像研究所が昭和村で『からむしと麻』の記録映画の撮影を開始し、一九八八年五月に自主制作記録映画が完成した。撮影地の大芦では佐藤孝雄氏が「じねんと塾」を設け撮影スタッフの住居とし、一方の撮影地の大岐は、我が家の両親と祖母が取材対象であった。所長の姫田忠義氏から、からむしの研究を勧められ、滝沢秀一氏に会うことになった。

一九八八（昭和六十三）年四月二十四日に、新潟県十日町市博物館で滝沢秀一氏にお会いし、からむし調査の指導を受けた。トヨタ財団の第五回研究コンクール〝身近な環境を見つめよう〟の予備研究として昭和村の四人（佐藤孝雄・舟木幸一・栗城定雄・菅家博昭）で訪ねた。

その後、滝沢氏から書簡が届いた。以下がそれである。地域調査の項目としてたいへん参考になるもので、二〇一七年十一月の台湾の台東市の国立台湾史前文化博物館での講演資料に添付して配布した（馬芬妹さん翻訳）。

新潟県十日町市博物館　**滝沢秀一氏より「縮調査メモ　縮調査のための目安」**（一九八三年三月二十八日手書き、郵送により一九八八年四月下旬菅家博昭受理）

これは、縮《ちぢみ》調査を具体的にするための目安として、作ったものです。不明の点が多く、不備なものです。今後、調査をすすめながら、補充、修正してゆくことにしたいと思います。ここにあげた項目は「経験者がいる」「知っている人がいる」「用具がある」といった情報をいただくことを主として考えてのものです。しかし、みなさまのご存じのこと、お知りになったことは、是非お教え願いたいことは、もちろんです。

何卒、よろしくおねがいいたします。

Ⅰ．原料精製用具

1．栽培・採取の関係

⑴苧畑を作った経験者、または、そのことを知っている

人はいないか
(2)苧畑で使った用具など
・植え込みや植えかえに、どんな用具を使ったか
・オヤキに使った道具類、焼き方、焼け残ったものの処方
・肥料（下肥・堆肥など）をやるときの方法、用具
(3)風除けの柵《さく》の作り方、用具・材料
(4)刈りとりについて
・刈りとりの時は、いつごろとされていたか
カラムシ、ヤマソ（野生カラムシ）、イラ、アカソなど
・刈りとりの道具（たとえば鎌なら、どんな鎌か）
・刈った苧の処理、運搬のための道具
(5)家に運んでからの処理・水に浸すときの用具
(6)ヤマソ・イラ・アカソなどの場合の処置と用具
(7)オゴイモチ（餅）について
・いつつくか、どんな餅か
・作り方、用具
・どこへ供えるか、また他家へも配るか、その時の用具
(8)その外にも、お祝いとか、信仰などがあるか

2．苧の精製用具など

(1)皮を剥だり、オカキ（オヒキ、オツキ）をした経験者はいないか
(2)皮のはぎ方、はいだ皮の処置、用具（水桶など）
(3)オカキをするときの用具類、使い方
(4)ヤマソ、イラなどをオカキするとき（たとえば自家用）などで、荒い　とり方をするときの用具

3．苧について

(1)苧になったものの呼び方、製品
・産地による呼び方（アイズソ（会津苧）、〇〇ソ、××ソ、ジソ（地苧）など）
・原料による呼び方（イラソ・〇〇ソなど）
・品質などによる呼び方（オヤソ、カゲソ、ワタクシソ、フデソなど）
(2)苧を買うとき、売るときの用具、その人、市のこと
(3)苧の保存に使う用具（包装など）
(4)苧の利用（縮以外の利用）と製品など
衣・食・住（建築儀礼）、農事、手仕事、年中行事、産育、信仰、祭礼、芸能、結婚、葬儀、医療、まじない　などの利用

4．その他

(1)苧を掻いたあとのクズの利用（ウチワタなど）製品
(2)茎（オガラ）の利用（トボシ）など
(3)苧を商品として記載したチラシ、広告、絵紙など

(4)苧について書かれている帳面や紙片、文書の類
(5)苧についての言い伝え、昔話、諺《ことわざ》など
(6)同じく、地名（地図）、屋号など
(7)上記の作業をするときの服装（下着類、はきもの、前掛け、かぶりもの、着物〈上体・下体〉、タスキ、手甲の類など）

Ⅱ．紡織用具

1．苧の雪ざらし
(1)オウミをする前の苧を、灰《アク》や雪でさらした経験者か、わかる人はいないか
(2)さらし方は、どうしたか。用具の類は。
(3)さらしに使うアクには、何の灰がよいと言われたか（ワラ、ソバガラ、堅木〈樹種〉など）
(4)灰汁を作るときの用具や材料（アクタレ桶など）
(5)アクタレ桶の構造・使い方
(6)その他の方法

2．苧績み（オウミ）、撚りかけ
(1)オウミするときの用具（オブケ〈カケゴ・ナカゴ〉、ヘソゲなど）
(2)苧のウミ方の種類（つなぎ方）、タテ・ノキのちがい
(3)ウンだ苧を入れるのに、曲げもののオブケ以外のものがあったか（どんなもの）
(4)ウンだ苧を、どうしておいたか（ツヅネなど）
(5)撚りかけをするときの道具（ツム・ミズトーシ・ツムジ・テシロ・イトカケ・オヨリバコなど）当地での呼び方
(6)ツムには、タテとノキ用のものとは別にあったか（形、大きさなど）
(7)ツムザヤを使う場合、それはなんで作ったか
(8)オウミの女衆が、オウミヤドへ集まってオウミをすることがあったか、そのことを何といったか
(9)そのときの様子
(10)ウンだ苧をどうしたか、入れものなどに何を使ったか
(11)夜、オウミをするとき、灯火《あかり》として、どんなものを用いたか（電灯のつく前）、それに使う用具や材料
(12)オウミをするとき、どんな服装をしたか
(13)オウミに関して、祝いとか、儀礼的なことはなかったか（オブケ流し・オブケ餅など）。遊び（楽しみ）は、どうか。

3．カセかけ・糸しらべ・糸たたみ
(1)カセかけのしかた、カセの種類・形・部分名
(2)ノキガセとタテガセのちがい
(3)ヒビリのとり方や糸の数え方（ヒトナワ・ヒトテなど）
(4)カセからはずした糸の処理（ノキとタテのちがい）
(5)糸しらべ（糸すじを整えるには、どのようにしたか、

用具）
(6)オガセにして、たたむときの用具、たたんだものの始末

4．カナ（オガセ）買い。カナ売り
(1)売るとき、買うときの様子と用具
(2)カナ買いの服装と売買用具、運搬具など
(3)物々交換などの場合の物資
(4)みやげものなど
(5)カナの保存法と用具類

5．糸の雪ざらし、糸のばし
(1)雪ざらしのしかたと用具（雪中の用具、服装も）
(2)灰汁についてはⅡ～1関連
(3)さらしあげた糸の処理
(4)糸のばしのしかた、用具

6．整糸、糊つけ
(1)さらしあげた糸を、糊つけするまでの、糸を整えていく手順と、そのとき使う用具類（マエバ・オッタテ・オシワク・トンボ・マルワク・ワク・ザグリ・タタリ〈サッポコ〉・テフリワクなど）
(2)糊つけの手順と用具・材料など（フクロノリ・ナベ・ミズトーシ・ノリツケワクなど）
(3)ノキ糸の整糸

7．染色関係
(1)染もの屋（コーヤ）を以前やっていた家があるか
(2)コーヤの経験者、または少しでもわかる人がいるか
(3)コーヤの道具を持っている家、または特定の人、あるいは資料館などがあるか
(4)自家用に家で染めものをした経験者がいるか（昔の染め方、化学染料でもない、木や草や泥などを使ったもの）
(5)染もののことを控えた帳簿などがあるか
(6)アイ（藍）その他、自家染めした糸や布があるか（小切れでも、また苧でなくとも）

8．縞《しま》・絣《かすり》の染め、及び織り
(1)縞を織った経験者がいるか
(2)絣を染めた人、織った経験者がいるか
(3)柄《がら》見本や注文書などはないか
(4)絣染めに使った用具類はないか

9．糸のべ（クテ）、クダ巻き（ノキ）
(1)ノベ台（ヘ台）の形式（平面、タテ、など）
(2)ワクから取り出した糸をかける、糸つり、メッパリの型式（どんなもので、どんな形に使ったか）
(3)ヘバシを使う場合、目板を使う場合、使わない場合

(4)アヤのとり方、アヤのかけ方
(5)細かな用具（糸の回数をかぞえるもの、糸をくくっておく糸など）
(6)ノベた糸をクサリにとるときの方法
(7)ノキ糸をクダに巻くときの準備、用具
(8)糸車の型式と部分の名称、種類によるちがいと適・不適
(9)シラベ糸のかけ方、回し方
(10)糸車で撚りをかけるもの、ウンだ苧にもこれで撚りをかけたか、使わないとすればなぜか

10．イザリバタにかけるまで
(1)イザリバタの型式（型式のちがうところ）
(2)イザリバタの部分名称、併用具と名称
(3)オサは、タカバタのものとどうちがうか
(4)オサドーシは使ったか
(5)オサドーシするときに、オサタテを使ったか
(6)オサヤスミなどをつけたか（つけ方、材料〈ススキなど〉）
(7)オサゲタのつけ方（併用するもの〈補助用品〉があるか）
(8)チギリ巻きの併用具（マキツケボー・ハタクサなど）
(9)ハタクサにした紙、板（名称、材質など）
(10)織りながらチギリを回す方法、用具
(11)アヤ棒の使い方
(12)アヤを移すときの方法、アザリガエシ、丸棒と板の使い分け、利点など
(13)アソビカケ（綜絖）をかけるときの用具、用品、名称
(14)割り竹の用い方、かけてからどうするか、名称
(15)チマキ（布巻き）について、ジゴクボーの使い方
(16)チマキ（布巻き）とシマキ（腰当て）の接続法、構造
(17)チマキの種類、呼び方
(18)中筒部分のちがい、名称
(19)クダに巻いたノキ糸の整理、用具（箱など）
(20)ヒ（杼）の種類（ヒ、セギヒなど）
(21)ヒの使いよさ、悪さ（大きさ、重さ、材質、その他）
(22)クダの入れ方、補助用品があるか
(23)ノキ糸の出方のよさ、悪さ

11．イザリバタ織り
(1)オリハジメの織り方（藁《わら》などで織るなど）
(2)オリオサメの織り方
(3)糸が切れたときの処置、用具、予備の糸など
(4)切れた糸のつなぎ方
(5)糸が切れないようにする処置、糸を整えるための処置など
・クルミの油をつける。そのときの用具、使い方
・クシを使う？なにぐし。
・糊をつける。つけ方、用具など

・湿気をとる。用具やものなど

(6)ハタから途中でおりるときの方法、用具、織りかけの処理

(7)マネキにも油をつけるか

(8)その他

・ハタ神への備えもの（どんなとき、何を）

・マジナイなど（ネズミ除けなど）

・ハタのキレ、布などをお宮などへ供えたか（どんなとき、どんなものを）

・ハタ神のお札など受けたか（どこから、何さまを、縁日などあったか）

・ハタが上手になるように、お参りに行くことがあったか。たとえば、どこ（黒姫など）

・寒いときの暖房はどうしたか

・ハタオリのときの服装

・ハタ見舞、ハタ茶、ハタマメイリなどということがあったか

12．仕上げ（縮の）

(1)自家作業として縮の仕上げまでした経験者がいるか

(2)さらしや・たたみ屋など、仕上げを業とした家があるか

(3)また、そうしたところで働いた経験者がいるか

(4)布さらしの経験者がいるか

(5)これらの用具を持っている家があるか

Ⅲ．仕事場関係

この関係用具については、前記の項目にもそれぞれあげたので、ここには要点だけを記す。

1．仕事着

それぞれの仕事のときに身につけたものを、下着から外被、手拭、たすき、ひもの類まで、必要に応じて、仮に用いるようなものも含める。

2．灯火・暖房具

(1)灯火具

仕事のために用いた（あかり）のすべて。また、その補助用具（あかりの台、つるすもの、反射器の類など）も入れる。イロリの火、タンコロ、カワラケ、ヌカビなど。

(2)暖房具

イロリ、コタツ、アンカ、火鉢など、及びその補助的な用具など

3．生活用具

仕事に関連した生活用具類。たとえばイロリで用いる用具類。また幼児のある母親が仕事をするときなどは、子どもの哺育具なども入れる。

4．その他
その他、たとえば集まってオウミをするような場合、いきぬきのためにした（かもしれない）、遊び、飲食などに用いた用具類

Ⅳ．販売関係用具（出荷関係・売買関係）

1．苧及び自家生産の縮に関しては、前期の項にあげたもの
2．商業的な点については、経験者の有無、それに用いられたとみられるものについて調査する

Ⅴ．製品

1．半製品
・布として織られる前の工程にある糸類
・織りかけの布、または小切れ
・苧を用いて作る製品の工程にあるもの
2．製品
(1)オウミした糸を用いて織った布、または布製品
・商品となるように作られた布、または布製品（着物など）
・自家用などに用いられたとみられる組布、またはそれによる製品
・着物地以外の苧を用いた織物と、その製品（カヤなど）
・オウミした糸を用いて縫ったもの
(2)苧のまま（オウミしないで）用いて作った製品
・苧だけで作った物品
・苧によって綴り合わせたり、結束したり、編んだりしたもの
(3)その他
・苧のクズ、または布縮切れなどを用いて作ったもの
・綿糸や絹糸、苧以外の植物繊維（当地方の植物による）を用いて織った布、または繊維を利用した製品、その原料

Ⅵ．信仰儀礼用具

1．信仰用具
(1)ハタオリやオウミのことで神仏などに奉納したもの奉納ハタ、オリカケ、ノボリ、鈴縄、絵馬など
(2)ハタの神様、苧の神様などに供えたもの、その用具
(3)ハタや苧の神様、またはそれらに御利益があるとされて祀るお札など
(4)おまじない的なもの（ワラジなど）
(5)講などがあれば、その用具

2．儀礼用具

(1)苧やハタに関係して儀礼的に、行事・交際などのために作られ、用いられたものとその用具など。ハタ見舞、ハタ茶、ハタマメイリ、オゴイモチ、オブケモチ、オブケナガシなど

(2)儀礼的な行事などに、苧や縮、またはその用具類を使うことがあるか、行事名、用具（作り方、使い方）

3．その他

(1)オウミやハタオリ、その用具、または作業についての言い伝え、ことわざ、昔ばなし、世間ばなしなど

Ⅶ．その他

1．紡織関係文書

公的な文書、商用文書、私的文書など

2．その他

5. 多様な植物の利用

からむしなど素材の内皮（靭皮繊維）を利用するには、刃物を含む道具を必要とし、かつ栽培という行為が伴っている。ところが山林内から採取する野生植物のヒロロなどは、そのまま縄への加工であり、あるいは簑《ミノ》に編むという加工で、丸ごと利用が基本となっている。栽培という行程を経ない植物は、乾燥させ、丸ごと利用するということの古さを持っているように見える。

我が家がアサやからむしの栽培をしていたことから、暮らしに用いる植物がとても身近にあった。それが、収集された栽培用具の分類・調査、聞き書きや作業行程の記録を行う際の基礎となった。その後、民族文化映像研究所が「からむしと麻」の記録映画の撮影のため、三ヶ年昭和村内の取材や調査に立ち会い、技法の意味を深く考えることがあった。

野生植物の利用技術として樹皮（サワグルミ、カエデ類、モワダやマタタビ、コクワ、ヤマブドウなど）とともに草（ヒロロ、イワスゲ、ガマなど）やカヤ類（コガヤ、ボーガヤ）の利用があった。

稲《イネ》の導入により稲藁《いなわら》が生産されることから、多くの生活用具は稲藁の加工品となっているが、古く稲が導入される前には多くの生活用具はヒロロなどのその土地にある植物が山野から採取され利用されてきたものと推察される。もっとも、奥会津の山間地、源流に位置する村々の稲作・米の生産量は低く、言ってみれば「穀物である米の確保よりも、稲藁の確保に重点が置かれた」のではないかとさえ思われる。それだけ稲藁というのは素材としては利用しやすいものであった。

畑等で栽培をせずとも集落を囲む山野の樹皮・竹・草を採取し植物繊維を精製することが古くから行われている。

標準的な植物和名と、その村々での呼称は異なることが多い。これは台湾等での少数民族（原住民）でも同じである。

●谷《や》ヶ《か》地《じ》のアサ作り

現在は会津美里町となった会津高田町の国道四〇一号博士峠の谷《や》ヶ《か》地《じ》はロックフィルダム（新・宮川ダム）が出来て水没した。

私の暮らす昭和村の小野川（字大岐）から博士峠を越えて最初の集落が谷ヶ地であり、定期バスも来ていた。私は会津若松市内の高校から実家の昭和村に帰る時に、この谷ヶ地までバスに乗ってきて、父に博士峠の砂利道をダットサントラックで迎えに来てもらった。

その『新宮川ダム水没地区　松坂（谷ヶ地）民俗調査報告書』（会津高田町、一九八五年）に、畑でのアサ作りについての詳細が掲載されている（五十四頁）。

また博士峠での物資の輸送についての記載もある。桑沢という中継地の項である。第二次世界大戦前の様子かと思われるが、「**昭和村から運ばれてくる荷物は、木炭や柄麻（からあさ）が主で高田に運ばれて来た**」「**高田からは米・味噌・魚などが上げられた**」とある（八十二頁）。

谷ヶ地でも柄麻が作られた。畑から引き抜き、幹（柄）ごと乾燥させたままの麻素材である。皮（繊維）と芯を分離せず、乾かした幹のままで流通させていた。皮付き麻殻と言える。これは町場で繊維と麻殻《あさがら》を分離することができて、麻殻も屋根材や焚き付けなどになるために重要な資源であった。

「**高田では柄麻から麻（繊維）を製して高田麻として売出している**」とある（註1）。

こうした柄麻は近世・江戸時代にも南会津郡の大内周辺からも会津高田に持ち込まれている。会津高田の麻は有名であったが、その素材は周囲の農村部・山村部の傾斜地等の畑で栽培されたものも多かったようだ。

谷ヶ地のアサ作りについては商品規格等も含め、詳細で貴重な記録であり以下に採録する。アサのことはオと称している（五十四頁）。

麻を栽培するオバタケ（麻畑）は春になって平にしたところに、フリツケと称し人糞尿を一面に散布する。乾いてから再耕起して平にならす。

オバタケの大きさを表すのに播く種子の量で表す。播種量は一畝（約一アール）に一升が標準である。大抵の家では二斗まき畑、即ち約二反歩位作付した。中には五反歩も作っている者もあった。種子播きは八十八夜の後、五月中旬である。

畑の表面にはカッサ棒で、四、五寸（十二～十五センチ）間隔に筋をつけ種子をおろし、足で土をかけるか、または鍬で平にならすようにして覆土をする。

畑の周囲の草取りをするだけで畑の中には立ち入らない。七月下旬には二メートルにも伸びるので収穫する。夏の土用を収穫期とする。

麻の収穫をオヒキ（麻引き）という。オバタケが傾斜地である場合は傾斜の上部から引きはじめる。麻の茎を四、五本持ち根から引き抜き、根部を揃えておく。畑の一方から引き抜きながら畑の内部に入る。畑の周辺にある麻は巾二尺程残しておく。残したのは種子採り用である。

根と茎先を切り捨てて、大きさ、伸びによって三段階に選別する。大量収穫した場合はその日の収穫物をヨワリ（夜なべ）にする。

選別はホンソ、中ソ、ネキラズとする。

ホンソ、中ソが販売用で、ネキラズは藁代用で自家用とする（谷ヶ地は稲作が無いため短いアサをワラとした）。

収穫した麻は家の前の広場や河原に拡げて乾かす。河原

の礫上に拡げると乾きが早い。附着している葉は乾燥したとき打ちつけて落とす。

朝に拡げ夕にとり入れる。雷雨がくる時は老幼共に収納に忙しい。こうして旧盆前に干し終える。干し上がった麻は三尺縄で結束し、五貫目一束とする。高田から買いに来るので売却し馬につけて運ばれる。

麻畑の周囲に残した種子とり用のものは、雌木だけ結実するので九月になってから茎先だけ刈り取って束にして軒場に下げ乾燥する。種子はマトリと称する枝分かれした木の枝で作った木槌で打ち落とし、箕で吹いて雑物を除いて貯蔵する。

栽培者はアサから麻薬がとれることは知らなかった。栽培について何等の規制もなかった（戦前）。麻種子は小鳥の餌として需要があった。当地では「オタネ（麻種）を炒って食べると笑い上戸になる」という言い伝えがある。戦後、麻栽培には許可が必要となり、麻糸に代わる工業生産物が出廻ったので麻栽培は見られなくなった。

麻収穫後の畑にはオタバケ菜《な》を播く。二百十日前に播かないと大きくならない。平らな収穫跡地に二尺にせびって畦を作り播く。秋に収穫して縄で編んで干葉として、カテ飯用とする。オバタケ菜は柔らかく味もよく干さないで調理しても美味なので進物用としても喜ばれた（註2）。

（註1）佐々木長生氏は「『会津農書』にみる麻の栽培と民俗」（『下野民俗研究会』第四十九号、二〇一六年）は「おばかり（麻量）」のことを含め詳細な近世文献を紹介している。

そして大晦日に「神玉飯（ミタマメシ）」を作り、「大麻ノ幹ヲ挿ミ歳徳神ニ供ヘ」と『新編会津風土記』巻之七十四陸奥国大沼郡之四、高田組の以下の記述を注目している。

又此組（高田組）及中荒井・永井野・東尾岐・東尾岐・冑・滝谷・大谷・野尻・大谷・大塩組ニテ神玉（ミタマノ）飯トテ団飯十二ヲ作リ、大麻の幹ヲ挿ミ歳徳神ニ供ヘ、其後蓄置テ明年大麻の種子を蒔ク時是ヲ食フ

昭和村でもアサは古くから栽培し生活でも利用され、アサを播種した際に前年の長い麻殻を数本立て雷除けとした、あるいは小正月のダンゴ挿しの枝も添えたとも伝えられている。アサのような祈り・まじないが今も伝わっている。しかしからむしは江戸時代中後期に導入された新しい作物であると考えられ、まじないなど祈りに関する所作が伝わっていない（未調査である）。

小池善茂・伊藤憲秀『山人の話 ダムで沈んだ村「三面（みおもて）」を語り継ぐ』（はる書房、二〇一〇年）では、小正月の行事で、一月十五日朝に田はやしのことが紹介されている。イナワラ、大豆の幹の部分、麻殻（おがら）をそれぞれ十二ずつ雪中田植えをした（一四九頁）。また三面では十二月八日と二月八日の二回、オガラ（麻殻）を二十センチくらいの長さにして、それにだんごを挿して、にんにくとか辛いものはそれよりも高くして真中になるようにして、それをぐるーっと縛って、雪に挿した（一三三頁）。

（註2）栽培技術のほか、繊維（麻苧）を商品とする場合の「商品規格」が重要であるが、これはほとんど調査されていない。

石川純一郎『会津舘岩村民俗誌』（舘岩村教育委員会、一九七四年）で麻栽培は、次のようにある（七十二頁）。

平らに耕し、足引きといって両足で溝を作って行く。溝に種を蒔き、薄めた人糞を一面に撒布しマトーリ棒（一名カクサ棒）をもって土をかける。中間手入れは畝の間をカッツアで引き通す。収穫の時は、丸ごと抜いて根と葉を鎌で切り落とし、上麻と粗麻とに選別の上天日に晒して乾かす。も

っとも乾燥法は幾通りかあり、最初に湯通しをして干し上げる法、麻の色を白くするためによく乾かした後に湯通し、さらに干しあげる方法などを行った。

湯通しにはオユデガマ即ち鉄砲釜を用い、これを備えていない所では据釜を利用した。据釜は小さいので、トクという樋を釜に接続して架設し、これに麻の束を入れ、柄杓でもって釜から湯を汲みあげては注ぎかけ、湯を循環させる。

麻干しはしょっちゅう反転させねばならぬし、朝夕に出し入れするなど、それでも一乾燥に一週間はかかり、なかなか手間暇を要するものであった。とにかく乾いた麻は一日しまっておいて、九月下旬頃再び取り出し、水に漬けて皮を剥ぐ。これにはウミソとゾウソの加工法がある。

ウミソ（績み麻）、元は各戸に麻漬け田があって、ここに三、四晩浸したあと、引きあげて剥ぎ、剥いだ麻をば再び一晩水に浸け、板の上に載せてカナゴでひいてクソ皮を除く。一カケ三〇匁位に頭をハネて束ね、陰干しして仕上げる。なお、モミソ（揉み麻）といってさらに米糠水の中で揉んだ上、地面に打ち付けて仕上げることもある。

ゾウソ、これは一晩多く漬け田に浸し、オカにあげて萱で覆って一晩寝せた後に剥ぎ、剥いだものを一、二晩余計に漬けてひく。それから陰干しして仕上げる。これは売物にする。

アサマキユワイ（麻蒔き祝い）、麻は重要視された作物で、種蒔きを済ました晩は小豆飯やソバを神棚に供え、手伝い人を招いてもてなす（七十四頁）。

●山苧《やまそ》（ヤマカラムシ）

福島県昭和村松坂（谷ヶ地）地区は博士山塊にあり、自然の自生植物の利用も行われている。

前項の『新宮川ダム水没地区　松坂（谷ヶ地）民俗調査報告書』（会津高田町、一九八五年）には「**山に自生しているヤマカラムシは、丈《た》けが長いので長い丈夫な糸がとれた。エラからもセンイがとれる。エラは柔らかいうちは山菜として珍重されるが、長くのびたものは皮をはいで糸にすることができる**」（四〇頁）という記載がある。

ここでいう「ヤマカラムシ」とは野生のからむしなのか不明だが、長い繊維が採れたという。また山菜のエラ（標準和名ミヤマイラクサ）からも繊維が採れるとしている。エラは山形等ではアイコと呼ぶ。

文化庁編『民俗資料選集3紡織習俗Ⅰ』（一九七五）でも、佐渡の繊維植物について記載がある。相川高校教諭であった佐藤利夫氏がまとめたものと思われる「佐渡のヤマソ紡織習俗」。それによると、

ヤマソはヤマスとも呼ぶ。海岸段丘より少し山に入った山の斜面や沢あいに群生している。佐渡のヤマソは中部地方でいうヤマソ＝からむしとも異なる。山に自生しているアサの意味もあり、詳細には呼称と植物自体で判断するしかない。からむしを植え付けた時代もあった。クスヤとよぶものはヤブマオと思われるとしている。イラクサ（ミヤマイラクサ）をヤマイラとよぶ。判ずるに、佐渡のヤマソとはアカソのことをいう場合が多いので、アカソ利用のことを言っているのではないか。水田開発に伴い、日常衣料の原料採取地が奥山に移動し、村境争いや入会山の論争が盛んに起きる。またヤマソ山をシナノキを植林しその樹皮繊維を利用するシナ山（船用の綱・ロープ材料に利用）に

転換していくなかでも争いが起きている。シナ皮は加賀苧綱・苧麻綱とともに船用のロープとして商品価値が高まった。ヤマソは織物のタテイトとして利用され木綿布を裂いてヨコイトとした裂き織りが作られる。

稲刈りが終わった十月にヤマソ（アカソ）の葉が落ちぬうちに山に行き刈り取る。一日に刈る量はワラツゲ（すげ、結束）で束ねて四束で、タテ負いにして下ろした。ヤマソの茎を折らぬようにするためタテ負いにした（大正年間の事例）。

ヤマソは約五センチほどの小束に裏と元を結びなおして、陽が照って風の通るところで二～三日干す。雨には当てない。関地区ではこれを細い藁縄で全体をぎりぎりしばって、その上から、納屋のジョウバ石の上でコヅチを使ってたたく。そうすると茎と皮が離れて、皮がむきやすくなる。

戸中地区の場合は、石臼の上に三本の竹（ヒキギという）を、一本だけはヤマソをはさみやすいように少し短くして立て、そこへヤマソをはさんで、引っ張って上皮をむく。なお、まだホネ（幹）が上皮にくっついている場合はジョウバ石の上で、コヅチで軽くたたく。

一二〇七（承元元）年十二月の関東下知状（壬生家文書『鎌倉遺文』三巻一七〇九号）には、若狭国の国富荘で地頭方と百姓方が、藁《わら》・薪《まき》・鮎《あゆ》・桑（養蚕）・藍《あい》・麻・山苧《やまそ》の収取をめぐって争っている記録がある。国富荘の百姓の生業が、河川の漁、山野での繊維原料の生産、養蚕にまで及ぶことを教えている（1994.山本）。この山苧はイラ（ミヤマイラクサ）あるいは佐渡のようにアカソであろうか？からむしを畑に栽培するようになってもイラ（アイコ、ミヤマイラクサ）はヤマソとして利用されている。山苧は自生したものを採取する。

越後の秋山郷でもイラの利用がある。多田滋氏によれば秋に採取してイラソに精製し、苧の補いにあて、またオガセに仕上げて売り出してもいた。大赤沢では、ヤマノクチ（山の口明け、解禁）を定めて一斉にイラハギをおこなった（1984.多田）。

『常次郎氏の春夏秋冬』（一九八六 朝日新聞社）は、白山の北麓の石川県加賀市分校町の伊藤常次郎氏（大正年間生まれで六十三歳）の一年間のルポルタージュで自然物採取について興味深いことが多く記載されている。本書は二〇一七年三月十八日に福井県勝山市で開催された「はたやフォーラム」で教示された。

八月一日、スゲ、オロ（アカソ）、イラ（ミヤマイラクサ）を採取。スゲは沢水がいつもぬらしている岩盤の急斜面に自生。カマを腰ひもに差し込み、崖地をはい上がって刈る。オロは低地の川筋沿いに多い。イラは石ころ混じりの荒れた斜面で育つ。それぞれの草を求めて一ヶ月半近く、山を歩く。繊維質が強くなる夏の間に集め、乾燥させアマ（天井裏）に保存する。

スゲは乾いているとワラより弱いが、水にはうんと強い。だからワラジやエゴ（腰かご）、セナカテ（背負いかご）など、身につけるものに編み上げられた。縄になうと軟らかく、炭俵をしばるのに使われた。

オロとイラは皮から繊維をとり、糸に紡がれた。畳のタテイトになるオロは、貴重な現金収入源のひとつだ。サックリ（作業着）にも、アサにも混ぜて織られた。イラは繊維が太くて長く、家族の衣類に変わった。オロのサックリはひと夏もたないのに、イラは強くて毎日、山仕事に着続けても一～二年分は十分、ていねいに着れば七～八年は保つ。

夫人の朋子さん（五十七歳）は昨冬、イラを糸にし、それを手機《てばた》で織り上げて反物に仕上げた。乾燥しておいたイラ（アカソ）を、大なべでスコップ一杯の木灰とともに半日、煮続ける。十分、軟らかくなったところを今度は冷たい水でさらし、アクをとる。それを石の上で一束ずつ丹念に、クモの糸ほどに細い繊維だけが残るまで、木づちでたたく。一着分に親指と人差し指でつかめる束がざっと三百束は必要。この重労働に十日。さらに、この繊維をこよりをよる要領で極太の毛糸ほどに「のべる」のにさらに十日。それを手機にかけて二日後、やっと一反仕上がった。常次郎氏の母親は毎冬こうして少なくとも五人分のイラの反物をつくってきたという。かつてはアサも二～三アール栽培していたが、アサだけのサックリはぜいたく品だった。それだけのアサ畑すらなかったという。

江馬三枝子氏『飛騨白川村』（一九七五　未来社）をみると、イラ（ミヤマイラクサ）取りは女の仕事で秋の彼岸が終わったところで、家の女たち総出で一日採集する。イラ草は繊維にして麻の代用にしたという（四十七頁）。葉に刺されないように、初めに葉をしごいておいてから根から引っこ抜く。その茎を親指と人指指と中指の三本で軽くもむと、中の芯が皮の部分と離れてくる。その皮だけを二つに裂いて持って帰る。すぐ水につけて一夜おき、次の日にオーヒキと同じことをやって繊維の部分だけにする。そのまましばらく干しておいて、すぐ麻と同様に績む。できた苧も麻とほとんど同じで薄みどりがかって、きれいにみえる。織り上がった布は雪の上にひろげて漂白する（二三七頁）。

紡織材料としては麻、イラ、綿、藤、シナ、ブドウ（二三四頁）。イラは麻の補いとして用いられたが、麻より木綿は高級品とされていた。しかし観念的には「麻は木綿より絹よりも位が高い」と一般に考えられていた（二二一頁）。

白川や飛騨では麻は「オ」と呼ぶ方が通りが良い。しかし麻が畑に関連してくるとアサと呼ぶ。「麻《あさ》畑」とはいうが「苧《お》畑」とは言わない。収穫も「麻《あさ》ひき」であって「苧《お》ひき」ではない（一二二頁）。

「しろそ」「くろそ」「はそ」「使いそ」などがある。しろそは、灰汁で煮て白くした麻である。しろそは明治中期頃までは、使いそのみに使用されていた。使いそは布にせぬ麻で、オナワやミノゴの一部分に用いられた。それらの品を造るのは男たちの仕事であったので、「男衆の使うのが使いそじゃ」などといっている。

くろそは機織りに使用される。つまり麻布《ぬの》になるので、使いそに対立して女ばかりが取り扱ったものである。麻布は織ってから漂白するので灰汁で煮てしろそにする必要がなかったし、黒その方が丈夫だといわれる。しかし明治中期以後にはこれにもしろそを使う者もいるようになった。

皮そは最初麻ガラを抜いたままの、皮のついたままの未完成品である（一二二頁）。

次は同じ内容なのだが表現が一部ことなるので掲載しておく。

カワソの一部分を灰汁で煮て、谷川水にさらして乾燥すると真っ白なシラソができる。シラソは普通織物に用いることなく、それで多くの苧縄《おなわ》や、ミノゴ（背負蓆の一種）を編むときの細縄を作った。シロソはこまごましたものに使うことが多いので、ツカイソともいって、男たちのつかうものとされていた。

女の用いるもの、織物にされるものをクロソと呼んだ。クロソは九月初旬、カワソを谷水の中に浸しておいてそのふやけたところを、菜切包丁のその半分くらいの大きさの金物で軽く押さえ、麻の根本の部分から引くと、繊維を残して、皮や余分のものが取れてしまう。これを干したのがクロソである。

以上が記載内容であるが、一般的呼称とすれば、剥いだだけの皮を干したカワソ（昭和村ではカラッパギ）あるいはクロソ（コウゾ、ミツマタ等の製紙原料の場合）、腐熟させ靭皮繊維だけにしたものがシロソという。飛騨では灰汁処理をしたものをシロソと言っているところに特徴がある。トチの実を食するための灰汁処理が、植物繊維の前処理あるいは布の後処理に活用されている。

男性・女性の素材利用の別は、越後のアンギン制作は男性で、上布・縮布織は女性である。台湾原住民にも性差による分担が見られる。

会津学研究会では朝日新聞福島版に『会津物語』を毎週連載したことがある。その二〇一三年五月一〇日掲載に、昭和村喰丸の山内善次さん（当時九十一歳）からうかがった話「春の堰普請、二〇枚ぺろりと売れた　ヒロロで蓑作り」をまとめたことがある。記事中にも紹介したが、次のようなエラの繊維のことをうかがった（註1）。

山菜のエラ（ミヤマイラクサ）は秋に良い繊維が採れる。日影のイシカラ（石殻）のようなところに生えている。採る時、トゲが手に刺さって痛いが、からむしのように挽く。からむしのワタクシ（私苧・小供苧）のような良い繊維になった。昔はカゲソ（影苧・陰苧）を束ねるときにふんわり感を出すのにワタクシを混ぜ込んだが、エラの繊維はそのように使ったこともあった、という（註2）。

● 山形県南陽市史料に見る山苧

江戸時代の産業的な事例を紹介する。

南陽市金山の尾島の菅野佐次兵家文書が残されており、江戸時代後期から活躍した豪商であったという。青苧（からむし）や生糸を出荷し、塩・砂糖・くり綿・薬品などを買い入れた。そのなかに次の資料がある（『南陽市史編集資料』第四三号、南陽市教育委員会、二〇一四年）。年次は不明であるが幕末と推定される（七十九頁）。

一　辰年ハ山苧ならハ　三駄〆テ　弐百両迄■二而直入二相成候ヘトモ、

（略）

三月六日　田中屋　常三郎

亀田屋伊左衛門様

預かった撰苧《えりそ》（米沢地域のからむし・青苧）が、不景気で売れないとする書面である。そのなかの後段にこの山苧《やまそ》が出てくる。三駄で二百両という大量のヤマソの取引が行われていたことを思わせる資料である。

● 新潟県津南町史に見る山苧

『津南町史　資料編　上巻』（一九八四年）に、「挽苧《ひきそ》一件」（二五七頁）という杉本耕一氏による次の資料解説がある。書面は谷内村の岡の内山謙二氏所蔵。

青苧の高値が続いた。天保の凶作による青苧生産の衰退に主な要因があったと言われている。このため、一八三五（天保六）年、越後国三嶋郡脇野町庄屋兵衛、頸城郡尾神村庄屋条助、田麦村庄屋七郎左衛門、中深見村庄屋要次郎・庄屋久四郎・谷内村之内岡の三右衛門を含む六人によって、秋田佐竹領からの山苧の移入が計画された。

「アイト」と呼ばれている山苧を青苧の代わりに縮の原料にしようというものである。四十貫匁を一駄とし、一駄に付き役銀二四匁を秋田藩に上納するという試みで、この年には二百貫匁の移入が計画された。

安井盛之進なる人を表向き中心人物に据えている。

初年度は苧売揚代金四十両と見積もり、これにかかる諸雑費を差し引くと七両余の利益が得られるはずで、この利益は計画に出資した人に平等に分配されることになっていた。

宮之原の庄屋六郎左衛門も一人前分として五両を出資しているので、計画は実行に移されたようだが、その結果は不明である。折からの天保の飢饉、および八年の一揆などの混乱の中で、失敗に帰したのではないかと思われる、としている。

（註1）赤坂憲雄編『会津物語』（会津学研究会・奥会津書房、朝日新聞出版、二〇一五年）は百編採録されているが、本話は単行本には収録されていない。新聞には一〇八話掲載されている。

（註2）二〇一一年十月、津南シンポジウム「植物繊維を編む」にて池田亨氏より、イラクサ科（カラムシを含む）の植物伝承について、二〇〇七年に廃刊となった『染色α』からの記事の紹介があった。一九九六（平成八）年の九月号（一八六号）と十月号（一八七号）の脇田雅彦・節子夫妻による執筆の記事である。

「美濃国・藤橋村（元・徳山村）の靭皮繊維、野生の麻「ミヤマイラクサ」の伝承」「野生カラムシ（苧麻）の伝承、ミヤマイラクサ等の伝承」である。奥会津でエラと呼ぶ自生植物が岐阜県内では「イラソ」と呼び繊維に利用され布に織られ、豊かな伝承がある。

二〇一一年十二月二十一日、この調査をされた脇田雅彦さん・節子さん夫妻に、愛知県一宮市の自宅でお話しをうかがった。これまで収集された多種の繊維植物・布を見せていただいた。調査では「(それは)あると思って、繰り返し現地の人々に聞きなさい」という指導を受けた。その後、聞き書き時にはエラ（ミヤマイラクサ）の繊維利用についても聞くようにしている。

●アイコ（エラ・ミヤマイラクサ）

●『津南町史　資料編　上巻』に見る

出羽国秋田郡其外於諸郡ニ　アイト与唱候草山野自然生有之、実者山苧ニ而製方次第行々者縮糸苧ニも可相成見込を各申合・・・

これはアイトとありアイコ（ミヤマイラクサ）であろう。

これらのことから山野に自生した山菜のミヤマイラクサ（エラ、アイコ等）を採取して繊維を取りだし糸にすることも行われたのであるが、それは主に自給用であった。しかし江戸時代後期になると、越後縮布の原料が高騰したことによりミヤマイラクサもヤマソとして採取されまとめられて商品化したことがわかる。

これは、奥会津のからむしの産地では二番苧《にばんそ》、小供苧《こどもそ》という短い繊維で十分に成熟していないものに商品価値が見出され取引されるというヤマソ重視の背景に似ている。

もっとも、一六八四年の『会津農書』ですでに二番目に伸びてきた芽を八月節の稲刈りのころに刈るとある。この場合のヤマとは野生の意味であろう。そのため佐渡のようにアカソ（赤苧）をヤマソと呼ぶ地域がある。越後のアンギンのヨコイトはアカソが多い。自給用繊維がアカソであり、以下にそれを述べたい。

『常次郎氏の春夏秋冬』（朝日新聞社、一九八六年）は、白山の北麓の石川県加賀市分校町の伊藤常次郎氏（大正年間生まれで当時六十三歳）の一年間のルポルタージュで、自然物採取について記載されている。採取に多くの時間を使っていることがわかる（註1）。

八月一日、スゲ、オロ（アカソ）、イラ（ミヤマイラクサ）を採取。スゲは沢水がいつもぬらしている岩盤の急斜面に自生。カマを腰ひもに差し込み、崖地をはい上がって刈る。

オロは低地の川筋沿いに多い。イラは石ころ混じりの荒れた斜面で育つ。それぞれの草を求めて一ヶ月半近く、山を歩く。繊維質が強くなる夏の間に集め、乾燥させアマ（天井裏）に保存する。

スゲは乾いているとワラより弱いが、水にはうんと強い。だからワラジやエゴ（腰かご）、セナカテ（背負いかご）など、身につけるものに編み上げられた。縄になうと軟らかく、炭俵をしばるのに使われた。

オロとイラは皮から繊維をとり、糸に紡がれた。畳のタテイトになるオロは、貴重な現金収入源のひとつだ。サックリ（作業着）にも、アサにも混ぜて織られた。イラは繊維が太くて長く、家族の衣類に変わった。オロのサックリはひと夏ももたないのに、イラは強くて毎日、山仕事に着続けても一～二年分は十分、ていねいに着れば七～八年は保つ。

夫人の朋子さん（五七歳）は昨冬、イラを糸にし、それを手機《てばた》で織り上げて反物に仕上げた。乾燥しておいたイラ（アカソ）を、大なべでスコップ一杯の木灰とともに半日、煮続ける。十分、軟らかくなったところを今度は冷たい水でさらし、アクをとる。それを石の上で一束ずつたんねんに、クモの糸ほどに細い繊維だけが残るまで、木づちでたたく。一着分に親指と人差し指でつかめる束がざっと三〇〇束は必要。この重労働に一〇日。さらに、この繊維をこよりをよる要領で極太の毛糸ほどに「のべる」のにさらに一〇日。それを手機にかけて二日後、やっと一反仕上がった。常次郎氏の母親や毎冬こうして少なくとも五人分のイラの反物をつくってきたという。かつてはアサも二～三アール栽培していたが、アサだけのサックリはぜいたく品だった。それだけのアサ畑すらなかったという。

（註1）本書は二〇一七年三月十八日に福井県勝山市で開催された「はたやフォーラム」に参加した際に、石川県の人より教示された。

● 岐阜県内のミヤマイラクサ等の伝承

岐阜県内で、脇田雅彦氏・節子氏はていねいに植物繊維素材の伝承を探っている。ここでいうイラクサとはからむしではなく、ミヤマイラクサである。〔〕は筆者が適宜補った部分である。一八九〇（明治二十三）年から明治期に生まれた人たちに聞いている（註1）。

(1) 岐阜県内の山間部の村では、凶事の用意に麻の反物の一～二反が大切に保管されるが、イラクサを利用する地域では、当然イラクサがその素材となっていた。そうして、仏（ほとけ、遺体）に着せる通称カタビラ（帷子）も、その布地が使われた。カタビラ以外にはゼンノツナに、そしてカン（棺桶）の結びに、さらにはカンを吊る人の首綱ともされていた。

こうしたなかで、上宝村にはイラクサの布地でできたカタビラを着ていれば、あの世で鬼にその着物をはがされないと伝えている。これが丹生川村になると、はがし役はショオズカバアサンに代わり、やはりイラクサの着物だけは大目にみてもらえると教わった。イラクサの布地がないときは、せめてもの、縫い糸だけでもイラクサを使っておけば、無事に難所を通過できるとも聞かされた（縫い糸の事例は上宝村にもある）。

　イラクサのこの効能の痕跡なのだろうか、一方の美濃側徳山村では、オビ（帯）にはイラソ（ミヤマイラクサ）のオ（苧）を編んでおくものと伝承されている。

　アサのことでは、白川村に次のような話しも伝わっている。人間は生まれるとき、麻の種を三粒もらってくるので、その麻種で作った着物を身につけるとよいとする。

　イラクサと麻の両植物のうち、どちらが古いかといえば外来植物としての麻の位置からしても、前述した条件からしても、今さらいうまでもあるまい。

　なぜにふだん利用していた布地を着てゆくことで、災難にあわずにすむものだろう。

　この由縁にまつわる伝承は、消滅して既に久しいようだが、何か、イラクサには私どもに想像もつかないものが秘められているような気がしてならない。

(2)岐阜県内にはミヤマイラクサ、徳山村でいうイラソで織った着物を着ていると、カワタロウ（河童）に狙われるという。

(3)野生のからむしはヤマソとかパンパングサ、オノハなどとも言っている。ミヤマイラクサと同じで山間部の谷沿いに群生しているものが枝分かれも少なく繊維を取り出すには良い。野生カラムシの茎の色は赤味を帯びたものと青っぽいものがあり、後者が鉛筆のように細いものでも表皮が長くとれるので良い。夏至から半夏生までの十一日間に採取する。そうしないと皮が剥げなくなる。麻を栽培したくても、大切な上畑を使わなければならず、かといって作物も植えなければならない。そのため山間部では、耕地不足の分を、自生植物に頼っている。

　野生カラムシの繊維だけで織った布で作った着物を着て、昼寝などしていると袖なり裾から蛇が入ってくる。それを防ぐために、麻を交ぜて織った布としている、という（久瀬村の事例）。

　二〇〇六年八月一九日に三島町名入の「山びこ」を会場として「地域に学び、いまを考える」会津学研究会の夏季講座が開催された。『会津学』二号の発刊を記念して開催された。講師は赤坂憲雄氏、野本寛一氏、佐々木長生氏、そして赤羽正春氏であった。

　新潟県村上市在住の赤羽氏は『採集　ブナ林の恵み』（法政大学出版会、二〇〇一年）で山形県小国町小玉川の狩人の植物利用の事例を紹介している。

奥会津ではエラと呼ぶミヤマイラクサは、アイコと呼ぶ。アカソとする場合もあるようであるが、今後確認をしたい（以下原著のまま）。

「アイコ（エラ）春は山菜として、秋はこの植物の茎から糸をとる」「アイコ剥ぎの実演。長い茎からオビキと呼ばれる道具で繊維をとる。実演者は伝説の狩人・舟山仲次」。

下半身にはノノタスケを着用した。アサで編んだズボンで山で穿く袴のことである。ヤマバカマという言葉はここにはない。また、金目の猟師衆に伝わる「アカソは山からいただいた材料だから山に穿いて行ってはならない」という伝承がここにはない。

ノノタスケは家のまわりの定畑で作った麻（カラムシ）を使った。その代わりアイコ（アカソ）で作った袴はクマヤマに履いて行った。これをノノタスケとは言わなかった。ノノタスケには粉雪付着防止と保温のために奥三面のスノヤマではカモシカの脂を塗ることがある。小玉川ではこれをしなかったという（二十九頁）。

山形県の朝日山麓金目では、山菜等を塩漬けする。ワラビが八十キロ（二〇貫目）、ゴボウアザミが十キロ、アイコ十キロ、アツミカブ十キロ。

アイコは長じてアカソである（註2）。春先出てくる十センチほどの茎はヤマノモノとしては価値のあるおいしさである。秋になると糸とりである。二百十日に採取をはじめる。山に入って採る場合、山道のところに棒を立てておくと中で人が採っていることを意味し、別の人は入ることがなかった。五〇センチセほどに伸びた茎は、採って来ると家のまわりの池に漬け、一週間ほどおいて上げる。直径一〇センチの束になった茎は刈ってきた草をかけて放置しておくと、内部が腐って外皮がとりやすくなる。外皮の下の内皮がアカソの繊維であった。箱の上に金具のついた道具を専門に使い繊維をとる。これをアイコハギといった。糸をオボケに入れて績《う》むことをオウミという。繊維を糸にし機織りで一反織れれば、女としてはイッチョウマエ（一人前）であるといった。

からむしの糸は水きりが良いため、投網の材料とした。また、アカソでヤマバカマを織ることがあったが、これは手間のかかる分、着心地のよい立派なのができたという。ところがこの繊維は山から戴いたものである。

「山から採ってきて作ったものは、山で着たりはいたりするものではない」といい、けっして山での仕事の際に着用することはなかった。家のまわりの畑ではからむし（青麻）を栽培していて、ほとんどのヤマギモノはこれで作った（二五〇頁）。

新潟県山北町山熊田では、田の畦には春は山菜、秋は繊維取りをするアイコが植えられているところが多い（二二七頁）。

秋田ではアイとかアエコと呼ばれるヤマノモノはエラと

かエラコと呼んでいる。ミヤマイラクサのことである。山菜の王者と言われる。植物全体にトゲがあり、エラエラ（痛くてイライラすること）するからついた名と思われる（二三四頁）。

秋田打当では、アイコ―イラクサ科のミヤマイラクサのことである、としている。アイコを採る時は熊と一緒になることがある。熊は柔らかい茎が好きで夏頃まで若芽を食べている。一尺くらいの大きさの時に手で折って食べているという（二六〇頁）。

（註1）脇田雅彦・節子「美濃国・藤橋村〈元・徳山村〉の靱皮繊維　野生の麻「ミヤマイラクサ」の伝承」（『月刊染色α』一八六号、染織と生活社、一九九六年）、「続　美濃国・藤橋村〈元・徳山村〉の靱皮繊維　野生カラムシ〈苧麻〉の伝承」（『月刊染色α』一八七号、染織と生活社）

（註2）このアイコはアカソと表現するであろうか？地域により植物の呼称は異なるので標準的な植物和名との照合が必要である。佐藤利夫「佐渡のヤマソ紡織習俗」（『民俗資料選集3紡織習俗Ⅰ』文化庁、一九七五年）では佐渡のヤマソはアカソであるとしている。

●アンギンのアカソ

アカソという山地に自生する植物はイラクサ科カラムシ属である、という。奥会津地域では、比較的身近に見られる植物で、最近、編み組み素材として注目を浴びている。その赤褐色の繊維色を活かした利用の仕方が流行している。同じようにヒロロ（ミヤマカンスゲ）、樹皮のモワダ（シナノキ、オオバボダイジュ等）も染めずに利用するところに人気がある。

『秋山紀行を読みとく』（新潟県津南町教育委員会、二〇〇九年）に陳玲氏が「運搬用具と服飾のあいだ―アンギン袖無を中心として―」を発表された。そこに、次のようにアカソ素材の加工について詳述している。

植物繊維が素材ではあるが、粗く厚く編まれていて、ゴワゴワしたもののほかに、意外なことに、繊細に編まれていて、薄手で柔らかいアンギン資料が多くを占めています。木綿が貴重な寒冷地域であるため、可能な限り、服の保温という機能を果たすような工夫が常に見られるのは不思議なことではありません。

この地域では、ウチワラといって、柔らかく打ちこまれたイラクサの繊維が、布団の綿代用として使われていました。これと同じく、アンギンを編む際も、繊維に保温性を持たせる加工の方法も工夫されていました。たとえば、ヨコ糸に使われるアカソ繊維の処理法が多様で、その中でもウチワタと同様なヨコ糸づくりの加工法が最も一般的でした。横槌でわらを打つようにしてアカソを叩き、木質部と繊維を分離させワタと同様の柔らかい状態になるまで叩きます。柔らかく打ちこまれた繊維が短く撚られ、編む途中

で少しずつ引き出して指先で撚りを掛けてまとめながら、タテ糸に絡んで継ぎます。この際、ヨコ糸の撚り回数は、用途によって異なり、一般に、柔軟性をもつアンギンほど、ヨコ糸の撚り回数が少なく、編みも緩やかです。素材の加工とヨコ糸の撚り回数の差異が、上述した感触が極端に異なったアンギンを生み出したのです。すなわち、運搬用具の性格が顕著なものと用具と服飾兼用のもの、というアンギン袖無の多様な姿の差異が生じたのです。

二〇一七年一月～三月、長岡市の新潟県歴史博物館で「すてきな布　アンギン研究一〇〇年」展が開催された。織布前の技術である編布＝アンギンを再確認してから百年経過したことを振り返った。この展示会は前述したアンギン研究者の陳玲氏の仕事である。

からむしは越後上布、小千谷縮布の原料だが、このアンギン展では、からむしのタテイトに、アカソ（オロ）をヨコイトとして捩り編みをした袖無を多数展示した。不思議と同じ形状をしているが、それは共通した道具からくる制限だが、なぜアカソをヨコイトとしたのか?が気になった。

またアカソの繊維取り出し技法の開発・実践・研究も優れていた。叩いて品質を整える技法は、イナワラの加工技術にも引き継がれている。

異なる種類の草を編む、ということは織物ではよくあることだが、アカソをヨコイトとする意味、精神性があるように思われた。またアカソ生育地域の権利主張を継続する意味からも、素材を継続して利用する、ということがあったのではないかと推察する。

また織物は女性、アンギン製作は男性が担当した。

アンギン袖無の微細な使用痕の観察分類をして、生活のなかでどのように使用したのかを明らかにしていた。袖無のライフサイクル、つまり劣化したら別な機能を持たせる、別な使い方にする等、ものを大切にするという優れた基層文化の研究成果が見られた。

袋に製したり、帯にしたり、本来は多様なものがあったのだと想起させる展示であった。アンギンの研究史をこうして概観できることは、地域の資産を再認識し、生活を支えた本質に研究課題が近づいている証左であろう。地産地消ということがいま注目されているが、製品を売らない価値、自家生産・自家消費というあり方が次の時代の中心に来ることを予感した。それは「評価を求めないモノ作り」でもある。

この展示会で、三月五日に開催された記念講演会も聴講した。

講師は大阪千里のみんぱく（国立民族学博物館）の名誉教授の吉本忍先生で、演題は「アンギンと日本のタテもじり織物」。

通常アンギンは編み物（編粗品）であるとされているが、

まず冒頭に、「アンギンは織物である」ということを力説された。そのことと「織物とは張力をかけたタテ糸に、ヨコ糸を組み合わせたモノ」という、この五年くらいにまとまった考えを話された。

五十年間ほどの世界各地の織物調査をされた結果として、着想と考察、課題が語られた「織り研究最新事情」の講演会であった。

アンギンはこれまで編物《あみもの》としてひろく理解されたきたが、編物ではなく織物《おりもの》であり、その製作技術であるタテもじり織りは人類史最古級の織り技術として位置づけられた。「タテもじり織り」はワラジ、ヨシズ、スゴなども入る。

また、新潟県内のアンギンはすべて「ひとつ飛ばしのタテもじり織り」であるという。

この講演会を通じて、私は、「織物とは？」「織りの分類とは？」に疑問さえ持たない、という現状に危機感を感じた。

平織も綾織も繻子織も共通技術のため「交叉織」とまとめている。

そして現在の機械織り（自動織機）の分類感で、古代・原始の分類に応用したというこれまでの分類には誤りがあるという指摘には共感できた。

逆の視点では人類の文化を読むことはできない、という視点があった。

やはり同時代の史料で考えるということが大切で、いまの見方で古代技術を見るというのは、かなり普遍的に行われており、問題がある

五十年間も世界中の少数民族の織り、編みの現場を調査をされて、まだ、不明なことが多い、というのが吉本先生の本音であった。特に二〇一〇年から二〇一三年のみんぱくの共同研究の成果だという。

この「すてきな布」展を担当された主任研究員の陳玲氏が進行役であった。

会場からの研究者からの質問で、編みの分類と定義を語るよう言われた。

それに対して、吉本先生は、編みこそが、わからないのだ、という。そして、織りは定義しやすい、とも。

編みから織りへの人類史の技術革新についての飛躍という私たちの思考法は見直す。原始的な時点でカゴなどの編み組と、ワラジ作り・スゴ編み（タテもじり織り）・アンギン（ひとつおくりタテもじり織り）などの織りは、早く分化、枝分かれし、その織りが「道具・機械」の進展により大きく飛躍したように感じるだけで、原理は、スダレ、コモなどの延長にある。

吉本先生は、「コメダワラ」「ヨシズ」などの製法に留意するよう力説している。ヨシズは、タテもじり織り。

それを奇数・偶数ととばして織ると、ひとつとばしタテもじり織り（現存するアンギン、米俵、アイヌの船の帆）になる。

ヨシズは風と光を通す機能が必要で、密になるタテもじ

り織り。

しかし風を通さず、伸縮性をもたせ、暖房効果も持ち、となると、ひとつとばしタテもじり織りになる、という。

越後アンギンの現存物に　タテもじり織りがひとつもなく、すべてひとつとばしタテもじり織りであることが異例である。

講演会の最終で、吉本先生は、会場からの三つの質問に、ひとつひとつ、ていねいに、時間をかけて回答された。

そのなかで、織りの技術、特に道具を使わないでできる織りもある。

手仕事には料理を作り食べることも含まれる、とする。人間は手に技を持っている。その手仕事への回帰が求められる。

全人類の一人一人が手仕事のすごさを理解し、子々孫々に伝えることが求められる、としめくくられた。

私も全く、同感であった。今回の講演テーマは技術論であったが、講演を終え、その後の質疑応答で、はじめてこうした研究の持つ社会的な意義を語られた。

繰り返しになるが、本企画展は自家生産・自家消費、つまり自らのための布を織るという文化をアンギン研究の一〇〇年を通して示されたもので、「販売しない・流通しない布」があったこと、自ら使用する布を思い出させたこと、そしてそうした営みが「すてき」な生き方であったことを感じた（註1）。

暮らしを作る主体は、私たち一人一人のいとなみ、そのものである。

（註1）みんぱく（国立民族学博物館）の『月刊みんぱく』二〇一二年八月号の記事。特集・座談会「世界の織機と織物」。物作りの心得が語られている。吉本忍先生の記事。大阪芸術大学教授の井関和代さんは、学生のときに奄美大島を訪問して大きな衝撃を受けた、という。それは、「**自ら蚕《かいこ》を育てて糸をとり、育てた藍《あい》で色を染めて、絣《かすり》を織っている年配の女性に出会いました。（略）「息子に贈る」という返事が返ってきました。あたりまえの事かもしれませんが、評価を求めないモノつくりがあることに気づかされ、たいへんな衝撃を受けました**」。

須田雅子氏は「苧麻文化を訪ねて（小浜島編）」（『じねんと』第三八〇号、昭和ボランティア協会（ファーマーズカフェ大芦家　佐藤孝雄主幹）発行、二〇一八年一月三十一日）で、沖縄県八重山群島の小浜島でのからむし織布のフィールドワークについて学んだことを次のようにまとめている。

島には「高価な市販品より自家製の手織りこそ上等」だというゆるぎない価値観がある。孫の顔を思い浮かべながらトントンと織り続ける。気持ちに張りが出る。祭りのために島に戻ってきた孫が自分のお手製の着物を着て元気に走りまわる。孫の舞台での活躍に目を細める。亡き母が織ってくれた着物を今年も身に纏う。夜なべして糸を績んでいた姿を思い出す。豊かさは自分の心の内側から沸き起こるよろこびに根ざしている。この島の人たちには、消費社会のからくりに惑わされない確固とした信念がある。暮らしの中に祭りがあり、そこに苧麻がある。受け継がれてきた苧麻の手仕事が島の文化を支えている。

田中優子編『手仕事の現在　多摩の織物をめぐって』（法政大学出版局、二〇〇七）のあとがきで、次のように記している。

本書に登場してくださった小此木さん、川崎さん、早川さんは、多くの人たちと支え合いながら手仕事を続けておられる、ということだ。そのつながりは地域を越えている。つまり、かって地域コミュニティの中で、コミュニティがあるからこそおこなわれていた手仕事は、その性格を変えて

いる。地域ではなく、それぞれの方法で手仕事を続ける、という意味での新しいコミュニティが出来上がっているのである。彼ら自身は師弟関係の中で技術や知識を身につけてきたわけだが、その師弟関係も変化している。師弟関係は、その技能をもって生きていく、つまりプロフェッショナルになるからこそ、意味がある。しかし手仕事の場合、「それをもって生きて行く」ときの「生きる」の意味が違っているのだ。必ずしもそれで食べて行く、生活してゆく、という意味ではない。世の中とは異なる価値観でより人間らしく生きて行く、自然とかかわりながら生きて行く、という意味である。手仕事の選択は、生き方の選択なのである。

●コガヤ（カリヤス）—からむし栽培における重要性

ボーガヤ（植物和名ススキ）とコガヤ（植物和名カリヤス）。形状は似ているが、異なる植物として認識され昭和村では古くからそれぞれに暮らしのなかにおいて利用されてきた。

イネ科のススキ属Miscanthus Anderssonには三種類ある。ススキMiscanthus sinensis Andersson、オギMiscanthus sacchariflorus、カリヤスMiscanthus tinctorius。いずれも昭和村で現在も生育が確認されている。

特にカリヤスは岐阜県、富山県を中心とする中部山地に分布は濃く、東北地方南部までが分布域である。ススキに比べ稈が細く刈りやすく、合掌作りの屋根に、ススキ（大萱）とともにカリヤス（小萱）も使われる。その理由はススキよりも二倍程度長持ちするから、という。富山県五箇荘ではカリヤスが屋根材に使われているが、近年身近なススキから、かつての屋根材カリヤスを要望する事例が茅葺き保存家屋の改修時に出て来ている（註1）。

カリヤスは、昭和村ではコガヤと呼ばれている。ススキはボーガヤである。ボーガヤは棒茅の意だと思われ、昭和村域では使用されているが、大茅と呼ぶ地域も隣接の柳津町青中等にはある。中部山岳地域も大茅・小茅と呼んでいる。異なる植物として、明確に分けている。

昭和村で「カヤバ（萱刈り場）」とは、共有利用を前提として採取制限（禁止）を持ち、春の山焼きが行われ、秋彼岸以降に、やまのくちあけ（山の口、鎌揃え）で開放・採取開始するコガヤを刈る半自然草地のことである。これらは第二次大戦前後まで昭和村内の全域（各集落）で行われていた。集落を取り囲む山塊のなかに複数設置されている。

カヤバの春の山焼きは、残雪が尾根筋に残り、前年の草類が乾燥して燃えやすい時期に、斜面下方から火を点火し、そのままに放置するもので「くっつげはなし」（松山）（註2）とよばれていた。火は消さず自然鎮火を待つため数日から一週間も燃え、時に尾根を越えて隣村の山まで焼けたことがある、という（大芦）。

コガヤを刈る時期は旧暦の秋彼岸後で、水田での稲刈り等との関係で採取（刈り取り）時期が集落毎に決められていた。すでに立ち枯れし乾燥が進んでいることもあるが、三把（束）で立てさらに三把重ねた六把立が多く、それで乾燥させる。カヤマキ、カヤボッチはタテ（立）で数える。乾燥後、それを集落に運搬した。

晩秋、集落のなかの家屋（母屋）外壁にはコガヤを二段、三段に巻き、フユガキ（冬囲い・雪囲い）とした。春先に飼育動物（馬牛等）の餌が無くなると、このフユガキを外して与えることもあった。土蔵等にはボーガヤをフユガキとして、これを外しながら木炭を入れるスゴを編んだ（大岐）。

これまで現代語訳の筆耕が存在していたが、喜多方市立図書館蔵で、喜多方市教育委員会の協力でその原本がはじめて今回の「からむし畑」展の事前調査で確認された。一八五八（安政五）年に松山村（現在の昭和村大字松山）の佐々木志摩之助が書いた「青苧仕法書上」という近世江戸時代のからむし栽培の手引き書で、ほぼ現在に伝わる内容と同じであることの証左となっている。特に秋にカヤを刈り、家の冬囲いとし来春そのカヤでからむしを焼くということも明記されている。

フユガキのコガヤは、からむし畑に運ばれ、焼き草として畑に散らして焼かれる。焼畑のときのコガヤの火力がからむしの芽を揃えることから、品質確保のためには必要なものであったようだ。コガヤでなければならない理由の今後の聞き取り調査が待たれる。からむし畑を焼くには、ボーガヤだと火力が強い、あるいは太くて燃えないなどの問題がある（小中津川）。

二〇一〇年九月十七日（金）雨の午前、昭和村小中津川の柳沢で、本名初好さん（昭和十三年生）が茅刈りをしていたので、話をうかがった。四畝歩のからむし畑を春に焼くためのカヤの調達をしている。コガヤは少なくなり、ボーガヤを刈っている。左手で三つかみで一束とし一把（いっぱ）。それを三把で立てて、上に三把を重ねる。一立《ひとたて》は六把《ろっぱ》立て。これを三十立《たて》、昨年秋に刈って乾燥させ、翌春に焼草とする。茎が太いと燃えないから根本から五十センチくらいは切り捨て、残った上部のみ使っているという。

四畝（アール・a）のからむし焼に必要なカヤは、三十立て。百八十把である、ということが明らかになった。本来はコガヤが良いがいまは少ない。

さて、カヤバの管理は、どのようにしたのか？といえば、「秋にコガヤを刈るときに手入れした」といい、その内容は「生えてきた樹木を根本から切り、不要な草類も刈り、そこに置いた」という管理であった（大岐）。

「コガヤはカヤバの周囲の樹木が育ち日陰になると消え」「ボーガヤに負けて株が無くなる」という。「肥えた土地にはボーガヤが育ち、やせた硬い土のところにはコガヤが育つ」といい「コガヤのカヤバにはシメジもよく出る」という（大岐）。カヤバは春の山菜であるワラビも多く出、また夏の盆にはボンバナと称するオミナエシ、ワレモコウ、キキョウなどの野の花が採取され仏前・墓前に手向けられた。

昭和村における草の利用は馬の飼育のための秣《まぐさ》、いわゆる朝草刈り、冬の飼育飼料としてのカッタテ・カッポシ（乾燥草）を草のショウ（生）が抜ける前の秋彼岸前に刈る。そして屋根材のボーガヤ確保、フユガキとからむし焼き・屋根の補修のサシガヤとしてのコガヤの刈り取り、、と目的に応じた草の確保、半自然草地の維持管理が行われていた。しかしその具体的な内実はしられていない。稲刈り後、稲束をネリ（稲架）で乾燥する。その際の最上段は「カサイネ（笠稲）」と呼び、湿気が最後まで抜けないため別に管理する。このカサイネをからむし畑のほとりに運ぶ（カサワラ）。からむし焼き畑後に散らすシキワラとして湿気具合、風で飛ばないなど使いやすいのだ、という（大岐、大芦）。

昭和村におけるからむし栽培・青苧生産については、それを支える広大なカヤバ（カリヤス草地）の存在があった。植物、特に多用な草・ヒロロ（ミヤマカンスゲ）や蔓のマタタビ、モワダ（シナ）等樹皮を維持管理し、それを生活の中で活用してきた。その基層文化、生活技術、自然認識のうえに、からむし栽培・生産が形成されている。からむし単独では持続はあり得ず、その全体像を明らかにすることと、からむしにつながる生活技術を復権するひとつの試みとして、たとえば遊休農地等にコガヤを生産する小茅畑の復活が待たれる。

また近年、減農薬農業を政府が推進しているが、そのなかの技術にバンカープランツがある。目的とする植物（野菜等）の園地の周囲をトウモロコシ等の背の高い植物等で帯状に周囲を取り囲む。このことで囲う植物帯で侵入する昆虫等を遮蔽し、あるいは遮蔽帯に小さな生態系を作り、この囲い植物帯から園地に益虫を供給する、という農法である。これはかつて昭和村域でアサとからむしの栽培が行われていた時代の、からむし畑をアサで囲む技法に似ている。風除けとしてのアサの利用であるが、昆虫への対応など、このような伝統技術の現代的解明も今後必要になっている。「ウセクチ」のからむし畑にアサを蒔く、という連作障害回避技術解明も含めて、現在の「からむし畑」の技術解明課題は多い。からむし生産など伝統農法が内包している哲学的認識、伝統農法技術の科学的解明は、第三世界の支援に援用されるだけでなく、日本の山間地域の基層文化の再生を通し、次世代の成熟のために必要となってくると思われる。（初出『からむし畑』からむし工芸博物館、二〇一一年）

喰丸の山内善次さん（一九二一・大正十年生）は、以下のように語る。

山菜のエラ（ミヤマイラクサ）は秋に良い繊維が採れる。日影のイシカラ（石殻）のようなところに生えている。喰丸では大仏山の下にエラが出ていた。採る時トゲが手に刺さって痛いが、からむしのように引く。からむしのワタクシ（私苧）のような良い繊維になった。昔はカゲソ（陰苧）を束ねるときにふんわり感を出すのにワタクシを混ぜ込んだが、エラの繊維をそのように使ったこともあった（二〇一三年三月十六日談）。

博士峠の会津美里町側の下谷ヶ地《しもやかぢ》でもエラの繊維を利用していた事例がある。集落は、新・宮川ダム建設のため水没した。『松坂（谷ヶ地）民俗調査報告書』（会津高田町、一九八五年）では、かつてヲを栽培し、剥いで繊維にして売るのではなく、乾燥したままの繊維のついた長い茎の状態「アサガラ（麻柄）」で高田に出荷していた集落である。

ここでは、「山に自生している山からむしは、丈《たけ》が長いので、長い丈夫な糸がとれた。エラからも繊維がとれる。エラは柔らかいうちは山菜として珍重されるが、長くのびたものは皮をはいで糸にすることができる」（四十頁）。

利用するカヤ類はボーガヤ（ススキ）とコガヤ（オオヒゲナガカリヤスモドキという学名、カリヤス）。

ヲを畑から収穫するときの選別は、「ホンソ」「ナカソ」「ネキラズ」とし、ネキラズはワラの代用である（谷ヶ地には水田が無かった）。ホンソとナカソは販売する。五貫目一束で馬に付けて高田に出す（五十四頁）。

会津盆地ではアサガラを仕入れ、水に浸し剥ぐ・引くことをして繊維にして販売していた事例があり、そのアサガラで出荷する産地は谷ヶ地や下郷町など盆地に近い山間地域である。この場合、アサの繊維そのもののほか、茎（幹）の芯である繊維を採り出したアサガラそのもの（麻殻、オガラ）にも利用価値があったと思われる。

岐阜県下の自然採取の繊維調査は、愛知県一宮市の脇田雅彦・節子夫妻が精密な聞き取り調査を行っており、エラ（ミヤマイラクサ）の繊維用としての採取事例を多く見出している。二〇一一年十二月二十一日にご自宅を訪問したときに「調査では、それは、あると思って（繰り返し現地に行って）、聞きなさい」と教示された。聞く側の知識不足によって調査の結果は左右される。話者は聞かれたことしか語らない。

（註1）二〇一〇年十月七日、大芦家で開催された会津学研究会主催「コガヤに学ぶ」で報告した柏春菜さん「地域毎の半自然草地維持の仕組みとそのバックグラウンドについて」（岐阜県立森林文化アカデミー森と木のクリエーター科里山研究会）による。

コガヤについては、オオヒゲナガカリヤスモドキとする事例が多かったが、近年、カリヤスでよいのではないかとする事例が出ている。

薄井創太・黒沢高秀「苅安の茅場が残る福島県南会津町高清水自然公園ひめさゆり群生地の植物相と植生」『福島大学地域創造 29（1）』，(8605-8626，2017-09福島大学地域創造支援センター）では、奥会津のコガヤは、オオヒゲナガカリヤスモドキとしているが、二〇一八年七月十三日の昭和村からむし生産技術保存協会講習会での講演で薄井氏は、昭和村のコガヤは、単にカリヤスとしてよいのではないかと発言されている。

（註2）『福島県立博物館紀要』第二十号（二〇〇六年）に、鈴木克彦さんが「昭和村松山物語～二〇〇五年の聞書から」を報告している。このなか

で「くっつけ放《はな》し」（八十七頁）、「カッチギ（刈敷）」「カッポシ（刈り干し）」（九十二頁）についての記載がある。カッチギについては雑木の枝を切り積み翌年使用する、とある。

● ヒロロ（深山寒菅）

雪国の会津の冬でも枯れることがない常緑の深山寒菅（ミヤマカンスゲ）というスゲ類の植物がある。夏は細く長い新しい葉をのばし、冬には地上部の葉の先や、一部は枯れるが根株と一部の葉が残り、地面を冬でも緑色の葉で覆う目立たない草である。

日本列島に自生するが、会津地方、特に奥会津では、沢筋の半日陰の水はけのよい斜面に自生し、山全体でもみられるものである。湿地に生えるものではなく、陸生のスゲ類であるそれを「ヒロロ（ひろろ）」とよぶ。

採取・乾燥して縄にしカゴやハバキ、ミノなどに加工してきた。ヒロロとは、不思議な韻を持つ名前だ。大辞林という辞書では「ひろろ・ぐ」として「ひょろひょろする」「ぐらつく」「よろめく」とある。野に生える様子を示しているのかもしれないが、ヒロロという名の意味は不明である。この呼び名は、会津から新潟県にかけて分布するようである。

会津地方の市町村史などを見ると掲載されている文字数は少ないものの、ヒロロは多くは蓑《ミノ》の材料として利用したようだ。

葉の幅が広いものはウバヒロロと呼び、植物学的にはオクノカンスゲとされている。ウバヒロロに対して、ミヤマカンスゲをホンヒロロと呼ぶことがある。

つまり奥会津地方では、ミヤマカンスゲとオクノカンスゲの2種のスゲ草を総称してヒロロと呼ぶのである。

ウバヒロロは葉の幅が広く、草丈も長いほか、株からの引き抜き採取時期は六月とされ、陰干し乾燥し、その長さを活かした利用法がある。またホンヒロロ、一般にヒロロと呼ぶそれは、九月上旬に採取し陰干しする。葉の繊維が弱くなく、硬くなく、引き抜き採取も容易な時期が九月上旬である、という。干す際も緑色を残す工夫をしている。できあがりのことを考えた採取時期の最適時期が種により異なる、という人びとの知識にはとても大切な自然物の利用の仕方の考え方がみられる。

一年おきに採取するという隔年利用で株を傷めない工夫、また根を傷めない引き抜き方の工夫は、山菜として食するフキ（蕗）などでも根を残して引き抜く力の入れ方、株元を足で押さえる等の技法が一般的な知識として体得されている。

ヒロロのような山地に自生する草を採取し、軒下等で干し、天井裏に保管し、縄を綯う、撚る、という作業は主に冬期間に屋内で行われた。

樹皮の繊維を利用する技術、多年草の草をそのまま利用する技術など、現在でもその数は少ないながら、人びとは山との関係を保っている。また記憶の深部に、人びとが若かりし頃、それはとても貧しかった日々の記憶でもあるが、山から草を採取したことは容易によみがえる。

野の獣や鳥、ヤマドリや野ウサギが冬場に沢の雪の消え間で採餌した植物のひとつとして、このヒロロは猟師の記憶にも残っている。ヒロロは、山に棲む生きものを雪一面の冬に支えた常緑の植物のひとつでもあった。

●採取場所

標高七百三十メートルの、昭和村大岐の集落の周囲でのヒロロ（ミヤマカンスゲ）の自生地を観察してみると、水が流れる沢付近の木立の中、水が流れるくぼみの岸の土手のような場所にある。春先には雪解け水で根株が水に一部洗われるような場所だが、夏場は冠水することが無いような、沢の床よりも五〇センチくらい高いような場所。さらに腐葉土が堆積した上に、根を上流から下流に伸展したかたちで群生している。根は十センチほどあるが地下茎（根）と地上部の接点の少し下に白い根が数本出ている。主根は上流側に向かって（あるいは斜面上方に向かって）伸びている。雪に押されても雪解け後に起き上がるような根曲がりの樹木と同じような生え方である。

この観察している区の一メートル四方のヒロロを二〇〇八年六月八日に数えてみると、百五十株ほどあった。それが幅六十センチほどの古い道の踏み跡に沿って道幅で群生している。しかし藪で日照がほとんど無いような場所には株は無い。地上部が半日陰のような、上空が見えるような隙間の場所の下にはびっしりと密生している。

新葉が十センチほど伸び、花茎も立ち先端部の雄小穂と、その下の雌小穂が二～三個あった。茎元の基部は暗赤褐色である。根は腐葉土の上に横たわったように自生しているが、容易に根ごと引き抜ける。葉にはトゲなどは無くざらつくこともなく、しなやかである。昨年伸びたであろう濃緑色の古葉の長さは三十から四十センチほどである。中心の新葉は淡緑色で長さは十五センチほど伸びていた。

●ヒロロの根ほぐし（三島町）

この年の一月十九日に志津倉山の北麓流域の地名を教えていただいた三島町間方集落の菅家藤一さんに会うため、二〇〇七年九月五日、福島県大沼郡三島町名入の三島町生活工芸館を訪ねた。

東京都内の大学四年生の久島さんも同行。生活工芸館で作業をする藤一さんは、事務所から抜けた軒下で、野草の整理をしていた。八月中旬の盆に出来たばかりの本『会津学三号』も届けた。

地名をお聞きしようとしていたのだったが、いま行っている作業について話を伺うことになった。

二百十日を過ぎたら、山の沢筋にて野草のヒロロを採る。五人で三百四十束近く採ったという。（生活工芸館で行われる体験教室用素材として）

ヒロロには二種類あることを、このときにはじめて教わった。

二百十日頃の秋に採る通常のヒロロは「ホン・ヒロロ」。同じ草で違いがあるが六月中旬でも採れるヒロロがあり、それは「ウバ・ヒロロ」と呼ぶ。

ホン・ヒロロは「ミヤマカンスゲ」のこと。

ウバ・ヒロロと地元で呼ぶのは「オクノカンスゲ」のことをいう。

ヒロロは、ヒロウとも呼ぶことがある。

いずれも見分けるのは素人では難しい、という。

ヒロロは沢のなかの日陰向きに自生している多年草植物で、引き抜いて収穫する。根株を守るため、根を足で踏んで押さえて、茎葉だけを引き抜く。毎年収穫すると株が弱るので、採る間隔は一～二年あけたほうがよい。

三島町間方では、ヒロロの山の口（収穫制限）は無い。ただし、人により採り場はだいたい決まっていた。

ヒロロを引き抜き株から一枚ずつ葉をはがす「ねほぐし」という作業が、今日見た作業だった。それを束ね直して天日で二、三日干してから陰干しにして乾燥させる。根ほぐしをしないと、重なった部分が赤くなる（褐色になる）から、という。アオ（緑）が損なわれると価値が下がる。きれいな緑色で干し上げる。

昔は、二百十日に採ったヒロロを乾燥させ、それを素材として、冬に雨蓑《あまみの》、背負縄《しょいなわ》、荷縄《になわ》にした、という。

藤一さんは今、生活工芸館に勤務しており、同館の体験教室等の素材用として野生のヒロロを収穫、根ほぐし、乾燥、の作業をしており、その日に偶然訪問したことになる。私がヒロロをきちんと意識したのはこの日からだった。

● 昭和村大岐では

本稿を書くために大岐の父・菅家清一、母・菅家ミヨ子にもヒロロのことを聞いてみた。特に、四十八年間、日常的に接している猟師でもある父に、私自身がヒロロの文献調査のなかで知った「ヤマドリがヒロロを食べる」という新事実も聞いてみたが、父は知っていた。つまり父のなかでは山中で見聞きした常識であり、それを知らない聞き手である私の話の引き出しかたが足りなかった、わけである。

雪で山野が覆われる冬期間に、常緑の植物ヒロロや笹類（ブナ林のチシマザサなど）は、水の力で雪が溶け地面が出ている沢筋や、風の力で雪が吹き飛ばされる尾根の特定斜面などに見える植物であり、それをヤマドリや野ウサギが食べて冬を越す。野ウサギは木の芽や樹皮しか食べないと思っていたが、ヒロロも食べる。また、ヤマドリは樹木に寄生しているホヤ（ヤドリギ）の実を食べ、雪の隙間の沢に降りて水を飲み、そこのヒロロなども食べている、と父は言う。

人間はヒロロを食べることはしなかったという。

大岐ではヒロロを使って男はアマミノを作り、女はホソミノを編んだ。

ヒロロは、木立の中の倒木などで樹冠部に空間が空き、そこから太陽光が林床に射すような場所のものが充実していたようで、「地福《じふく》」の良い、つまり肥沃な土壌の場所のものが長く、良いヒロロだったようだ。沢といっても湿地に生えるのは短いため、あまり採取せず、オカ（陸、湿地ではない土地）に生えているものを採取した。立春から数えて二百十日目頃、というのは共通している。

ただ、二種のヒロロは大岐では分けずに採取していたようだ。

束ねて干して冬にミノやコシカゴを編む。

野尻川流域は「ゴウ（郷、野尻郷）」のほう、と言って、ホソミノが無かった。ホソミノは荷物を背負う時に使う背当てで、小野川（大岐も含む）で作られていた。野尻川筋ではあたらしいミノはアマミノとして使い、古いミノを背負ミノとして利用していた。

父は清一（昭和七年生、七十五歳）、小野川から嫁いできた母・ミヨ子（昭和八年生）。父は、天井（二階の物置・屋根裏）から一束の乾燥した植物の束を持ってきた。

「尋常高等学校（いまの中学二年で卒業）出て、オヤジ（清次・明治四〇年八月十八日生）にはじめて連れられて博士山の黄金沢の滝のところにヒロロ採りに行った。十四、十五歳の頃だ。これはオヤジが採ったヒロロだ。ホン・ヒロロ（ミヤマカンスゲ）のほか、ウバ・ヒロロ（オクノカンスゲ）も混じっている。葉の幅が広いのがウバヒロロだ」（清一談）

清次は菊蔵と、明治三十六年に大芦から嫁いできた星トメの次男として大岐に生まれ、一九七六（昭和五十一）年三月七日に七十歳で死去している。

この保管されていたヒロロが採取されたのは昭和二十一（一九四六）年頃のことになる。清次は三九歳、その息子の清一は十四歳。いまから六十年ほどまえのもので父が天井裏（屋根裏）に保管していた。

三島町ではヒロロは根ほぐしという作業をしてから乾燥する。それを父・清一に聞いたところ、「ここらではそんなことしてないな」という。

祖父の採取したヒロロの根本を見て「抜いたまま乾燥している」ことを確認した。大根葉や凍み餅を編むようにして束ねたヒロロを軒下に下げて乾燥したそうだ。

ヒロロに光をあてたのは、二十数年前から生活工芸運動を行ってきた間方地区の人びとなど、三島町の人びとである。この奥会津の沢筋に自生している草と人びとの交渉史は、雨蓑の消滅とともに見えないものとなってしまったであろう。運動開始時に長野県生まれの西牧研治さんが、研究員として昭和五十八年から八年間、ヒロロなどの基本調査を行っていたのを、当時友好があったなかで私は見聞きしていた。彼は『生活工芸村便り』にそうしたヒロロの調査結果や三島町の人びとの持つ手技を記しており、時折それをいただき読んだ。地域に暮らす人びとから、自然と人間、山と人間の関わり方について、教わることが多いのはいまも同じだ。

　会津に縁のある花を飾る金藤公夫さんに乾かしたヒロロを渡したところ、知人の首都圏の花屋さんを訪ねてはヒロロ綯いを教えたようで、その感想が寄せられた。

「まず素の状態で見せました。皆さん不思議そうな顔をして手に取って香りを嗅いで、私の顔を覗き込みます」

　世田谷区のパフュームという花屋さんは次のようにホームページのブログにそのときのことを書いている。

この寒菅《カンスゲ》という代物
いいニオイがするんです
イグサのような収穫後の稲穂のような
懐かしい心の休まるいい匂いです
こんなニオイの中で眠れたら最高だと…。

　昭和村で、ヒロロで作ったミノ（蓑）のことの聞き書きに、野良で、ふかふかのミノの上に寝る、ということが書かれている。この報告書の内容は後半にも梨の木にミノを掛けるなど、風景が浮かぶ、すぐれた聞き書きである。

「畑に出た時、昼休みにミノを敷いて、カサを頭にかぶせて昼寝をするのがなんともきもちのいいものだった」という。

● ヒロロ山ノ口

　山ノ口とは集落内で採取を制限する古くからのしきたりで、『只見町史民俗編』（一九九三年刊）に「ヒロロ山ノ口」（やまのくち、三十六頁）の事例があるが、それ以外の会津の市町村史を見ても類例の記載は無く、あまり調査されていない。日常的すぎる草なので調査されない、ということもあったと思われる。通常はヒロロも採取制限（山の口）があり、現在消滅してしまったのか不明であるが、ヒロロは奥会津では、日常的に利用できる草であったようだ。

　山の口は、採取制限であり、その植物が充実してから採取する、根絶やしにしないように採取技法を決めている例が多く、また集落で平等に利用できるようにする規約で、トチの実を拾う時期などの制限、カヤ（ススキ）を刈り取る時期の制限などがあった。

　奈良市在住の近畿大名誉教授の野本寛一氏（日本民俗学）

の著書、講談社学術文庫から出版されたばかりの『生態と民俗〜人と動植物の相渉譜』（二〇〇八年五月十日刊）。一九九四年に青土社より刊行された『共生のフォークロア・民俗の環境思想』を底本として書かれたものである。野本さんには『会津学2号』に桐の原稿を書いていただいたり、会津で講演をお願いしたり、調査（フィールドワーク）に同行したりしました。この『生態と民俗』には野本さんが会津各地の古老から聞いたことも多く書かれている。

二九九頁から「口あけの民俗」という章で「山の口の実際」として只見町倉谷の草、クルミの実、ヨシ、マタタビ蔓、カヤ（薄）の事例を紹介している。また、

「山の口」という慣行は全国に見られるものであるが、これを裏から見れば「止め山」となる。「止め山」の期間が一年であれば、「山の口」と呼応して一定のサイクルを形成することになる。それは自然の摂理・循環を基盤としたものであり、環境適応・環境利用の一つの重要な形態だと言えよう（後略）としている。

また「伐り旬と刈り旬」（二九三頁）で、

旬は、食の民俗に限るものではなかった。かつて、日本人、わけても山を暮らしの場としてきた人びとは、さまざまな樹木や樹皮を建材・民具素材・衣料などとして利用してきた。それは縄文以来の伝統であり、長いあいだの「伐り旬」と「刈り旬」に関する体験の集積が民俗知識となって伝承されてきたのであった（後略）

野本氏が示したこれは、奥会津で言えば、ウバヒロロは六月に抜き取り、ホンヒロロは九月上旬に抜き取るという旬の意味もあり、その時期のその植物を利用すれば抜き取り作業が容易であること、その植物が利用場面で充実した繊維として長く利用できること、そして乾燥させても色が美しいこと、作業中に切れにくいなどの意味を持つ。

地域の歴史の編纂史書には「蓑《ミノ》」は写真が掲載され、手仕事の特別な意味を持っていたと感じる。たとえばそれは『檜枝岐村史』（一九六九年）の巻頭の写真に掲載されているものを見ると感じることができる。用を保持しつつ美しさを持つのである。

雪のある冬の季節のミノの着用や、狩猟や野宿の時のミノの利用など、野外でのミノの位置づけは重要であった。ミノの外周部に、ヒロロの広い葉をそのまま活かし、雨や雪を受け流すような構造に編み込む、という工夫は美しいものである。しかし美しいものを作れる人は多くはなかったことが以下の資料に紹介されている。

●会津でのスゲ類の利用

昭和四十六年に刊行された『奥会津南郷の民俗』は会津民俗研究会（山口弥一郎代表）により編まれた本で、本項

の執筆者、会津民俗館創設者の渡部圣氏は以下のように報告している。スゲ類について、刊行されている図書のなかではいちばん詳しく書かれており、会津盆地はその地域に自生する多様な植物を使用し、一方山国である奥会津・南会津一帯はヒロロが多用されていることを指摘している。

ミノ　この地方の外套類はおもにミノである。会津の平坦部では材質の種類も非常に多くシナ・フジ・ヤマブドウ・オオカ（エエズク）・イネワラ・麻・ヒロロ・イワスゲ・ガバ・ミゴなど多種を用い、作り方も各集落また古い村、地域的に南と北などで大きく差が見られる。岩手県特産と思っていたケラなども会津若松市東山・湯の入集落で採集したこともあったが、奥会津のこの地方の材料はほとんどヒロロに限られていて、雨ミノなどはまったく形は変わらない。

ショイミノ　背負いミノも首部はU形に一定していて編み方も四本通りの通し編みのなかに、背の途中まで三本くらいの中編みがあるくらいで、まれに編符《あみふ》が麻やシナ皮の場合とがあるが、ほとんどその違いはない。古布や模様を配したものはないが、古くは会津平坦部（会津盆地）の背負いミノに似た半ミノ（雨の日に荷を背負うミノ）・源次郎ミノ（猪苗代）・バンドリ（耶麻地方）・イカミノ（会津若松市門田地区）などに似て、編符の空間がなくびっしりと麻、シナなどで編み込んだものが使用された。

いまはその形を残していない。この地方では背負いミノをネコミノとよんでいるが、これにはふたつの作り方がある。そのひとつは雨ミノの上に縄を縦としてそれを三寸くらいおきに編符でとめ、すだれ状に作り雨ミノで荷を背負うときだけ取り付け、ふだんは取っておく方法で、実にめずらしい着装方法である。

もうひとつの方法ははじめから表に出る方は編符で全部分を編みこみ、そのなかに黒い布で家印、年号、鶴亀などを編みこみ芸術的なできばえのものがある。しかしこれらは一般的ではなく、村中に二人か三人くらいしか作れる人がいなかった、という。

会津平坦部との違いは、肩の部分の先を切ることがなく、雨ミノと同じくのばしておく方法である。雨ミノもネコミノも背にあたる内側は会津平坦部より細かく通しざししてある。それにはヒロロが短いことと先が弱いためであろう。

その他、胴ミノ・腰ミノ・日よけミノなどはまれであり、シリアテは多いがいずれも材料はヒロロである。

滝沢秀一著『編布（あんぎん）の発見〜織物以前の衣料』（つなん出版、二〇〇五年）は越後（新潟県）で主にイラクサで編む編布について書かれているが、「草そのままを編んで着る習俗は現在でも藁やヒロロ等で作られた民具類には何ほども見られる、とその繊維だけで編んだものがたまたま存在してもよい訳ではないかと、それから私は最も

熱心にアミギヌ（編布）の跡を追いはじめた」（六十八頁）
　名古屋大学の渡辺誠先生は『物質文化』二十六号（一九七六年）掲載の論文「スダレ状圧痕の研究」のなかで、アンギンと類似した編み方のスダレ編み圧痕をもつ土器の出土例を全国にわたって四十一カ所をあげ「縄文時代の主要な食糧源として、トチやドングリ等の野生堅果類の比重の高いことを別稿において指摘したが、これに随伴する採取、運搬、乾燥、加工、貯蔵等の各工程において、カゴやムシロ等の編み物の果たす役割は（中略）きわめて大きい」と述べておられる（二十頁）。

●ヒロロに関する資料

■博士山ブナ林を守る会編『ブナの森とイヌワシの空～会津・博士山の自然誌』（はる書房、一九九五年）にヒロロ（ミヤマカンスゲ）を食草とする蝶・ベニヒカゲの記述がある。
　また会津生物同好会の大須賀昭雄氏による柳津町・昭和村の博士山麓の植生調査結果では、ヒロロ（ミヤマカンスゲ）の様子を見てみる。場所により草本層の優占種となっている場所がある（③）。〔〕内の数字は植被率、（・）内上側は被度、下側が群度である。

①ブナ・トチノキ林（柳津町大成沢から登山道の水場付近・標高七五十メートル）
　草本層〔六十%〕優占種・リョウメンシダ（四・四）、ミヤマカンスゲ（二・三）、以下略

②ブナ・アカイタヤ林（柳津町大成沢より登山道の水場付近・標高七五〇メートル）
　草本層〔七十%〕優占種・ハイイヌガヤ（五・五）、ミヤマカンスゲ（三・四）、以下略

③ブナ・ヒノキアスナロ林（柳津町大成沢登山口より尾根・標高八六十メートル）
　草本層〔五十%〕優占種・ミヤマカンスゲ（三・三）〇・六メートル。

⑥ブナ・チシマザサ林（昭和村博士峠登山口より上の尾根・標高一一一二メートル）
　草本層〔三十%〕優占種・オオカメノキ（三・三）、ミヤマカンスゲ（十）は少数で被度一%以下。

■ヒロロには、ホンヒロロ（ミヤマカンスゲ）とウバヒロロ（オクノカンスゲ）があります。ホンヒロロは二百十日（九月一日）頃から、ウバヒロロは六月末ぐらいから採取します。採取時期が早いと材料の丈が短く強度も劣ります。また、遅いと材料が硬くなり使いづらくなります。ホンヒロロ、ウバヒロロ共に水はけが良く、半日陰の土地に群生します。日当たりの条件によって材質が左右されます。
　山の恵みを絶やさないための知恵。ヒロロは宿根の多

年草。採る時は、根まで抜いてしまわないように、足でヒロロの根元をしっかり踏んでから引きます。葉の小さなものは残して、大きなものを抜きます。

電子情報：奥会津三島編組品振興協議会ホームページより

http://www.okuaizu-amikumi.jp/material/index03.html

最終閲覧日：二〇〇八年六月十日

■山口弥一郎著『東北民俗誌会津編』（一九五五年）は、只見村田子倉民俗誌の項に、「ヒロロミノをつけた野良の後ろ姿」という写真を掲載し（八十六頁）、「ヒロロという山草をぬきとっておいて冬にあんだもの。雨の日も、雪の日もこれをまとうて山や野で働く。　野良仕事の際のスゲ笠は山仕事の関係か少し小型で新潟県の小出方面から移入する。しかしミノだけは野生のヒロロで自製したヒロロミノをつけている（一三一頁）。

■一九七三（昭和四十八）年に出版された三島町の『大石田の民俗』では男ヒロロ、女ヒロロと呼んでいて、ミノを作るのは女ヒロロであり、八月の盆すぎに採集しよく乾かし冬仕事に使う、と記載されている。

■南会津郡の『田島町史』第四巻・民俗編（一九七七年）の一一三頁に、軒端でのヒロロ乾燥の写真が掲載されている。

■福島県立博物館と鹿児島県歴史資料センター黎明館による『樹と竹〜列島の文化、北から南から』（二〇〇七年）の六十七頁に福島県立博物館蔵の檜枝岐村の「つけ蓑」が掲載されている。狩猟等山仕事に着用。山ブドウ・ヒロロ（ミヤマカンスゲ）製。五〇×七九センチ。

樹皮製民具の集成である本書には、佐々木長生さんによるモワダ（シナノキ）、シナッカワの糸について詳細な記載がある。

■『只見町史民俗編』（一九九三年刊）福島県南会津郡只見町では、ヒロロは「さまざまの精巧な細工物に用いる。細縄をなう。ミノ草としてミノを作る」とし「ヒロロ山ノ口」があることを記述している。塩沢・長浜・小川・楢戸・只見・叶津・入叶津・蒲生の町内九集落でヒロロ山ノ口があり、特に塩沢では秋彼岸頃であったという（『只見町史民俗編』三十六頁）。

また町史編さん委員会『図説　会津只見の民具』（一九九三年改訂版）でヒロロを原料として作られた生活用具を見てみると、

衣類：かぶりもの：「アミガサ（編笠）」直径四二センチ　山仕事の日除けやイバラ除けにかぶる。黒谷から一

点・不明地から二点が収集されている。材質はヒロロである。

衣類：蓑《みの》：「ケミノ（毛蓑）」丈一一〇センチ　幅五五センチ　雨・雪除けと軽い荷を背負うのに使用する。梁取二点、不明二点。「ミノ」として小林一点、福井一点。材質はヒロロ。

農耕用具：耕作：「マエカケミノ（前掛け蓑）」丈五五センチ、幅六〇センチ。ヒドロタ（稗泥田）の田ごしらえ時に、泥除けとして着用する。採取地不明一点がヒロロ・シナ皮。大倉一点、梁取二点は材質がヒロロ。

山樵用具：その他：「シリシキ（尻敷）」ノコギリで伐採するときの尻あてにする。材質はヒロロ。黒谷一点。

交通・運搬用具：背負い蓑：「ネコミノ（ネコ蓑）」雨蓑と背負い蓑との兼用で、家印や縁起のよい文様を布で織り込む。材質ヒロロ。丈一〇三センチ、幅五〇センチ。計七点。亀岡二点、梁取二点、十島一点、不明二点。

手工用具：藁加工用具：「ヒロロスグリ（ヒロロ選り）」

■前掲書をさらに拡充しまとめた、国指定重要民俗文化財『会津只見の生産用具仕事着コレクション』（福島県只見町教育委員会、二〇〇五年）では、佐々木長生氏が次のように解説している。

自然木の又・棒・根曲がり部分、シナノキ（オオバボダイジュ）・クルミ（オニグルミ）の樹皮、ヒロロ（ミヤマカンスゲ）・ガバ（ガマ）の草本類など只見町の懐深い自然に自生している天然素材を巧みに利用して手作りされたものが多い。また豪雪地帯のため竹が自生できず、その代わりにマタタビやヤマブドウの蔓を利用したものが多数みられるのも特色である。

コシカゴ（腰籠）：ワラやヒロロ（ミヤマカンスゲ）で袋状に編んだカゴを、ひもで腰に結び付けて、採取したゼンマイを入れる。縦四〇センチ、横六〇センチほどの大きさが一般的である。

ショイカゴ（背負籠）：採取したゼンマイが、コシカゴにいっぱいになると、ショイカゴという大きなカゴにつめかえる。そして、空になったコシカゴをつけて再び採取に歩く。ショイカゴは縦六〇センチ、横九〇センチくらいあり、ワラやヒロロなどで袋状に編み込んだもので、これをニナワ（荷縄）で背負って運ぶ。

マエカケミノ（前掛け蓑）：湿田では、泥除けのため鍬にテズラをつけるほか、マエカケミノというミノをつける。これはヒロロで作られていて、ひざ上から腹をおおうものである。

アミガサ（編笠）：仕事中の日除けにかぶる笠。ヒロロやクグを材料とし、アンブ（編符）はシナッカワ（オオバボダイジュの靭皮）で編む。田の草取りやクリ拾い、キノコ採りなどの山歩きにかぶる。山では柴木や蔓にひっかかりにくくかぶりやすかった。スゲ笠よりも丈夫であり、幅もせまいので重宝された。

ミノ（蓑）：雨や雪を防ぐために着用するが、そのほかにも物を背負うときの背当て、休むときの敷物など用途は多様だった。ヒロロで編むが、背当ての部分にはシナッカワや布を織り込んだりする。ミノクビ・アマブタ・背中の順に編んでいく。ミノ作りは冬の男の仕事で、一着作るのに三日ほどかかった。ヒロロは秋彼岸ころ、山から採取しておき、陰干しにして冬まで天井に保管しておき、冬になって湿らして編み込む。完成したら、春の雪上でさらすか、雪解け水に一週間か十日ぐらい浸し、よく乾燥させてから使用する。さらさないと、入梅のころカビが生え、長持ちしない、という。

■『下郷町史民俗編』（一九八二年）の二二二頁には「エジコ」として、

現代風にいえばナップザックである。

弁当入れ、鉈・鋸入れ、山菜採りなどにも使われ、なくてはならない運搬具である。わが町だけでも名称はいろいろある。野際新田ではイチコ、枝松ではコシゴ、白岩ではショイコという。袋の上部に網の部分があり、鋸や鉈を入れやすくしたものを特に炭焼きコシゴと枝松では呼んでいる。材料はヒロロ（菅の一種）やイワシバで、これを細くなって編んでいる（七六一頁に写真が掲載されている）。

■『会津舘岩村民俗誌』（一九七四年）は石川純一郎著・舘岩村教育委員会発行で、一〇八頁に手工として「アマミノ：山中の湿地に生えているヒロロ草を抜いて来て軒下で乾かし、背をすっぽり覆うように葉先を脇に出して編む。雨具である」とある。

被り物として「蓑」。

ヒロロで編んだ蓑は寒さや雨を防ぐにはもってこいである。狩猟や伐採などには細い麻紐でもって網を作り、結び目にヒロロを結わえ付け編んだツケミノがもってこいである。伸縮自在なために、行動し易く、野宿などの際は前をかき合わせ、体をすっぽり包むことが出来る。隣村の檜枝岐村ではシカリミノといい、広く利用されている。肩に掛かるアマブタの部分を野葡萄の蔓を剥いだ皮でもって作る。これが二の腕をも覆って袖のような役割もする。

■会津西部の耶麻郡山都町（現在は喜多方市）の『山都町史民俗編』（一九八六年）は、八一六頁に「草類の民具」として、

山都町で草類で最も民具に使用されているものは、ヒロロであろう。ヒロロは、山の湿ったところに生えており、主に蓑を作る。土用すぎると抜けなくなるので土用

前に抜き取る。山から採ってきたヒロロは、青いままで保存するのがコツであり、陰干しにして乾燥させる。

蓑作りは主に冬に行い、霧ふきをしながら作る。できたら雪を上げてさらすと青みがとれ白くなる。また編み布がしまり丈夫になる。猟師たちが作りかぶる「ミノブシ（蓑帽子）」と呼ばれるかぶり物も、雪がつかなくてよいのでヒロロで作る。

イワスゲは、女性用の荷背負い蓑を作るのに用いる。また、ハバキの材料とすることもあり、莚《ムシロ》に織るのに用いる。土用過ぎ頃にとる。

蓑を作るのにフジクロという草を用いる。夏の土用前に抜き取る。ヒロロに似た草で、生の時は葉が広いが、干すと細くなる。

ガバは主にハバキ（すねあて）を編むのに使用する。

古くは衣料として用いられたイラ《イラソ》の皮は、蓑の編み布や下駄のはな緒に使った。これは十月末から十一月はじめ頃に採る。霜にあたらないと弱いという。モワダ（シナノキ）は水に弱いが、イラソは水に強いので、オソフキの先をよったりするのにも用いられた。

■『昭和村の歴史』（一九七三年）は、「昭和の民俗」は安藤紫香さんの執筆で、一七九頁に、次のようにある。

雨具及び防寒衣としてもちいられた蓑《みの》も、晴れた時着る農作業用の蓑も、夏の土用にヒロロを刈り取って陰干しにしておき、自製したものである。

■『福島県昭和村　からむしを育む民具たち　～聞き取り調査と実測図集』（からむし工芸博物館編、二〇〇七年）は、羽染桂子さん、日置睦さん、朝倉奈保子さんにより聞き取り調査がなされ、朝倉さんが執筆した。実測図は羽染桂子さん、熊川牧子さん、羽染文子さん、朝倉さんが担当した。

ヒロロで製作されたカゴとミノが掲載されている。

ヒロロ、ヤマブドウの樹皮、アサ、黒色の木綿布で化粧（アクセント）を付けている。

ミノについての記載を紹介する。

日除けや雨の日、物を背負う時などに着る。材料は長持ちするヒロロ。通常のミノは袖までついている。

一カケ《ひとかけ》、もしくは一チョウ《いっちょう》と数える。ミノ作りは農閑期の仕事でちょうど「カタユキ」（春近くになって積もった雪が固くなり、歩いてもぬからなくなった雪のこと。三月頃から）になった頃、できたミノを雪の上に広げ、その上に雪をのせたり、池などに浸したりもした。編んだものを雪水に通すとゆるみがでて、弾力が生まれ、軽くなると同時に丈夫になり、ぼろぼろとくずが出にくくなる。水につけると色がよくなるとも言われている。昔は、池に浸したミノを、家の梨の木によく乾かしていたは、梨の木は火事を防ぐと言われていた光景が見られた。梨の木は火事を防ぐと言われていため、どこの家でも二、三本植わっていた。畑に出た時、昼休みにミノを敷いて、カサを頭にかぶせて昼寝をするのがなんともきもちのいいものだったという。ミノに代わって今はカッパを着るようになったが、現在でも暑い時はミノの方が便利だという人は少なくない。

■奥会津書房『森に育まれた手仕事』（一九九九年）には四十二頁からモワダ（シナノキ）・ヒロロ・ガマ細工について掲載されている。三島町入間方の久保田節子さんは、昔のものをほどいて編み方の基本を覚えた、という。

ヒロロは九月のはじめに抜く。二百十日頃までには抜き終わる。

「ヒロロを抜くときは、根元を足で押さえて抜がんなんねえだよ。根がゆるんでしまうと、もう次の年には出なくなってしまうがらな」。抜いたヒロロを雨に当てないように、風通しのよいところに干す。雨に当てると黒くなってしまう。緑の色が残ったヒロロを水で湿らせながら、縄よりをして使う。

モワダは、六月に切る。山で皮を剥いで中の芯を取り除き、皮の部分だけを下ろす。それを二十日間くらい水につけておく。中の皮を腐らせるためだ。

「水さ浸けだがらいいでなくて、しょっちゅう見でんなんねえのよ。腐ってくっと皮がムクムクむいでもらいでえと、浮き上がってくっからよ。それを逃すと、皮がペトペトになっからな」

一回に二、三枚重なってむける。一回むくとまた浸ける。三回から四回むける。編むときは、細く裂いて使う。ヒロロとモワダできっちりと編んであるバッグは、手触りがやさしく、持ちやすい。

■南郷村史編さん委員会『南郷村史　民俗編』（一九九八年）の一〇七頁

雨蓑　雨や雪の時の労働・歩行には、ヒロロ（ミヤマカンスゲ）製の雨蓑が使われてきた。現在でも農作業・除雪作業など菅笠をかぶり、雨蓑を着ている姿を目にすることができる。雨蓑を現在でも着用しているのは、南会津郡地方であろう。ゴム合羽は雨にはぬれないが、内部から蒸して汗でぬれたような状態となる。そうした利点から、現在でも冬になるとヒロロで蓑を作る人がいるようである。

■金山町教育委員会編・加藤文弥執筆『金山の民俗』（一九八五年）の一四二頁。

菅笠はスゲで作るので菅笠というが、編笠はヒロロを材料とする。笠布団を用いず、緒と紐で顎の下に結んで被る。被ったところを前後から見れば切妻形の屋根に似ている。軽くてかぶりよいが、大雨の場合は不適当である。雨天の場合の作業にはミノが必需品である。材料はヒロロである

が、雨天用のものと荷を背負う専用のものと二種類ある。雨天用のものは、雨除けと背負い用の両方に使用できるし、冬は防寒用を兼ねることも出来る。

■赤羽正春編『ブナ林の民俗』（高志書院、一九九九年）には佐々木長生さんが「会津地方の樹皮製民具」に書いている。

ブドウカワによる制作例として、三十七頁に福島県南会津郡檜枝岐村の「ツケミノ」（ヒロロ製、肩部ブドウカワ）の写真が掲載されている。

ヤマブドウの皮は、一般にはブドウカワとよぶが、舘岩村ではサラモカワともいう。製作する物により、樹皮を採取する時期が違う。ブドウカワの上皮はいつでもはげるが、ナツカワ（中皮）は夏の土用ごろにはぐ。

ブドウカワは細くはいだものを裂いて、これを蓑に編んだり、ハバキに編むほか、背負い袋類・籠類を作ったり、束ねてタワシにしたりする。また、裂いたものを縄になったりするなど、山村ではシナカワ同様の必需品であった。

ブドウカワは乾燥にも濡れにも強く、また堅く丈夫なためにさまざまな用途に用いられてきた。（略）ブドウカワのハバキは山仕事に用い、藁製の柔らかいものは田起こしなどの野良仕事に使用する。

■会津の北部山岳を越えたところにある新潟県朝日村三面のことを記録した『山に生かされた日々〜新潟県朝日村奥三面の生活誌』（刊行委員会、一九八四年）には、

ヒヨリ（ヒノリともいう。ミヤマカンスゲ・カンスゲ）でミノを作る、とある。「ミノもひと冬に二つ編むね。ミノは、ワラミノと荷かつぐどき掛ける大きいやつ、カケミノね、それ二つあんどぐね。それと荷物かつぐとき背中にあてるやつ、あれもワラだね。セナグチなんて言うども。ミノはヒヨリ（ヒノリともいう）をひねるようにして編んだヒノリミノなんていうのもあったね。今でもミノは山行ぐどきは便利で、使っているね。（一四三頁）

■ヒロロは栽培されていなかったのか？といえば、新潟県柏崎市高柳町石黒の様子を伝えるウェブサイトを見ると「昔は家の周囲にヒロロを植えていた」と書かれている。

「ヒロロは水をはじき軽く丈夫で蓑の優れた用材であった。そのためどこの家でも田の畔《くろ》や家の周りの半日陰地に移植して育てていた。今日でも、家屋敷の周りでよくミヤマカンスゲを見かけるのはそのためである。」

http://www.geocities.jp/kounit/saizikidousyokubutu/yasou/miyamakansuge/miyamakansuge.html
電子情報最終閲覧日二〇〇八年六月十日

■谷城勝弘『カヤツリグサ科入門図鑑』（全国農村教育協

会、二〇〇七年）を参考にした。

■斎藤慧『スゲ類の世界～福島県に自生するスゲ類』（歴史春秋社、二〇〇一年）によれば、スゲ属はカヤツリグサ科の八〇属中のひとつだが、最も種の数が多く世界中に約二千種、日本だけでも二百種以上知られ、福島県内に百三十種ほどが確認されている。

スゲ類は形態的・生態的に多様に分化して生態的なすみわけがはっきり決まっている。イネ科やキク科の多くの種類が雑草化しているが、スゲ類には雑草化しているものはひとつもない。

ミヤマカンスゲの方言名はヒロロ（只見その他ヒロラ）といわれ、最も抜けやすい九月中旬頃によく繁茂したものが、里山などで採集された。

他種のスゲでオクノカンスゲ（ホソバカンスゲもふくむ）も三島町ではウバヒロロ、山都町ではフジゴロウといって蓑などの材料にされた。

雨蓑にはミヤマカンスゲを使うのが普通だが、他にシヨウジョウスゲなどを使用。これは水を吸収しないためで、背負蓑には稲藁でも作られた。他にマコモ（カーツギ）、ガマ・ヒメガマ、またミチシバといわれている、農道などによく繁茂しているイネ科のカゼクやチカラシバなども使用された。

■ミヤマカンスゲには走出枝が無いとされてきたが、近年、富山県ブナオ峠や福井県の敦賀以東、白山山麓に走出枝を伴うものが確認され、また新潟県や長野県北部では走出枝を出さず根茎がやや長く地下をはうものがあるなど、細部の分類が話題となっている。

■織田二郎・永益英敏「ミヤマカンスゲ（カヤツリグサ科）の有花茎の着く位置」（日本植物分類学会誌七（二）、二〇〇七年）の抄録は、

ミヤマカンスゲの有花茎の着く位置を調べたところ、極内分類群ごとにまとまった相違があることが分かった。有花茎には側生のものと中央生のものがあり、その特徴により、大きくAタイプ（株単位は中央生の有花茎で終わらない、すなわち有花茎は側生のみ）とBタイプ（株単位は中央生の有花茎で終わる）の二つが認められた。さらにAタイプには、側生の有花茎が葉腋に常に単生するA―1タイプ（ミヤマカンスゲ、コミヤマカンスゲ、マルミノミヤマカンスゲ）と、しばしば複数の有花茎を持つA―2タイプ（アオミヤマカンスゲ）、Bタイプには、有花茎は常に中央生かつ側生のB―1タイプ（キンキミヤマカンスゲ）、通常は中央生のみだが時に側生の有花茎も持つB―2タイプ（ニシノミヤマカンスゲ）、常に中央生で側生の有花茎を特たないB―3タイプ（ツルミ

ヤマカンスゲ）という違いがあることが分かった。これらの事実は分類学的に有意であると考えられる。

Carex multifolia Ohwi　ミヤマカンスゲ　標準
Carex dolichostachya Hayata var. glaberrima (Ohwi) T. Koyama　ミヤマカンスゲ　synonym
Carex atroviridis Ohwi　ミヤマカンスゲ　synonym
Carex dolichostachya Hayata subsp. multifolia (Ohwi) T.Koyama　ミヤマカンスゲ　synonym
Carex dolichostachya auct. non Hayata　ミヤマカンスゲ　synonym
Carex multifolia Ohwi var. glaberrima Ohwi　ケナシミヤマカンスゲ　標準
Carex multifolia Ohwi var. imbecillis Ohwi　ヤワラミヤマカンスゲ　標準
Carex multifolia Ohwi var. pallidisquama Ohwi　アオミヤマカンスゲ　標準
Carex dolichostachya Hayata f. pallidisquama (Ohwi) Ohwi　アオミヤマカンスゲ　synonym
Carex multifolia Ohwi var. stolonifera Ohwi　ツルミヤマカンスゲ　標準
Carex teramotoi T.Koyama　ツルミヤマカンスゲ　synonym
Carex multifolia Ohwi var. toriiana T.Koyama　コミヤマカンスゲ　標準
http://bean.bio.chiba-u.jp/bgplants/より

■近縁のオクノカンスゲ（C. folissima F. Schmidt）は全体によく似ているが、新芽の時に鞘が長く、黒褐色に発色するのが特徴である。形態に変異が多く、いくつかの変種が報告されているが、詳細については意見が分かれる。

ミヤマカンスゲ（C. dolichostachya Ohwi）も変異の多い種である。雌小穂がはるかに細く見えるのが特徴である。その他の主な特徴はカンスゲと共通する部分が多いが、地方によってさまざまな変異が見られる。カンスゲに似た姿をしたものもあるが、葉の幅が広く、柔らかい感じのものは、全く違った姿に見えるものもある。匍匐茎がないのが普通ながら、出るものもある。さまざまな変種が記載されており、現在も地方変異を分ける試みが提案されているが、定まった説はない。出典：フリー百科事典『ウィキペディア（Wikipedia）』カンスゲより

6. 植物繊維を取り出す道具と手順

後に装置と呼べるような大がかりな釜、コシキ等、また複雑な手順が認められる。

生のままの利用を可能とする道具立てを、現存する植物繊維の取得技法のなかから、現地調査・文献等調査で示してみたい。

●高千穂のオコギ

九州の宮崎県高千穂町では、畑から収穫し乾燥したアサの幹を蒸し、十二月になり冬霜が降り始めたときに夜露をとる。三日間ほど夜露に打たせると青い幹が白くなる。その後、川漬けを行なう。オツケバで、小束にしたアサを一週間ほど水に浸ける。太いもので五本、細いもので十本ほどを一度に皮を剥ぐ。剥いだアサは少し水を切り灰をまぶす。

このアサを灰汁で一晩煮て、灰を落としオコギをする。「はしこぎ竹」とよぶ二本の竹の間にアサをはさみオカスをそぎ落とす。このオカスも捨てずに集めて販売した。

オコギしたアサはオコギ小屋のオダナの上に置き火で乾かした。糸を作る前に乾燥したアサ二十枚を一束にして釜で煮て、細く裂き撚ってつないでいく。

この「はしこぎ竹」は写真を見ると半裁せず一本のまま、二本を使う（註1）。

ひろいのぶこ氏・長野五郎氏『織物の原風景―樹皮と草皮の布と機―』（紫紅社、一九九九年）では、植物の繊維を採取する場合、

①生で剥ぐ（フジ・シナ・カジノキ・からむし等）
②加熱する（コウゾ・アサ等）
③発酵させる（アサ・クズ等）
④灰汁で煮る（バショウ等）

があり、同一植物でも生のまま、あるいは加熱する場合等、地域により異なる場合もあり、簡単にこの植物はこうした採織技法と細別することはできない。

たとえば、奥会津でのシナ皮は、剥いだ皮を数ヶ月、泥水に浸漬しておき、後に河川水で洗いながら皮を剥ぐ古風（素風）である。

（註1）二〇一七年一月二十日の訪問時、同町三田井の高千穂町歴史民俗資料館の展示パネルより。

●新潟県山北町雷地区のシナ布の採織の「シナ扱《こ》き」について

雷《いかずち》地区の場合は、剥いだ皮を一週間ほど直射日光で乾

かし、その後は囲炉裏の上などで乾燥保管する。乾燥させたシナ皮は池や渓流に一昼夜ほど浸けて柔らかく戻し、灰汁で煮る。その後、横槌で打つ。そして一枚ずつ剥がす。繊維の長い丈夫なものはタテイトに使うので選別する。そして「シナ扱き」し、シナ浸け（漬け物を漬けるようにシナ皮とコメヌカを交互にいれ重石をして二日間置き、水で洗い日光に二日間当て乾燥（干す）。

「シナ扱き」とはシナ煮の際に付着した灰を落とし、硬靭皮意外の柔靭皮部分を扱き取ることである。コキバシと呼ぶ長さ五センチほどの竹（または木）二本のそれぞれの端を繋ぎ合わせたものを使う。コキバシを右手の中に持ち、手に当たるところにボロ布などをあて、一本は拇指、もう一本は人差し指にそわせておく。体の左側が川上になるように川に入り、左手でシナ皮の元の方を持ち、右手のコキバシにシナ皮を挟み込んで、元から末へとしごきながら洗う。

●喜如嘉のエービ（はさみ竹）

二〇一七年十二月。九十七歳の平良敏子さんは、二階のいつもの場所で、椅子に座り、芭蕉繊維を刃物（カミソリ）で裂いて、機結びにつなぐ「うーうみ」を、いつものように、一人でされていた（註1）。

二階の作業場は撮影禁止になっている。手前の大なべが二基据えられたかまどのある部屋には、灰汁煮した芭蕉が入った青と緑のポリ桶が五、六個あり、二名の女性が芭蕉繊維を出して、黄色のホームコンテナに入れて水きりを行っている。

機織りの作業場では中央にはいだ芭蕉繊維が干され、「うーはぎ」作業が行われている。ゴザを敷いた上に二列に向きあった女性一六名、男性二名で、エービ（はさみ竹）を使用して「うーはぎ」作業を行っている。

糸芭蕉は一本から三〜四種の繊維を採取している（繊維の硬さによる用途別利用）。

「うーだき」は灰汁で繊維質に合わせて時間を調整する。その後、水で洗って灰汁を落とす。繊維を取り出す作業を「うーびき」といい、エービと呼ぶ十八センチほどの竹ばさみを持ち不純物を取り除く。左手に皮（繊維）を持ち、右手に持ったエービで皮の真ん中から根の方へ三回ほどしごく。皮を持ち替えて反対側を同様にしごく。持ち手の部分をもう一度、エービできれいにして仕上げる。硬い繊維や色の付いているものはタテイト用、柔らかい繊維はヨコイト用に選り分ける（註2）。

二月、宜野座村立博物館の企画展「鈴木芭蕉布工房のしごと展」で、鈴木隆太氏にお話をうかがった（註3）。

糸芭蕉の剥いだだけの繊維は、展示用としたもので、通常は乾燥させないで灰汁で煮るので、一般的ではない。このように乾燥して使用した事例についても不明である、とのことであった。しいて呼称をいえば「たば」であろうか？ということであった。

「うーびき」する竹はさみ「エービ」は手製する。刃がすり減るので消耗品である。一本の竹を半裁し、中央部を細くしU字型に折り曲げる。折り部に細いプラスティックのテープを巻く。素材はチンブクタケとよぶ自生竹であるという。

（註1）沖縄本島の大宜見《おおぎみ》村の喜如嘉《きじょか》地区は、二〇一一年三月六・七日（著作に署名をいただいた）、二〇一四年十一月二十六日、二〇一五年四月二十七日、二〇一八年二月十四日に訪問している。

（註2）『喜如嘉の芭蕉布』（喜如嘉の芭蕉布保存会、二〇〇〇年）。植物繊維のことを、沖縄本島では「うー」、沖縄でも宮古・八重山地域では「ぶー」と発音する。漢字では「苧」を当てているが、芭蕉・からむし両方を指す。奄美地域では芭蕉繊維は「ヴ」と呼ぶという。

　奥会津ではアサを「を」と呼ぶが、からむしは「からむし」である。

（註3）鈴木芭蕉布工房主宰の鈴木隆太氏は、一九七四年沖縄県那覇市の生まれ、沖縄県立芸術大学工芸学部織コース卒、大宜味村喜如嘉にて芭蕉布を勉強、沖縄県伝統工芸検査員（芭蕉布）を経験、二〇〇四年八月宜野座村にて工房を始める。

　展示会を視察されていた糸満市の琉球紅型「守紅」の宮城守男さん夫妻を紹介していただいた。

●奄美の芭蕉のクダ

文化庁編『民俗資料選集一〇　紡織習俗Ⅱ』（一九八一年）では鹿児島県の奄美大島の芭蕉布の事例が記載されている。

一七九九（寛政十一）年の記録では、衣は芭蕉布であり、からむしなどを畑に植えている。

一八五〇（嘉永三）年の名越源太編『南島雑話』には、「芭蕉一本で上中下の三段があり、真心の火吹き竹の大きさくらいの部分は、衣類には使用できないが、食用にはする。この真心より外の方を上位として、その外側を中位とし、そのまた外を下位とする。上位の部分はそのまま製するが、そのほかは煮て製する。製法は灰で煮て水につけておく。そして柔らかくしたものを割り竹ですごき、日に干しておいて糸にする」とある。

中心部に近い上位の部分は、生のまま製することが記載されている。

煮る灰はソテツ葉・ケダギという木のウドウル（小枝の薪）などを燃やした白灰が良いといわれている。

「バシャシキ」（芭蕉すき）は、クダという竹製用具で、煮た芭蕉の皮をすき雑物を取り除いて、繊維質だけにする作業である。

クダの用意は主に男性の仕事で、かなりの技術を要する。まずデーといわれる青竹の節なしの部分を二四センチほどに切りとる。それを半分に割り、接合部を削りとり、重ねてかみ合わせて仕上げる。長さは二二センチになる。歯をうまくかみ合うように制作する。

バシャシキは冷えないうちがよいといわれ、煮え上がるとまもなく始める。まず煮た皮を一・五センチくらいの細めの幅に引き裂き、表（つるつるして雑物のついていない側）の部分を上にして、左手でやや中央部を滑らないように持ち、その手もとの部分をクダの歯ではさみ、一気に上から下へとすいていく。これを二度ほどすると、完全に繊維質だけの半透明のものになる。上手な人は一度でもきれいになった。こうして次は上下を持ちかえて残り半分をすいていく。

すいたヴ（糸の繊維・苧《お》のこと）は根をそろえて、ざるやバラ（竹製のかご）などの容器に入れ、ある程度の量になるとさおにかけて陰干しにされる。一日ほどでよく乾燥する。このようにしてバシャシキは、一日一人で一斤くらい（約六〇〇グラム）はすけたという。四ヒロノーレ（ひろ半）の布はタテイト一斤、ヨコイト一斤、計二斤を要したという（九十四頁）。

人が亡くなって埋葬してから、三日目にミキャワカレ（三日別れ）という儀式が行われるが、このときにも芭蕉糸が使われる。この日、近親の女性三人が料理とともに膳に供えられた三本の芭蕉糸を、その料理を食べ終わったのち、それぞれ一本ずつ持って特定の三差路に行き、無言のまま、その糸をそこに捨てて、各自の家に帰ってくるというものである。これは霊との別れをするためで、芭蕉を霊の依代《よりしろ》と考えたものであろう。これも、女性によって行われるのは意味あることかと思う、としている（一四〇頁）。

古くは、着物は単に寒さをしのぐものだけではなく、悪霊から体を守ったり、人の寿命や、霊魂を左右する不思議な力を持つ霊的な存在でもあった。それだけに、着物の裁断や着始めには、いろいろな禁忌や信仰がまつわりついている。

古くは死人の肌着はすべて芭蕉着で、そのときのための新品が用意されているのが普通であった。

また幼児が死んだときには、藍染めした色芭蕉着を棺にかぶせて送って行った。

7．植物繊維の織物

●沖縄県竹富島、鹿児島県奄美・徳之島のバショウ布

一年に一～三度、偽茎を高さ一・五メートルほどで切り落とすスラ打ちをする。そうして管理した三年目の糸バショウを使う。外側の皮は固いので経糸《たていと》用に、内側の皮は柔らかいので緯糸《よこいと》用に分ける。糸にする前には煮ずに、生のまま乾燥させておき、糸に績む前に使う分だけのバショウを水に浸けて柔らかくして、糸にして織り上げ、最後に煮る方法が以前は取られていて、こちらの方が丈夫な布ができるといわれている。

バショウ布は竹富島・西表島でも作られており、喜如嘉と異なるのは、糸作りで機結びにしないでバショウ糸を績んでいることである、という。

鹿児島県奄美の徳之島では、灰汁でバショウを煮る。その場でコキバシを長大にしたような「クダ」と呼ぶ道具でバショウを挟んで、元から末へしごいて繊維だけにする。

またフィリピンのミンダナオ島のバショウ科の繊維を利用したアバカ布についても記載がある。台湾でもバショウ科の繊維を利用している。

●徳島県木頭のクサカジ（太布）

四国の徳島県那賀町木頭での太布織りの素材はコウゾがいまは使用されているが、かつてはカジノキ（穀）が使われ、クサカジと呼ばれたものの場合は、加熱せずに皮を剥いで利用していた。作業にはカジという呼称が使用されているが、現在はコウゾを使用している。現在は、一月中旬に、畑から収穫したコウゾを、カジ蒸しと呼ぶコシキで蒸す作業を経て、蒸されたコウゾの皮を剥ぎ、灰汁炊き、木槌たたきをしてオニカワ（外皮）をとった繊維を川のなかに浸ける。翌日、それを河原の砂利の上に干し夜冷で凍らせる。凍った水田の上でも行っていたという。冷気を利用することが繊維の柔軟化に重要である。

生の加工のクサカジの技法が衣料等原料の古層を伝えていると思われる。

コウゾは皮を製紙原料として大量に移出していた関係から、コシキを利用して蒸すという産業としての装置を持つようになっている。以下資料により紹介する。後段の高橋八重子氏のものがいちばん詳述している。

文化庁がまとめた『無形の民俗文化財記録二〇　紡織習俗I　新潟県・徳島県』（一九七五年）は重要。これは太布庵で宮本常一編の本とともに、阿波太布製造技法保存伝承会大澤善和会長に教示された（註1）。同じ内容のものが

『民俗資料選集　紡織習俗Ⅰ』として国土地理協会より発刊されこちらは古本等でも入手しやすい。

文化庁文化財保護部編『紡織習俗Ⅰ』（国土地理協会、一九七五）の一五九頁から「阿波のタフ紡織習俗　那賀郡木頭村」は、徳島県文化財専門委員の後藤捷一氏による調査報告である。調査は一九六二（昭和三七）年に行われた。聞き取り調査は、原料植物については安岡岩樹氏（七十五歳）が話し、紡織については岡田ヲチヨ氏（七十四歳）、榊野アサ女氏（七十二歳）の二名から話しを聞いている。

私が訪問した際、大澤会長が説明されたなかに「榊野アサ女さんからカジ織りを教わったのが、あの方です」と紹介される。また岡田ヲチヨさんが織られた太布も拝見した。

安岡岩樹氏は調べてみると高知県生まれで二五年間、出原で馬子を専業とされた（阿波学会資料）。優れた話者であった（註1）。

前掲資料『紡織習俗Ⅰ』では、

阿波の国では、往時、こうぞ（楮）・かじのき・しなのき・藤・麻・ヒュウジ（苧麻）・ツナソ（黄麻・ジュート）などの繊維で織った粗布を総称してタフ（太布）とよんでいた。本来の太布は昔の栲布で、こうぞやかじのきの繊維で作った織布であるが、のちにこれに類似するものもタフと呼ぶようになった（一六六頁）。

木頭のタフ（太布）は、原料に　こうぞとかじのきとをおもに用い、ままツルコウゾ（ふじかずら）や　麻などを使用したこともあるが、現在はツルコウゾ、麻は使用しない（一六九頁）。（※この報告者は　ままという言葉を使用している）

こうぞとかじのきは、山野に自生し、それを採取していたが、両者とも製紙材料となるので、タフを製するというよりも、製紙原料として販売するほうが利潤があり、製紙原料としては、かじのきよりもこうぞのほうが優秀なので、こうぞの栽培が行われ、一部はタフとなり、大部分が製紙原料として商取引された。

ニカジ。木頭ではこうぞをニカジと呼ぶ。樹皮をはぐ場合に蒸す（煮る）ため、この名が生まれたものと思われる。

クサカジ。かじのきを木頭では、マカジまたはクサカジともいう。生木採取の時期は、こうぞと同じように十二月から三月ころまでで、ままこうぞと同様に蒸煮する場合もあるが、タフは蒸さず、そのまま皮をむくのが普通である。

生木はこうぞよりもやや大きいものが喜ばれ、刈り取ったものは日当たりのよい場所で乾燥する。この乾燥加減は、皮がよくむけるか、むけにくいかに大きな影響があるので、乾き加減を見ることが肝要である。

そして適度に乾いた幹を縦縞になる程度に表皮をざっと古鎌でこすり落とし、膝で押さえたわめて、こうぞの場合とは反対に、梢端部から下部に向けてはぐ。

皮を約一握りぐらいずつ根元から四、五寸のところを共皮でしばり、竿や張縄に陰干しする。

つぎにカジ殻（皮をはいだカジの幹部）を割ったものや竹のへらですごいて表皮を取り去る。それから手で揉みあるいは、足で踏み、または槌で打つなどして、じゅうぶんに皮を柔らげてから、績みにかかる。この作業をカジヲコナスという。

木綿との交換（一八三頁）。明治以降、タフは自家用以外は、全部入山（木頭地区に入ってくる）して来る商人に売却したり、木綿のものと交換した。

取引の相手は、美馬郡の穴吹町や、名西部の鬼籠野からのきまった商人であった。一反の値段は六十銭内外で、普通木綿縞と交換する場合はタフに歩がよく、一反について十銭ないし二十銭の追加金があったが、同じ木綿のものでも絣《かすり》などの高級品には、反対に二、三十銭の追加金を出したものである。

この場合、こうぞ製品は糸が太いので強く、袋用に喜ばれた。

蒸すと灰色を帯びた淡褐色となったが、カジ製品は糸が細くて色が淡く、美しいので、値段は上位にあったという。

袋類（一八二頁）。往事は山村の人々が、雑穀を運搬するには、必ずタフの袋（タフ袋）を利用し、急坂では荷負棒の上荷として、剣山周辺においてはなくてはならぬ用具のひとつであった。

中井伊与太・曾木嘉五郎「阿波国祖谷土俗調査」東京人類学雑誌（第十二巻第一三三号・明治三十年）には、

太布に二種有り。一は麻のみにて織るものにして色白く久しきに堪ふ。

一は麻を経に楮を横に織るものにして、品質粗悪且つ繊維弱し。

現今祖谷にて織る所の太布はこの様なりとす。

而して太布に要する第一の原料たる麻は夏日之を刈り取り、大釜にて蒸し柔軟なるを度とし、之を乾し置き、陰暦十月の頃　之を渓水にて晒して、悉く外皮を去り、冬時雪深く戸外に於て労働する能はざる際、糸車にて紡ぎて糸となし、春に至り機にかけて織る。余等が旅行の際、麻の刈入れに着手せし所あり。或いは既に之を蒸して竿にかけて乾せる所もありし。（一六八頁）

『四国連合共進会　出品物申告書』（明治十九年五月一日より同三十一日迄徳島に於て開催せられた折のもの）では、

木頭の太布　刈り取りたる楮を数十日間干し（略）古鎌を以て掻き堅筋の創《きず》を入れ、以て一本の楮皮三～四枚に取り、二～三日間蔭乾になし、尚ほ日に干す事九日にして、楮の割枝を皮の裏に充て引き、然る時は表黒皮翻し落つ。夫（それ）より又一日程日に乾し、而して能《よ》く揉み柔らげ、

後ち通常の苧の如くウミ、之を二日間水に浸し後、紡車にて撚りて綛《かせ》に掛け、干したる後ち灰にて煮る。
然る後は河水の流れにて能く灰を落し、縮みたる糸を引延ばし、水気を去り、米糠を附着して糸の縮まざるように竿にかけ、重りをなし乾すなり。
之を綛にかけ尋常の機に仕立て織物とす。只異なる所は経糸《たていと》には織毎に布海苔を引き、緯糸《よこいと》は管巻の儘《まま》煮て用ゆ。凡《およ》そ七〜八反を以て一機となす。
上等の職工は一反半を織る。機械は地機を用ゆ。（一六九頁）

福島市の高橋八重子氏は『藍のいのち』（一九九五年）の「阿波の太布」に詳述している（註2）。

（註1）出原に住む安岡岩樹氏（昭和四四年当時　八十一歳）は父、米治につれられて高知県安芸郡から木頭に転住し、二十三歳から四十八歳まで約二十五年の間、馬子を専業としていた（岡田一郎氏の昭和四十四年八月一日から七日まで木頭村で阿波学会の総合学術調査）。

（註2）福島女子短期大学の高橋八重子氏（一九三四年生）の「阿波の太布」の初出は『比較文化研究』二七号（日本比較文化学会、一九九四年）『同』三〇号（一九九五年）、『福島女子短期大学研究紀要』二五号（一九九五年）であるが、論文を福島県立図書館で読み、学会誌著者住所に二〇一七年二月に手紙を出したところ、後に本書『藍のいのち』（一九九五年）が二月下旬に送られてきた。二月十四日付で「**ありがたいお手紙に感謝を申し上げます。「衣・食・住」の「衣」が一番先です。出会いは、何を食べてどのような家から出て来たかは解りませんものね。出会いでは「衣」です**」と書かれた箋があった。二月二六日に、福島市宮下町の自宅に著者を訪問し御礼を述べた。

本書のおわりに次のように書かれている。

庶民の色、永遠の藍に魅せられたのは、祖父母から祖母へ、母へ、そして私へと伝えられてきた「ぬくもりの守り」があったように思う。一九八六年にオープンした福島県立博物館に、戦時中の女学校の制服とモンペ、防空頭巾、帯芯で作った救急袋、国鉄バスガイドの制服、帽子を福島県教育委員会から依頼されて制作した。紺絣の防空頭巾は母が縫った。ふっくらとしたその綿入れの感触にひたっていると「裏地は棟上げ式の吹き流しの紫をとっておいたから」と母が言った。
どんな小さい布裂や帯芯などでも、ていねいにたたんでとっておくという習慣が伝えられ、今でも心のふるさとと文化創造のエネルギーとなっている。

この高橋八重子論文のなかに『東京人類学雑誌』十七巻一九〇号（明治三五年一月刊、一九〇二年）の玉置繁雄の論文「阿波国木頭山土俗」が引用されている。

鳥居龍蔵は木頭訪問を明治三〇年としているが、玉置繁雄は明治三四年の八月の帰省での調査としている。八月二〇日に木頭の出原に着いている。同行は門田氏、荷物人の計四人。

調査目的は八月二一日、二二日と宿泊した木頭の宇井ノ内の上地の豪農丸山松三郎に会い、話しを聞くためのようである。

また折宇の岡田家の秘蔵の由来一冊も、来歴を示した重要な書であることが記されている。折宇殿富田、また木地屋が筒井より延享三年に来て営む等（一四三頁）。

太布については「**木頭太布とて名高し　もとは専ら村民の着用せしものなるが、現今は木綿と交換して多く綿服を着するなり**」（一四五頁）。

徳島市生まれの人類学者・鳥居龍蔵（一八七〇〜一九五三）。岩波文庫より『ある老学徒の手記』が刊行されている。晩年の昭和二七年に書かれたものである。翌年一月に八二歳で死去している。本書はその年に朝日新聞社より出版されたものの文庫版である。

台湾調査時代、阿波の木頭がある。

『ある老学徒の手記』の一四三頁では明治三〇年の夏、木頭を鳥居龍蔵、東京帝国大学の人類学教室室員の玉置繁雄の二名が東京から神戸経由で徳島を訪ねている、となっている。巻末の年表もそうなっている。

しかし、同行した玉置の詳細な報告は『東京人類学雑誌』一九〇号（明治三五年一月）に「阿波国木頭山土俗」として掲載され、調査はその前年の明治三四年となっている。したがって鳥居龍蔵の自伝の記載は記憶の誤りで、同行した玉置の記録明治三四年八月が正しいと思われる。玉置も徳島県那賀郡中島生まれで、鳥居龍蔵の里帰りに同行した。

二〇一七年四月五日に訪問した徳島市八万町向寺山の徳島県立鳥居龍蔵記念博物館より購入した七冊の報告書でも確かめたが、鳥居龍蔵の木頭訪問は明治三四年（一九〇一）年となっている。

『みんなで学ぼう　鳥居龍蔵』（二〇一一年）二六頁の年表。

『展示解説』（二〇一一年）一六頁の地図。

『展示解説　第二集　地図に見る鳥居龍蔵の足跡』（二〇一二年）の二〇頁。

『鳥居龍蔵　世界に広がる知の遺産』（二〇一六年）。


太布の原料は、フジ・アサなども使うところがあったといわれているが、木頭で使用されていたのは楮《こうぞ》と穀《かじ》である。楮も穀も桑科の植物であり、外観が似ているうえに、どちらも太布の原料として古くから利用されていたので、一括してカジと呼ばれている。

そのうち楮の方は藩政（江戸）時代にはカミソ（紙素）の木として紙奉行の下に統括されており栽培に上納を強制されていた。植える場所は田や畑のあぜや石垣の上で一列に並んで独特の景観を見せていたという。一般に木が小さいのでコカジとも呼ばれたが、ふつうの呼び名はニカジである。

皮を剥ぐとき煮る（蒸す）からである。穀は山野に自生するものを利用する。刈り取った木は天日に乾かして生乾きの状態で皮を剥ぐ。ニカジとの大差は蒸す工程のないことであるが、剥ぐ方向も反対で、こちらは末から元の方へ一本を三枚くらいに剥いでいく。呼び名のクサカジは、草のように自生するカジの意であり、別名のマカジは、この木が本来の穀の木である。マカジの方が太布にした場合緻密な上質の製品であるが、製紙までの手順がめんどうなため現在は行われていない。現在行われているのは楮（ニカジ）である。

①楮を切り取る
時期は葉の落ちた十二月頃から一月頃、なるべく枝が少なく傷のない真直ぐなものを選ぶ。木は先端まで傷つけないように気をつけて、なるべく長く根株近くを切る。その要領は切る部分をたわめるようにして鋭利な鎌を当て一気に切り取る。

②集荷と保存
切り取った楮は手ごろな小束にして蒸し場へ運ぶ。切り取ったものはすぐに蒸すのがよいが、日数がかかるときは、切り口を谷川などの水につけ水分を吸収させておく。

③皮を剥ぐ
ニカジは名の通り煮て（蒸して）から皮を剥ぐ。このとき原料も用具も和紙の原料であるカミソと同じであるが異

なる部分がある。

カミソは楮の両端を裁断して蒸すが、太布用には長いまで蒸し、剥ぐときカミソは丁寧に、太布用は乱暴に行なうことである。太布ではなるべく長い繊維を必要とし表面の黒皮を邪魔者とするし、出荷するカミソは商品価値の外観を考えるからである。

口径一メートルのハタソリと呼ぶ大釜に湯をわかし、口径約八〇センチ、深さ約一メートル五〇センチのコシキをかぶせて楮を蒸す。楮はコシキの内径に合わせた大束にし、長さもコシキに合わせる。長すぎるものは先端を曲げるが、火にあぶったり熱湯につけて、なるべく傷つけないように曲げておく。湯気を逃がさないようにコシキと釜の隔間にはワラ束をつめて、かまどの火を勢いよく燃やす。二時間程沸かすと独特のよい匂いが漂いはじめる。コシキを少し起こしてのぞくと、元の皮が縮み木肌が白く見える。この皮のちぢみ加減から蒸し上がりを判断してコシキを吊り上げる。すぐにバケツで冷水を均等にかけて急冷すると剥ぎやすくなる。

釜から降ろすとすぐに皮を剥ぐ。剥ぎ方は元の方から梢端部に向けてこそげ採るように剥ぐ。力のあるものは木の又にかけて数本を一度に剥ぐ。ニカワ（表皮の黒い部分）がなるべくとれるようにむくと都合がよい。

④材料の精白
剥いだ皮のままでは色が黒く、材質が硬くて、糸にならないので煮る、叩くなどして化学的、物理的な処理を施して、白く柔らかくなる材料にする。

剥いで小束にした楮皮は、すぐに灰水で煮る。灰は広葉樹から取ったものを用い、湯の二斗（約三六リットル）に一升五合（約二・七リットル）程度の割合に灰水を作る。灰水を大釜で炊き適度の楮皮を入れて煮る。火の強さや楮皮の量にもよるが約二時間で煮あがる。煮沸時間が長すぎたり、灰汁の濃度が濃すぎると繊維がとけてなくなる恐れがあるので注意が必要である。煮加減を見るには一部取り出して引き広げて繊維の網目になる状態を見る。

煮上がると、まず楮皮の太い方の端を木槌で叩きつぶす。ついで、オニカワと呼ぶ表皮の黒い部分をはがす作業をする。籾がらをまぶして、足でもむようにして踏む。終わると流水でオニカワや籾がらを洗い流し、そのまま流水につけ、重石をして一昼夜おく。

流水から揚げた楮皮は、陽当たりの悪い野原にひろげて、三昼夜ほど表裏を返しながら凍らせる。この間に雨が降ると汚点がつくので（註6）、雨にぬらさないように気をつける。よく凍るほど繊維が柔らかくなるので、この工程は重要である。次はこれを小束にして軒下の竿にかけて乾燥する。

乾燥した楮皮は膠質の作用でカチカチに固まっているの

で、むしろの上で木槌で叩いたり、足でよく揉んで柔らかくする。元の方は特にていねいにするが、叩きすぎて繊維を切らないように注意する。

図十五のキャプション（注記）に、荒妙用は鬼皮（外皮）の付いたまま使用し、白妙用は鬼皮を刃物や石で剥ぎ取って干す。

ひろいのぶこ氏・長野五郎氏『織物の原風景―樹皮と草皮の布と機―』（紫紅社、一九九九年）の木頭の太布の工程での、皮剥ぎのカジノキの項目については次のように記している。

この調査は一九八〇年、一九八九年に行われ、曾根石男氏（一九一二年生）・曾根啓氏（一九一六年生）・榊野アサ氏（一八八九年生）・仁木ダイ氏（一八八九年生）・丸山セツコ氏（一九二八年生）の話を聞き、『紡織習俗Ⅰ』等の文献も参照している。

木頭ではコウゾをニカジ、カジノキをクサカジまたはマカジと呼ぶ。

コウゾとカジノキで方法が違う。カジノキの皮剥ぎは、庭先に蓆《むしろ》を敷いて座り作業をする。伐採の時期はコウゾと同じだが、幹の太さはコウゾよりやや太めのものがよい。刈り取ったカジノキは日当たりのよい場所で干す。乾燥した幹の鬼皮（表皮の外側の外皮）を、切れ味の鈍くなった古鎌の刃であらく削り落とす。削ったところと削っていないところが縦縞に見える程度に削ればよい。

幹の根元の端を右膝で押さえつけ、左膝に幹の末の方をのせてたわめ、末の方から元へ向けて皮を剥ぐ。古鎌で皮に幅三センチくらいの切り口をつけて、五センチほど剥ぎ、それを右手に握って引っ張り、左手で皮に対して直角に幹を押し下げると剥ぎやすい。こうして少しずつ剥いだ皮は、元は元ばかり、末の端は末方向に揃えて、一握りの量になったら、元の端から四～五寸（約一二～一五センチ）のところを、そのうちの一本の皮でしばって束ねる。これを軒下の竿竹にかけて陰干しにする。

皮を剥ぎ取ったあとの木質部をカジガラといい、このカジガラを長さ約三〇センチに切って縦に半分に割り、ヘラのようなものを作る。陰干しにした皮の束をほどいて、これをあてがって一本ずつ残っている鬼皮を一〇センチほどこすり落とす。次にここを左手に握りこんで、元から末の方へ鬼皮を扱き落とす。そして、繊維を裂いたり糸作りがしやすいように、これを平らな石の上か、木の台の上に置いて木槌でまんべんなく打って柔らかくする。最後にカマスを敷いてその上に置き、素足で踏んでより柔らかくしておく。この作業を「カジをコナス」と呼んでいる（一九七頁）。

コウゾは蒸してから皮を剥ぐ。灰汁煮したコウゾの皮が絡み合わないように籾殻をまぶし付け、カマスを敷いた上に置いて素足で踏む。これを川へ運び、流れに沿って元の端を川上にして並べ、流されないように重石をして一昼夜浸けておく。灰汁・籾殻・鬼皮も流水に流されてコウゾは白くなる。

　翌日、川から引き上げたコウゾは、寒夜を選んで日当たりの悪い田や野に数日間並べて凍結させる。平均して凍結するように束の上下を時々返す。雨に当てるとアマグラ（染み）がつくので（註1）、雨に当てないように木を浸ける。もし気温が下がらず凍り方が不十分なら、夜に熱湯を準備し、束をくぐらせて十分に水分を吸収させたあと、再び凍らせる。水分は、繊維と繊維の隙間に入ったあと凍結して膨張する。それによって繊維束の組織が部分的に崩され、柔軟性を増す。十分に凍結させておかないと繊維は固くてあとの工程の作業もしにくく、しなやかな布とならない。このあと竿竹にコウゾの束をかけ、日光に当てて乾燥させる（一九八頁）。


（註1）奥会津でのアサ栽培でも同じようなことがある。アサは晩夏に引き抜き収穫をする。その際、葉を落とさずに交互に重ねて畑内に置いた状態では雨を受けても大丈夫であるが、葉落としして天日乾燥している状態で水滴（雨）に当てると染みが付くので、雨を当てないように気にしている。

●山形県南陽市のからはぎ織り

　今は注目されていない技術に、精製しないからむしの外皮の利用がある。奥会津では「からっぱぎ」というが、山形県では「からはぎ織り」という言葉が残っている。

『南陽市史　民俗編』（山形県南陽市、一九八七）に「からはぎ」という項目がある（四四六頁）。米沢苧の中心産地のひとつの事象について紹介したい。

　昭和初期まで見られた仕事着の中に、青苧（カラムシ）の屑糸で織った布を用いて作ったものもあった。

「からはぎ」「からはぎ機《はた》」などと呼ばれ、丈夫なことは天下一品で、こんな話が語り草になっている。

　ある農夫が高い桑の木に上って桑をはさんでいたとき、乗っていた枝が折れて真っ逆さまに墜落した。ところが、途中で仕事着が太い枝の端にひっかかり、農夫はその枝に宙吊りになったので、地面に衝突することなく、命拾いをしたという。そのとき着ていたのが「からはぎ織」の仕事着であったという。ごわごわする風合ではあるが、これほど丈夫なのである。ではどのようにして作られるのかを見てみよう。

　青苧は江戸時代以前から当地方の重要な農産物で、その表皮から採取した青苧糸は、織物の原料として藩外に売り出され藩財政をうるおしていた。青苧の耕作は手数のかかる苦労の多い仕事であった。以下、その概略を述べてみる。

　春先、青苧は新芽をふき出すが、それをそのまま伸ばしても繊維の質が悪く、商品化はできない。それで、立春から数えて一二〇日ごろ、三〇センチほどに伸びた芽を刈り取り、そこに干草や小柴・古萱などをかけて焼いてしまう。これを青苧畑焼という。このとき使用する干草を「刈りかけ」と呼び、畑の近くに刈り場を設定しておく家もあった。畑焼の火はよく見えるように夕方につけた。危険防止のためで、住宅が近いときは、水を準備して屋根の上に待機していたという。畑焼のあと、堆肥や下肥（人糞尿）を施した。

焼かれた後に再度ふき出した芽は、大きさも揃い質もよいのでこれを伸ばす。八十八夜の頃に一度「青苧畑うない」をやって、刈り取りは二百十日を一応の目途として行われた。畑の外周りのものは風の害を受けて質が下がるので別に束ね、その他は長短別に束ねておく。刈り取ったものは重石をのせて数日間流水につけておく。

水に漬けたものを頃合をみて引きあげ、膝にのせて折り曲げ、指で皮をはぐ。はいだ皮は「ひき板」の上にのせ、「こ」「おひきご」などと呼ばれる台形型の刃物で表皮をそぐようにして取り除くと、白くて美しい上等の繊維ができあがる。

この繊維は元を束ね、竿に掛けて干せばできあがりである。

「からはぎ」とは、表皮を指ではがされた青苧幹（がら）の端に、少し取り残されている皮を剥いだものをいう。この「からはぎ」は、青苧の「ひかす（挽滓）」と一緒に洗って干した上で保管しておく。

秋の取り入れが済んで、農作業が一段落したら、「からはぎ」を灰水で煮、よく洗って乾燥させ、これを紬《つむ》いで糸にする。

一方、青苧を引いて取った糸のうち、「はね糸」は自家用にするので、それを績んで縦糸にして機にかける。横糸は「からはぎ」から紬いだ糸であるから、この「からはぎ織」はまことに丈夫な布になる。この布で作業着を作った。

「ひかす」もまた利用された。「ひかす」は翌春大釜に入れ灰水で煮たあと、川端に運んで平石の上にのせ、棒で叩いたり、あるいは簾にのせて池の上に浮かせ、根曲り竹で叩いたあと乾燥させて打綿を作る。打綿は布団や夜着の中に入れた。

●青木木綿

五月二十一日（日）晴れ。会津地域は今季最高の気温となった（昭和村二十四度、会津盆地三十三度）。河川のカジカガエルが鳴く。ホトトギスが鳴く。ようやくハルゼミが鳴き出した。午前中は、かすみ草へのかん水や、畑作り（管理機でビニルマルチ）。

午後から会津坂下町へ。広瀬コミュニティセンターで、青木木綿についての講演会が同町教委の主催で行われた。五十名近い聴講者が集まった。民俗学の佐々木長生先生はじめ、青木木綿にかかわる人たちが集まった。

佐々木先生は、会津木綿（青木木綿）で製作された「ヤマジバン（山襦袢）」の山《やま》という意味は、屋外（つまり野良、田畑）の意味である、と解説された。会津地方では、屋外・田畑に行くことを「山に行く」というのが普通だ。

また会津坂下地域の木綿栽培・タデアイ（藍）の栽培・青木縞（しま、木綿）は、会津藩営のものではなく、農民起業によるもので、それはたいへん当時の状況からしても意義が深い、と解説された。それが近代になり自動織機を導入しマニファクチャ、企業化していく流れがあり産業遺産である、と。

会場から、喜多方山都町の小澤弘道氏は、調査をしてみると南会津郡の只見町などには会津木綿・青木木綿は流通せずに、新潟県（越後）のカモジマ（加茂縞、縞＝木綿）が多いことがわかっている。会津木綿が入っていかない地域が、会津域内にもある、ということを知っておきたい、と発言された。

教委の渡辺女史は、青木木綿がどのように流通しているのかは今後の研究課題としており、基本的に作られた布の種類や、「布のミミに付けられた赤と白の糸」が青木木綿の商標として判断できるので、参考にしてほしい、とのこと。

町内宇内の川西歴史研究会の事務局長の佐藤正芳さんは、せっかく青木木綿を復元するのであれば、木綿《わた》の栽培、糸作り、染めなどの復元も計画していく必要があるのではないか？と提案された。ご自身、昨日にポットにワタの種子を蒔いた、という。

講演会終了後、佐藤さんの民具等保管場所を訪問し、詳しく話しをうかがった。木彫をされており、立派な仏像や面がたくさんあった。かつて「綿買い」が来て、「糸作り」などの内職も多く行われていたようで、後日、詳細をうかがうこととなった。

昭和村から参加された水野さんは、昨年から行っている民具調査で持ち込まれた布類・衣類が青木木綿であること、が判明している。そしてそれは厚く丈夫な特徴がある、と所蔵者が語られたことを紹介された。

佐々木先生から私にも指名があったので、昭和村の「を（アサ）」は反物として織られ、アサ一反は、会津木綿二反と交換され、木綿で日常衣料を製作していたことを説明した。アサは染めずに仕立てられ、会津盆地での葬儀等で喪主のカミシモとなっていた。

一方、会津田島の祇園祭の着用衣料（裃）の材料もアサ布かカタヤマ（タテイトがアサで、ヨコイトがからむし）であった。

8. からむしと藍染

奥会津博物館にはかつての染め屋が移築されている。染め屋内の藍甕《あいがめ》は石製。石をくりぬいた藍甕は十個。中央の長方形の場所にはオキ（火、暖房用）を入れられるようになっており、温度を調整する。かまど（竈）では湯を沸かす。

阿波藍（徳島）の研究者の川人さんと、台湾藍の研究者の馬さんは、石で作ったアイガメは、はじめて見たという。すくもを製造した小屋の右奥の窓は換気窓ではないか？と阿波藍の研究者の川人さんは言う。徳島では、こうした壁面に窓がたくさんついた建物で「すくも」を製造するのだ、という。

タデアイを育て、その葉を発酵させて「すくも」を作る。そのすくもが、藍染めの原料となる。

畑の隅に植えたタデアイを利用して農作業の衣類を農家自ら染めた。「ジアイ（地藍）」は自家用であった。

一方、裃《かみしも》などの晴れ着は「染め屋（紺屋）」に出して染めてもらった、という。いずれもアサを原料として糸を作り布を織って仕立てた。

●染め苧《そ》

奥会津博物館の研究員の渡辺康人氏によれば、会津田島の染屋（紺屋）の芳賀文助氏の所蔵の大福帳等に、「ソメソ（染め苧）」があり、藍の原料も域内（高野・木伏・芦ノ原等）から購入しているので、かつては藍を栽培していたこともわかる、という。

藍の栽培は容易であるが、どのようにして製品にして、加工していたのかが会津の分では不明であったが、新潟県内の事例、雪国の事例で共通しているので、冬の加工が行われていることがわかる。また品種もいくつかあったようである。収穫した藍の葉を乾燥させて流通していたようだ。沈殿藍（泥藍）は文献上は確認できない。

からむしの染色は、タテ（タテイト）・ノキ（ヨコイト）を共に撚り、カセにかけてから外して束ね、かくしてオガセになったものを、タテは灰汁で煮て雪上に晒したのち、またノキは通例そのままで、一反分に揃えて紺屋へと持ち込むものであった。一方、これとは別にノキのみをツヅネの段階でまず染め上げてしまい、そのあとから撚ってカセにかけるという流儀があった。これは地域差で、前者は遍く津南町一円に、後者は樽田のみに、それぞれ行われていた。

樽田の紺屋・おやけ（丸山氏）では、染めたツヅネをボテに広げ、オガセの方は竹竿にかけて乾かしていた。ツヅネの染めを先行させる限り、ノキの方は、煮て晒すという工程を一切経過しないこととなる。しかしながら、この方式を採らなかった地域でも、撚ってカセにかけたノキを煮ることも晒すこともしなかった例は数多いので、この工程順の差異は深い意味を有するとは感じられない。

紺屋の古い勘定帳簿類によれば、昔のソメソの注文は、一定の単位によらず、持ち込みの都度、一々秤量されていた。近代に移る頃から、縮一反分を単位にタテ・ノキを揃えて持ち込むのが定法となり、紺屋の染め賃もこの方式で協定されるようになった。績み手により苧の品質により、一ナワとして等量のもののないオガセではあるが、秤量することなしに均一の染め賃を受け取ることになっていたものである。

染め賃は、借り置いて縮が売れてから清算するのが慣いで、年が改まっても勘定のこげついている例が、帳簿類にはかなり見える。羽倉の紺屋・松坂屋（久保田氏）などは、貸し倒れがかさんで廃業に追い込まれたとさえいわれている。

染色を必要としない白布の織り続けられた記録上の下限は、一六九二（元禄五）年である。同年の寺石村よりの書き上げに、従来の白布と新興の縮とが、ある期間並行して生産されていたことが判明する。縮の色柄については、その寛文期における出現後、約一三〇年間の事情が空白となっている。草創期の寺石村の縮は、染めない白縮、もしくは天然染料によって自家染めした製品であったように推測される。

紺屋の勘定帳簿として伝わる最古の一冊は、樽田・南の一七九六（寛政八）年の「大福染物覚帳」である。これに見えるこの店の顧客は、外丸・上野・小池・穴山・寺石・羽倉・中尾（現在の松之山町、以下同じ）・天水越・湯本・浦田口という広範囲から訪れていて、当時、この職種を営む者の稀少であったさまをうかがわせる。

寛政期をくだっても、紺屋を皆無と報告する村々は跡を絶たず、紺屋が乱立して一集落に二店を数えるところさえ稀ではなかった明治期の盛業ぶりには、およそほど遠いものがあった。

一八二五（文政八）年に成った『秋山紀行』は、ほぼ現在の津南町に相当すると考えられる上妻有という呼称を用いて、ここに営業する紺屋についての結束村庄屋・滝沢太右衛門のことばを書きとどめている。この七十九翁は、鈴木牧之の問いに答えて、

「古くからの店は上妻有広しといえども田中（おもや、現在の清水礼次郎家を指す）の一軒のみで、近年ようやく店の数も増加してきた」と、決定的な証言を行った。

町域における紺屋の発生はかなり新しく、かつその数も江戸中期までは甚だ限られていたものと断じて過たないであろう（幕末に至り、紺屋の数は急激に増加してきた。一八六四（文久四）年の例では外丸村一村に十一店が営業している）。ちなみに明治十八年に谷内村で紺屋を営んで

いた五軒のうち、商いの額の最低であった二店は、オガセの上紺染めに換算してそれぞれ四反分・八反分の収入しか得ていない。時代を遡るにつれて、この地域の紺屋の営業規模はおしなべてかような零細さに近づいていくのではなかろうか。

紺屋に依託してなされる本格的なソメソをコーヤゾメといい、それに対して、エーゾメ（藍染め）意外の染法をも含む小規模な自家染めをテメーゾメ（手前染め）という。テメーゾメは、ミッツブシ（ケシ科のタケニグサの全草）・キワダノカワ（ミカン科のキハダの樹皮）・クルミノカワ（クルミ科のオニグルミの樹皮）・クロマメなどを煮出した煎汁による染め方をも駆使するもので、紺屋の営業するものの少なかった時代には、ソメソの主流をなしていたものかと察せられる（十日町市内各地の神社に伝わる江戸後期の縮の奉納旗多数の染法の調査によれば、藍以外にも、キハダ・タマネギ・小豆・黒豆・漆・茜・柿渋・ヨモギ・紅花・カリヤスなどの多彩な天然の染材が駆使されている）。

辰ノ口には、ムラに大きい紺屋があったにもかかわらず、自家生産の藍でオガセにテメーゾメを施すものが大勢残っており、この伝統は明治末期まで続いていた。紺にテメーゾメしたオガセは、縮に織って商人に売り渡されたもので、キヨー（自家で着用する）のカタビラとなったわけではない。

樋口カクの流儀では、扱いて干し、揉んで粉末にしたエー葉（藍葉）を、ソラ（屋根裏）に敷いたミシロ（莚）の上で水を注いでネセ（発酵させ）、悪臭を放ってべたべたになってくると、広げて乾燥させておいた。これをニワの土間に首まで埋め込まれた、一石二斗入のエーガメ（藍甕）にダス（建てる）ものであった。この染液では、オガセ以外に唐糸（とういと）をも染め、機に織っていた。オガセのイロアゲ（すでに染まったものに、さらに濃く色を重ねること）には、よりよく建っている染液に浸さねばならないため、エーガメの本数は最小限度二本を必要とした。染めた唐糸で織った綿布は、ヤマギモン（野良着）などに縫い上げられた。以上は辰ノ口のテメーゾメの実態であったが、このムラのみに限らず、エーガメを二本や三本保有する家はありふれており、これまたテメーゾメ盛時の名残であった。明治期に穴山の小池道（高波氏）が紺屋を開業した折には、上田小池の農家から古物の瓶（甕）を譲り受けたものである。

多田滋氏は別書『越後縮の生産をめぐる生活誌』（十日町市博物館、一九九八年、一五三頁）でも次のように記している。

明治初期の十日町市域各地の「産物書上帳」の類には、少なからぬ量の「葉藍」の産出が記録されている。「藍葉」と書かれている資料もある。言うまでもなく、タデ科の一年草のアイを夏に刈り取って乾燥させたものである。また

「粉藍」ともあり、干したものをさらに粉末にする場合があったことが分かる。一例を挙げるならば、明治七年の高島のムラ全体での「葉藍」の生産量は一二五貫目に達し、三一二円五〇銭で販売されている。

こうした「葉藍」は、最寄りのムラやマチの紺屋に供給されて、徳島県からの藍玉の移入量を抑えるのに役だったであろう。新水のある紺屋で明治十一年に消費された「葉藍」は百五十貫目に上っている。藍の栽培は、明治末期になってもまだ細々と続いていた。大小二品種あり、小形の方はタデアイ、大形の方は単にアイと呼ばれていた（樽沢）。高島の紺屋では、会津まで藍玉を買いに行ったことがあるという（『十日町市史』資料編八民俗）。

以下、文献で、雪国の藍の事例を見てみる。

●藍・新潟県十日町市の事例

新潟県十日町市の多田滋氏（一九三一年生）により調査された「民俗編」（『津南町史』資料編　下巻、新潟県津南町、一九八四年）のなかに、「染め苧《そ》」という項目がある（八二三頁から）。

越後縮を織り出している新潟県の津南町域ではタデ科の藍は「エー」と発音され、明治の初期までは盛んに栽培されていた。

一八七二（明治五）年に津南町域の芦ヶ崎村で一五貫目、赤沢村七貫目、大井平五貫目・子種新田一〇貫目の藍を産出した（芦ヶ崎　大口茂太家文書「明治六年　土地産物書上帳」）。

芦ヶ崎村では、その後、明治十年に二五二貫五〇〇匁、明治十一年に三百貫目、明治十二年に二七五貫目、明治十三年が七三貫目である（大口茂太家文書「物産取調帳」）。

これらの藍は、一部は移出されたかもしれないが、近隣に営業する紺屋に主として供給され、充分にその需要を満たしていたものと見られる。

島田の紺屋・上《うえ》の山（鈴木氏）の明治五年の例では、藍の買い入れ先は、巻下・島田・小岡・外丸・下船渡の各集落で、生産農家から直接買い取っている（小島　鈴木清四郎家文書「当申藍仕入方附込覚帳」）。

この年、曹洞宗寺院・善玖《ぜんきゅう》院を含めて十五戸に及んでいた。一戸で二十二貫目を売った家もあり、上の山の集荷はおびただしい量に達していた。

右の紺屋の買い入れた藍には、「葉」と「粉」とが区別して記帳されているが、これらはそれぞれ「産物書上帳」の類にみえる「葉藍」と「粉藍」を略記したものに相違ない。前者は、刈り取った全草をそのまま乾燥させたものを、後者は、しごき取った葉を干し、揉んで粉にしたものを指すが、これらの呼称を古老の言葉で直接聞くことはすでに不可能である。

藍の価格は、たとえば明治十年に「葉藍」一貫目が十六銭七厘とある（谷内　藤木駒治家文書「明治十年物産」）。

明治三十八年、ドイツの化学染料の輸入が開始されるや、天然藍の相場は一時に暴落し、全国で藍関係者の没落が続いた。

津南町域の藍畑も、この影響で急速に転作されていったものと考えられ、存命の古老たちにも、栽培品の藍を実見した体験者は希である。中子・駒返り・辰ノ口では、それでも、大正期まで細々と栽培が続けられていたが、後二者は紺屋の営業していた村である。ちなみに、前記の「葉藍」の運搬には馬が使われ、草刈りの場合に等しく、鞍の左右に三把ずつをつけて一ダンと数えていた。

幸八どんという大きな紺屋も営業していた辰ノ口では、藍は明治三十年代まではありふれた作物で、一部は織り手の自家染めにも用いられていた。

藍は、育苗ののち本圃に定植されたものである。花期は晩秋となるが、開花させると染料とする際に色が薄くなると考えられていて、早々とボンメー（盆前）に刈り入れられた。その後作には、ダイコンを播種することが慣わしであった。手でしごき取った葉は、莚《むしろ》に広げて乾燥させ、揉んで粉にしていた。

●藍建て

志久見川沿いの諸集落よりあまたの客を集めていた、栄村志久見の紺屋・はんにむ（石沢氏）の例では、同村小赤沢より前期の「葉藍」の状態で買い入れたものを、冬に入ってから、ンマヤ（厩）の二階に古莚を敷いてそのまま積み重ね、エーネセ（藍を寝かすこと）に取りかかった。

少しずつ湯を注いでは重ねていき、最後にまた上から莚で覆う。その上にはワッツァバを何本ものせ、重石としておく。やがて藍が発酵して熱を帯びてくると、エーッケーシ（藍返し）といって、湯を加えつつ上下を入れ替え、手でこね回した。これを一ヶ月の間に三度反復すると、エーネセは終了した。こうしてどろどろになったものを手で丸めるのがエーダマコシャイ（藍玉拵え）で、できたエーダマは乾燥させて保存しておいた。

藍建てには、川からアサミズ（早朝の水）を汲んできて、ヒラガマに沸かし、カタテオケでエーガメ（藍甕）に組み込んではエーダマを溶いた。藍の建て方は、ジロ（いろり）の木灰を用いた古来のあく建てであったが（紺屋の帳簿に山あくの購入が記載されている）、その委細はもはや知れない。冬季には、エーガメの脇にうがった穴の中で、常時コビキノカ（おが屑）を燃やしておき、ふたをしたエーガメの染液を保温した。ソメソ（染め苧）を進める合間に、長いエーカキボーで染液を掻き回し、泡となって浮かぶ藍花の様子でその建ち具合・疲れ具合を調べては、適宜エーダマを加えていった。エーガメの底にはエーノドロがたまるが、田植えに先立ってこれは肥料として水田に入れた。多量に施すと効き過ぎて、実った稲が倒伏するほどであった。

●染屋・菅家《かんけ》蔵之丞《くらのじょう》

染屋こと、故・一二さん宅の庭には照葉樹低木のユキツバキの古い株があり、赤い花も咲いている。この脇に冬囲いとして何十年も組まれたままの細木がはずされ、五十センチほどの灰褐色の円柱の石塔が、ぬうっと出ていた。正面には「山神燈」と大きな文字で陰刻があり、右側面に「文化七年」、左に「五月吉日」とある。いまから約二百年前、江戸時代後期、一八一〇年のものだ。裏の方に笠石等が見えるので、石灯籠であることもわかった。この脇に文政六年（一八二三）と刻まれた方形の石（石祠？）も見られた。

山神燈は石灯籠の竿《さお》の部分で、頂部には緑のコケが厚く付着しているので、立ったまま長く置かれたのだろう。しかし、なぜ山神なのか？

大岐の鎮守は社殿の建物があり、みな「オミヤ（御宮）」としか呼ばないが、「ヤマノカミさま」である。漢字で書く時は「大山祇《おおやまずみ》神社」と書く。それは難しい漢字で表現された山の神であるが、本社がどこにあるかというものでは無い。

その山の神の石灯籠がなぜ染屋《そめや》の庭にあるのだろうか？

染屋に近い一夫兄に聞いてみたところ、「江戸時代に、染屋の菅家蔵之丞（くらのじょう）という人が、金比羅様の石宮や階段を造ったのだ」という。

アサ子姉は「本家（染屋）の屋敷まわりには石が多く、蔵之丞は石屋だったのではないのか？」とも語った。

父の清一は「大岐の墓石、土蔵の土台石などは、すべて高畠石で造られた。石切場も残っている。冬に割って春にソリで雪上を引き下ろした」という。

染屋には、かつて家の土間にアイガメ（藍甕）が据えられ、染めた布を伸展できるだけの広間があったので、大きな屋敷であった、という。土蔵もかつては二棟あり、現在ある一棟は雷雨で屋根がずり落ちた後、破損したままになっている。

この染屋の人、菅家蔵之丞は、江戸時代後期に活躍した人で、一八三〇年に亡くなっている。墓石戒名の「壽」から推察すれば八十歳までは生きたと考えると宝暦年間（一七五〇〜一七六〇年頃）の生まれだろう。

二〇〇六（平成一八）年十二月からの大雪でオミヤ（鎮守）の裏の大杉が倒れた。翌年五月に直径六十センチの根株の年輪を数えてみると二四〇年ほどであった。一七七〇年代（明和年間）に植えたものだ。とすると蔵之丞らが植えたのではないか？

わが家の過去帳では一六八四（貞享元）年に亡くなった人から書かれているが、大岐墓地の墓石で最古のものは一七六九（明和六）年である。もっとも小野川の大乗寺は一六六一（寛文元）年ころに尾岐窪龍門寺四世黙岑（もくしん）が開山したとある（創建は一五五三）。

大岐を確認できるのは小野川の雷電神社の木札で、一六七五（延宝三）年で、「山神　旧在端村大岐（おおまた）」とある。

また『会津学五号』（二〇〇九年）に村上一馬氏が書いた「熊皮の抜け荷」で、大岐・琵琶首・間方が出てくるが、これは一六七九（延宝七）年の会津藩の『家世実紀』である。大岐では熊を獲っていたことがわかる記録である。

大岐集落内に次のような蔵之丞関連の石像物等が確認できる。これらをまず詳細に見ていくことにしよう。

①一八〇三（享和三）年　蔵之丞が、大岐の下流の村、琵琶首と下平木地挽の仲裁をした書面が残る（三島町に残された文書）

②一八一〇（文化七）年　午五月吉日　村中施主菅家蔵之丞（奈良布墓地・宝塔型・観音様）

③一八一〇（文化七）年　午年五月吉日　山神燈（染屋宅前　石灯籠破損）

④一八一二（文化九）年　酉八月吉日（カミの稲荷様尾根の金比羅様石祠・社殿型）石祠内に収められた板には「大（船）主命歳・・・昭和三歳明治・・・文化年八月・・」とあり、一九二八（昭和三）年に祭祀した板と考えられる。

⑤一八二三（文政六）年　石祠状の石に記銘（染屋宅前破損石材・社殿型？）

⑥一八二三（文政六）年　癸未年　為先祖菩提（大岐墓地）

⑦一八三〇（文政十三）年寅三月十日　俗名蔵之丞の墓碑には「善厳壽生居士・恭室妙生大姉」（大岐墓地）とある。蔵之丞とその妻のものと思われる。この時期の墓石ではいちばん大きなものだ。戒名の文字であるが上部が大きく、下部が小さい。下から見上げて文字が同じ大きさになる神社等の奉納旗の書式であろう。

観音様②とよぶ宝塔型石像物（私は山神と考える）には「菅家蔵之丞」と記銘している。江戸時代でも農民に苗字（姓）はあるが、公式には表記しない。自家の書面等には記載されている。自ら施主となっているのだから、苗字も意図して書いたのだろう。墓石⑦には「俗名　蔵之丞」とあり苗字を名乗らない。生前に自分が建てたかもしれないが、息子等が建立したものと思われる。

このほかに大岐の石像物は、カミの稲荷様石祠（社殿型）、オミヤ境内の疱瘡様の石祠二（社殿型）、本家屋裏の稲荷様石祠（社殿型）、御愛宕様石祠（社殿型）。以上は無記名である。馬頭観音石碑（像体）は天保■年九月の記銘があるので蔵之丞とは関係がない。カミの稲荷様石祠とその参道（石段）は蔵之丞によるものと思われる。これと形状が同じなためオミヤの石段も、蔵之丞が関与したとも考えられる。

こうした石像物建立には費用がかかるため、その財源をどのようにしたものか?どんな生業で蓄財したのか?が不明である。生業は農であり、水稲と畑作物、特に江戸時代の換金作物はからむしを販売することと、アサを作りその繊維から糸を績み布に織り出すことであった。

染屋の家が建替するときに解体した際、染の型紙がたくさんあった、という。その型紙を利用し自ら養蚕で出たマユから糸を績み機にかけ織った布を染めたこともあった、という。

アサで作られた布を紺に染めたものの販売で蓄財したのであろうとしか想定できない。染屋には仏壇脇に愛染（藍染に通じる）明王の像体と、天狗の面が古くからある。会津坂下町青木木綿の産地周囲の村々の愛染明王・天狗の面にも共通している。染屋が信仰する神様である。

また原料のすくも（藍玉）を徳島（阿波藍）から移入して利用もしていたと考えられることから、その四国の金比羅様を祭る、あるいは参拝にも行ったのだろう。

大岐は江戸時代は七軒の家であった。明治期に一軒増え、戦後に十五軒になり、三軒は村を出て、その後、空き家が三軒あり、現住八軒（十八名）である。

かつて楢布原とよんだところに戦後の開拓で新しく奈良布集落（開村時一八軒）が出来た。その墓地は、大岐の対岸の観音様と呼ぶ石像物があるところである。観音様は現在、アカマツが三本立つ中心にあるが、その後ろに丸い大きな石が顔を出している。この石が観音様で、参拝の時にフカシ（赤飯）を上げ申したという。特に、村内佐倉の観音様である、という。佐倉の観音様は御蔵入三十三観音七番札所である。一六九八（元禄十一）年に南会津町和泉田（旧・南郷村）の法印らが設定したものである。

宝塔型の観音様は、戦前までは、もとはこの尾根の下にあったという。現在、染屋の水田になっている場所に田から出た石を集めたイシクラがあり、そこにあったのだ、という。その後、県道改良等で尾根の上に移転した（父・清一談）。

大岐集落の対岸の楢布原は湿地を含む草刈場で、朝草刈り、つまり馬の飼料等を刈った場所で土地を改変する開墾をしていない。しかし江戸時代後期に、アサの生産が盛んになった際に、乾燥したヲガラ（麻殻・幹）を水に浸す場所としての「ツケバ（浸け場）」の造成が行われた。その池状の土手を持つものは七枚残されている。アサが産業となった時期に村人等が造成したものだろう。水はオゴンザア（黄金沢）から堰を設け掘りを掘って水を引いた。同じようにカクレザトを通りオアタゴサマの尾根を掘り、ホッタ（掘田、現在坂の上）にも水を引いて、こちらには水田を開墾している。

私は現況から次のように考えている。

観音様は尾根に埋まった大きな丸い石そのものではないか？それを信仰することが長く続いた。

蔵之丞は宝塔型の「山の神様」を対岸の水田の石倉に建て、自宅前に山神燈石灯籠も建てた。それはアサのためのツケバを開墾した土地への供養のためで、ツケバと村の中間に置いた。宝塔型に納まる像体は木の葉の衣裳と思われ、山神像と考えるからだ。

アサを産業化した際の土地改変であったが、経済的には潤ったと考える。

一八一〇（文化七）年には石像物建設がはじまるので、一八〇〇年ころにアサを中心としたツケバ造成、布の染加工等の社会対応が大岐で行われたのではないだろうか？

宝塔型（山神）は、後年に尾根に移転させられ、観音様石の前に祀られてしまった。それで観音様になったと考えられる。

江戸時代の野尻組（現在の昭和村）でも標高の高い小野川地区（大岐含む）は、水稲の収量も低いことから、アサやからむしが多く栽培された。特にアサは繊維原料としての麻苧《あさお》としての出荷・販売も多かった。冬に糸を績み、いざり機で春に布にも製した。蚊帳地や裃地をアサで織った。またタテイトがアサで、ヨコイトにからむしを用いた「カタヤマ」という布も裃地として会津田島祇園祭等の服装（裃地）原料として取引された。

アサは、古くから栽培されている。昭和村でも下中津川上平の菅家和孝家文書で一六九八（元禄十一）年の麻畑の書面記録が確認されている。

からむしは一七五六（宝暦六）年から松山の佐々木太市家文書での記録に確認できる。また下中津川上平の菅家和孝家文書からは一七七三（安永二）年から、青苧畑（からむし）が確認できる。

昭和村内外の各集落に農家商人家がそれぞれ一軒ずつほどあり、アサ、からむしやゼンマイ等の産物をとりまとめ村外に移出することをしている。大岐の蔵之丞はそのような生業をしながら染屋を行っていたのではないか？と思われる。それは大岐の下流の村の争議の仲裁をしたことからも推察できる。（三島町史編さん報告会所蔵資料）

木地屋との関係もある。荒形の搬出、会津塗椀の販売等である。特に幕末から明治期には大岐の男衆は北関東、特に会津の萱手《かやで》が屋根葺きをして歩いた地区を、歩いて、お椀（漆器）の注文を取り、それを会津若松の漆器問屋に取り次ぐ商売もしていた。冬期間だけの稼業で、「関東商い」

と呼んだ。わが家の菊重《きくじゅう》、その婿の竹蔵も関東商いをしており、竹蔵は関東で亡くなっている。

また染屋は最近まで豆腐屋も営業していた。大豆を持って行くと、豆腐に加工していた。

アサはわが家では一九八六年まで栽培していたが、県知事の許可が必要であった。これは昨今の事情から新規許可は難しい。最後の栽培風景は民族文化映像研究所が記録した『からむしと麻』（一九八八年）に収録されている。

蔵之丞の残したものを、どのように考えるのか。それは未だ答えが出ないが、この蔵之丞の末裔、一二《かつじ》さん・モト子さん夫妻が大岐では最後までからむしを栽培・生産していたのである。一九九五（平成七）年六月二十二日に一二さんが亡くなり（脳溢血、六十七歳）、二〇〇七年頃までからむし引きをしていたモト子さんは小野川の娘宅に移って、見守る人のいない畑は荒れ始めていた。

二〇一〇年夏、わが家のかすみ草栽培を手伝ってくれていた赤木洋子は広島県出身の織姫体験生の十五期生で、住まいする両原から大岐まで五十ＣＣのバイクで喰丸峠を通勤しながら、モト子さんの承諾を得て、野原のようになったからむし畑のからむしを拾って刈り集め、からむし引きを行った。それは、モト子さんがつないできたからむしを残すという意味であった。その後結婚し、妻となったが、このからむし引きがきっかけとなり、翌二〇一一年五月、この畑のからむし根を分けていただき、わが家でも、五十数年の空白域を越えて、からむし栽培が復活することになった。

我が家では曽祖母のトメ、祖母のトシがからむしの栽培を継続していたが昭和三十三年頃に、本格化する葉タバコ栽培のためにからむしを止めた。最後は高畠のノサラシパァ（布晒場）と呼ぶ小さな山際の畑で栽培していた、という。父・清一は、山際のため春のからむし焼きには山への延焼を心配したものだ、という。経済作物としてのからむしは昭和三〇年代に終焉となった。

現在は、経済作物としてのからむし栽培経営ではなく、かつてより栽培が続けられてき作物だから、小規模でも維持継続する、というものである。

二〇一一年三月十一日は東日本大震災、東京電力福島第一原子力発電所が爆発して放射性物質を飛散させた年でもある。

二〇一二年、父・清一は小野川のフデ子叔母の家の近くの土手から、小野川で栽培されていたからむしの根を許可を得て掘り取り、わが家のからむし畑の脇に植えた。品種保存のためである。合わせて一畝五歩（一・五アール）である。

モト子さんは二〇一七（平成二十九）年正月三日に九十一歳で眠るように亡くなった。

●山の神様

哲学者の内山節《たかし》氏は『増補 共同体の基礎理論』（内山節著作集一五 農文協、二〇一五年）の二四一頁「個の知性によるデザインから関係によるデザインへ」で、人間が知性を働かせてデザインすること自体が、もはや信用できないはずである。デザインの内容を変更させ、知性の働きから解き放つこと、として、「山の神」について次のように言及する。

日本の山村に行くと、どこにでも「山の神」が祀られている。私のいる上野村（群馬県）にもおそらく何百という山の神を祀っている場所があるが、それは大抵は岩のあるところである。この山の神信仰が面白いのは、山村ではくまなく信仰されているといってもよいのに、宗教の体をなしていないことである。

教義にあたるものは、山の神が森を守っていて山の神を大事にしないと山に入ったとき怪我をするなど罰が当たる、というだけで、それ以上の何ものも存在しない。

山の神がどのような神様なのかもいま述べた以上のことは何もなく、山の神が森をつくったわけでもないし、全国に数えきれないほど祀られている山の神がどういう関係になっているのかもわからない。

山の神信仰を統括する「本山」にあたるものもない。僧侶や神主にあたる人もいない。信仰したからといって登録にいく場所もないし、信者登録がないのだから、脱退することもない。もちろん会費のようなものを納める場所もない。信じるようにという勧誘を受けることもない。そういう信仰なのである。それにもかかわらず山の神信仰は山村にいけば強固で、誰もが山の神を大事にしている。

知性でとらえようとするかぎり、山の神は信じるに値《あたい》しないのである。なぜなら知性でとらえる対象を少しももっていないのだから。聖書やお経、コーランにあたるような教義でももっていてくれれば、それを分析し議論することもできるが、そもそもそのようなものがない。

菅家蔵之丞は山の神を信仰していたと思われる。しかし、それは村の鎮守もある山の神様の鎮守に奉納すべきではないか？自宅前に山神燈（石灯籠）を設置するということの意味は何だろうか？

職業神としては愛染明王・天狗を自宅内に祀り、後背地尾根には稲荷様と金比羅様を個人的に祀る。

天狗は、博士山西の大枝沢天狗神社（磐座）と遙拝伝しての鳥居が大岐の対岸にある。これは地区として四月十二日に祀りを行ってもいる。

そもそも大岐のオミヤ（鎮守の山の神様）とは何だろう

か？

父・清一（昭和七年生）に二〇一二年五月に聞いたところでは、一九四五年の終戦後に現在の県道が出来た。一九四六年以降のことである。そのことで下流側の柳津町西山側から自動車が通れるようになった。このころ、オミヤの社殿の後ろ杉の脇に大きなアカマツが一本あった。アカマツは自生していないので先人が植えたものだ。

話しを聞くと、アカマツが山の神のよりしろ、つまり山の神そのものではなかったかと思わせる。

このアカマツは巨木で、地上から十二メートルほどまで太い主幹で、そこから枝が五本に分かれていた。アカマツには何度も雷が落ちたが大丈夫だった。最後に落ちた雷が五本の枝の一本を傷つけたので、主幹が無傷のうちに売ったほうがよいということになった。それを提案し実行したのは近江屋の彦蔵と石川屋の万吉で、村（大岐地区）から払い下げて、船材にするといって春、雪のあるうちに伐った。

前（東）には社殿があるので、後ろ側（西）に倒した。このアカマツの主幹から三間（一・八メートル×三、五・四メートル）の丸太を二本取った。杉の木も伐り新しくソリ四丁（二組）作った。一本の丸太の前後にソリを据え、堅雪にソリ道を作り、県道まで引き出した。

搬出用のトラックに積むのだが、重くて上がらず積めないので、新潟から来た大工がアカマツを大きな鋸《のこぎり》で挽き割った。

アカマツを売ったカネ（金）は分配され、わが家では、それでリヤカーを買った。

またオアタゴサマ（御愛宕様）の尾根のアカマツ群も売って、不用村地の購入代金にした、という。この際、石祠の場所のアカマツは残している。オアタゴサマの尾根のアカマツ十本ばかり、幹周り五～六メートルあったという。大人三人でようやく抱える太さであったというが、よく雷が落ちたのだ、という。これは材の長さが十一間（二十メートル）あったという。小野川のケイオヤジが買って売った。

大岐ではクロマツと呼称しているが、ゴヨウマツ（キタゴヨウ）が尾根に自生してたくさんあり、これを年末～正月の門松にする。小野川本村の斎藤マケ（類族）もクロマツ（キタゴヨウ）を門松とする。渡辺マケは門松にはアカマツの枝を使い、節分の豆まきはしない。小野川の渡辺武清宅は江戸時代の名主で役宅であり、会津藩あるいは幕府の田島代官所からの役人が立ち寄った。そのため家屋南に池を設け、その脇に大きなアカマツが植えてある。このアカマツは五本松、喰丸峠とをつなぐ目印（標識、灯台のような）の役目をしており、特に冬の吹雪の際に目標になった、という。

大岐のアカマツは五本の枝が出たものであった、という。山中にある樹木で、三本に幹が分かれているものは、山の神様のヤスンバ（休み場）だから伐ってはいけない、と言われている。大岐に栗の木は無く、現在見られる栗の木は植えたものだという。オミヤの境内には大きな栗が五本植えてあったが、すべて老木となり倒れている。

私が小学生の時の夏休みに栗の巨木が一本倒れた。地上部が枯れたままで立っていた栗の木も十年ほど前に倒れた。この頂部にはよく大型の鷹類が止まり、樹幹はキツツキ類が叩いた。また幹のうろ（穴）にはカルガモが巣を作り卵を生み雛が巣立った。

『昭和村の歴史二　昭和村のあゆみ～昭和から平成へ～』（昭和村、二〇一一年三月）には、中向の事例として、次のように記載されている。

門松迎え：十二月二十八日　お不動様を境にシモは五葉松、カミは赤松と決まっている。今は秋のうちにとる人も多いが、巳吉さんはこの日を守っている、、と記される。

野尻中向の菊地宗栄翁に以前に聞いた、ふたばまつ（二葉松）が、かなり古い呼称であることを偶然確認した。葉が五本あるのが五葉松、二本が二葉松。

会津藩編纂の『家世実記』第一四一巻、元文五年十一月十二日に、越国（越後）出材之内、杉、姫松（キタゴヨウ）、二葉松（アカマツ）、桐、桂、桧、朴、槻、八品留物ニ被二相定」とある（八頁）。

9．国内外との連携

●日本各地のからむし産地での調査

■山形県

『青苧《あおそ》（からむし）』は、大江町がかつて江戸時代、松山藩左沢《あてらざわ》領であった時代の第一の産物として保護、育成され、重要な財源であった。

「青苧復活夢見隊」（村上弘子代表）は栽培をはじめ、繊維を取り出す技法や機織り技術の復活と大江町産原料の確保を図るために、二〇〇八（平成二十）年五月から活動を開始している。現在『青苧特産品づくり支援隊』と一緒に転作田に青苧を植栽し、刈り取りから糸づくり、機織りまで一貫した技術の習得に励んでいるグループ。特に青苧葉や幼芽の食品加工で新しい道を切り開いている。

　昭和村との関わりは、復活に際する事例調査で、毎年七月に開催されているからむし織りの里フェアで来村され、からむし刈り取り見学・からむし引きの実演体験等に村上氏をはじめ何度も参加されている。

　二〇一四年四月九日に、私は大江町をはじめて訪ねた。その後、各集落のからむし調査で数回訪問している。初回訪問時に、村上氏の自宅で、日本のからむし栽培の中心地であり、米沢苧や会津苧も、最上から根を移入したという江戸時代の文献が残るため、「では最上苧はどこから来たのか？」を調べてほしい、そのためにはＤＮＡ解析で遺伝子の来歴を調べることで判明するのではないか？という提案をした。

　二〇一四年七月二十六日（土）午後七時より昭和村公民館での昭和学講座で最上苧《もがみそ》が取り上げられた。

「山形県大江町　最上苧　復活の軌跡」で講師は山形県酒田市にある東北公益文科大学の講師岸本誠司氏。岸本氏は、一九七一年兵庫県生まれ。近畿大学で民俗学者の野本寛一氏に師事。二〇〇五年に「東北学」を展開する東北芸術工科大学東北文化研究センターに赴任。二〇一二年まで同大専任講師。現在は山形県内に暮らし「とびしま未来協議会」の事務局として離島振興の業務に従事されている。

　岸本氏は、平成二十三年までの四年間、山形県西村山郡大江町での「青苧復活」について、当時の勤務先（東北芸術工科大学東北文化研究センター専任講師）で関与された。

　江戸時代のからむし（大江町では青苧《あおそ》と呼ぶ）の国内最大産地の最上苧とは何か？青苧文化とは？その復活の意味とは？を報告した。実際に使った道具の、昭和村との違い、現在の課題等を聞いた。最上苧・米沢苧はおもに男性がからむし引きを行った。昭和村は女性である。

　二〇一八年二月に、青苧復活の取組の十周年の記念の展示・講演会等が大江町の歴史民俗資料館で開催された。山形大学農学部の准教授笹沼恒男先生、西田悠希氏が「DNA解析から見た大江町の青苧」を報告した。その後、夏の調査が組まれ、同年九月二日、笹沼、西田両氏による「からむしのDNA解析」の報告を聞く会が開かれた。

　同年九月二十日、大江町歴史民俗資料館の「青苧御膳」を取材した。春一番に出てくる幼い芽を漬けたもの（芽は青苧焼き（からむし焼き）で焼失するので利用している）。また繊維取得圃場とは別の圃場にて食品用の幼葉を採取し、茹でこぼした葉をフードプロセッサーで砕いてペーストとし冷凍保存している。この青苧ペーストを小麦粉に練り込み生麺、あるいは餅米に炊き込み、搗いて青苧モチ等に加工するなど、町の栄養士さん等の協力を得て商品化を進めている。

「青苧《あおそ》（からむし）」は、大江町がかつて江戸時代、松山藩左沢《あてらざわ》領であった時代の第一の産物として保護、育成され、重要な財源であった。

　また本書で紹介している『苧麻《からむし》』の書籍を著述・刊行した加藤清之助も山形県鶴岡の生まれである。彼の履歴等についても調べていく必要がある。

　かつての米沢藩が統制した米沢苧については南陽市の市史編さん、長井市等での資料発掘が行われている。特に近世の流通の研究は行われているが、その植物から繊維を取り出す技法についての民俗学的な調査が少ない。また地域に残された大福帳等商取引関係の書面から近世・近代に流通させた繊維素材の規格や商品価格等、その年次変動、仕入れ先、仕向先等の調査が行われていない。

　栃木県の鹿沼麻の事例研究ではそうした研究から新しい事実や、人々が移動する姿が確認されている。

　繊維植物取り出し、素材確保・管理・加工については、現存し保管する民具・民俗資料の来歴や、実測図、素材・加工、呼称や使用する圏域等が未調査である。

　かつての産業を支えたものほど、そうした調査が行われていないのは、生存している経験者の日常の記憶として、仕事として低い価値観を抱えていることからくるものと思われる。

　織りについては資料も研究も多いが、染めの素材調達・栽培等を含めるとまだ地域の資産を生かした過去の知見に学ぶ事例が少ない。

　山形県内では古代遺跡の発掘調査で出土した機織り機の復元等もはじまっており、それと現代をつなぐ事例研究が待たれる。

　こうした環境のなかで、栽培圃場を抱えていた地域の聞き取り調査（定量調査、栽培面積、品種、他の繊維植物等）を含め、環境を生かす事例研究が次の時代に託されている。

■徳島県

四月四日、四月二十二日の徳島新聞読者の投稿欄に、私の投稿した太布庵訪問記が掲載されたことがきっかけでご縁を頂いた。

二〇一七年、徳島県那賀郡那賀町木頭和無田の太布庵を訪問した。国の重要無形民俗文化財に指定された阿波の太布製造技術を見学するためである。

太布庵では、阿波太布製造技法保存伝承会の五名の女性の皆さんが、コウゾの樹皮から取り出した繊維を細く裂き、繋ぐ作業を行っていた。古くからこの地で続いてきたカジウミ（糸作り）である。

伝承会の大沢善和会長は、かつてはカジと呼ぶ植物や、コウゾなど複数の植物から繊維を取りだしていた。そのためカジという言葉が各工程の作業に残っているという。一月の厳冬期に行ったカジ蒸しなどの写真も見せていただいた。

「ヒュウジを山から採ってきて出すと男の学生服になって戻ってきた」と伝承会の中山アイ子さんが語った。戦時中のことで記憶している、という。ヒュウジとは苧麻（カラムシ）の木頭での呼び名である。

私は福島県奥会津の昭和村に暮らし、古くから伝承されてきたカラムシという植物を畑に育て、妻がそれを繊維にして糸を作り、布を織っているが販売はしない。カスミソウ栽培専業農家として生計を立て、カラムシの作業はお金には換えない基層文化の伝承のためのものである。

阿波の太布を継承する皆さんの話からは、土地でかつて行われてきたものには、大切な意味があると、強い意志を持っていることが感じられ感銘を覚えた。

■宮崎県

近代日本政府の、東南アジア、特に台湾等の植民地経営等で必要となっていた繊維植物の中心にからむしがある。国内の品種や沖縄、台湾島の品種を栃木県（アサの拠点）、宮崎県の川南試験地に集め研究開発が進められた。そうしたなかで、宮崎県・鹿児島県・熊本県が近代からむし原料産地では、主要産地となっていた。

宮崎県高千穂地区等は世界農業遺産の認定を受け、伝統的な植物として、からむし等が見直されている。

高千穂町等ではじめている近代からむし産業の聞き取り調査では、いわゆる「上からの栽培」が主流で、一般農家が経営主として関わった事例が少ない。近世の産地は流通拠点として名主（肝煎）家が商業経営を行っている事例が多い（会津・山形）。経営は個別自営農家（百姓）が行っている。

しかし近代の明治政府の振興作物としてのからむしを見ると、土地集積をすすめた地域の大地主（かつて庄屋等であった）が経営主体となり、発動機を使用した機械化での繊維取り出しを基本としている。

　政府、県等からの指示で、軍服等を製造する軍需工場に原料を提供する産地として位置づけられ、その第一として大地主が選ばれたのは、動力源であるディーゼル機関の発動機を所有できたことにあるようである（高千穂町の事例）。

　そこで雇用されて近傍農家（小作人）が働いていた。一九四五年の戦争終結で日本政府が瓦解すると、これらからむし畑（高千穂では、かっぽんたん畑あるいは、らあみい畑と呼称、ラミー（苧麻）のこと）は根が掘られ、茶畑になった事例が確認されている。かつての栽培品種も根を掘り捨てられたことから、いまだ土手に残っている。

　これら品種のＤＮＡ解析で、政府が介在した改良品種であることが追認できると考えられる。

　熊本飛行場から高千穂町に自動車で移動する道路沿いには、からむしが多く確認される。特に現在水田として利用されている場所の土手には、かつてからむし圃場であったことを想定できる場所がいくつもある。

　しかし九州でのからむし調査については、重要な繊維植物であったこと、それも一九五〇年代ころまで栽培されていたことも知っている人が少ない。かっぽんたん、と呼べば、ほとんどの人は思い出す。あるいは大規模栽培をした地区では「らあみい（ラミー）」と呼ぶと、記憶を語られる古老もおられた。

● 高千穂町上野《かみの》地区の「らあみい」

　二〇一七年六月十三日、宮崎県高千穂町上野《かみの》の甲斐製茶園を、町役場園芸特産係の甲斐孝行主任主事の案内で訪問した。町伝統農法研究会の高藤文明氏（岩戸）が同行。これまでの同町訪問で農林振興課の児嶋尚憲氏（現農業振興係）から「茶生産農家がかつてラミー（からむし・かっぽんたん）を栽培していた」と教示されていたので、今回それを現地確認した。

　甲斐清仁《きよと》（昭和二十二年生）さんを紹介いただき、話の展開のなかで、親の生年なら妻の加代子さん（昭和二十五年三田井生まれ）が詳しいということになり、さらに、デイサービスが迎えに来る九時までならおばあちゃんも知っているということで、母屋玄関で、シメ子さん（大正十三年生、九十三歳）から十五分ほど貴重な体験談をうかがえた。

　清仁さんの父親、故・勝（まさる、大正八年生）さん、母親のシメ子さん、清仁さんの祖父母らが中心となって戦前（一九四五年以前、ラミー栽培の最終はいつまでかは再度確認する）に「らあみい（からむし・かっぽんたん）」を栽培したという。「ラミー」という発話では通じず、「らあみい」と発話されるので、そうした表記にする。

　シメ子さんによれば、「畑に、らあみいの苗（根）を、私たちが手で植えた」という。収穫した植物体は、機械（動力の製繊機。現在栃木県鹿沼市で使用しているような動力式の半自動製繊機械）にかけて、そして庭に枠をして、干した。繊維製品は軍需工場に送った（出荷した）という。

多少気になったのは、シメ子さんは「植物の皮を叩いて、骨と繊維に分離した」という説明もされた。手作業で行っていた可能性もあると感じた。戦前の宮崎県は政府が進めるラミー栽培面積が日本一であり、鹿児島県・熊本県と合わせ三県が主体でラミー生産を行っていた。それはすべて政府主導で動力機械による産業型製繊であった。その前提として今回の調査を行い、そのため、そうした聞き方・質問を私が行った。

清仁さんは昭和二十二年生なので、うっすらと記憶にある程度で詳細を語れない、と語られている。しかし昭和二十年代までは、甲斐家でラミー生産をしていたようである。清仁さんは次のように語られた。

一．我が家は戦前は地主で、村会議員等もしており地域の中心であった。

二．しかし戦後、農地解放があり、解体させられた。

三．戦前に発動機を持っているのはカミノ地区では我が家だけだった。

四．発動機がどうして導入されたか不明だが、「らあみい」の繊維取りに使用したのだとすれば納得がいく。

五．カミノ地区で、「らあみい」を栽培していたのは我が家一件だけだった。

六．戦前の体制のなかで、「うえから」の指示で「らあみい」を我が家が栽培したのでは、ないか？戦後の土地改革のなかで、「らあみい」と「桑（養蚕）」栽培を止め、茶の栽培に転換した。

七．ここカミノ地区は、水が無いので畑作。「らあみい」「ようざん（養蚕）」をじいさんたちはやっていて、戦後にお茶栽培に転換した。「らあみい」は機械に掛けて繊維を取りだし庭の竹サオにかけて干していた。干していた光景をかすかに覚えている。日向《ひゅうが》、細島に工場があってそこに持って行った。

アサの栽培もしていたという。「アサギも前は作っていた、オコギもした」という。

八．家の前の石垣は、「石大工」が作ったもので、自動車の出入りがしにくいので角を修正した、という。加代子さんは、直しに来た「石垣屋さんのスミさん」が、この石垣を積んで、それをまた自分が直した、って言っていた、という。

九．柿の木について聞くと、次郎柿とか食べられる柿は植えているが、カラスが突いて食べてしまう。小さなマメガキはわからないとし、渋柿なら山の近くに大きくなった一本ある、という。青い状態での柿の実、通常は小さなマメガキが多いのだが、「柿渋《かきしぶ》」の原料として栽植しているかどうか、調査が必要で、アサやからむしの繊維を強化する（保全する）ための塗料（塗布剤）で網類、ふかし布類には必要なもの。

十．植物の分類認識についても清仁さんに話をうかがうと、「かっぽんたん」と「らあみい」は、「全く違う（異なる）」という。カミノ地区では、かっぽんたん（自生からむし）も多くあるので、それは刈り取って牛のエサにしたという。

「動物用のエサ作りにかっぽんたんを切ると機械にからまって、苦労した」というのは、たぶんエンジン・カッター等を利用した経験からだと思う。

十一．「らあみい」がまだ土手に残っているかをたずねると、あるというので案内していただいた。それは加代子さんも認識しており「カンノンヨコ（観音様の横の土手）」にある、と家族で共有されていたので、日常的に会話のなかで継承されていることがわかった。

現地を見ると、大きな葉で太い茎のものがあり、春から一度刈り払い（土手草刈り）をしたので、二番芽であるという。高藤さんから、この「らあみい」は草刈りをせず残して、茎（幹）から繊維を取る、ということとなった。十三日早朝に行った手法で繊維が取りやすければ、この品種を高千穂町で増殖することがよいかと思われる。

またこの品種は保全する必要があるので、清仁さんの許可を得て、数株を堀り上げ、高藤さんの岩戸地区「神楽の館」「カフェ千人の蔵」にも、離して栽植。夏植えなので、地上部三十センチほどで切って茎葉を少し残して蒸散を防ぐ形で、そのまま定植する。その際に得られた吸枝（横に張っている根）を十五センチほどに切って、鉢植えか、ポットに植えて管理する。これは繁殖用のものである。

そしてカンノンヨコの土手の品種は現状のまま現地保全する。

潜在的な、野生植物・栽培植物からの繊維取得の利用体系が未調査で、継続して調査が必要である。今回気になったのは高藤さんが道路脇でクズ（葛）のつるを、「ゴブリョウ go-bu-ryo」と呼んでいることで、これも利用した、という。（呼び名由来と利用法）

●高千穂町岩戸地区のからむし（かっぽんたん）

岩戸地区の神楽の館前から上野地区の甲斐製茶園に向かう途中、神楽尾地区の道路沿いで、町伝統農法研究会高藤文明氏（岩戸、昭和四十年生）が道路脇でクズ（葛）のつるを、「ゴブリョウ go-bu-ryo」と呼んでおり、これは刈り取った草を束ねるときに利用した、と説明された。

帰宅して昨年購入しているa『高千穂町史郷土史編』（二〇〇二年刊、全六九〇頁）と、b『高千穂の古事伝説・民話』（一九九一年刊、老人クラブ連合会全二九四頁）を読み返してみると、bに「ゴブリョ」は「くず」と書かれてあった。また「カジ」は「こうぞ」とも書かれていた。

カジは太布《たふ》の原料である。カジの繊維をドッサリ（頭のかぶりもの）や衣類の原料に利用し、時代が新しくなりコウゾとして紙の原料になった可能性もある。

ａには江戸時代に、楮《コウゾ》を栽培した記録があり、アサのほかに、苧《からむし》が産物として書かれている。ただアサの繊維を「を（お）」と呼ぶ場合、麻苧《あさお》と表記し、からむしかアサかの特定にはもう少し調査を要する。「かがそ」は太い綱のことで、アサでこれを製造していた記録が残っている。

さて、ゴブリョウの話を聞いた場所で、道ばたに群生するかっぽんたん（からむし）について、文明氏は次のように話された。

一．野良で食事をするとき、かっぽんたんの葉に、漬け物などを盛りつけ、皿の代わりとして使った。

二．水を汲むときに、かっぽんたんの葉を包み、水をすくって飲んだ。

三．葉を左巻きにして左手の親指と人差し指の間に挟んで、右手で上から叩いて音を出して遊んだ。

かっぽんたん、の由来。

これらは、からむし（かっぽんたん）が身近な植物で、岩戸の人々と親和性がとても高いことを示している。

福島県昭和村では、からむしを繊維植物以外に利用することは、現在までの調査では知られていない。それだけ畑のなかで厳重に管理されていることを感じさせる。高千穂の人々と自生からむしの親和性との対比で感じる。昭和村のからむしは身近な植物ではなく、畑で管理された栽培植物で繊維以外には利用しないことを思うと、江戸時代後期に導入されたままの状態で、人々と親和性が無いことを意味づける。

■沖縄県

からむし（ぶー、うー、苧麻）は貢納布として、繊維が利用され上布となっていた。

一方、生活で着用するものは芭蕉布であった、とされる。琉球政府、後ろに薩摩藩・江戸幕府があったものだが、近代となるとそれらは大きく変化していく。

日本政府の台湾島の経営のなかで、沖縄も九州と同じような産業的経営が求められ、特に沖縄本島北部でからむしが新たに栽培され、宮古・八重山に出荷された。

明治十四年の沖縄には最後の米沢藩主であった上杉茂憲が県令となり赴任し、本島の集落をくまなく歩き、石垣・宮古両島へも行っている。実情を把握し様々な民政改善の提案を明治政府に働きかけたため、二年で解任されてしまう。

この上杉氏のグループが、故郷特産のからむしをどのように沖縄に品種移入したのかに、興味がある。幸い、ＤＮＡ解析も行われており、山形県内の品種と宮古島の品種に近似が見らている。沖縄本島北部で盛んに栽培されたからむしは、山形県内から移入された品種で、それが宮古島での自島栽培の取組のなかで、他所からの根株（品種）の移入が行われたものと推定している。その際、台湾島や沖縄本島、あるいは日本各地からの品種も移入されているのではないか。

もともと在地で利用していた複数の品種、その後、近代に移入された品種、特に手仕事で使用する品種についてはは性質が限定されるので、各地に野に逃れている自生品種に、多くの人々の歴史・からむしの来歴が保存（記憶）されていると思われる。

宮古島では、行政機関と保存団体が中心となり、島民皆がからむし（ブー）に関与できる仕組み作りをはじめている。そのシンボルとされるのが、プランターで栽培してもよい、という取組である。

宮古島のからむしについては植物分類調査が行われているが、今後、DNA解析も待たれる。多くの人々が栽培の歴史に介在し、現在があることが実証されよう。

石垣島・西表島等の八重山地域では、台風との関係や少ない水をどのようにするかの熟慮の上に、短い草丈で採取する技術等が現在の技法として定着している。また染料植物の開発も、伝統的なクールと、かつてあったリュウキュウアイの復活等が試みられている。

二〇一七年九月から石垣市伝統織物協同組合と、昭和村の交流が再開している。二〇一八年九月には、昭和村の織姫交流館で、「ぶー（苧麻）引き実演」「懇談会」が開催された。特に、畑の維持、繊維採りだしというこれまであまり触れられていなかった基本技術や道具について、交流がはじまっている。

■中国、グルジア（ジョージア）

奥会津のからむしのことを考えていくとき、二〇〇〇年のからむし工芸博物館の建設・開館時にアジア苧麻会議を開催し、その際、大芦村からロシア・グルジア（現在はジョージア）に行き、からむし栽培をした夫婦の存在の継続調査が必要となった。

開館時の調査で、同地の植物園にからむしが存在するような書面のやりとりがあったが、現地訪問しDNA解析（葉の小量採取）等で、同地のからむし品種がどこから持ち込まれたのか等を調査すべき時期になっている。

グルジアでは茶樹根をはじめ東洋の特産植物を移入した経過があるが、からむしについてはどのように産地が選定され、なぜ大芦村の夫婦が選定され、渡航したのか、詳細が不明である。

台湾・韓国・沖縄と交流が行われたのは開館当初で、現在は交流が途絶えている。韓国のからむし産地とは新潟県の織物産地が交流を続けている。

　また山形県大江町と昭和村との関係も二〇一八年九月に、ＤＮＡ解析の協力等で新しくはじまったばかりである。

　一方、世界のからむしの中心地、織物技術を発明した根源地は中国である。

　からむし品種も千種以上確認され、それが現状の産業となっている。

　機械紡績糸の製造で国内の織物産地、あるいは沖縄や昭和村とも関連があったトスコも会社更生法以降は中国に拠点を移している。

　トスコの関連資料では、ブラジル等でのからむし栽培も重要な位置づけとなっており、産業的なもの、伝統的な利用、さらに昭和村が担うべき役割について、広く考える時期に来ている。環境の力を引きだす道具類やその技法についても環境に適応したものが残るという事実を再考すべきではないか。

　一方、産業として装置を導入して素材を利用する場合には収量等が基本となり、後の工程で多様な変化をもたらす。

　しかし畑・圃場から植物が生まれることは変わらない。

　一方、自らの手で生み出す繊維・糸・ひも・布等は、自ら関係する人々（家族）のためにも使用するという「販売しない価値」もたいへん重要である（八重山の小浜島・西表島など）。

　大量に作るためには大量の素材が必要だから、今、採れるだけ採っておこう、という理由で奥会津地域のヤマブドウの蔓《つる》は消滅の危機に瀕している。生活工芸（商業的な経済活動）のため、自生している山野のヤマブドウが無くなることを想像した人が誰もいなかった。販売品として加工するための植物素材は、「栽培」することが原則である。

　石野律子さんがアイヌ民族の萱野茂さんに教わった「素材を予備に多く取っておかない」という言葉を記録している（「立体から平面へ　モノを伝えるということ」『もの・モノ・物の世界　新たな日本文化論』雄山閣、二〇〇二年）。

　地域の特産になったからむしだけでなく、多様な植物から繊維を取りだした人知とその技法が、自然からの過剰採取を避けることにつながっている点を熟考すべきであろう。

　利用するモノにより採取適期を異にする自然の見立ての技術により、作られたものの耐久性やクオリティを高めるという素材採取の文化を明らかにすることが必要になる。

　そうした過去の文化がほとんど忘れられている。そのためにも、栽培・半栽培・野生種の繊維植物の採取等について、さらに調査し記録し、将来に向けた活用を考えたい。

●台湾

● 台湾調査行

馬芬妹《まふんまい》さんとの邂逅

二〇一八年二月六日、台湾標準時間二三時五〇分、台湾東部の花蓮県近海を震源として大きな地震が発生した。日本国内のテレビ報道でも、地震は速報され、七階建てのホテル等が倒壊し、閉じ込められた人々の救出等が報道された。

からむし文化の調査等でたいへんお世話になっている馬《ま》芬妹《ふんまい》さん（註1）が生まれ、現在暮らしているのがこの花連市である。馬さんは無事であったが、停電等が続いたようだ。

馬芬妹さんとは、研究のために来日された折に昭和村でお会いした。その後、『苧麻』の執筆者である加藤清之助について（別項参照）調査協力を依頼したことをきっかけに、資料提供等で多大なご協力をいただいていた。二〇一六年十一月、馬さんの調査・教示等により、詳しい情報がわかってきた。

加藤清之助とからむしについて現地での調査をするために渡航することを決めた。台湾では、馬さんの紹介や案内によって、多くの成果を得ることができた。

（註1）馬芬妹

日本留学後、南投県草屯鎮の国立台湾工芸研究所で台湾藍の復活のための調査・研究、生活工芸の振興のための取組をされていた。

祖父の事跡については馬さんが中心になって二〇一三年にまとめた『馬公有岳先生　事蹟輯録』がある。この編集後記「思念と感謝」のなかで、父の馬慶龍さんは一九六五年には花連県の瑞穂中学校の理化科教師として勤務し、その後花連農業高校へ移り食品加工（農産製造）学科で教鞭をとられた。慶龍さんは二〇〇九年、八十八歳で亡くなられている。瑞穂は北回帰線標誌紀念公園の北西部にあり温泉郷である。

また馬有岳・馬慶龍親子の蔵書や資料は、二〇一五年三月に馬芬妹さんから、宜蘭大学図書館の華東文庫として寄贈されている。

一九九六年六月に、日本の生活工芸運動の福島県大沼郡三島町を訪問、そして昭和村も訪問し、当時の昭和村農協工芸課のからむし会館等を訪問されている。

工芸課には、前年に国立台湾工芸研究所を訪れた際に、馬さんから少数民族のカラムシの取り組みを案内された三島町の遠藤由美子さん（現・奥会津書房主宰）が勤務されており、馬芬妹さんと意気投合した。遠藤さんはからむしを担当しており、馬芬妹さんは台湾で出版された『苧麻』のことを伝え、台湾に帰国後、その複写を遠藤さん宛に送付していた。

遠藤さんらが編集した『カラムシ史料集その一』が一九九九年三月に昭和村教育委員会から少部数出版される。ここに、『苧麻』のいくつかの引用部分が掲載された。また今井俊博のタイヤル族の織物も少し引用紹介された。

一九九九年九月二十一日、台湾中部に大地震が発生し、国立台湾工芸研究所等も罹災した。

二〇〇〇年夏、馬芬妹さんは二度目の研修で来日し、日本国内の各地の手仕事（生活工芸）の産地に滞在しながら、直接に体験を通して技法等を学んでいた。昭和村では小中津川の織姫体験生OGの大久保裕美さん（後のからむし工芸博物館学芸員）が借りていた民家に泊まり込みで、からむし引きをされていた。

二〇〇〇年七月二十八日の午後七時過ぎ、小中津川の野尻川近くにあった民家（大久保宅）で、台湾から来られた馬芬妹さんとお会いし、一時間ほど日本語でお話しをした。台湾でもからむしは栽培されており糸にして織物にしていることを聞いた。

第一次調査　花蓮

二〇一六年十一月十五日、都内でＪＦＭＡ（日本フローラルマーケティング協会）のビジネスセミナーの講師を務めて、翌日に羽田空港国際線ターミナルビルから台湾の台北松山空港に向け出発した。

十一月十六日、水曜日。午後、航空機で台湾北部にある台北市の松山空港着。送迎バスで、市内の宿に到着。明日に訪問する場所に向かう高速鉄道（新幹線）の普通指定席の往復切符を購入するため、歩いて台北駅に行く。その後、書店（書局）を五軒ほど見て歩く。大正年間に台湾総督府の農業試験所に勤務していた加藤清之助について調べる。当時、台湾にて、からむし（苧麻）の学術書を書いた日本人である。

書店は三から四階建ての地域書店を見た。新刊本は、紙質、デザインとも良書が多い。小さな地域を訪ねる旅の流行からか、新しい建物ではなく、古い建物を利用してリノベーションして使用する等の流れが書籍でもわかる。

十七日は、カスミソウ切り花等の栽培地域を訪問する。台北市より新幹線で一時間南下した台中付近。気温二十四度。国立台湾工芸研究所、生活工芸館の藍染工坊も視察した。夕方に終了し台北に戻る。

十八日は、早朝より台北市内の切り花卸市場等。タクシーで移動し、北投温泉にある北投文物館のからむし織の展示を見た。先住民の伝統のからむし織。

その後、歩いて移動し、公立図書館で機織り（先住民）を探索し、鉄道で台北市内に戻る。先に調べた書籍の出版社を訪ね購入する。

十九日、台北松山飛行場から東部の花連市へ。馬芬妹さんに再会した。馬さんの案内で、午後二時から八時まで、花蓮市秀林郷の「那都蘭工作室」にて、台湾の苧麻文化を学んだ。夕方に雨。タイヤル族がプタカンと呼ぶ苧麻繊維を取り出す竹の作り方、使い方、禁忌等について、このために台湾北部の桃園から来られた孫業琪先生に教えていただいた。竹を使って苧麻《からむし》を引くのは女性のみ。男性は刃物（バントウ）を使う。二種の剥離法がある。

二十日、終日、馬さんの案内。花連忠烈祠。花蓮市内の古蹟公園に自生している苧麻を観察。東海岸の芭蕉（バナナの樹皮）を利用した「香蕉糸工坊」を視察。夕方、花連から台北に空路移動。

二十一日、台北から羽田空港、東北新幹線で郡山駅下車し、自動車で昭和村へ帰郷。

第二次調査　台中

二〇一七年三月十二日から十七日。二次調査のため台中へ。

十三日の台北市内は雨。正午に馬さんと翁さんが滞在宿ロビーに来られ、数日後に再来するためスーツケース一個はここに預け、出発。鉄道で移動し、午後四時に桃園市の宿に荷物を置き、孫先生の工房へ。ここは二泊。

はじめて訪問した孫先生の教室（工坊）には若い生徒さんが五名、一人は弓織、それ以外は、割いた竹を削る作業をしている。

植物繊維の各種実物、台湾先住民の織箱を二種拝見した。タイヤル（泰雅）族のものは重さが重要で織技法も異なる。

樹木をくり抜く、それ以外の棒類も樹木を削って成形し、割れを防ぐ端末加工が巻き付けで行われている。腰に固定する布巻具は日本の弥生時代の遺跡から出土するものと同じ形状で合わせ口の装飾がある。

そして合板で製作されたブヌン（布農）族のものは竹製の道具がつき軽さが特徴で織技法も異なる。箱の開口部は先に向けて設置している。

機織は女性の仕事で、機道具は男性が触れることはできない。一方、漁網を編む道具での編み類は、男性の仕事で、袋類を作る。南部の諸民族は男女の別は薄れ、誰でもこの作業をしていたようだ。

この訪問の前に、新潟県長岡市でアンギン（編布）研究百年展、および講演会を聴講したが、アンギンは山に行くときに着用する上衣で、それは男性が製作するものである。性差がある。

植物繊維取り出し道具の新しいもの（復元）は、指に六角形をした竹筒と金具装置の付いた木製道具、台湾島南部の民族のもので、孫先生の祖母などが使用した形状という。

こうした道具類、台湾島の場合は基本的には竹類を刃として利用しているが、いずれも手に持ち使用する。こうした形態は台湾島の東、八重山諸島での貝類を利用したからむしの繊維取り出し技法につながっている。環境にあるものを利用しているが、いずれも手に持って使用する。そして九州島に行くと、オコギ箸《ハシ》といわれる二本の細竹を使用しての道具となる（おもにアサ類で使用）。これは本州島でも使用される。

『秋山紀行』でアカソを引く角材の台を使用し、金具つきの道具を使用するような古例、現在の福島県昭和村で行っているような薄い板を重ねて使用する道具設置型のものとは系列が異なるように見える。

紐《ひも》を作るための繊維取り出しは、からむしを切って皮をはぎ、すぐに製して撚《よ》る。できあがったものを水浸、あるいはあく抜きをする等、その繊維の硬さを利用して加工しやすい時期に利用する。

成熟、未成熟の繊維（いわゆる成長段階のいつ、採取するか）については織物用（女性が機織りで使用する繊維）は、植物の長さが重要で、採取繊維の割きやすさを大切にして時期を計る。

繊維の用途に合わせた生育ステージでの採取時期、道具が選択されている。

十四日は、朝八時に宿を出て、孫先生が運転し助手席に馬さん、この乗用車の後部座席に乗り十時に台湾島北部山岳地帯の集落に到着。そこで午後五時までからむしの糸作り、整経、根の掘り方等を学んだ。社会人の生活工芸教室の生徒さん（二十歳代の青年）が八人、私たちのグループが七人の十五人で行動した。暮らしのなかで生かされているからむし生産・加工の技術を学んだ。

台湾語（中国語）を時折、日本語に通訳してもらうほかは、作業工程の観察。繰り返し出てくるコトバの記録、後に聞く。とくに先住民の呼び名（植物、道具、行為）にこだわって観察し質問した。

参与観察（調査）は、現地の固有文化を変えないように留意している。つまり、過去の時間にさかのぼって時間旅行したときの作法と心得て、現地の固有文化が変化するような発言や行為をしてはいけない。

また、現在の知見で、目の前で行われている作業行為を判断してもいけない。自明となっていることが、現地では別な意味を持つことが多いからだ。

特に今回興味深かったのは、植物繊維のあく抜き行為（灰汁で煮る）が日常的に行われていることだ。それは日本の奥会津等での繊維扱いと異なる点で、その灰汁のもととなる植物・樹木の適正や、他の植物（可食植物）もあく抜きを行うのか、という点に留意した。相対的に日本は可食植物のためのあく抜きが多いが、台湾では、カタツムリを食するときに行う程度で、山菜や山の果実の利用については、このときには回答がでてこなかった。過去にどうだったのかは民族誌等で後日に調べなければならないが、現状の認識では、少ないということがわかった。今回聞いたこと、観察したことが、古来からのものであることも、よく考えなければならない。近代以降の日本の占領が影響していることも十分に考えられる。

さらに、あく抜き、揉み、洗うという行為が糸づくり前と糸づくり後にも行われ、布になった後でも洗うことに注目した。これがからむしで行われているという事実は、八重山諸島・とりわけ宮古島の砧《きぬた》打ちに通底すると感じた。日本のアサ扱いの文化に似ている。日本では柔軟にするためにコヌカ、そば粉等を使用するが、台湾島の少数民族のいくつかでは灰汁で煮る、またコヌカでも煮るということが行われている。

原料を育て、採取し、自ら加工し製品に仕立てる場合、素材の加工にはかなり柔軟に、持っている技法を駆使する。

逆に言えば、必要な品質を求めることのための技術体系（応用）がある、ということで、奥会津の昭和村のような原料そのものを商品とする場合には、その商品の価値が、素材の外見としてキラという光沢に求められ、加工しない価値で表現・出荷販売されるので、そうした商品の製造法（繊維取り出し法）は、かなりの技術的制限を受けていることが理解できる。

自家用で糸を績み、布に織り上げる場合には、もっと異なる技法があってよい。それはアサの加工で行われているが、からむしへの応用が見られないことが、素材の魅力を生かせない原因になっていると思われた。

たとえば台湾島のある先住民の場合には、夜露に濡らし天日で干すという作業が日常的に行われており、これは山形県の最上苧や米沢苧で行われる共通した技法だが、昭和村では室内での陰干し（影苧）で、かなり異例な技法である。

昭和村の技法や出荷規格等が標準ではない、ということを考えておく必要がある。

かなり異例な技法を持つ産地が現存しているということは、逆にいえばそうした産地だから残れたということでもあるが、しかし、将来ともそうした形で残り得るのか、ということにはならない。

十五日、曇り。台中市へ移動。

台湾島の北部より高速鉄道（新幹線）で台中市に到着した。布農族（ブヌン族）の機織りについて話をうかがった。拝見した機織りは、高度な綾織りの技術であった。なぜ、軽い織箱を使用するのか、その意味もわかった。

ちなみにかつての布農民族の住居は石の板（スレート）で葺かれていた。周囲にあるものを使用するといっても屈葬立位（たてかん）の墓箱も石である。

そのなかで、余錦虎氏の作成した一九九三年の『布農織布文化』を見る機会があり、この資料が制作された背景に感動した。余氏は若きキーマンであるが、すでに亡くなられている。

十六日は雨。台中市の宿を九時過ぎに出発。鄭さんの運転する自動車に乗る。トヨタの四ＷＤ。視察後、午後五時三十分に台中駅（高速鉄道）まで送っていただく。その後、六時三十二分発新幹線で台北駅に七時三十三分着、宿に。

この日は、台湾島の西北域の山岳地帯である苗栗県泰安郷象鼻村にある野桐工坊を訪問し、泰雅（タイヤル）民族の伝統衣装展をユマ・タルさんの説明で一時間、昼食後、ＰＰＴ（スライド写真、Baunay Watan さんの制作による動画等）で、これまでの活動をうかがった。また工房近くの集落内のからむし畑も案内いただき拝見した。種子を散布して育てているからむしを実見した。種子繁殖で増殖する、株分けで増やす、の二通りを行っている。栽培規模は我が家の三十倍。現状では台湾島の苧麻の赤芯種を基本としている。

ここでは多様なからむしの利用を検討されている。タイヤル族では、多くの新しい民族的、創意的知見がある。また苧麻がツーマと聞こえる。からむしはガリーと呼ぶ。こうした呼称について、他の意味、社会的な転移使用は無い、とのこと。

赤の色を出す植物根茎の利用（染織）の話の延長の関連で、赤の色の衣服を着て畑の種子を蒔くことはしない、ということをはじめてうかがった。

象鼻村のユマさんの野桐工坊（工房）には二月十九日から四月までの二ヶ月間、国宝級の民族史料が展示されている。象鼻村は、ダムの堰堤を渡った山の中の小さな村。奥会津の金山町の本名ダムに似たダム本体堰堤の上が道路になっている。

象鼻村は、私の住む昭和村小野川地区の大岐集落のような規模の村だった。（大岐は八軒）。

十七日、台北松山空港から羽田、雪の昭和村に帰郷。今回は全日程、馬さんの企画・案内・通訳で行われた。

同年四月二十八日から五月四日まで馬さんらが来村、昭和村喰丸の体験住宅に滞在した。四月三十日には会津学研究会例会で台湾藍の復活について講演をしていただいた。その際、菅家洋子が台湾訪問について調査報告をした。

第三次調査　台東

第三次調査は二〇一七年十一月二十二日から二十九日。やはりＪＦＭＡのビジネス講座修了し、十一月二十二日の午後、航空機は無事に台湾の台北松山空港に到着。雨。タクシーで宿にスーツケースを運び、その後、故宮博物院近くにある順益台湾原住民博物館（地階・三階までの四フロア）を視察。閉館の午後五時に退出し、台北市内に戻り、宿に戻る。九時、馬さんから電話があり、明日の打ち合わせ。順益台湾先住民博物館では、からむし利用文化の先進地の台湾島の少数民族の、関係図書・文献を購入した。費用は十二万円。手荷物はかなり重くなる。

二十三日は朝、次に宿泊する台北市内の宿に荷物の半分を預けた後、台北松山空港から台東市に航空機で移動する（搭乗時間は一時間）。台湾島の北端にある台北市から、南東端にある台東市に台湾山岳部上空を移動する。昨夜遅く、台中（台湾中部山岳）で震度五の地震があった。

台湾島東海岸にある花蓮市から馬さんが自動車で三時間三十分運転して、台東に南下移動し、私たちと合流した。午後、台東市内の国立台湾史前文化博物館へ行く。昭和村のからむしに関連する資料（書籍）、日本国内の機織り・植物繊維考古学の報告書等購入して持参しており、『会津学』（会津学研究会・奥会津書房）全七巻とともに、寄贈する。

途中バナナ農園の脇を通過したが、バナナ果実は黄色い午後五時に、夕暮れとなり、馬さんの運転する自動車で宿まで送ってもらう。馬さんは市内の別の宿舎に泊まられる。

二十四日、金曜日。今回の調査行のもうひとつの目的である台東市の国立台湾先史文化博物館での講義は、馬さんの通訳で進められた。妻の洋子は実演（現地台湾のからむしで、はぎ、ひき、昭和村産のからむしで糸作り）を担当。友人のリンさんには会場の撮影をお願いした。

今回の講義では、日本国内の江戸時代の産業化された産地事例（最上・米沢・越後・会津・琉球）を紹介しながら台湾少数民族のからむし栽培・糸作り・織りが優れたものであることを比較し紹介した。台湾のからむしは馬さんと桃園の孫先生のグループの方が準備してくれた。台湾先住民の竹の筒状のヒキ具も二本準備されたが、実演する時間が無く終了してしまったのは、たいへん残念で、申し訳なかった。

開会に先立ち、日本の私たちからからむしに関する最近の成果の研究書、昭和村の関連図書、会津学全七冊を、博物館に贈呈した。博物館からも三冊の報告書類を贈呈いただいた。副館長が開式あいさつと、この図書交換式に立ち会われた。日本語が上手な方であった。

二〇一六年十一月、二〇一七年三月と台湾島内のからむし文化を教示いただいた孫先生、そのお弟子さんたち、各少数民族で機織りをしている家族、島内各所から参加され大きな袋で一房ごと包まれている。日本国内でリンゴに袋がかかったような栽培方法で病虫害を予防するためのものと思われた。

博物館はとても大きな鉄筋コンクリートの建物で、地下一階、地上三階の四層で大変大きい。常設展等を見る。翌日に講義をする八十席の国際会議室を見る。講演スライド（パワーポイントのＰＰＴファイル三本）のデータＵＳＢメモリを、設置されているノートパソコンに装着して、上映が可能か、三本ともテストした。それ以外の打ち合わせを行い、会場を退出。

世界中の博物館のほとんどが、フラッシュを使わなければ撮影が認められている。そのためＩＳＯ　ＡＳＡを８００に上げて高感度で撮影した。

今回持参したカメラは、ビデオカメラ三台（二十四日の菅家洋子の実演等を撮影）、デジタルカメラ四台（三十五ミリ一眼レフ、小さなカメラ三台）。タブレット二台、ノートパソコン一台。これらのバッテリー充電器、予備のバッテリー等がたいへん重い。

ちなみに、二十三日に撮影した画像は六百八十二枚。内訳は、

カメラ一：二百三十八枚
カメラ二：二百二十九枚（高感度）
タブレット：二百十五枚（うち六十六枚をインスタグラムに掲載）

た若い皆さん等、七十余名の方々の、たいへん暖かいまなざしでの講座・体験会となり、成功裏に終了することができた。

台湾島内での十六民族で使用されているものが、日本では約二千年前の弥生時代に使用されていた輪状式原始機で、緻密で精巧な織物を織り上げる優れた技法を持つ。

輪状式原始機は、福井大学の東村純子さんの研究により新しい視点が持ち込まれたもので、アジア、太平洋諸民族とつながる道具。日本国内でこの機織り機が使用されたのは古代までで、いざり機・高機のみが残り、輪状式原始機は使用されなくなり、忘れられている。

しかし、この機織り機の文化一式が日本列島に導入・伝播されたときに、繊維取り出し道具も一緒に入ったと私は考えており、繊維取り出し技法の台湾少数民族の多様なあり方（竹、竹管、等）のどの技法が列島に伝わったのか？沖縄経由で伝わったのか？あるいは輪状式原始機は朝鮮半島ではどうだったのか？等、多くの未調査が残っている。

鉄を使用しない、あるいは男女差による禁忌等、基層文化を考える上で、台湾の先住民によるからむし利用の違いの意味は重要である。

私は、こうした文化の継承を第一とするための「調査」が継続して行われることを要望したい。「調査」が目的ではなく、「調査」を手段として、目的の達成のために、どのように比較研究し、考えていくのか？それが新しい調査技法の開発とともに必要になっている。

この日の催事予告は、福島民友新聞にも記事が掲載された（二十四日）。

聴講者に、昭和二年生まれで日本語教育を受けた台東市内の老師がおられた。農業試験場・普及所で病害虫対策（水稲）を長く担当されたという呉登瑞さん。サイザルアサについても、土地によく合っているので復活が必要ではないかと語った。

なお台湾少数民族の織物はすべて自ら着用し儀礼で使用してきたため交易品とはしなかった（つまり産業化、商品化しなかった）ために、現存してきた。

馬芬妹さんは、伝統文化は「微型（ちいさな）文化産業」である、としている。ご自身の台湾藍の復活の取組のなかで、かつての経済農作物を現代に生かすためには「文化作物」として、それをもとに文化的な国際交流等を志向していくことが大切である、としている。

二十五日には台東県の二カ所を視察。そのうち一ヶ所はからむし生産をされているブヌン（布農）族の一家。手入れの行き届いた大変美しいからむし畑であった。優れた栽培技法で高品質な繊維を生産し、工房では高度な織りが行われていた。

定植二年目のからむし畑で、品種は台湾在来の青心種。二・五メートル間隔で定植され、定植した年の秋から収穫。年に三回の収穫は、五月、七月、九月末から十月。十二月に地上部を全刈りして、株に土をかける等して養生する。品質は成長に合わせて葉落としをするので、極めて良質なものである。なお、この年の四月に訪問した徳島・木頭の太布生産のコウゾ（かじ）の栽培での脇芽欠きが行われているが、台東布農族のからむし葉落としが重要な栽培管理技法になっている。からむしでの葉落とし栽培技法は、この時にはじめて確認した。

収穫したからむしは長さにより用途を分ける。織物用、生活で使用するひも類・ロープ用。収穫できなかったもの、台風等で折れたものなどは、収穫して、カラッパギ（剥いで乾燥するだけ）で利用する。

畑で剥いだからむしを五本束ねて一単位。それを持ち帰り、自宅で引く。竹筒の道具は、一度だけの使用で廃棄する青竹を使用するタイヤル族とは異なり、ブヌン族は、成熟した竹を煮て道具に加工する。割れが広がらないようにビニルテープで巻いて留めてある。ブヌン族のアブスダさん（七十七歳）の話を聞いていて、篤農家だとわかる。植物への認識が深い。

二十六日は曇り、雨。台東県から花蓮県に馬藍さんの運転する自動車で北上。瑞穂郷の農業を見る。舞鶴台地でのコーヒー栽培と檳榔樹（ビンロウジュ）の混植。茶樹の栽培と加工・直売。瑞穂温泉郷の馬さんゆかりの地。

午後四時台に出発の台北行き特急列車に乗車。台東行き南下列車が三番月台（プラットホーム）で待ち、交差する。列車は二十分程度到着が遅れている。満席。

雨のなか七時四十五分ころ、台北車站（駅）に到着。タクシーで、宿泊先へ九時頃到着。

この鉄路の移動では、荷物がとても多く（途中で書籍等が増えた）、難儀した。

二十七日は、台北市内の宿からタクシーで台北車站（駅）に行き、八時台発の高速鉄道（新幹線）で台中車站（駅）へ。十時に台湾藍の栽培者の方に迎えに来ていただき農場を視察する。今日は通訳は無い。先方は中国語。説明に頼らず、現場を自分の目でみて考える。台中駅下車。地下（実際には地上一階）の一般車両駐車場のミーティングポイント四で待つように言われており、そこで待つ。

自然色農場のテイさんの運転する4WD車に乗る。奥様は藍染め作家の湯さん。この年の三月に馬さんの案内で、人間国宝のユマ・タルさんの集落・工房を訪ねた時に、この自動車で案内してくれたのもテイさん。あのときは、山間地にある象鼻村までは砂利道が続き、一般車両では通行が難しかった。

台中車站から自動車で約一時間、南下した名間インターチェンジで下車し、すぐ農場があった。木藍《きあい》を大面積栽培している。

通訳はいないので、ノートで筆談、奥様の湯さんがスマートフォンに台湾語で話してそれが自動翻訳され日本語が表示されたものを見る、という情報交換の仕方。行きと帰りは、馬藍老師に湯さんがスマートフォンをかけて、通訳を依頼した。

ＦＢ（フェイスブック）にも自然色農場があり、動画も秀逸なものが公開されている。数日前、日本から藍染めのグループ十三人もここを訪問されている。

自然色農場（藍栽培）は、テイさんがそれまでの仕事を辞めて、二〇一三年に新しくはじめた農場で、樹木の藍を栽培している。藍作家のなかでは、キアイ（木藍）と呼んでいるようで、ここではインド藍、アメリカ藍の二種類を栽培し、アイジョウ（泥藍）を生産している。三対七の割合。経営規模は一万五千（台湾基準坪）。

台風による倒伏も多いため二品種で試験をしているが、アメリカ藍は倒伏しやすく、インド藍は風に強いようだ。

湯さんに圃場で実際に植物・葉の形状・花の形状など詳しく品種を説明してもらう。

インド藍は相対的に丸葉、花穂が長い。

そのほか、台湾に自生する台湾山藍、マレーシアの山藍（葉がとても大きく、つる性）は二重被覆の寒冷紗（グレー色）の室内で栽培。また中国産の藍の種子が播種された状態の場所を見て、作業建屋（三〇ミリ以上のパイプハウス）の軒下に日本の藍であるタデアイがあった。見たのは以上六種。

藍の生産工程は車中でタブレットで動画を拝見した。

台北市に新幹線で戻り、宿の南側にある（徒歩二〇分）崋山一九一四（酒造会社跡地の再開発、そのまま建屋を利用したリノベーション施設）にて夕食。その敷地内建物で福島元気という写真展を行っていた。良質な共同取材と展示であった。日本の新聞も三社ほど掲載している。主催者の三名と、展示会場で、立ち話をした。若く、日本に数年滞在していた、ということで日本語はとても上手。

二十九日に台北松山空港から羽田、帰郷。

第四次調査は二〇一八年二十一月十一日から二十七日に予定されている。桃園・台中・台東で講演と妻・洋子による実演。馬さんの通訳・案内。六月末に農文協から生活工芸双書『からむし（苧）』が出版されたことを記念して。台湾については、進行中であり、稿を改めて報告したい。

●台湾の馬芬妹さん一行の奥会津会津研修

二〇一七年四月三十日（日）午後一時三〇分、台湾から来日された台湾から馬芬妹（馬藍）さんを講師に、会津坂下町塔寺「やはたコミュニティセンター」にて、会津学研究会の例会を開催。

第一部　講演「台湾の藍染」馬芬妹《まふんまい》さん

第二部　座談「台湾に学ぶからむし（苧麻）の生活文化」

馬 芬妹・菅家博昭・菅家洋子
五月二日（火）徳島の藍研究家の川人美洋子さんら来村。

五月三日（水）晴れ。午前九時三〇分より、昭和村内を案内。台湾の馬さん、徳島の阿波藍研究者の川人さんら六名。牛首城、愛宕山石塔、野尻郵便局裏の大日如来石造等・山ノ内氏居館跡、世野尻郷、郷頭渡部宅・庭園・池、からむし織りの里（からむし市）、からむし工芸博物館を案内。

南会津町の奥会津博物館と移築した染め屋を見る。川人さんから徳島の阿波藍の事例、奥会津博物館の学芸員女史から田島（南会津）の藍染について交流。

●綴記…從台灣苧麻看昭和村的苧麻道場和守護者

馬芬妹（和訳も）

一、初識台灣原住民的苧麻

回憶起最早接觸認識台灣苧麻織品，是幼年時期每日使用的大蚊帳，一到晚間父母便在十帖大的榻榻米間，張掛起「墨綠色麻質大蚊帳」，將大小孩子全部喚入裏頭，大家依序排列躺下入眠。蚊帳質地有點粗糙的觸感，折疊收拾時很有重量感，至今仍有印象。母親表示此件苧麻蚊帳織品非常耐用，大約使用將近二十年，至最後破損嚴重無法修補才拋棄。

●綴り…台湾苧麻を通して昭和村の苧麻道場とその守護者を見る（和訳を並記）

一、初めて知った台湾原住民の苧麻

記憶を振り返ってみると初めて苧麻を知ったのは、子供の頃毎日使う大きな蚊帳だった。

いつも夜になると親は十畳の畳に「大きな緑色の麻の蚊帳」を張ってくれて、子供たち全部を中に呼んで順番で横になって寝ていた。

蚊帳の触感は少し荒い、折り畳むと重さを感じ、未だに印象が残る。

この苧麻で織った蚊帳は非常に丈夫で、約二十年間使って、最終的に重大な破損をして、修復不可能からやむを得ずに破棄したと母が教えてくれた。

及長就學時，經常可見農用的「黃麻袋」裝滿稻穀或花生，以牛車或三輪卡車上載運於鄉間道路。另外，住家附近海岸地曾經栽植「瓊麻」，瓊麻園隔段時間可以看看到收割情形，使用小型刮麻機刮麻後現場曬麻。此外，在外祖父家附近的泰雅族原住民婦女，經常可見揹著「條紋苧麻粗布」的米袋前來碾米廠購米，有時看到側腰也是使用苧麻條紋布斜托住幼兒。

可能是台灣民俗觀念中對於原麻織品的使用，一直存有某些禁忌，致使我們難有機會進一步了解麻纖維的種類和特性，不過這部分文化制約現象近年逐漸消解，只是對於苧麻的常識仍是空白的。有趣的是鄰國日、韓卻非常喜好苧麻或大麻織品，不論是傳統服裝或室內裝飾，經常出現素白色直接使用，和台灣對苧麻材質的應用和理解有顯著差異，

少し大きくなってから通学中に、よく農家が収穫した米と落花生を「黄色麻袋」に入れて、田舎町で牛車や三輪車で運んでいるのを見た。それと家の近くの海岸地に「サイザル麻」が植えられていたので、「サイザル麻」畑で時々収穫の場面が見えた。小型の麻刈り取り機を使って麻を刈り取った後、現場で干していた。

それ以外に祖父の家の近くに原住民の泰雅族の主婦たち

がよく「ストライプ柄の苧麻製粗い布」でできた米袋を担いで米を買いに来たり、同じ苧麻製のストライプ柄の布でこどもを横抱きしたりしているのも見た。

台湾民族の考えでは、麻の織製品を使用するのは禁忌があり、それで麻繊維の種類と特色についてはなかなか触れ合うことができなかったかもしれない。最近このような文化の制約は徐々に解禁されたが、それでも苧麻に対する常識は空白である。しかしおもしろいのは隣国日本と韓国は苧麻と大麻製品について同様の好みがあり、伝統服装或は室内での装飾によく素布のままで使われている。苧麻材質の応用と理解は台湾とは遥かの差が見られる。

距今三十餘年前，我在台灣省手工業研究所（現稱：台灣工藝研究發展中心ＮＴＣＲＩ）機構任職，擔任染織工藝技術研究，由於曾在日本學習傳統染織工藝，見識稍有增長，也受到某些啟發，深刻體會有需要去認識台灣傳統織物的特色和其素材。在工藝研究所辦理手工梭織研習會和研究植物染色之餘，原住民如何利用「苧麻纖維」，以及「原始地機織布」的卓越技術，也引起我的興趣，於是找尋機會往中南部幾處部落初步訪查了解，

今から三十年前、私はまだ台湾省手工業研究所（現在：台湾工芸研究発展中心ＮＴＣＲＩ）機構で在職中に染織工芸技術研究を担当していた時に、日本で伝統染織工芸を学んだことがあったため、知識は増え、それをきっかけに深刻に感じたのは、台湾の伝統染織物の特色と素材をもっと認識しなければならないということだった。そこで、工芸研究所で手織り研修会と植物染の研究を開催して、その合間に、原住民は「苧麻繊維」をどう利用するかと「原始地機織」の卓越した技術に関しても大いに興味があって、よく機会を見つけ中南部に幾つかの原住民の集落に訪問調査をした。

想起往昔在家鄉花蓮就學時，曾見過原住民婦女席地織布，那是在以觀光為名阿美文化村的歌舞場旁，或是鄉下外祖父家附近的泰雅族部落，雖然好奇卻沒機會進一步認識。一直到很後來，因專攻染織工藝閱讀了日本的文獻，加上數次去部落參訪之後，始知台灣原住民利用苧麻纖維作物的加工技術，非常獨特。

花蓮での昔の就学時代を思い出すと、観光のための阿美族文化村の舞台の近く或は田舎の祖父の家の近くに泰雅族の集落があり、原住民の婦人たちはよく地面に座り、織物をしていた。当時は興味があったが、さらに深く理解する機会がなく、後になって染織工芸を専攻したときに日本の文献を拝読して、それから何回も集落を尋ねて、原住民の

苧麻の織物の加工技術はとても独特であることを初めて知った。

……………………………………

尤其各族群傳統服飾被人類學者研究調查，競相收藏於博物館展示，無不高度肯定織造技術的精湛，富有族群文化特色文化。特別是原住民婦女自幼便開始隨母親學習織布技藝，刮苧麻和製麻線是基礎的技術，如此未來才能製織衣物以保暖一家人，除了表達卓越的織布技能，同時展現族群織品服飾的美感特色，因此苧麻織物在原住民婦女傳統社會含有特別的意義。

それと各族の群れの伝統服飾は人類学者の研究調査により、博物館で収蔵する或は展示することを争うぐらいまでに高度で完璧な織技術、そして群れの文化の特色があることを認められている。特に原住民の婦人たちは小さい頃から母親の傍で、からむし剥ぎ、撚りかけの基礎技術を学び、将来は家族のために織物を作れるようになる。もちろん卓越した織技術であると同時に民族の特色・美感も十分表現している。苧麻の織物は原住民の伝統社会の婦人たちにとっては特別の意味もある。

……………………………………

例如：泰雅族婦女採割苧麻時，使用青竹管一端劈裂夾口作為刮麻工具，採割後立即在苧麻園現場剝下外層莖皮，然後席地將外層皮前端放入竹管裂口夾入，尾端以雙腳掌夾住，一隻手握緊外層皮拉引，另一隻手推動竹管，利用竹管銳利的夾口刮除雜質，留下長束狀的白色纖維。據表示，早期刮好的苧麻纖維乾燥後，欲製線時，婦女並非在室內端坐製線，而是利用外出赤腳行走於山區時，雙手得空便不停地績麻線，不論是下田路上，後背簍裝載重物，或是揹者幼兒亦是如此。同時為了訓練女兒手藝，女孩子上學時母親會交給一束原麻掛於脖子上，上學途中便不停地抽出原麻績線，隨即纏於左手上成為小線團，放學回來時須繳出成績。可見半農半獵原住民社會的婦女勤勉勞作，擅於利用空閒的雙手精進手藝機麻成縷。

例えば：泰雅族の婦人たちは苧麻を収穫する時に、青竹管をからむし剥ぎの道具として使う。収穫後にすぐ現場で皮を剥き、皮の先端を青竹管の裂け口に挟み、後ろは両足で挟んで、片手は皮を引き、もう片手は青竹管を動かし、そして青竹管の鋭い挟み口で雑を取り除き、長い束の白い纖維を残す。

話によると、早期にからむし引きした纖維を乾燥した後、室内で座って作業するのではなく、外出時や裸足で山を行くときに、背中に重い荷物を抱えていたり、子供をおんぶしていたりするにもかかわらず、両手が空いている限り苧績み（おうみ）をずっとしている。同時に娘の手芸を訓練するために、学校へ行くときに原麻繊維を渡して、通学途中に苧績（おう）みをして、できたのを左手に玉を作り、放課後に成績として渡す。農業と狩猟が半々の原住民社会の婦人たちはとても勤勉でよく働く。時間と空間を利用し、常に両手を利用し織技術を磨いている。

一般泰雅族婦女績麻線時，是依未來織造衣料或揹巾等不同用途決定粗細程度，當累積至一定量時，接著使用有長竹鉤的紡錘進行加撚，小紡錘是牛骨或木製輪。

一般的に泰雅族の婦人たちは苧績（おう）みをするときに、これから作る衣服或はおんぶヒモにより、繊維の太さをどれほどにするのかを決める。そして一定の量がたまると長い竹の紡錘を使い、繊維をねじって撚りあわせ、加撚していく。小紡錘は牛の骨或は木製でできている。

此時婦女仍會利用行走時一面提著附有「紡錘」的加撚桿，以雙手搓動桿子使紡錘環繞同時拉長一段苧麻線順勢加撚，隨後將有撚度的苧麻線纏繞於竹桿下方，如此重複工序強化織線的耐用度。

この時、婦人たちは歩きながら紡錘付きの加撚棒を両手で擦りながら苧麻繊維を引っ張って加撚していく。それで撚度ある苧麻繊維を竹の棒の下に巻き、こうした工程を重複させながら繊維を強化していく。

台灣原住民苧麻技藝全部依賴口手相傳，有嚴謹的歩驟和工法，神聖的規範或禁忌，經過長時間方能完成一件方衣型織物，或是施加織紋和多彩圖案圖騰的禮服，無一不是充滿美感和技術的結晶。台灣原住民婦女從大量的勞動中奠定獨特的苧麻織藝，嚴謹地守護傳承，此種全身全靈力量的匯集和呈現，令我覺得非常不可思議，萬分敬佩。

台湾原住民の苧麻技術はすべて口述と手技術で伝えていく。厳しい手順と工法、神聖の規範と禁忌、長い時間をかけて、やっと一枚の織物ができ、或は多彩な図柄に加えた礼服、美感に溢れた技術の結晶である。台湾原住民の主婦たちは大量の労働中で独獨な苧麻織の技術を身につけ、伝統を受け継ぎ大事に守り、このように全身全霊の力を集成した物の表し方をしている。私はとても不思議に思い、非常な憧れである。

二、**父親留下來的「苧麻」古書**

一九九四年，我服務的單位台灣省手工業研究所，開始推動辦理社區營造的各項計畫，同時透過日本千葉大學宮崎研究室，和日本地域文化振興有成，生活工藝運動盛名的三島町，進行為期數年的國際交流。而稍早之前，我從訂閱的日文「染織α」期刊上數次瀏覽到，同樣是位於福島縣山區的昭和村為招募「織姫」的培訓人才的宣傳，昭和村強調從採割苧麻、手工刮麻的技術體驗開始學習，至完成手織的苧麻布，內心非常好奇，一直很想一探究竟。

（註：台灣省手工業研究所二〇〇〇年改隸文建會台灣工藝研究所，二〇〇八年改稱文化部台灣工藝研究發展中心）

二、父親が残した「苧麻」の古本

一九九四年、当時、私が台湾省手工藝研究所に勤務していた時、地域発展するための各計画が動き始め、同時に日本千葉大学宮崎研究室を通して日本地域文化振興の結果が出て、そのため生活工芸運動で有名な三島町と何年間の交流ができた。そのちょっと前に、私が定期的に講読している「染織α」という日本の雑誌で、福島県の山地域・昭和村に「織姫」という人材の募集と育成宣伝を見た。昭和村で強調したのは、苧麻の採収から手作業で皮を剥き技術体験を学び、最後まで織りあげるとの事であった。私はとても興味深く、ずっと探求したいと思った。

（註：台湾省手工業研究所二〇〇〇年では文建會台灣工藝研究所と改名し、二〇〇八年では文化部台灣工藝研究發展中心となった）

一九九六年，我得到機會至福島縣大沼郡三島町和昭和村訪問，認識了當時任職昭和村農協苧麻課的遠藤由美子女士。參觀了昭和村歷史悠久高品質的苧麻工藝產品和素材，詳問了保存振興苧麻文化所開辦為期一年的「織姫」制度。了解其培訓方式是認識理解昭和村的歷史和自然環境，採取參與村內四季年間行事，藉此融入當地的生活文化。因此學習苧麻工藝從農田作業開始，五月時認識宿根性苧麻作物的傳統燒田法，七月下田採割苧麻，自己刮麻，入秋之後學習製線技術，如此績麻成縷，冬季織出五公尺的和式腰帶，次年春辦理作品成果展。對於此種依循當地四季分明的節奏變化，採取農業社會的生活方式，一步一步深度領略在地苧麻工藝的內在價值，心裡覺得非常感動，深深吸引我。

一九九六年、私が福島県大沼郡三島町と昭和村に訪問の機会があって、当時、昭和村農協苧麻課で任職している遠藤由美子様と知り合って、昭和村の歴史と高品質の苧麻工芸品と素材を参観し、苧麻文化保存と振興のために行った「織姫」制度を詳しく聞いた。その培訓内容としては昭和村の歴史と自然環境を認識する、村の四季行事に参加し、地域の生活文化に溶け合うこと。苧麻工藝の畑を耕し作業から始め、五月に深根性の苧麻作物の伝統焼き畑を体験し、七月に苧麻を採収、その後は皮をはぎ、秋以後に糸を紡ぐ技術と織りあげる作業、冬には五メータの和式の腰帯を作り上げ、次の春に作品成果展示をする。このように当地の四季の変化に従って農業社会の生活方式を一歩一歩深く理解するのだという。苧麻工藝の内面価値に心から感動し、深く引き込まれた私である。

一九九七年，出身三島町積極推動保存會津文化的遠藤女士，和一位織姫結業後留村的和子小姐連袂來台灣訪問，我以翻譯陪同的出差之便，安排參觀台中縣霧峰鄉農業試驗所的苧麻園，同時至南投縣仁愛鄉清流部落曾瑞琳老師的編織工坊，以及苗栗縣泰安鄉象鼻部落尤瑪老師等處，參觀苧麻線加工和地織機整經織布作業。之後又有包括沖繩（石垣金星氏、花城良廣氏）和東京（今井俊博氏等人）組成的訪問團體來台，我再度協助安排訪問林業試驗所標本室、農試所特作系，並至泰雅族清流部落參觀張玉英女士的傳統織布。

一九九七年、会津文化の保存に積極的に取り組んでいる三島町出身の遠藤さんと織姫卒業後村に残った和さん、二人して台湾を訪問。私は通訳として、台中縣霧峰郷農業試験所の苧麻園と南投縣仁愛郷清流部落の曾瑞琳先生の織工房、苗栗縣泰安郷象鼻部落の尤瑪先生等の處に、苧麻纖維加工と地織機の布織作業を参観に案内した。

その後に、沖縄（石垣金星様、花城良廣様）と東京（今井俊博様等）の訪問團隊が来て、再度協力し、林業試驗所標本室と農試所特作系、それと泰雅族清流部落にて張玉英さんの伝統織に案内した。

因為工作地點位於南投縣草屯鎮，從地圖來看南投和家鄉的花蓮是鄰縣，其實是重重高山阻隔，穿越中央群山或繞南半島或繞北半島的路途都十分費時，一年只能回花蓮老家數次。某次難得回花蓮之時，不期然從父親的舊書堆翻出一本日治時期出版的「苧麻」專書。該書由南洋協會台灣支部於大正十一年（一九二二年）出版，作者是加藤清之助。該書裱裝使用台灣產的苧麻疏布，其染色呈暗藍發黑，是藍染嗎？希望是藍染！天啊！苧麻和藍染都是我的最愛的和最重要研究課題。專攻農藝化學的父親在戰後一九四六年二月才從日本回來台灣，一九四七年五月，在花蓮以當時的幣值一五〇元購買此書，並蓋上印章，此時父親正在花蓮農校擔任教職。

仕事場は南投縣草屯鎮にある、（地図上から見ると南投縣和と私の故郷の花蓮は隣にあるが、実は山々の連続に阻隔され、中央群山を乗り越える、或は南半島、北半島、どっちから回っても非常に時間がかかりとても遠い道である）、そのため実家に帰れるのは年何回かしかできない。

ある日実家に帰った時、不意に父親の古本の山から日本統治時代に出版した『苧麻』の専門書が見つかった。この本は南洋協会台湾支部が大正十一（一九二二）年で出版したもの，作者は加藤清之助。本の表の表装は台湾産の苧麻の布を使用され、染められた布の色は暗い黒ずんだ藍色、藍染かな？藍染であってほしい！まさか！苧麻と藍染は私が一番愛し、そして重要な研究課題でもある。

農芸化学専攻の父親は、戦後一九四六年二月に日本から台湾に戻ってきた。一九四七年五月、花蓮で当時の値段は一五〇元でこの本を購入したとハンコを押してあった。この時、父親は花蓮農業学校で教えていた。

台灣在經濟優先政策下，農業生產環境改變，天然纖維很快地被量產紡織工業取代，此本紙頁發黃的「苧麻」書被閒置了將近七十年，才被我發現視為寶典，趕緊影印數冊分送給昭和村的遠藤女士和象鼻部落的尤瑪老師參考。已設立奥會津書房出版社多年的遠藤女士向我表示，看到影印本記載日本內地苧麻主要生產地出現會津大蘆（大芦）地名，興奮又感動地幾乎要流出眼淚。事後得知遠藤女士和當地文史專家菅家博昭先生，設法尋找「苧麻」古書，終於高價購得原版古本一嘗夙願。

台湾の政策では経済優先のため、農業生産環境が変わり、天然繊維もすぐ量産できる紡績工業に替わられ、この『苧麻』の本も紙色が変色するまで七十年間ぐらい放置され、私が発見した宝であった。そしてすぐコピーして、昭和村の遠藤さんと象鼻部落的尤瑪先生に送った。その時、数年前から奥会津書房出版社を設立した遠藤さんはこのコピーした内容を見て、日本内地の主要な苧麻主産地が会津大芦と書いてあるのを見て、涙が出るぐらいに興奮したという。その後遠藤さんと当地の文化研究専門家菅家博昭さんは、ずーっとこの本（『苧麻』）を探し、やっと原版を見つけ買い求めた事は後から知った。

如今此本「苧麻」一書距離當時的出版年，已有九十五高齡了。作者加藤清之助在例言表示，該書的整合了多名學者的研究調查。記述了中國、日本和韓國的苧麻類別、歷史、用途，並以較多的篇幅介紹當時日本治領的台灣，擁有異常豐富的苧麻品種，分別詳述台灣苧麻產地、分布、手工和機械的刮麻製纖方式，以及年產量統計等，是當時欲應用台灣苧麻原料生產的專門參考書。其中記述了日本苧麻產地和傳統上布，特別提到會津大沼郡大蘆地區的生產品質精美。我仔細收藏此本苧麻古書，但是隨著我的工作項目轉移，只有起步一點點的苧麻研究便被擱置了。

『苧麻』この本は当時出版の年からだともう九十五歳の高齢。作者加藤清之助さんはこの本でたくさんの学者の研究調査をまとめ、中国、日本と韓国の苧麻の類別、歴史、用途、さらにもっと多く紹介されたのは日本統治時代の台湾では、非常に豊富な品種、詳細な台湾苧麻の産地、手作業と機械の繊維の剥き方法、その年間産量統計等が克明に記され、当時台湾苧麻原料を応用するための参考書でもあった。その中で日本苧麻産地としたら、特に会津大沼大芦地区で生産した品質の高さを挙げた。私はこの苧麻の古本を大事にとっていた、しかし仕事項目の変化に、始めたばかりの苧麻研究も放置してしまった。

其後得知昭和村的菅家先生和博物館的學藝員等多人，不斷地投入調查，在二〇〇一年昭和村苧麻工藝博物館開館前後，已完成多項研究計畫和出版，成果十分豐富。菅家先生對「苧麻」一書作者加藤清之助懸念已久，亟欲進一步了解。二〇一六年九月再度和我連繫時，便表示希望能詳查作者的出身地、生平、後人、以及在台灣的其他經歷等。我上網路代為查詢日治時期台灣總督府職員錄，終於得到初步答案，加藤清之助出身地北方的山形縣。菅家先生在其部落格詳述此筆資料，並表示作者可能是出身山形縣，因此該書對於山形縣生產苧麻情況描寫十分詳細，也相當了解鄰縣福島大沼郡生產苧麻材料精美，主要是提供新潟縣「越後上布」製織用。

その後昭和村の菅家さんと博物館の学芸員等多くの人々が絶えず研究し続けたことを知った。二〇〇一年昭和村苧麻工芸博物館開館前後に、すでに多くの項目研究計画と出版物を完成し、とてもいい結果を上げた。菅家さんは『苧麻』の本の作者加藤清之助さんに興味を持ち、もっと深く知ろうと、二〇一六年九月に私と再度連絡を取り、作者の出身地、生涯、後継者、台湾での他の経歴等を明らかにしようとした。私はそのためにインターネットで調べ、日本統治時代の総督府職員名簿で、作者の出身地は北方の山形県であることがわかったのである。菅家氏はこの事をブログに書き、作者の出身は山形県の可能性が高い、なぜなら、山形県生産の苧麻状況はとても詳しく書いてあるし、しかも隣県の福島大沼郡生産苧麻材料の質の高さ、主に新潟県「越後上布」製織用のためである事も詳しく書いてある。

三、昭和村的「苧麻道場」- 回顧十六年前的研修

回顧當年被觸動去了解傳統苧麻織物課題的契機，部分原因是來自日本北國昭和村的苧麻「織姬」制度誘使，其實也正好提醒我的立足點和把握機會探求學習。之後，一九九九年甄試獲得文化建設基金會的補助，二〇〇〇年三月以「研修日本服飾文物保存及染織工藝推廣教育」專題去日本研修六個月。因此特別拜託遠藤女士向昭和村長小林悅郎先生請求同意，由服務單位正式發文給昭和村，正式獲得至昭和村一個月研修苧麻。此外，在東京母校服飾博物館研修三個月期間，因台灣前一年九月二十二日發生大地震，遠藤女士十分關切音信的聯繫，特地寄來一支可愛造型手機讓我使用。我另於五月下旬參加昭和村農協的三天績麻織塾體驗課程，並且參觀傳統燒苧麻田的傳統行事。七月中再度前往時，以臨時研修人員入住「織姫」專用宿舍。和來自日本各地的五位年輕織姫一起生活，大家起居作息一致，我這位年長的「織嬸」亦蒙受當期「織姫」的許多照顧。

思い出してみると当時伝統苧麻織物課題を理解したいと考えたきっかけのひとつは、部分的には日本北国昭和村の苧麻「織姫」の制度である。実はこれも自分自身の立場を改めて考えなおし、この機会を把握し学習をすることを決め、一九九九年文化建設基金会の補助に推薦申請を獲得し、二〇〇〇年三月に「日本服飾文物保存研修と染織工芸教育を広める」という専門題目で日本で六ヶ月の研修機会を得た。

　そのために遠藤さんにお願いして特別に昭和村長小林悦郎さんに同意を求め、勤務している単位機関から昭和村に正式公文を出し、昭和村での一ヶ月間苧麻の研修機会を得た。それから、東京の母校の服飾博物館で三ヶ月間を研修した。

　ちょうどその前の年に台湾で九月二十二日大地震が発生したため、遠藤さんから音信連絡にはとても重要であると、私のためにわざわざ可愛い携帯電話を送られてきた。その五月下旬に昭和村農協の体験課程三日間に参加し、苧麻畑焼きの伝統行事に参加した。七月中再度行った時に，臨時研修人員として「織姫」の専用宿に泊まった。その時に日本各地から来た五名の若い織姫と一緒に生活、ともに過ごした。この年上の「織婆」は当時の「織姫」たちにたくさんお世話になった。

七、八月的奥會津山區谷地白天高溫酷熱，入夜意外低溫冰涼，感謝村役場企劃課長舟木幸一先生，從自家帶來一床厚棉被借我使用。遠藤女士特地拜託一位留在村內研究苧麻的資深「織姫」大久保裕美指導員協助我。裕美小姐當時擔任籌備苧麻工藝博物館的學藝員，同時負責苧麻生產技術保存會的事務工作，並與相關研究人員執行各項調查記錄的專案計畫。

　七、八月の奥会津は山間地区なので昼間は暑く、夜になると意外と寒く、村役場の企画課長舟木幸一さんが家から厚い布団を貸してくれた事をとても感謝している。そして遠藤さんは村に残った苧麻の研究に深い経歴を持つ一人の「織姫」に私の面倒を見てくれるように特別に頼んでくれた。裕美さんは当時、苧麻工芸博物館の学芸員でいながら同時に苧麻の生産技術保存会の事務仕事と研究関係者の各項目の専門調査の計画の記録もしていた。

我滿心期待兩週的下田作業，每日一大早六時半出發，套上我從台灣帶來長膠鞋，搭乘一位織姫的自用車至苧麻保存會的苧麻田。七點割取的苧麻桿，去除葉子，割去尾端，綁成一把，截成定長。十時許，帶回至野尻的作業場，放入清澈的小水溝浸水。稍事休息後，取出一支一支折成兩半，很輕易地從中撕裂出兩條纖維層的外層皮，白色內層桿棄置做肥料，將整把外層皮頭尾綁好再度浸水。午後進入鋪滿防水布的大作業場內進行刮麻作業。

私は二週間後の畑仕事を心から待ち遠しく思った。毎朝六時半に、台湾から持ってきた長靴を履いて、一人の「織姫」の車に乗せてもらって、苧麻保存会の苧麻畑に出発。七時からの刈り取りは一本ずつカマを使って茎から葉を落とし、尺棒と言われる定規で一定の長さに切り揃え束ねる。

十時頃野尻の作業場に持って帰って、清水に浸す。少し休んでから。一本ずつ、皮を二枚になるように剥ぎ、白い内層は捨てて肥料にし、剥いだ皮は束ねて、また清水に浸す。午後には防水布を引いた作業場に入り、からむし引き作業をする。

刮麻作業場的建物高約兩層樓，是當地活動中心的場所，十分寬敞，戶外皆是水稻田，遠處青綠山丘綿延，景色十分怡人。由後端小門入內，一眼望去是兩大排的刮麻木盤，可共數十名人員同時刮麻作業。資深刮麻技術者的位置在入口處，一入門便可看到，時常有訪客進來探班，或是取材攝影，或是送點心慰勞。初學者的刮麻盤置於最內側，裕美指導員說明如何持刮刀，示範刮麻要領。首先拉緊外層皮以刮刀在內側中央使力快速彈擊，使綠色外皮和纖維層稍微裂解便於分離去除，留下長條纖維層鋪於檜木薄板上，尾端藉一支長釘繞住稍加固定。然後持刮刀在纖維層的正面／反面／前段／後段，一一細細刮除粘膠狀的雜質，只留下淡綠色半透明薄片狀細如絲質的纖維質，呈現苧麻特有的溫潤光澤。當我開始自己揣摩動作力道反覆練習時，發現不知不覺已刮掉許多寶貴的苧麻纖維，而濕黏黏的雜質仍留在手上，此時方知苧麻保存會為何將我們這一群初學者，安排在似乎有些生長不齊的邊區採割苧麻。刮麻是一項知易行難相當棘手的技術，初學者必須不斷地通過失敗和浪費許多辛苦栽植的原料，身體力行才能一點一點上手，我們體會到這些苧麻作物真的非常珍貴，唯有謙虛彎身實作再實作。在這酷熱難耐的作業現場，仰望著前方多位資深技術者的後背，時而去請益觀摩前輩的刮麻手法，不禁在內心嘆息，深深體悟到魔鬼藏在細節中，此時此地的刮苧麻作業便是第一階段的「苧麻道場」。

刮好的苧麻長纖維一束束掛起自然晾乾之時，不容一絲風吹亂條序，因此極力避免開敞門窗，當然作業場也不能使用電扇。在這暑熱當頭的七、八月，室內猶如大烤爐，午後的炙陽毫不留情地從高處玻璃窗一一斜照進來，透過反射場內防水布上出現一塊一塊強光，大部分是直曬到刮麻者的頸背，如同悶熱的三溫暖間。大家雖然汗流浹背，卻靜默地埋頭工作，少有談話聲，個個皆以異常忍耐之心不停地重複雙手的動作，只聽見刷刷不停地刮麻聲音，附近樹林間的蟬鳴高亢不時傳入耳。每當下午三點多稍作休息時，由於大家躬身半蹲坐久了，紛紛起身讓後背往牆面依靠，席地雙腳拉直鬆一口氣。

當一束一束的長條苧麻纖維整齊晾掛於長桿上自然乾燥，一眼望去片片閃閃，著實亮眼美麗。這些初步加工精緻的成果，是透過長遠歷史傳承而來，其中包括獨特傳統栽植方式。譬如，五月中旬冒出新芽之際，遍舖茅草燒田成為肥料，未久長出新芽，兩個多月後苧麻筆直生長約二公尺，心型大片綠葉隨風翻浪，蝴蝶昆蟲群聚有機苧麻園。進入七月下旬必須每日進行採割和刮麻作業，否則纖維老化粗硬不適用。昭和村的苧麻材料是日本著傳統工藝的「越後上布」不可或缺的重要原料。

兩週後結束採割和刮麻活動，欣喜終於得到自己親手刮麻成品一小把約三〇〇公克，蓬鬆的原麻質量甚輕，乍看覺得甚美，其實一拿至資深技術者高級成品區對照比較，才知道自己刮麻的品質懸殊甚大。尤其接著進行下一個製線績麻階段時，使用自己所刮的原麻之時，這些粗糙帶有疙瘩節羽的原麻，就變成難題了，直接檢驗刮麻功夫良否。前一段加工處理不良，直接影響下一段流程，我和年輕的織姬們都深有同感，也徹底了解從最上游的原料處理去體驗，是極有意義和必要的研修方式。

俗稱「績麻成縷」的工序，基本上是完全依賴十指尖操作，首先將原麻的長片裂成數條細麻，藉由細纖頭尾併合加撚成為連續性的苧麻線，等累積一定量後再以「撚紡車」加撚增加苧麻線的強度。這個工序需要極大耐心和毅力，指尖細微觸感一一輕撫過每一段的苧麻細纖，透過接加撚合一依序放入「苧桶」，彷彿是修行般的步驟，只有放下浮躁的心情，逐段琢磨去熟練技術，無法快步節奏或是任意跨越。此時體會「成績」、「實績」、「業績」、「績效」的「績」之意涵，已不言而喻，如此靜謐地進行績麻製線的纖細功夫便是第二階段的「苧麻道場」。

近八月中旬前，指導員裕美小姐準備了數縷花費長時間績好的苧麻織線，帶我至前輩的苧麻技術者（オマキ様的）家，以了解傳統整經卷取方式。首先在後屋房間的大型整架整取織腰帶的苧麻經線，手持小孔洞的導線板一次數條取綾分經，很快地整取好需要的經線數目。取下苧麻經線稍加串編，將一端的環狀經線（雙羽）條穿入竹箴，再固定於經線軸上。接著在地板上張開數公尺長的經線，兩端分別固定綳緊，取毛刷將煮好的澱粉漿刷上經線，如此可避免織造時摩擦產生節羽。當三人手忙腳亂地在地板上將經線逐步盤入經線軸之時，一台頭就看到前方土間堆滿小山般的馬鈴薯橫於眼前，忍不住就笑出來。オマキ前輩笑容滿面表示這些是八月中剛收成的馬鈴薯，充滿昭和村的太陽味道，正準備分送給外地子女和親友。

接著後兩日我前往裕美小姐租住的舊農家住宅，由其指導體驗「撚紡車」和「地織機」。首次體驗會津地區苧麻線的加撚方式，席坐在地板上手腳並用，右手轉動大木輪，讓左手舉高所持的一段長度苧麻線產生撚度抱合。並利用右腳伸直以腳趾頭夾住通過苧麻線的小管，腳趾頭右移動便可將加撚好的一段線通過小管順勢纏入線軸，如此連續作業加強苧麻線的耐用度。因此績好的苧麻線又再次全部通過作業者的手，多次持之、撫之，心手共譜感受苧麻材質底蘊。此段席地撚線步驟對於已經習慣座椅作業的人來說，有點不易適應，因為時間有限，稍微體驗了解後便移向古老的地織機。

此架已變成褐色木頭的斜距式地織機，是屋主置於2樓倉庫久未使用，裕美小姐將其整理組裝熟練了操作技術。首先我們將盤整好的經線軸掛上地織機後架，經線分經通過中間的板狀中筒，成為上線和下線，因此只使用一組綜絖便可進行平織。我左手持叉型棒上加一支橫桿，右手試著一面纏繞環式綜絖，一面同時持上線掛入，此種活動式裝置方法中途無法鬆手，工序有些慌亂，不斷失誤。不由得想起台灣原住民地織機的五柱整經法。立柱式整經之際同時掛入環狀綜絖的做法，似乎比較容易理解，心裡想著未來有機會要設法去研究比較兩者差異。

最後總算完成穿綜步驟，將經線的前端分束綁於織布軸，再固定於織者的腰圍上，腰身挺立便可張直經線，單腳拉緊弓棚垂下的提綜繩，便可分開經線的開口成為梭口，手持內置小緯管的木製大杼投緯後，利用相當重量的棒刀式大杼打緯，接著交換開口，再投入緯線。地織機經線的張立或鬆弛全靠織者腰身控制，如此經緯交織成布。當所有前置作業完成後，很快地便可織出一小塊布。因竹箴質輕無法打緯，必須依賴厚重的刀棒發揮重力擊打，使緯線和經線密實交織。苧麻性質通氣涼爽挺直，無伸縮彈性，因此使用地機織成之布表面略顯凹凸質感，有一種說不出來的獨特味道。此種使用身體當作地織機的一部分的織造技術，需要穩重平衡的腰力，和左右手皆能揮大杼棒刀打緯的臂力，地織機技術便是第三階段的「苧麻道場」。

裕美指導員表示昭和村過去是自給自足農業社會，家家婦女都要栽種苧麻和大麻，織造衣料。苧麻是多年宿根生，每隔數年後要換地，因生產品質精美價值高，是重要的換金經濟作物；大麻可以連續種植，是自織家用衣料。昭和村的苧麻材料除提供織造上布，同時於村內生產手織生產夏季和服料、腰帶和其他生活小品，已建立昭和村品牌的苧麻工藝產品銷售。

一九八一年，昭和村農協設立苧麻工藝課，同年成立「昭和村苧麻生產技術保存協會」隸屬教育委員會。一九八三年，農協苧麻工藝會館落成，開辦苧麻織布人才培訓。一九九〇年，「昭和村苧麻生產技術保存協會」由福島縣指定為縣級無形文化財團體，一九九一年，日本文化廳指定為「國家選定生產技術保存團體」。一九九四年，昭和村首度辦理一年期「苧麻織姬體驗生」的研修制度，此後每年辦理至今，每期對象六名。體驗生研習的材料由苧麻保存會提供，並由資深技藝者示範指導，另提供住宿，基本上是公費。一年結訓後可成為實習生，配合村內相關活動擔任助理，或指導下一期體驗生，並補助若干生活費等。

四、昭和村苧麻的守護者和台灣苧麻相遇

研究心旺盛的裕美小姐對於工作非常投入，當時擔任籌備苧麻工藝博物館的學藝員，積極參與昭和村苧麻產業的調查研究，為獨立作業自己還栽植一小塊苧麻園，使用斜距式地織機織布，同時研究繩文時期絞經編組（アンギン）技術，是實作先於理論的研究者。二〇〇一年七月昭和村的苧麻之里的工藝博物館、織姬交流館落成，十月她承辦「亞洲苧麻會議」和特展，並出版會議記錄。當時聯繫我以昭和村之名正式來函工藝所，邀請我帶一名原住民苧麻織藝者出席活動，由於家人突發重病需要長期調養，加上第一次辦理3個月的藍染研習會，無法前去。特拜託剛從沖繩深造染織教育回國的張秀蕙老師，陪同泰雅族織物研究者尤瑪老師前去參加。

不料二〇〇一年七月底台灣中部發生大颱風，土石流重創尤瑪老師的編織工坊，不得已也取消赴日行程。隔了三年，二〇〇五年春，裕美指導員和前幾年我在昭和村曾一起研修苧麻的「織姬」山田小姐一同來台灣。我帶她們前往象鼻部落，參觀尤瑪老師重建的工坊，裕美小姐員拿出一個小信封袋交給尤瑪，表示前兩年辦理研討會議和特展時，在會場說明原本要出席的台灣發表者，因發生重大災害無法成行，並設置一個募款箱，她特地將該期間募得的小小關懷心意親自來台轉送。裕美小姐的舉動讓我們非常感動，當日雙方愉快地交換刮麻技術，遲了數年的台日苧麻交流，終於如願地在台灣部落啟動。

二〇〇〇年八月中，我在昭和村研修即將結束前，裕美指導員表示有一位有位栽植生產滿天星的花卉業者，同時也是調查會津文史的專家菅家博昭先生要來訪問，提問我為何從遠地前來昭和村研修苧麻工藝。我回答表示台灣以往曾有苧麻產業，現在幾乎已消失，但是原住民地區仍有少數利用苧

麻織布的工藝。日本昭和村生產苧麻的品質優異，值得前來學習了解，又近年辦理「織姬」制度的研習方式，非常吸引我，希望藉由實地體驗刮麻製線等活動，獲得一些經驗，希望對於台灣未來苧麻技術的研究或人才培訓能有所參考。

由於一九九九年台灣中部發生九二一地震，台灣省手工業研究所（後稱台灣工藝研究所）建物大多毀壞，需要重建致場地受限，又當時地方工藝社區需求輔導產藉以活化。二〇〇一年起，受長官指示，我便將之前的復育研究台灣藍的相關技術成果，轉成長期研習課程培訓人才。自此之後，連續數年皆以推動台灣藍染為主要工作項目，持續栽植山藍木藍、培訓技藝人才、輔導工藝社區、辦理展覽交流和研討會議及出版專輯。當工作愈來愈忙碌，自然無暇思及研究苧麻的事，漸漸地在昭和村研修苧麻之時產生的小小夢想，也隨之遠去，只得存封起來。其實心裡常想以服務單位有限的人力和經費，若要像昭和村那樣長年辦理研修方式，來挽留保存台灣的苧麻工藝，以當時的狀況恐難如願。在我這有限人生和時間，只能保守做好眼前推動台灣藍染的工作，對於苧麻生產技術的構想不得已暫時擱置，或是留待下一輩子努力吧！幸而當時政府已成立原住民委員會，有幾處原住民染織工作室陸續成立，相信關心者未來一定會思考台灣原住民苧麻文化和保存發展吧！。

一眨眼時光飛逝，我自工藝研究所退休返回花蓮，每年仍舊協助四季藍研究會的展覽交流工作。二〇一六年企劃執行「藍的禮讚：台灣藍×阿波藍特展」，當忙得正要結束之時，意外地接到遠藤女士和菅家先生的來訊。菅家先生表示十一月中來台灣調查滿天星花卉和原住民苧麻，並不畏行李重量，將遠藤女士託交的「會津學」七冊，帶來花蓮給我這位老朋友。遠藤女士是奧會津書房的負責人，企劃出版了一系列的會津文化叢書以及「會津學」年刊，曾擔任福島縣教育委員，推動各種文化保存振興不遺餘力。事隔十六年的塵封在記憶深處的苧麻往事，因遠藤女士的厚意和菅家先生來訪，被牽動而甦醒。我為菅家先生夫婦聯繫住在桃園的編織專家孫業琪老師，孫老師專業研究各種植物纖維素材和工具，善於田野調查和傳統工序。承孫老師好意特地前來花蓮會合，並利用秀林鄉「那都蘭編織工坊」的空間，分別進行泰雅族和昭和村的刮苧麻示範，並認識泰雅族胡秀蘭織布專家的產品特色，短短半日雙方交流非常愉快。

菅家夫婦在部落格描寫在花蓮的交流情形與感受，稱許台灣是「苧麻王國」，當晚以國際電話向遠藤女士報告致謝，對於能和期待已久的台灣苧麻相遇，菅家夫婦十分感謝；能在原住民編織工坊進行交流，認識了編織工藝達人，覺得非常感動。遠藤女士隨後從臉書傳來簡訊致謝，表示菅家先生長年追求苧麻相關文化鍥而不捨，研究調查投入甚深，是會津學研究會的靈魂人物。此次如願實地接觸到台灣原住民苧麻技術，感動異常。其妻洋子樣是資深「織姫」苧麻的技術者，自己栽種苧麻，不論刮麻、績麻、織布各方面非常嫻熟。

事後我在「會津學」二〇〇五年創刊號第一集，閱讀到菅家先生執筆「苧麻的文藝復興」（からむしのルネッサンス）一文最後，記錄了二〇〇〇年八月中我離開昭和村前，在裕美小姐住處的短暫談話。而我也自此才開始稍微認識菅家先生在生產滿天星（霞草）的同時，長年執著研究昭和村相關的苧麻文化的成果。菅家先生和遠藤女士同時主持「會津學」定期聚會分享活動，其部落格詳實記錄每日工作和多元行動，可供分享甚多訊息，非常值得瀏覽。據表示半年忙碌生產滿天星花卉，半年進行森林考古、古道碑跡、會津歷史和苧麻產業等研究，不論是企劃活動、踏查記錄，閱讀撰文等，皆劍及履及積極作為，樂於分享，累積著作十分可觀。

二〇一一年二月年日本東北發生地震、海嘯、核災等複合式大災難，福島縣海岸城市發生嚴重災情，奧會津山區幸而無事。我透網路聯繫上三島町的遠藤女士，並查詢了昭和村苧麻產業近年的情況。心想等過幾年災區復興安定後要去探望老朋友。沒料到菅家先生夫婦為了探訪苧麻突然遠來花蓮，得以提早見面。經過無數次的電郵聯繫，加上會面時的話題都是緊緊繞著苧麻，不可思議地撩起我久遠的思緒，頓時覺得十六年前在昭和村「苧麻道場」的種種體驗，恍如隔世般再度不時出現於腦海。我找出一些當年的研修報告和資料，彷彿見到故人般，內心不時掀起陣陣漣漪覺得很激動。於是決定二〇一七年春去奧會津旅行會友訪麻，重溫十六年前苧麻之里的手感和溫暖。

菅家夫婦的行動非常積極，為了解台灣栽種苧麻方式，二〇一七年三月再度來台參訪，我再次聯繫了孫業琪老師及其他工坊，安排了四天行程。首先參訪孫老師在桃園市的編織工坊，由孫老師詳細解說兩種地織機構件和差異，以及琳瑯滿目的原住民編組工具和成品。次日至桃園復興鄉泰雅族王碧珠老師的「碧織屋」工坊訪問，參觀泰雅族沾木灰績麻線方法和立柱式整經方式。午後前往山區坡度甚陡的苧麻園，聽取如何挖取老莖株，揀選適用和栽種方法。之後南下台中參訪翁立娃老師工作室，翁老師示範布農族地機織布，並深入訪談早期學習布農族織物的經歷。第四日由自然色工坊湯文君藍染老師駕車接送至象鼻部落，一齊參觀野桐工坊「她方－泰雅族文物」特展，聽取尤瑪老師栽植苧麻植物應用的十年工作計畫簡報，並進行訪談交流。我在各工坊參訪時擔任翻譯，一等到雙方談話結束之後，就開口邀請洋子樣以她所帶來的昭和村苧麻材料。藉此機會讓大家觀摩，以引起各編織工坊年輕人興趣。洋子樣分段示範績麻技術，動作手勢清楚，講解十分詳細，是一位很理想的工藝老師。因此孫老師的編織工坊計畫於二〇一八年春，辦理苧麻技藝研習活動，屆時將邀請菅家先生專講，洋子樣擔任技術講師。（和訳略）

五、雪國之春──二〇一七再訪昭和村

二〇一七年四月底出發之前，我預約了昭和村的體驗住宅一週，計畫了大概行程，菅家先生和遠藤女士為我們的遠來，進一步詳細安排參訪時間和交通移動，並表示會協助全力支援我們的需求。我邀了老友姚巧梅老師（日本文學翻譯家兼自由撰稿人），和僑居東京的學妹巫靜宜様同行，同時邀請德島的川人美洋子老師和其友人廣田知子様，稍晚幾日前來昭和村同宿體驗看看。

五、雪国の春──二〇一七再び昭和村を訪ねる

二〇一七年四月末出発前に、私は昭和村の体験住宅に一週間を予約し、簡単なスケジュールを立てたが、親切な菅家さんと遠藤さんが訪問参観の時間と交通移動手段など必要に応じて全力支援してくれた。さらに我々のためにいろいろと企画してくれた。

私は古い友人姚巧梅先生（日本文学翻訳家兼フリー作家）、と東京在住の大學の後輩巫静宜さんと同行し、同時に徳島の川人美洋子先生とその友人広田知子さんを誘い、後日遅れてくるが、昭和村での体験住宅で共に体験をしてみると快く応じてくれた。

姚老師原本計畫前去採訪福島縣沿海災區的復興情形，我聽聞之後，建議不如先來福島縣奧會津的昭和村和三島町。何況此次對方特意協助行程，機會非常難得。我說服姚老師隨我們同行，不僅可以直接領略日本人內心故鄉的春之風貌，了解北國傳統的農業生活，工藝產業，還可以第一手訪問會津地區長年的文化守護者，如遠藤女士、菅家先生、小松先生，或是移居村內從事苧麻工藝的織姬們。尤其昭和村利用高冷地栽種生產滿天星花卉的產業，是日本首屈一指，非常值得為文介紹。菅家先生專業從事生產已有三十年，對於滿天星產業知之甚深，無人出其左右。美麗的滿天星和傳統的苧麻是昭和村的兩項重要產業，加上三島町生活工藝運動的歷程，和最高緯度出版社的奧會津書房，種種精彩可期。將來姚老師撰寫福島縣沿海復興生活的篇幅中，同時納入守護傳統農業生活的奧會津山區，相信讀者有幸並樂於品味閱讀的。

姚先生は元の計画として福島県沿海の災害地区の復興情況を取材するという。私はそれを聞いて、福島県奥会津の昭和村と三島町を先にしたらと提案した。今回特別の好意に行程までに協力してくれる、この機会はなかなかないと。それに直接日本人の心の故郷の春の風景を満喫でき、北国の伝統農業生活、工芸産業、そして会津地区長年間文化の守護者たちに一番手で取材ができる、例えば遠藤さん、菅家さん、小松さん、或は村に移り住んでいる織姫たち、それと昭和村は高冷地を利用して、カスミソウの産業は日本一。とても紹介する価値がある。菅家さんは専門家でこの産業はもう三十年以上、カスミソウの専門知識を有している。美しいカスミソウと苧麻の伝統作業、この二つは昭和村の重要な産業であり、それに三島町生活工芸運動の歴史、そして最高緯度の出版社奥会津書房、とプラスして、様々な取材資料ができる。将来姚先生が福島県沿海復興生活の取材と同時に守護伝統農業生活の山奥の会津も一ページに加えるときっと読者も楽しく拝読してくれると、姚先生に私たちと同行するように説得した。

因許久未見苧麻指導員的裕美小姐，十分惦念，事先聯繫上目前定居東京調布市的裕美小姐，我們約在羽田機場會面。四月二十四日傍晚終於在機場入境大廳，見到當年昭和村指導我苧麻的重要友人，歡喜暢談半個多鐘頭。裕美小姐因育有二女，專職家庭主婦，暑假時常帶小孩去昭和村，讓小朋友體驗刮小枝苧麻（わたくし苧）的刮麻活動。她表示再過幾年小孩漸能照顧自己後，便可再次樂活慢活苧麻織布。裕美小姐在昭和村住了八年，參與多項苧麻工作，啟迪後進良多，直到結婚後才離開。二〇〇五年三月她完成「苧麻織之道」（ハタの廸）一書，彩色印刷詳解苧麻製線和地機織布等工序，現已成為昭和村育成苧麻地基織布後繼者的重要參考手冊。

御無沙汰している苧麻指導員裕美さんは今東京調布に定住していると聞き、当時昭和村で指導してくれた重要な友人であり、とても会いたくなった。事前に連絡を取り、羽田空港で会う事にした。四月二十四日やっと空港の到着ロビーで会えて、話が弾み三十分以上続き、裕美さんは今子供が二人いて、専業主婦をしており、よく夏休みを利用して子どもを昭和村に連れて、苧麻活動（わたしく苧）に参加していると話してくれた。裕美さんは昭和村に八年間住んで、苧麻の仕事もたくさん携わって、後輩にもよく指導してきた、結婚してから離れたが、もう少し子供が大きくなってから苧麻織を再開したいと言っていた。彼女は二〇〇五年三月『苧麻織の道』（ハタの廸）この本を完成して、苧麻製造、地機織などの工程はカラー印刷で内容は詳細に解明され、今では昭和村苧麻地織後継者育成に欠かせない一冊である。

四月二十八日午後，我和活潑開朗熱心服務的巫學妹，從淺草搭上直達的東武線鐵道，經過三個多小時後抵達會津田島站，菅家夫婦前來車站迎接我們，去超市採買食品後即往山區移動。我們入住位於喰丸的體驗住宅，這是村役場改建大農宅成為來村者小團體住宿的設施，主結構是原建物的大原木，內有紙門隔開的兩大房間，發黃的四幅紙拉門的大書法據說已有二〇〇年，大型廚房餐廳和衛浴現代化。後院寬敞，有清澈水塘和水溝，是早期貯水洗滌和浸苧麻使用。奥會津山區林下積雪甚厚，尚未完全融化，櫻花樹在冷風細雨中含苞待放，黄昏的田間野地，仍可見黄綠色的蕗頭（フキ）山菜冒出。一週的自炊自食，少不了採摘附近山菜清香烹調，趁此品嘗北國獨特的春之旬味。由於氣溫甚低，室內仍需使用火爐，入夜至清晨寒氣逼人，一看溫度計顯示竟然只有七、八度。

　四月二十八日午後、私と活発元気な後輩巫さんと、浅草から東武鉄道にのり、三時間ぐらいで会津田島駅に到着した。菅家さん夫婦が駅まで迎えに来て、スーパマーケットでお買い物してから昭和村へと移動をした。私たちは喰丸の体験住宅に泊まり、これは村役場が古民家を改造して、田舎暮らしを體驗できる施設である。主要な構造は大きな原木、中に和室部屋二つ、黄ばんだ和室のふすまに大きな書が書かれてある。もう二〇〇年前のものである。大きな厨房に食堂、そして現代風のお風呂、建物の裏は広く、池と小さい溝がある。昔、水を貯めて、苧麻を浸水するためである。

　奥会津の山は雪が厚く積もったため、まだ完全に溶けていない。桜の木は寒い風を耐えながら蕾を膨らませ、開花を待つ。夕暮れの田んぼには黄緑の山菜《フキ》がたくさんある。これから一週間、自炊自食のため、山菜をたくさん摘んで、北国の旬の味を満喫する。気温がまた低いため、室内は暖炉が必要、夜中になると更に寒く温度計を見たら、まさか七、八度しかない。

……………………

菅家先生仔細地和我確定各日行程，我們提出打算在體驗住宅辦理台灣料理晩餐會，最後安排四月三十晩間，敬請舊友新知賞光歡欣再度重逢，以及感謝此次承蒙協助參訪事宜。聚餐料理幸得賢慧的巫學妹掌理大廚，將有限的食材大大發揮，香噴噴地端出了台式炒米粉、糯米油飯、紅棗雞酒湯、茶葉蛋、涼拌木耳黄瓜以及山菜揚物等，贏得眾人讚不絕口。大家相談甚歡，遠藤女士還帶來二十年前訪問台灣時的一本舊照片，看到二十年前在泰雅族會老師的編織工坊，為了瞭解裝扮方式，我還穿上紅色賽德克群傳統的服飾留影做為參考，讓人難以相信時光飛逝之快。之前擔任三島町生活工藝館館長的小松先生，見我們如此喜愛山菜，次日午後飛車送來親自採摘的各種山菜，看到滿桌滿盆各式各樣綠意盎然的北國山菜，歡喜之至，趕緊取了相機拍下紀錄。

　菅家さんは私たちの日程を細かく確認し、在住期間に体験住宅で台湾料理晩餐会をしたいと提議したら四月三十日の夜に決定した。今までお世話になった古い友人と新たに知り合った友に再度の出会いに感謝するためのご馳走晩餐会に招待することにした。

　晩餐料理は後輩の巫さんが料理してくれることになり、

有限な食材の中で最大限に腕を発揮し、台湾の焼きビーフン、五目混ぜ油ご飯、棗入りの鶏スープ、ウーロン茶漬け卵、きくらげの和え物、山菜天ぷら等、みなさんに好評で楽しく過ごした。遠藤さんは二十年前に台湾訪問した当時の古い写真を持ってきて、中に二十年前の泰雅族の曾先生の織工房の写真があって、その当時、服飾の特点を理解するため、参考に私は赤い色のセデックの伝統服装を着て写真を撮ってもらった。時間が立つ速さが信じられないぐらい遥かな昔の思い出だった。

今回の晩餐会に、前の三島町生活工芸館館長の小松さんも来てくれた。私たちが山菜を喜んで食べているのを見て、翌日の朝に自らたくさんの山菜を摘んで、午後にわざわざ車を飛ばして、届けてくれた。あまりにもたくさんの北国の旬の山菜に、すぐ写真で記録することにした。

有關再訪北國之春-昭和村和三島町，各日參訪行程紀要，簡述如後。次日四月二十九日天晴，上午我和巫學妹以散步的心情，沿途欣賞各家前庭栽植的燦爛的水仙花等，遠望兩側的山林風光和大雪融化小溪奔流，初春的空氣新鮮沁涼，藍色的天空特別透明。徒步至織之里的苧麻工藝博物館、織姫交流館仔細參觀，作了體驗織杯墊，品嘗鄉土午膳。午後約好洋子樣前來體驗住宅，指導我早已生疏的績麻步驟，洋子樣帶來一式道具材料，其自行栽種刮取的苧麻材料，品質真精美，令我愛不釋手。我依照步驟練習、溫習，漸漸有點心得，感謝巫學妹幫我照相記錄步驟工序。傍晚時分姚老師在小雨中抵達昭和村會合。

北国の春—昭和村と三島町の日程表は、次のように。

四月二十九日晴

朝、私と後輩巫さん二人は、散歩をしながら各家庭の前の植物、水仙花等、両側の山景色と雪溶けの川の流れに、初春の新鮮な冷たい空気と、澄んだ青い空を満喫し、歩きながら、織の里に到着、苧麻工芸博物館と織姫交流館を参観し、コースターの織体験をして、昼ご飯は故郷の味を味わって、有意義な時間を過ごした。

午後、体験住宅に洋子さんが来て、私が忘れかけた苧績(おう)みを教えてくれることを約束した。洋子さんはそのための道具を一式と自分が栽培したからむし引きの苧麻繊維を持ってきてくれた。その品質の高さと美しさに、私はとても手放せなくなった。

教えてもらった過程を練習、復習して、少しずつ心得た。後輩の巫さんがその過程を写真で記録したおかげでもあった。

夕方、姚先生は雨の中で昭和村に到着、やっと合流できた。

第三日四月三十日，一行人上午前往三島町，感謝菅家先生弟弟此日開車協助載送，首先經過臨界的大岐集落，在菅家先生的住宅前臨時停車，向其雙親簡單問候致意。此時從高處往下望其栽植滿天星的區域，仍是一片白茫積雪，正等著遲來的春陽融雪解凍才能搭建溫室。過了町界先參訪歷史悠久的西隆寺，十六年未見的遠藤女士歡喜地出來迎接，大家入內喝抹茶嚐糯米團子（笹団子ささだんご），簡短談話之後，轉往高原觀賞三島町的特有片栗花。紅紫色片栗花此時正散開在林間樹下，初春從枯草中冒出細弱身軀，形態十分優美。隨後再往三島町生活工藝館參觀，看到館內各種編組工藝產品琳瑯滿目，葡萄藤皮編籃、軟竹編篩、草編網袋等目不暇給。過去工藝研究所和三島町持續多年研修或展演，相當深入，三一一之後很久沒跟台灣交流，年輕館長表示希望未來能再度啟動交流。

三日目　四月三十日。

一行は三島町に向かった。菅家さんの弟さんが協力し車で送ってくれた。まず臨界の大岐集落、菅家さんの家の前に臨時停車してご両親にご挨拶。その家の近くでは高い所があるため、カスミソウの栽培地区でもあって、まだまだ白一面で雪がかなり積もっていた。遅れて来る春の陽気を待ち、雪が溶けてから温室を建てることができる。

その後、町の境の先に歴史有る西隆寺を訪ねる。十六年会っていない遠藤さんが喜んで出迎えてくれた。お寺の中に入り、お話をしながら抹茶と笹団子を御馳走になり、次は三島町の片栗花を観賞するために高原に向かった。紅紫色の片栗花は林間の木の下に咲き、初春に枯れた草の中から弱く跳び咲き、とても優雅で美しく感じた。

その後三島町生活工藝館に向かい、館内で各種類の工芸品を見る。葡萄藤皮編籃、軟竹編篩、草編網袋等。昔、工芸研究所にいた頃、よく三島町と長年間研修と実演の交流を深めて、三一一（東日本大震災）後まで、随分久しく台湾と交流しなかったな~と若い館長さんがつぶやき、再度に交流を広めたいと期待している。

下午至河沼郡坂下町交流中心，借用會津學研究會的例會時間，以ＰＰＴ簡短介紹台灣藍染的復振發展歷程，同時聽取洋子樣參訪台灣原住民苧麻的報告。我使用不合格的日語直接分享，深感惶恐，盡力表述而已，菅家先生在旁桌陳列台灣藍染及原住民工藝相關書籍，輔助介紹。結束後至隔壁的「森之書圖書館」聚談，館長介紹設立圖書館的始末。

午後、河沼郡坂下町の交流センターにて、会津学研究会の例会時間を借り、台湾藍染の復興と発展の経過をＰＰＴで紹介し，同時に洋子さんが台湾原住民の苧麻を参観した報告を聞いた。

私は不合格の日本語で直接話して、できる限りを表述し、隣の菅家さんがテーブルに陳列してある台湾藍染と原住民工芸の関連する書籍を紹介しながら補助してくれた。

終わった後に隣の「本の森図書館」で話し合い会、館長さんがこの図書館の設立の顛末を語ってくれた。

二〇一一年日本發生三一一大災難，福島縣博物館赤坂館長提出大量救援物質的救災之外，亦需要心靈救援的理念，於岩手縣遠野市成立了全國書籍募集基地，幫助災區學童以閱讀安定心靈的教育。日本全國響應募集三十餘萬冊書送給災區學校之後，還剩餘四萬多冊無去處。三島町奥會津書房的遠藤女士長期關懷社區兒童教育，於是設法為剩餘圖書找尋停泊港。最後在福島縣會津板下町深雪的里山中，將一所廢置的幼稚園改設成為書之森圖書館。森之書圖書館，發動許多志工整修室內，搬運整理，分類上架。原木書架全由志工手工製造，數間書房都是採開放書架，整然有序，供大家自由借閱無須登記，並特別設置一間專門提供兒童的繪本室。圖書館以ＮＰＯ方式管理營運，於二〇一五年九月開放的民營圖書館。當親眼目睹來自日本全國各地心靈救援的書籍，忍不住撫摩手工原木書架，深深感動會津文化志工群的遠見和社會關懷的行動力。

二〇一一年三月十一日、日本では東日本大震災が起きた。福島県博物館の赤坂館長は、大量の物質の支援と共に心の援助も必要だとその考えを提出した。まず岩手県遠野市で全国書籍の募集基地を成立させ、震災地の学童に本を読むことで心を安定させようと、全国から本を募集し、三十万冊以上を震災地区の学校に送った後、四万冊余りの本が行き場を失いかけていた。それを知った三島町奥会津書房の遠藤さんが長期的な地域児童教育に関心を持ち、その残った図書の行き場を探し、最後に福島県会津坂下町の深い雪の山奥に廃園した幼稚園を「本の森」図書館として開館させた。開館当時、たくさんのボランティアスタッフが集まり、室内掃除、本の運搬整理、分類、本棚作りすべて手作り、開放式の本棚、登記なしで、誰でも自由に借りて、読むことができる。また、特別に子供専用のための絵本室が設置され、図書館はボランティアで管理され、二〇一五年九月に民営図書館として開放した。日本全国から心の支援の書籍を目の前にして、手作りの木の本棚に思わず手を触れたくなった。深く感じたのは社会関心を持つボランティア団体の力と行動力だ。

第四日五月一日，微雨，一行人上午參觀昭和村花卉滿天星的貯藏設施－大型雪庫，菅家先生親自解說，姚老師仔細發問。菅家先生表示這座雪庫是參考新瀉縣和山形縣利用堆雪低溫貯存越光米的設施。該設施由日本農林部專案補助於二〇〇四年興建完成，幫助昭和村六十家花農大幅節省電力冷藏費用，同時不受季節限制，一整年都可以將花卉提供至全國四十餘市場。北國冬季積雪數公尺高，每年二月中動用三〇〇次輛剷雪卡車，將附近的積雪堆進如籃球場面積大的雪庫，以透孔網管將冷空氣送至四間貯藏室，貯存二千箱的切花滿天星延長保鮮時間，並有一間具有調整花開的機能，此種善加利用自然豪雪成為另一種能源，是相當節能的先端科技。

四日目　五月一日小雨

一行の午前中は昭和村のカスミソウの貯蔵施設―大型の雪冷蔵庫。菅家さんの説明によるとこの雪冷蔵庫は新潟県と山形県がコシヒカリ米を保存するために雪を利用して低温貯蔵していることを参考にしたという。この貯蔵施設は日本農林部で特別補助して二〇〇四年に建てた。おかげで昭和村六十軒の花農家が冷蔵のための電力を大幅に節約した。同時に季節に制限されず、一年中全国四〇余りの花市場に提供することができるようになった。北国の冬は積雪が数メータになり、毎年二月中に三〇〇輌の除雪車を使い、積もった雪を雪冷蔵庫に運び、穴がある網の管を通して、冷たい空気を四間の貯蔵室に送り込む。そのため二千箱のカスミソウの保存期間が伸ばせる。それに花が咲く時期を調整できる機能を持った特別室もある。このように自然の力をエネルギーに変え、節約にもなり、かなりの先端技術でもあることを菅家さんが細かく解説し、姚先生も聞きながら疑問点を細かく質問した。

是日回程時，經過菅家先生好友佐藤様的咖啡店，品嘗美味手工蛋糕。佐藤様自村役場退休後經營大蘆家咖啡（フォーマーズ カフェ），店內陳設許多書籍供翻閱，同時販賣會津相關書籍和樂曲ＣＤ。根據佐藤様的自辦通訊小集「じねんと」（昭和村方言，其意慢慢來、慢活）和著書，他們一群好友包括菅家先生，自年輕時因興趣理想接近，組成「なかよし」創作樂團，作詞作曲彈唱，村內村外表演，迄今維持將近四十幾年，是非常難得可貴的友誼。

帰りに、菅家さんの友人佐藤さんのコーヒーショップに寄り、美味しい手作りケーキを御馳走になった。佐藤さんは村役場を退職してからフォーマーズ カフェを経営し始めた。

店内ではたくさんの書籍を閲覧できるし、同時に会津に関連した書籍と音楽ＣＤも販売している。佐藤さんが自分で出版した「じねんと」（昭和村の方言、意味はゆっくりと、生きる）や、菅家さんも含め、仲良しの仲間で若い時からの趣味が同じ「なかよしバント」を結成し、作詞、作曲、演奏会等もう四十年近く維持している。本当に素晴らしい友情である。

（二〇一七年六月）

●からむしのDNA解析

二〇一八年九月二日の夜、大沼郡昭和村大芦のファーマーズカフェ大芦家で、「からむしのDNA解析」の報告を聞く会が会津学研究会（代表菅家博昭、事務局三島町宮下の奥会津書房）主催により開かれた。

二〇一四年四月九日、山形県内のからむし栽培の歴史の調査のため、江戸時代の日本国内最大の産地で最上苧（もがみそ）の中心栽培地であった大江町を初めて訪ねた。その後、各集落のからむし調査で数回訪問している。

米沢苧や会津苧も、最上から根を移入したという江戸時代の文献が残っている。

初回訪問時、山形県大江町藤田の青苧復活夢見隊代表・村上弘子さんに、「最上苧はどこから来たのか？」を調べてほしい、そのためにはDNA解析で遺伝子の来歴を調べることで判明するのではないか？という提案をした。

村上さんらは山形大でコムギ原種の遺伝分析、山形県内の伝統作物のベニバナの来歴の分析をされた、山形大学農学部の植物遺伝・育種学分野准教授の笹沼恒男先生（宇都宮市生）、大学院生の西田悠希さん（富山県魚津市生）に、二〇一五年に大江町地域おこし協力隊員の高橋（現・米澤）里奈さんを通して大江町の青苧のDNA解析ができないかを照会。その後、大江町教育委員会が予算付けし二〇一六年から調査が開始される。

大江町の七集団（集落別。藤田・小見・小見二の栽培地。小釿（こじゅうな）・黒森・中の畑・七夕畑の自生の四集団。各五～十個体）、福島県昭和村の二個体、新潟県十日町市の一個体、沖縄県宮古島の二個体の葉から抽出したDNAを分析した。

宮古島と十日町市の個体は集団レベルでは大江町と大きな違いは無く、大江町の小釿の一個体が宮古島のからむしと近いものではないかと考えられた。昭和村と大江町のからむしは同一起源である可能性が示唆された。

大江町の集落別のなかでは、複数のタイプが混在しており、地区ごとに区別できるものではないこともわかった。

研究にあたられた笹沼先生によれば、沖縄を含む日本国内の各地でからむしの栽培が同時期にはじまり、各地で遺伝的分化を遂げたのではないかという。

かつての栽培種は畑の脇に残存しており、からむしを抜き取る際に掘り起こした根を廃棄したものが生き残っている。こうした自生種に来歴が豊富に残っていると考えられる。そして圃場（畑）の栽培種は現在の目で選択されたもので、その系統も重要。両者を調べることで、来歴の具体像（それは産地間交流を意味する）、かつてのあり方が見えてくる。

10. 付録

二〇一八年一月以降の新たな動き

●二〇一八年一月の『からむし（苧）』脱稿後も、事態は大きく動いている。

二〇一八年二月十八日、須賀川市内で開催された第四十四回古代城柵官衙遺跡検討会で、山中雄志さん（慧日寺資料館勤務）は「会津郡衙周辺の奈良・平安期遺跡と会津盆地の手工業生産の様相」を報告され、生産遺跡と手工業関連遺構・遺物出土遺跡を集積し検討された。

山中さんによると、そのなかで紡織具関連具が二十事例あるが、十五事例は紡錘車のみであるという。河東町の郡山遺跡および周辺の遺跡内（官衙関連施設・官人居宅）では土器焼成や鉄関連の手工業生産と紡織も行われたようである。紡織関連手工業は、官衙および周辺域において製糸と製織の双方が行われている地域（屋代遺跡型）と、官衙域と一般集落で製糸と製織の工程が分業されていた地域（伊場遺跡型）のあることが指摘されている（東村純子『考古学から見た古代日本の紡織』）。郡山遺跡周辺の西木流D遺跡と矢玉遺跡の事例は製織具部材のみで紡錘車はないが、郡山遺跡の事例は製糸具と紡錘車であることから、製糸・製織双方が行われていた可能性が高いという。

●三月、『国立歴史民俗博物館研究報告　第二百十集』が発刊される。「共同研究・中世の技術と職人に関する総合的研究」で、四柳嘉章氏の「中世漆器の技術転換と社会の動向」が注目される。十一〜十二世紀にかけて材料や工程を大幅に省略し、下地に柿渋と炭粉を混ぜ、漆塗りも一層程度の簡素な「渋下地漆器」が出現する。十五世紀には食漆器の樹種も安価な渋下地に対応して、ブナやトチノキなど多様な樹種が選択されるようになっていくことを説明している。四柳氏は岩波新書『漆の文化史』（二〇〇九年）も著している。

●五月、吉川弘文館から宇野隆夫編『モノと技術の古代史　木器編』が発刊された。

首都大学東京の実験考古学の山田昌久氏が「日本原始・古代の木工技術」を執筆され、からむし・シナノキ靭皮などについても言及し、輪状式の機織り部材についても所見を述べている。福島県三島町荒屋敷遺跡の刳物容器の製作工程も考察している。

●六月十日に地域と考古学の会・浜松市博物館・静岡県考古学会シンポジウム（木簡学会静岡特別研究集会）の「静岡県と周辺地域の官衙出土文字資料と手工業生産」が静

岡県浜松市の静岡文化藝術大学講堂で開催された。福井大学の東村純子さんから事前に連絡をいただいたが、農業現場の管理のため、参加することはかなわなかった。

東村さんの基調講演は「古代の在地社会における織物生産像」であった。

栃木県の甲塚古墳出土の輪状式原始機の事例と貢納布生産の研究を進めた内容になっている（註1）。

●六月下旬、栃木県下野市の甲塚古墳（六世紀後半）から機織形埴輪が二基出土しているものを現地に確認した（註2）。資料館に展示してあったのは地機（いざり機）だけであった。確認したかったのは台湾の原住民が使用している輪状式原始機であった（註3）。

異形の機織道具が二種併存していること、それが埴輪に加工され古墳に設置されたことなど、解明しなければならないことが深い意味があることを感じた（註4）。私の暮らす奥会津に南接するのが栃木県であり、近い。

道具が異なるのは、原料たる素材が異なることを示している。単に新旧の道具の問題だけではなくふたつの異なる機織機が示す問題を今後考えて行きたい。

●八月二十日に山形県大江町の村上弘子さんから書簡が届いた。村上さんらの青苧復活夢見隊は十年の活動の節目に、最上苧《もがみそ》の中心地域である大江町各集落に残存するからむし（青苧）のDNA解析を行っており、その結果が二〇一八年二月二十五日に公開されたという（註5）。

大江町と福島県昭和村のからむし（青苧）は遺伝的に近い可能性があること、大江町には異なるタイプが存在していること等が確認された。

この調査は、大江町教育委員会が山形大学の笹沼恒男先生・西田悠希さんに依頼して行われ、その調査を主導された笹沼先生を村上さんから紹介された。

九月二日に昭和村大芦のファーマーズカフェ大芦家で会津学研究会の例会を開催し、そこで先生らの報告をお願いすることとなった。

発表者は西田悠希さん、笹沼恒男先生（山形大学大学院農学研究科）で、内容は「DNA解析から見た山形県大江町の青苧《からむし》―町内の多様性と他県との関係―」となった。

また会津各地のからむしの葉の採取も行いたいということで、私が会津藩のからむし栽培地を含め案内することとなった。三日は昭和村役場のからむし振興室と昭和村からむし生産技術保存協会事務局が案内した。

●九月十一日、沖縄県石垣島から石垣市織物事業協同組合の平良佳子さん、上原久美さん、浦崎敏江さんが前年に続いて来村された。沖縄県工芸展（東京東銀座）の終了後の来村で、からむし織りの里・織姫交流館で、「八重山上布に学ぶ」が開催された（昭和村主催・会津学研究会後援）。ブーひき（苧麻引き）の実演には四十余名と、多くの人々が参加した。またその後の座談会でも、豊かな南の島での糸作り・機織りについて世界が広がった。

●九月十五日午後、会津若松市河東町、藤倉二階堂近くの田中遺跡の現地説明会が開催され、八十名ほどの参加者があった。古墳時代終末期から奈良・平安時代の遺跡が多く分布している地域で、平成二十四年度の試掘調査を経て、縄文時代から中世の各時期にわたる遺跡であることがわかり前年（平成二十九年）と本年の調査が行われた。

土師器の焼成遺構が前年十基、本年七基確認され、硯や墨書土器、内面に漆が付着した土器も確認されている。古代の生産遺構で、会津の役所（郡衙）と考えられている郡山遺跡から二キロの位置にあり、今後の調査が期待される。

（註1）浜松市博物館編集『地域と考古学の会・浜松市博物館・静岡県考古学会シンポジウム　静岡県と周辺地域の官衙出土文字資料と手工業生産』二〇一八年六月八日、地域と考古学の会発行。一～一四頁。

（註2）下野市埋蔵文化財調査報告書第十一集・甲塚古墳　下野国分寺跡史跡整備関連発掘調査報告書　二〇一四年、下野市教育委員会。

（註3）若狭徹『前方後円墳と東国社会』（吉川弘文館、二〇一七）一八〇頁「東国女性の布生産」。

（註4）清家章『埋葬からみた古墳時代　女性・親族・王権』（吉川弘文館、二〇一八）

（註5）笹沼恒男・西田悠希『青苧復活夢見隊十周年記念展「蘇りの青苧ものがたり」特別講演　DNA解析から見た大江町の青苧　講演要旨』（二〇一八年二月二十五日）、西田悠希・村上弘子・高橋里奈・松田淳一・笹沼恒男「DNAマーカーを用いた山形県大江町の伝統工芸作物「青苧」の遺伝的多様性の解明」（『育種学研究』20（別1）、二〇一八年三月二十五日九州大学於・日本育種学会第百三十三講演会発表）、四月一八日学長定例記者会見配布資料「大江町の青苧の特徴をDNA解析で解明」（二〇一八年六月二十五日）

『広報しょうわ』

（昭和村役場発行　二〇一四年から毎月連載したもの）

●一五九四（文禄三）年の記録書『文禄三年　大沼郡中津川くい丸御検地帳』

昭和村で最古の書面が五十年ぶりに確認されたことが、昭和村公民館の根本崇範氏より、二〇一六年三月の昭和村文化財保護審議会で報告された。それは『文禄三年　大沼郡中津川くい丸御検地帳』という帳面である。昭和村内に現存する書面では最古のものである（註1）。

これは昭和村野尻中向の菊地成彦先生により提供された『福島県史十（下）』（一九六八年）の八五七頁に掲載され、翻刻字句等の誤りを補正したものが『田島町史五巻』（一九八一年）六四三頁に掲載されている。

『田島町史』には、当時の大芦の五十嵐朝良氏により確認された『大芦村写（検地帳）』の翻刻文も追加掲載された。大芦村検地帳は『昭和村の歴史』（一九七三年）の五十八頁と六十七頁に写真が掲載されたが、原本は行方不明となっている（この複写は会津図書館にある）。

今回確認された『文禄三年　大沼郡中津川くい丸御検地帳』は『昭和村の歴史』に写真は掲載されておらず、すでにこのときに紛失したと思われる。その後も、原本はずっと行方不明になっていた。

一五八九（天正十七）年六月、米沢の伊達政宗が会津黒川（現在の会津若松）の蘆名《あしな》氏を滅ぼした。その幕下である山内氏は横田本家等が抵抗を続けたが、翌年の八月九日に豊臣秀吉が会津黒川に入り、奥羽諸大名の所置を行った（奥羽仕置）。

伊達政宗を米沢に退かせ、会津領は蒲生氏郷《がもううじさと》に与えた。秀吉は没収地の会津の検地を行う。小中津川・松山・下中津川の一部を領有した川口山内氏（現金山町川口）の当主は伊達家に臣従し米沢に行き、後に白石市に住まい、野尻山内氏は帰農した（註2）。

検地とは、田畠を竿や縄で計測し、実際の耕作者を確定するものである。しかし実際にはその地の帳面を指出《さしだし》、それを確認・点検する検地が多かったといわれている（注3）。蒲生氏郷は会津に来て検地を行う。その記録が『文禄三年　大沼郡中津川くい丸御検地帳』である。

江戸時代になると野尻組と言われた昭和村は、中世（室町・戦国時代）は「中津川郷」とよばれていた。「中津川郷のうち野尻村」という表記であった。

この検地帳も「中津川くい丸」という表現になっており、下中津川から両原までの地域の田畠の調査が行われている。特に注目されるのは、畑ごとに漆（ウルシ）が計三十九本と、桑の記載があり、これらが栽培され年貢（税金）の対象であったことが確認できる。

つまりウルシ（樹液のほか、実をロウソクにする）、桑（養蚕、マユ）が生産されていたことは確認できる。しかし、からむし（青苧）が栽培され、それが租税の対象であれば、あるいは産物となるようであれば検地帳に記載があるはずだが、記載されていない。

この史料の中の「荒れ（耕作放棄

地)」については、福島県立博物館の竹川重男氏が『会津藩の「負せ高」の検討』(『福島県立博物館紀要』第四号、一九九〇年)で、詳細な分析をした(註4)。

　また、同じ県博の高橋充氏がウルシのことについて、この検地史料等を使った論文を「戦国・織豊期の会津の漆と蝋燭《ろうそく》」(『米沢史学　第二六号』、二〇一〇年)に発表している。

　検地帳の畑地の呼び名は、現在に通じるものがかなりある。こうした史料から、現在の昭和村は、野尻の徳林寺入口に建つ野尻山内氏「開創五百年記念塔」にあるように、約五百年前ころから、今につながる各集落の形成が行われたものと思われる。当時は米のほか、雑穀主体で、ウルシやクワの栽培が行われた。江戸時代になりアサが栽培され、その後、江戸時代中後期から商品作物のからむしが栽培され青苧が主な商品となった。

(註1) これが村内に現存する書面の最古のものであるが、昭和村の事を記す最古の書面は、『昭和村の歴史』(一九七三年)に掲載されている。それは会津史学会の山口孝平氏が、福島県史の資料調査で確認した南郷村鴇巣(現南会津町)の山ノ内武行氏宅に伝わる野尻山ノ内家文書群である。これらは『南郷村史』『只見町史』に影写資料が掲載されている。資料は一括して、二〇一七年秋に南会津町の奥会津博物館に預けられた。

　一四八二(文明十五)年、一四八九(長享二)年、一四九一(延徳三)年の蘆名盛高の買地安堵状、一四八八(長享二)年の段銭免除の書面には「奥州会津大沼郡中津河之村之中、の志りのむら(野尻村)、、、、」とある。一五一四(永正十一)年の文書には「大沼中津川之内野尻村、、、、、」とある。

(註2) 福島県立博物館学芸員の酒井耕造氏著『近世会津の村と社会―地域の暮らしと医療―』(二〇〇七年)の「肝煎と惣百姓」(一一六頁から)で、鴇巣村名主の山内徳左衛門について詳述している。系図では野尻右馬佐実道―①徳左衛門義俊―②徳左衛門俊衡―③八右衛門俊盛となっている。一五八九(天正十七)年、伊達政宗の会津侵攻で野尻山内家は伊達家に付く。その後、野尻山内家は消滅し、①義俊が伊北郷和泉田村に暮らしていたが、一六四三(寛永二十)年に鴇巣村の肝煎(名主)となる。徳左衛門家の本家筋という伝承を持つ山内一之家、武行家のうち武行家に蘆名盛高発給文書群が伝わっている。

(註3) 牧原成征「兵農分離と石高制」(『岩波講座日本歴史第十巻』二〇一四年、一五七頁)

(註4) 福島県の近世史研究者である竹川重男氏は『会津藩の「負せ高」の検討』(『福島県立博物館紀要』第四号、一九九〇年)で、『福島県史』の「文禄三年大沼郡中津川喰丸検地帳」を検討している。下畠のうち三年荒、四年荒の畠地が畠方全面積の半分近くの四十五・一%に達している。特に「荒」「永荒」「当荒」「三年荒」「四年荒」について検討している。カノ(焼畑)でも、火を入れた初年にソバ、二年目にアワ、三年目に大豆、小豆を栽培したあと、地力回復のためにその耕地を放棄する(アラス)。輪作と荒しを繰り返す耕作型形態とする「あらし」=「休耕地」であると推定している。

　一方、「荒田」は用水不足による、人為的、社会的理由から意図的に「あらし」が行われ、「荒田」が発生したのではないか?とする。「荒」とは、人手の全く加えられたことのない耕地を指すのではなく、農地の耕作の仕方、水の利用の仕方等、技術的、社会的条件によって、やむを得ず「荒」としている土地があった。耕地として再生することが可能な土地である。

　佐藤洋一郎氏は「地球環境問題にみる歴史学と自然科学の融合」(『環境と歴史学』勉誠出版、二〇一〇年)で、休耕が日本列島の水田稲作の中にも見られたようである、としている。水田と草だらけの休耕地あるいは非耕作地とが共存する極めて雑然たる景観を呈していたものと想像される。こうした景観は、おそらくは中世の文書に現れる「かたあらし」や、あるいは中近世の荘園の絵図にあらわれる「野」の記述がそれに相当するのではないか。「野」は当時決して特殊なものではなかったと思われる。

●一六八〇（延宝八）年　金山谷野尻組絵図

二〇一六年の正月九日に、昭和村佐倉のからむし工芸博物館の吉田有子さんから電話がかかってきた。

「野尻中向の笹屋文書に関して追加史料が出てきました」という。一月十七日に資料を実見し撮影した。大きな地図だった。なお、この絵図は、一九七〇（昭和四十五）年十二月二十三日付の毎日新聞にて包装されており、裏書きに「昭和三十五年九月裏うちする」と追記されてあった。

南を上とした絵図の中央には岩彩（絵の具）の青色で一本の筋（現在の野尻川、当時は内川と呼ぶ）が描かれている。上部には「はかせ山・白森山・舟鼻山・御前嶽」が山名とともに描かれていた。川筋には黄色の丸印に村名が描かれ、赤く塗られた道で結ばれている。各村（現在の大字）の山境界についても赤い線で引かれている。

現在は無い村落は、大岐と小野川の間に「森土」という村、下中津川・気多渕の東手、岩地蔵のある猿舘山に「猿舘」という村が描かれている。猿舘は一五〇〇年代に田島の長沼氏が船鼻峠を越えて野尻山内氏を攻めたときに戦場ともなった場所で、山城であろうと考えられる。

また木地小屋の拠点集落となる見沢・木賊平・畑小屋はまだ無く、柳沢木地と両原の赤倉木地のみが描かれている。

絵図の隅に「延宝八年　申ノ八月吉日　金山谷野尻組絵図」と表記され、絵師名はない。延宝八年は一六八〇年で、いわゆる江戸時代の近世前期である。一六〇〇年代の村の史料は現存が少なく、この新確認の絵図は、現在の昭和村や南会津郡一帯で産地化が成功したアサ（麻）に加えて、会津藩の振興策により、ようやく青苧《からむし》の栽培がはじめられた時期とみられる。

細見すると、「伊北　布沢村　野尻村　山神境」として社殿（石祠）と思われる建屋と、樹木（杉と松等）が描かれている吉尾《よしゅう》峠。美女帰峠、高清水山、ちいさな建屋（祠？）と樹木が描かれている。野尻の古城跡が二ヶ所大きく記載されている。現在、野尻集落の西手にある牛首城（栃尾沢城とも、途中沢とも）は「中丸古舘」とあり、東手の丸山城と研究者が呼称しているところは「古舘」と記載している。

これは吉尾峠・美女帰峠を詳細に描き、城が描かれているので「城絵図」であろうと思われた。その後、会津若松市の会津図書館に何回か通い、延宝八年の同時代の史料にて時代背景を調査してみた。

『会津藩家世実紀　第三巻』（歴史春秋社、一九七七年、五二九頁）に、「十二日　無御休　野尻村御泊、同所　古城に御家来衆被遣絵図調、十三日無御休　大谷村御泊」とある。

絵図が描かれた翌年、一六八〇（天和元）年四月十二日に幕府廻国使（巡見使）三名と従者らが来村し、古城を調査していることがわかった。大内から田島、伊南古町、梁取、布沢から野尻泊、大谷村泊で柳津をまわっている。いずれも中世の山城跡を調査している。同行者が現地踏査をして絵図（縄張図）を確認していることがわかる。

五五二頁の注記で補うと、江戸幕府の廻国使は保田甚兵衛（宗郷。使番、奥羽松前を巡視、のち大坂町奉行、江戸町奉行。大和国にて四千石）、佐々喜三郎（成澄。小姓組。一〇五〇石）、飯河伝右衛門（信順。常陸国にて五百石、米二百俵）。

一六八〇年五月に四代将軍家綱が亡くなり、巡見使の派遣が予想されるなか、同年八月にこの「野尻組絵図」が作成されたのではないかと思われる。

延宝八年、廻国使が南山御蔵入領への巡視にでかけた会津若松城下では、四月十一日に五三五軒が焼失、十三日に六八〇軒が焼失する大火がおきており、幕府一行が来ているなかでの付け火といわれている。

この廻国使には会津藩士の向井新兵衛が随行案内している。向井は、一六六二（寛文二）年に『会津四家合考』、一六七二（寛文十二）年に『会津旧事雑考』をまとめており、学者である。

とすれば幕府廻国使が見た会津地域の詳細な古城絵図（縄張図）は、向井新兵衛が関与して事前に作成したものとも考えられる。

この会津藩の随行者に、田島の会津藩南山御蔵入奉行の飯田兵左衛門（山形最上から青苧根を新しく移入し、奥会津に植え付けを推進した人）も随行している。

昭和村中向の小林政一氏が『奥会津の画師　佐々木松夕』（ふるさと企画、二〇一五年十一月刊）を出版されたが、新史料の絵図は、松山村の絵師の秀度、秀徳、幸助（東牛斎松夕）の前の時代に該当しており、今後の調査が必要である。

『金山町史』の口絵に「金山谷組絵図」があり、描かれたのは同時代の延宝年間で、関係がありそうである。

●一六七五（延宝三）年から一八八四（明治十七）年　下中津川上平　菅家和孝家文書

二〇一四年の五月に自宅の土蔵の解体をされた、下中津川上平の菅家和孝氏（昭和四年生）。土蔵内より新たに発見した二百点ほどの一紙文書を、和孝氏が二日間ほどかけて、和暦を西暦に直し附記したうえで、右綴りで十冊ほどにされたものを拝見した。

それは一枚ずつ小さく折りたたまれた形で保管され土蔵内にあった。

結論からいえば、これだけの新規資料が発見されたことに驚いた。一括して、「菅家和孝家所蔵　質地証文」として昭和村の指定文化財にすべき内容のものである。

江戸幕府が一六四三（寛永二十）年に田畑永代売買禁止令を出してから、土地売買ができなくなり、結果、土地の質入れ、という形で、納税等のために、現金を借りる「質地証文」が出てきた。

時期の特定、精査が必要だが、一読して以下のような特徴があった。

（一）一六七五（延宝三）年から一八八四（明治十七）年の二〇九年間分の質地証文等約二百点。

（二）一六九八（元禄十一）年より麻畑が多数、質地証文として出てくる。担保価値のあるものは、田、畑、林、杉林。

（三）一七七三（安永二）年より一八七六（明治九）年まで、青苧畑、からむし畑、青苧時、からむし時という文字が記載された文書が十一点。

●当時の田畑呼称（土地名）が復元できる。

　昭和村（近世野尻組）では、一七五六（宝暦六）年の松山村の佐々木太市家文書、中向からむし・青苧畑証文三通が、からむし（青苧）では村内最古の文書である。今回の和孝家文書はそれに次ぐ資料であるが、一括した資料群により質草としての商品作物・栽培田畑の価値変化を再現できるものになっている。

『昭和村の歴史』（一九七三年）八十六頁に、大芦村の一八五一（嘉永四）年の「青苧畑書入（質入）証文の事」が掲載されている。

　今後、本例のような史料は、土蔵や家屋の天井等から多数出てくると思われる。土地（畑）の呼称が記され、そこに栽培された作物が明記されており、特に地名と栽培作物の復元（質地証文としての価値がその時代の価値として反映）のために有効な資料となると思われた。

　また、当時の村人の表現として「あさどき」「からむしどき」という表現があり、共通認識として、つまり生活文化として作物の栽培・収穫時期が確定してくることも留意すべきである。あるいは「ぬのどき（布時）」という表現も一例のみであるが、一八六七（慶応三）年に見られる。これはよく見ると、「四月布時、六月青苧時」という、季語にも似た生活文化の表現になっている。

●栃木県鹿沼麻研究の進展

　地域に残された行政文書や古文書類を保管し研究する公文書館が各県に設置されている。残念ながら福島県歴史資料館は人員を削減し民営化、『研究紀要』の発刊も行われなくなった。

　昨年三十年を迎えた栃木県文書館は着実な研究を進めている。十一月五日に栃木県庁で開催されたシンポジウムに参加した。この研究会で、鹿沼市史編さんや文書館職員を経験し、現在は水戸の常盤大学の准教授となった平野哲也さんも講演された。

　平野哲也さんは栃木県南東部、羽賀郡の近世村落史で卒論を書き、その後も、ていねいに村を歩き残された文書類から近世村落を研究し続けている。そうしたなかで、鹿沼麻（タイマ）の近世（江戸時代）の生産・流通の変遷を見事に明らかにされた。

　昨年秋に勉誠出版から『生産・流通・消費の近世史』が一橋大の渡辺尚志教授編で発刊された。最新の研究成果が掲載されている。この本に平野哲也さんは「関東内陸農山村における魚肥の消費・流通と海村との交易」を書いている。

　草を肥料とした農法に、江戸時代には金肥といわれる魚肥（干鰯・〆粕）を入れるようになる。この流通の研究がこの間に大きく進展した。

　鹿沼地域。ここに黒川の板荷や大芦川があり、その上流に昭和村とも縁のある古峰《こぶ》ケ《が》原《はら》がある。この鹿沼一帯がアサ（麻）の大産地で、このアサが江戸の麻問屋に行き、そこから買われたアサが漁網に仕立てられ、千葉県九十九里の地曳き網になっていた。獲ったイワシは干して肥料となり、江戸問屋を通じて購入した鹿沼のアサ農家が肥料にしていた。

　こうした概要について平野さんが各家に残る江戸時代の文書類を分析して

いくと、実は、アサ農家が九十九里浜に出向いて直接取引をしていることが明らかになってきたのである。

板荷村の百姓・福田弥右衛門は一七七三（安永二）年、アサ荷物を持って九十九里浜へ出向き、浜々の網元をこまかく回ってアサの販売を行っている（図一）。弥右衛門は姉夫婦に家を任せ、鹿沼仲町に移住し、アサ販売専門の商業を行っている。

天保年間（一八三〇～）には、板荷村の瀬兵衛が子に家督を譲り、九十九里浜へのアサ商いをしている。浜で魚肥を買い集め、村に戻り麻作りの百姓に販売している。こうしたアサ、魚肥の商いで数百両もの利益を出していた。「当初から換金を目的とする麻という商品生産であり、百姓は、より多くの収入を期待して生産に励むのであって、江戸商人に買いたたかれるために働いたのではない」と平野さんはまとめている。

江戸時代の後半から、青苧（からむし原麻）商品は、奥会津から越後に運ばれたとする記録が金山町に残っている。それは越後より商人が入り込み買い付けている、というものである。近年までそうしたことが行われていた。

しかし、大芦村の数名は幕末から明治・大正期にからむし（青苧）を背負い、越後（新潟県）に行って販売している。

鹿沼麻の流通に見るとおり、「より多くの収入を期待して生産」しているのだから、やはり産物、地域や商い先は異なっていても、実需者が多い地域に生産者が出向いて自らの商品を売る、ということがあったわけだ。それが自然なりゆきである。

現在、日本のアサ生産は三十余名の少数により行われており、そのほとんどが鹿沼地域である。

●クジラを獲る苧網《おあみ》

昨年の五月に、からむし工芸博物館の吉田有子さんから「江戸時代に長州（山口県）で、からむし製の網《あみ》でクジラを捕獲したそうです」という話を聞いた。

この一月四日に長門市青海島の通地《かよい》区にある「くじら資料館」を訪ねた。瀬戸内の徳山まで新幹線で行き、そこからレンタカーを借りて二時間ほどの場所で、日本海に面している。館長の早川義勝さんの説明を聞いた。早川さんのご自宅は国の重要文化財に指定されている。同家は、中世は後根といい、この地域を支配し、毛利氏の時代に庄屋（名主）をつとめた家柄である。豊臣秀吉が朝鮮に出兵した文禄・慶長の役には、毛利軍の船頭として功績があり「早川姓」を賜ったそうである。そして江戸時代になり、クジラ獲りをする組織を作り網頭・浦方役人を早川家がつとめた。義勝さんはその家の子孫で当主である。

私が入館した最初に「からむしで作った網を調査に来ました」と告げると、「ああ、オウアミ（苧網）のことですな」と返事をされた。

通地区の現在の人口は一、四三三人、六一一世帯で、ほぼ昭和村と同じ規模である。イカやマダイ、ブリなどを釣り、めざし・ちりめんじゃこなどを製造加工して生計をたてている漁村である。しかし三百年以上前から明治初期までは、地域全体でクジラを捕獲して、油や肉等で萩藩を支えたという。

サハリン沖等で繁殖したセミクジラなどが、冬から春にかけて日本海を南下する回遊経路がかつては存在し、山陰沿岸地域に寄りついた。特に入り江に入り込んだクジラをイナワラ（稲藁）で作った縄の網で追い込んで、銛《もり》で突いて捕獲したそうである。こうしたやりかたを古式捕鯨という。延宝年間ころ、切れやすかったイナワラを改良することとし、現在の萩市南東部の川上地区で産するからむし（川上苧）を使用して太い縄とし、それで網を作ったところ、切れずにクジラを逃がすこと無く捕獲率が高まったのである。それから、からむしを利用したクジラ獲り網が山陰一帯のクジラ捕獲組に広まったそうである。

からむし原料は価格が高いので、その費用は藩が出したり、クジラ肉や油を売る商人らに出資（苧網組）を求めたりしている。毎年の旧暦の七月に新苧が出ると網を新しくつくり、補強のためシイの木の皮を煮詰めた液で染め、古い網などの染め直しなどをして漁期の冬に備えた。捕獲のための労働者は、現地の人のほか、九州の西部（現在の佐賀県）などから出稼ぎで来ていた。一回の捕獲に百人から二百人の人が必要だったからである。そして捕獲すると沿岸の村々から人を集め解体、油の加工をしている。クジラ一頭で七浦うるおう、という。

現在、山口県文書館などが、現存する古文書類の翻訳や研究をはじめている。特に海の共有地的なあり方、全員参加の古式捕鯨などは、共同体的な地域運営の研究素材となっている。私は、奥会津での、集団で春に行った熊狩りに似ていると感じた。

この通地区には元禄期に立てられたクジラの墓・供養塔があり、寺には捕獲したクジラの過去帳と位牌が残されている。クジラ供養（回向）については、クジラ捕獲が行われなくなってから五十年たつ現在も、毎年地区で行われている。

セミクジラは泳ぐ速度が遅いのだが、子どもを連れていることが多かったようで、漁師は最初に子クジラを殺すと、親クジラはそこにとどまるという性質を利用してクジラを獲っている。そのため毎回、それらの命を供養する、ということをしていたのだろう。

江戸時代に徳川綱吉が犬や獣類の殺生を禁止した有名な「生類あわれみの令」を出した時でも、クジラは魚の仲間と当時認識されていたため例外扱いで捕獲は自由に行った。

栃木県鹿沼のアサは、千葉県九十九里の漁網素材として利用されていた。衣類原料以外の用途としてアサやからむしは利用されていた。特に山形の最上苧は長苧といって、奥会津でのアサのように根本からウラまで切らずに長いまま製織して出荷していたから、私はクジラを獲る網の原料として利用されたのではないかと思っている。

●絵師・東牛庵松夕の記録

二〇一五年一月の昭和学講座で、中向のペンション美女峠のオーナー・小林政一さんが「絵師・佐々木松夕《しょうせき》」について、それまで調査されたことで講演をされた。

その後、三月七日に松山の松夕の生家である佐々木啓夫《ひらお》さん宅を政一さん、鈴木克彦先生と訪問する機会があった（啓夫さんは村の文化財保護審議委員）。

同家の朋三さん（大正八年生）はお元気で、松夕についての話もうかがった。かつては松夕の遺品・書類も多くあったそうだが、紙類が不足した時代に、障子紙として戸に張るなどして少なくなったと語っておられる。

こうした事例は全国的なことで、後に襖《ふすま》の下張りなどから重要な文書類が発見されたことは多くある。

さて、朋三さんに「松夕が作った百科事典だ」という『森羅万象用集海東牛庵松夕』という手書きの貴重な厚い冊子を見せていただいた。

江戸時代後期の寛政年間後記（一七九五年以降か？）から一八一三（文化十）年にかけて松夕らによって書かれた備忘録である。筆跡が異なる記載もあることから考えて、松夕とその門人七名により書き継がれたものと思われる。特に注目したのは地域での出来事の日記である。

南山御蔵入騒動が終結した一七二二（享保七）年八月に幸助（のちの松夕）は誕生。佐々木幸助秀信という。会津家中お抱え絵師の棚木家（若松）で画等を学ぶ。一七四三（寛保二）年の二十二歳の時には伊勢参りに行き道中記（絵）を残している。一七四七（延享三）年、二十六歳の時には、野尻に会津藩主が廻村した際に本陣内に入ることを許されている。

一七五九（宝暦九）年二月、田島の猪股忠春の依頼で、幸助は「ゑけ山絵図」を制作している（『田島町史』六上巻、六三七頁）。これは山林境界争いの時の絵図面の制作である。村絵図や地図の製作をすることが得意であったようだ。幕府巡見使が廻村した時なども村絵図を制作している。野尻組のほか大石組（現金山町）等の絵図下絵も現存している。

七十四歳の時（一七九五（寛政七）年十一月二十八日）に東牛斎松夕の名乗りが許可される。こうしたことから考えると、七十三歳までは幸助秀信の署名であったように思える。松夕何歳とその後の画には署名している。

一七九九（寛政十一）年、野尻観音堂のヌキ彫刻をして彩色し、翌年九月に入仏。一八〇〇年八月、供養石の記録があり、これは信州高遠石工の七衛門（名前の誤読の可能性有）が制作していることが書かれている。また一八〇九（文化六）年九月、高遠石工の竹村寅吉が松山に泊まって石切をし、駒込沢から村中総出で引き出していることも書かれており、たいへん貴重である（このころに中向の宗栄さん宅前の愛宕様石灯籠も建立されている。信州高遠石工の作品である）。これら二件の石製品はどこにあるのだろう。

さて本題のアサやからむしについてであるが、農作物の作柄（販売価格）についての記載が三ヶ所ほど確認できた（写真）。

（一）一八〇二（享和二）年正月十三日　からむし下に、麻上、稲中

の上、粟上……
(二) 一八〇五（文化二）年 麻大但違……苧（からむし）同断
(三) 一八〇五（文化二）年 此年 大日照り 五月二十一日、大■二十二日照 七月二十日迄、■迄…麻五十年以来是之丈け虫喰…大■上大是花盛り■■像り大■■、同 七月十四日より八月十五日迄 柳津御（開）帳

一八一七（文化十四）年三月十六日に松夕は九十六歳で亡くなった。『昭和村の歴史』（一九七三年）には、松夕は安永五年、五十五歳で亡くなったと誤った記述となっている（一一七頁）。これは庄次右衛門（利右衛門秀徳）の没年である。

●青麻《あおそ》大権現《だいごんげん》

からむし、つまり、青麻《あおそ》を祀ったカミが、近世・江戸時代に出てくる。宮城県内で流行し、会津にも数ヶ所みられる。

これは脳血管障害による後遺症で半身不随となる「チュウキ」の予防・治癒等のカミサマとして勧請されている。西会津町新郷、旧会津高田町内等にも青麻神社がある。

昭和村では、下中津川に青麻神社の石祠があり、一八一一（文化八）年に建造したものである。チュウキのほか、機織りのカミということも言われているようである。稲荷神社石祠と並んでいる。

さて、隣町の三島町小野川原の諏訪神社の参道左手にも、青麻大権現という供養塔がある。二〇一六年八月八日に現地調査をして確認したが、一八六一年（文久元年）に二瓶茂八という人が建てたものである。小野川原の人なのだろうと思う。

さて、この青麻大権現の左に「湯殿山」「白湯山・飯豊山供養（文久二年、二瓶茂八）」が接触して三つ並んでいる。

湯殿山は山形県、飯豊山は会津北部、白湯山は那須山系で、これらは昭和村にも見られる山岳信仰の石碑群である。

三島町の宮下・大登・小野川原・柳津町砂子原（西山村の中心地）は、歩いていた時代は一本の道で結ばれ、主要な街道だった。私の暮らす小野川字大岐の集落からこの小野川原に縁のある家が二軒ある。そのひとつを紹介する。

菅家亨さん（昭和十三年生）は琵琶首（柳津町）生まれ。中学校時代、陸上競技のマラソンの選手で、砂子原に集まった後、小野川原から大登を経て宮下での競技大会に何度も歩いた峠だった、という。亨さんは琵琶首から大岐に来て、照子さんと結婚する。

大岐生まれの菅家照子さん（昭和十七年生）は、子どものころ、父の姉が嫁いだ小野川原の飯塚さん宅に一週間ほど泊まって、ひと夏、「たばこ手伝い」（葉タバコ栽培の手伝い）をした、という。昭和二十年代後半から三十年代前半の夏休みのことであったそうだ。この家には照子さんよりひとつ上の女の子がいた、という。大きな座敷のある家で、役宅（名主宅）であったようだ。

照子さんの父の喜八さん（明治三十五年生）の姉のミヨシが、小野川原の飯塚家に嫁ぎ、その縁で、弟であ

る大岐の喜八が砂子原にあった尋常高等小学校に学ぶために、姉の嫁ぎ先に寄宿したそうである。小野川原から砂子原の学校に通ったのだ。この飯塚家は、現在は茨城県に移転している。

小野川原にはいま、誰も住んでいない。最後は三軒で暮らし、人びとは大登や宮下、県内外に移転した。

草刈りをする人のいない道路……村落……そこに青麻大権現があった。

●津川番所と八十里越　農家商人

「天保九年（一八三八）正月　金山谷商人鑑札の交付願と商人名簿」という資料が金山町中川の中丸家文書にあり、野尻組（現在の昭和村）の商人（百姓で商業も営む）十二人が記録されている。これらは現在では誰の家にあたるのだろうか。

野尻村　丹六、庄助、定八、増右衛門
松山村　太兵衛、源八
下中津川村　惣助、甚右衛門
小中津川村　惣之助、善右衛門
小野川村　九左衛門
大芦村　善八

天保九年は一八三八年、その三十年後の明治元年が一八六八年になる。越後（新潟）との交易では、阿賀野川沿いの会津藩の津川番所を通行する際に通行鑑札が必要で、冥加金（みょうがきん）三十文を負担し入手した。

越後へ野尻組の物産（アサ、からむし、ゼンマイ等）を送るとき、帰り荷として必要な物資を搬入する際に必要だったのだと思う。したがって十二人は国外交易を行っていたと推察される。それ以外の農家商人もいたと思う。

これは天保八年二月に、奥会津一帯が四回目の幕府直轄領（御蔵入）となったことから、会津藩が、いやがらせとも思える津川番所での通行規制を御蔵入領民に課したものである。しかし、この五月に田島へ着任した平岡文治郎代官が八十里越の開削を行い、一八四三（天保十四）年に牛馬通行が可能となり、奥会津から三条や小千谷への主道路となった。このころから域外への産物販売の規

制も廃止されていく。

江戸時代後期の各集落の様子は、名主が商人として地域の物産を域外へ売り出す事例が多く、またそれに次ぐような村内の有力農家がアサ・からむし・ゼンマイ等を集荷し販売している。そうした農家商人家は越後・関東・江戸等へ頻繁にアサの販売で行っており、そうした中でたしなみとして諸芸事（俳諧・歌、画、医術、算術等）を学ぶことから、芸術作品も残っている。

『昭和村の歴史』（一九七三年）一一七頁から記述の「近世の人物」には、農家であり商人であり芸術家である、という人たちが掲載されている。

小中津川村の東原善右衛門は俳諧師の蓬莱亭安則である。墓石が小中津川に確認される（写真）。彼は天保八年に享保六年（一七二一）の南山御蔵入騒動（百姓願一件）の資料の写しを作成していて、この資料は五十嵐朝良先生の手により『福島県史』十下巻の一一七六頁から掲載されている。こうした、当時

でも百十数年前の一揆の歴史的な記録を後世に残すような仕事を安則はしている。問題意識が高い人であったことがうかがえる。

野尻村の小林増右衛門は佐源次・佐次とも称し、和算を教え、冬季間は観世流謡曲・小笠原流礼法を村民に教えた。

大芦村の五十嵐善八は幕末のゼンマイ集荷商人で、加賀藩士の小杉半蔵の墓碑を建てている。その後、明治期に、国有地とされた共有地払い戻し運動の先頭にたっている。

二〇一五年十一月十四日の昭和村公民館での昭和学講座で「村の偉人」について報告するための調査を今回あらためて行ったが、やはりアサやからむしの繊維原料販売の利益や、そうした取引関係の人々の行き来の中で、この村の基層文化が形成されていったことがわかる。

●嘉永五年　越後国商人衆

嘉永五年、越後国商人衆

二〇一五年七月二十七日の午後、野尻中向にある春日神社の寄付札の調査をした。地区の関係者の皆さんに立ち会っていただき、いろいろと教えていただいた。

社殿の建て替え五点に関する木札は一六四七（正保三）年、一六七五（延宝三）年、一六九八（元禄十一）年、一七五九（宝暦九）年、一八六七（慶応三）年のものであった。

屋根の葺き替え等の時に、地区の皆さんから集めた寄付を木の板に書いたもの五点は、一八六六（慶応二）年、一八七五（明治八）年、一八八八（明治二十一）年、一九〇五（明治三十八）年、一九一九（大正八）年等である。

春日神社参道にある石段の一番下の右側に「慶応二年」、左側に「六月」と彫られている。神社境内の右手には「敷石・石階・石橋」を慶応二年七月に造ったという石碑があった。慶応二年は一八六六年で、二年後が戊辰戦争の明治元年である。

また明治元年より十六年前の一八五二年は嘉永五年だが、今回紹介するのはこの年七月の春日神社の幡《はた》寄進に関する名簿である。祭礼日に立てる旗と思われる。これは越後、つまり新潟県のからむし買い（商人）が寄付している。

春日神社は、幕末に神社の建て替え、石段の新造等が行われたことがわかる。これは背景にからむしによる経済活動が活発に行われていたことを示唆している。

今回の調査では、この嘉永五年の寄進者名簿と地域の皆さんが寄付した二枚の木札は、今後のからむしの歴史や流通のことを考えるうえでとても重要なものであることがわかった。地区の皆さん四十七名の寄付額は、二万二千文（およそ金三両半）、越後等からは四十二名、六二五〇文（約金一両）である。越後関係を見てみる。

「当社奉納幡寄進　越後国商人衆面附」として四十二人の地区・氏名・奉納額が書かれている。地区は小千谷八名、小■島四名、下條村三名、浦佐村三名、堀之内二名、九日町二名、小広尾村二名、西川口村二名、長岡、長松村、長峰村、中山村、浦沢村、田尻村、河久保村、小広村、六日町等である。また伊北横田村（金山町）もある。

当社神主であった故・菊地成彦先生が、一九八四（昭和五十九）年に『福島の民俗　第十二号』（福島県民俗学会）に「からむし産業を支えるもの」として、この寄進について紹介している。またからむし工芸博物館の学芸員であった朝倉奈保子さんも、菊地先生の資料を含め、『会津学二号』（二〇〇六年）に「苧の道」で、このことを紹介している。

幕末の越後商人衆が一堂に名を連ねる、この春日神社の幡寄進の板からわかることは、春日神社と野尻・中向地区がからむし買いの拠点となっていたことである。それは越後から只見、布沢から吉尾峠を経て、中向が野尻組の玄関であったためだ。また神社で越後の商人衆の寄合も行われたことが推察される。「座」つまり同業者の組合のようなものであり、生産地での買い入れ価格の相談や、支払金の融通等に中向地区・春日神社等が関与していたことと思われる。

●子供苧《こどもそ》（一）

二〇一四年秋より、三島町の集落史調査で浅岐・間方の皆さんからお話をうかがっている。そのなかで炭焼きをされていた人々から「昭和から来る炭焼きの先生に教わった」という話が多くでてきた。「先生の指導で、炭の品質が上がって収入が増えた」という。

その先生、下中津川の佐藤平喜さん（昭和二年生）を訪ね、製炭技術指導員時代の話を聞いた。戦後、一人で野尻で炭焼きを行い、昭和二十八年の全国木炭品評会で入賞、その冬に上位入賞者を訪ね兵庫・和歌山・長野の三県を歩き、浜通りの大野（大熊町）でも炭焼き講習を受けている。その後、昭和村の指導員を一年、昭和三十八年まで福島県木炭協会の指導員として奥会津地域の山々を歩いたそうである。

このとき奥様の郁さん（昭和十一年生）から、次のような話を聞いた。

郁さんが生まれ育った下中津川の新田地区の実家では、アサもからむしも作っていたそうだ。郁さんは子どものときに、からむしのワタクシを引いたら、野尻の文七さんが来て買ってくれた。そのときに「これ（ワタクシ）、にしゃ（あなたが）、引いたのか？そうか、きれいで、良い出来だなあ…高く買うべ」とほめられて、お金もいただいたそうである。子ども心に、とてもうれしかった、と言う。

ワタクシとはからむしの規格で、長い順に親苧《おやそ》、影苧《かげそ》、ワタクシという三種類に分けている。そのいちばん短いからむしは子どもに引かせて訓練としたり、あるいはお嫁さんたちが朝晩に引いて自分のこづかい（ワタクシという）にしたりすることができた。

さて、野尻の文七さんとは誰か。その後、からむし工芸博物館の吉田有子さんと、文七さんの孫である小林盛雄さん（昭和十年生）宅を訪問した。

文七さん（明治十四年生）は、「地方物産扱い」として昭和村地域のアサ・からむし・木材・茸類まで幅広く集荷し他所に販売されたそうである。父の銀市さん（明治四十四年生）がその仕事を引き継いだそうだ。

野尻の文七さんが、新田の郁さん（小学生）が引いたからむしのワタクシを買ったのは六十歳代である。子どもの仕事をほめて、伸ばそうとする、ていねいな人付き合いの心が感じられる。とても大切なことだと感じた。

盛雄さんから、このワタクシは子供苧と書かれた記録があるということを教えていただき、明治から大正時代の同家（橋本家）文書を見せていただいた。

拝見した資料は一八九五（明治二十八）年と一九二二（大正十一）年の青苧仕入帳である。曽祖父の銀平（天保十二年生）や祖父文七によるものと思われる。「小供苧」と確認できる。小は子で子供苧である。

新潟県の渡辺三省『越後縮布の歴史と技術』（一九七一年）の一四五頁に親苧・影苧・子供苧という記載があり、「子供に挽かせるから子供苧という」ことが、今回はじめて昭和村側の文書記録で確認できた。明治期の五十嵐伊之重の書いた記録にはワタクシを「下影」としており、影苧の下、という意味と思われる。

●子供苧（二）

現在のからむし（青苧）は親苧・影苧・ワタクシ（私）の三規格となっており、これはおよそ江戸時代後期より続いてきた規格と思われる。いちばん短いワタクシは「小供苧」と表記されていたことを前回紹介した。

この小供苧《こどもそ》、新たな資料が確認できた。

二〇一六年六月二十二日、盆明けより土蔵を解体する予定ということで、野尻中向の土蔵に所蔵していた資料がからむし工芸博物館に託され、その資料の緊急調査をした。およそ百点の資料群は、一八五三（嘉永六）年から一九一八（大正七）年までの六十五年間の商取引を記録した大福帳類で、中に青苧仕入帳が含まれている。

この資料を拝見すると、農家で青苧商売をしていたのだが、その屋号は笹屋といい、特に明治期の当主・清五郎さんが残された一八八二（明治十五）年から明治期の青苧《からむし》取引関係資料が充実している。現在の金山町・三島町・昭和村地区から仕入れ、それを新潟県（越後）に販売している実態がよくわかる。越後商人日誌（明治二十二年）というものもある。

この資料中に単冊として『小供苧《こどもそ》買入扣帳《かいいれまとめちょう》』というものが出てきた。一八九九（明治三十二）年のものである。小供苧のみを記帳したもので、この時期、この商品規格がまとまって出ていたことを物語る。

こうした資料から、その同時代の村内経済の動きを知ることができ、たいへん貴重な資料である。今後とも、皆さんから多くの資料を寄せていただきたいと思う。明治維新から約百五十年となり、明治期のものが世界遺産になる時代である。

前号で「子供」と表記したが、明治期は「小供」と書いているようだ。一九〇六（明治三十九）年の夏目漱石の小説『坊っちゃん』の手書き原稿では、「親譲りの無鉄砲で小供の時から損ばかりして居る」と、小供という表記をしている。それが時代により、小供から、子どもへと変化している。

●再生する布

二〇一七年六月十四日から二十六日まで、スペース・アルテマイスター（会津若松市本町）で、大芦在住のからむし作家の皆さんの展示会「夏を纏《まと》う展」が開催された。同所は仏壇の保志の経営で、手作り作家の皆さんの発表の場となっている。ここが開設されたときに、同市内の居酒屋籠太《かごた》の鈴木真也さんに案内され同社保志社長の案内を受けたことがある。

古くから受け継がれてきた「からむし」で仕立てられた布をほぐして、新たな衣類として再生、普段使いのウェアや帽子を手掛ける「アトリエ絲《いと》っぴき」、昭和村の「からむし」の布に刺し子を施したバッグ・ブックカバー・がま口などの小物を制作しているmonderico。

六月十七日に訪問し、「アトリエ絲っぴき」主宰の彦沢よし子さんにお話をうかがった。彦沢さんは、東京都内から平成十年に大芦に移住し、からむし栽培・織りをされている。最近、からむし古布を利用し新しい衣料を創作されている。

その中でいちばん興味深くうかがったのは、からむし布を職人が仕立てた衣類は絹糸で縫製されていて、その縫い目も見えないような工夫がされている、ということである。こうした古着のなかに、明らかに素人が仕立てたと思われる衣類がある、というのだ。そのからむしの古着を見せてもらった。

木綿の糸が使われ、私たちが小学校などで習ったような縫い方で仕立てられている。彦沢さんは「妻が夫のために、あるいは母が子のために縫ったもの」と感じると言う。五月に大阪府内でも個展を開催されたようだが、からむしの認知度はほとんど無かったそうである。しかし会津若松市内での開催は福島県内各地から来場者があり、とても盛況だったという。来年の開催も確定したそうだ。

赤田屋、宮本屋善作

七月五日に、古文書・民具等の調査のため、家屋解体予定のある五十嵐隆さん・モトさん（大芦稲荷前三〇四六いずれも故人）の家に行った。

この家を管理されている五十嵐ミサ子さんの立会で、渡辺智子さん、水野江梨さん、井上美登利さんと調べた。そのなかで、善作の筆跡と思われる箱書きがいくつか確認できた。皿などを入れた箱に書かれた筆跡は明治十年赤田屋から明治二十六年宮本屋まであった。この家は屋号から見ると赤田から宮本、中組の神社石段前に家があり、それが現在地に移転した、ということも確認できた。

この五十嵐隆さん・モトさんの家は、明治二十九年末に上京し、翌年ロシアのグルジア（現在の表記はジョージア）でからむし栽培の支援をした五十嵐善作・ハツの末裔のお宅である。

また祖先とおもわれる江戸時代後期、一八五四（嘉永七）年、一八五五（安政二）年の箱書きもあった。赤田屋と書かれていた。

約二十年前、からむし工芸博物館の開館前の調査で、この家を守っておられたモトさんを訪ね、話をうかがって、善作のグルジア関係資料を展示のため寄託いただいた経緯がある。善作に関する資料が新たに確認できたのは、ミサ子さんから調査依頼があったからで、感謝している。

●二番苧《にばんそ》

八月中旬までに、からむしの刈り取りが終わると、使った道具に感謝をする「バンジマイ（盤終）」をする。しかし七月から刈り取りをした畑には「ひこばえ」が伸びて六十センチ以上になっている。からむしは多年草（宿根草）のため、株もとから次の芽が伸びてくるのである。

昨年の夏にマイマイガが大量発生して七月までに広葉樹の葉を食い尽くし、葉の無くなった樹木が多くみられた。しかし八月にはまた「ほきて（葉が出て）」秋までには何事もなかったかのような風景になっていた。植物の再生能力はすごいものである。

日常的に体験していることだが、水田の畦や畑のまわりの草も、何度刈り払っても再生して出てくる。しかし地際部から刈り取らずに五センチほどの高さから刈り取ると再生するのが遅くなり、年の刈り払い回数を減らすことができる、という研究報告があった。からむしは茎もとのさびを除いて十センチくらいの高さのところから一本一本カマで刈り取る。こうした技法は繊維の質への配慮といわれている。これは株の維持、再生能力への効能についても意味のあることかもしれないが、調べられていない。

さて、かつては刈り取り後に出てきたからむしを「二番苧《にばんそ》」といい、盆あけから九月に刈り取りをして、剥《は》ぎ・引き・陰干しして販売していたことがある、という。

中向の笹屋文書を調べてみると、幕末の一八五九（安政四）年の帳簿後半の使用されていない帳面部分に、安政六年と改めて青苧（あおそ—からむしのこと）の売買記録が数枚残されている。そのなかに写真に示したような「二番苧」という文字が書かれているので、江戸時代には当時の野尻組（昭和村）内では二番苧を売買していたことがわかる。なかなかこのような記録を確認することはできない。

沖縄県の宮古島などのからむし栽培を実際に見てみると、一年に五回から六回収穫しているため、その長さは短く、六〇センチくらいである。つまり昭和村でいうところのワタクシ（小供苧）、あるいは二番苧の長さ、だろうか。

からむしの本場の山形県最上苧・米沢苧も昭和村でいえばアサのような、植物の長さそのものを利用している。そのため引き手は男が行った。原料の商品規格を「かげそ」を中心に切りそろえるというのが野尻組の本場たる理由だと思う。農産物の第一番の産地とは、みずから出荷規格を決めることができるところをいう。そしてその出荷規格は、社会の変化にあわせて変化していく。

さて、会津若松の御百姓・佐瀬与次右衛門が独力で『会津農書』『歌農書』をまとめたのは江戸時代のはじめの一六八四年（貞享元年）である。ここにからむし栽培についても書いてある。さらに二番苧のことも書いている。月は旧暦の表記で、読みやすく文字は改めた。秋の稲刈り頃に刈り取りをする、といっている。

かるは六月土用の内　刈すなわち葉をきりすて　そのまま川へひたし、あとよりただちに引くべし。刈、剥、引、ともに一度にきわめるものなれば、一日も刈置くことはならず、「二番発き起」は　そのまま置きて　八月節　うるちイネ時分にかるべし。

『会津歌農書』には、次のように書いている。

からむしハ　夏の土用の内に刈
二番ほきこそ　八月の中

●アサで織った蚊帳《かや》地

この十月十八日に国産初のジェット旅客機MRJの試験機が公開された。国産プロペラ機YS11以来、約半世紀ぶりのことである。そのときも戦前の零戦を開発した堀越二郎のことが取り上げられている。

昨年夏に公開された宮崎駿監督のアニメーション映画『風たちぬ』は、堀越二郎をモデルとしている。この映画は、主人公の少年が民家で、緑色の蚊帳《かや》のなかで眠る場面からはじまっている。

蚊帳は、アサの繊維を織った布で作られ、四方を室内の長押《なげし》にひもで吊り、蚊《か》などの害虫などから人を守るためのものだ。江戸時代に商品開発された近江蚊帳は萌葱《もえぎ》色に染められふちどりに紅布が付いている。

寝具メーカー「東京西川」のウェブサイトには、この蚊帳についての記述がある。

「西川家の二代目甚五郎が江戸に向かって箱根越えをしていた折、疲れきった体を休めようと木陰に身を横たえた。気がつくと、緑色のつたかずらが一面に広がる野原にいた。生き生きとしたかずらの若葉の色が目に映えて、そのさわやかな気分はまるで仙境にいるようだったという。「夢」から覚めた二代目甚五郎は「これだ！」とひざをたたき、夢のイメージを蚊帳に再現することを思い立つ。「寝る時も、また目覚めた時も、涼味あふれる緑に囲まれたシーンを目にすれば、蚊帳の中にいる人の気持ちを和ませ、爽快な気持ちにさせるであろう」と考えたのである」。

さて江戸時代から明治時代、戦前までアサの栽培地でもあった野尻組（現昭和村）では、冬に蚊帳地が盛んに織られた。

下中津川村の名主家であった本名信一さんの家から、写真のような印鑑《はんこ》があることが、この七月に、はじめて確認された。木製のもので、かなり使用されていた痕が残るものだ。下中津川と小中津川から出荷されたアサ製蚊帳地の付票《タグ》に押されたものと思われる。

・岩代國大沼郡下中津川小中津川蚊帳地改正組検査之印

野尻組（昭和村）は、幕末は会津藩で、明治元年十二月に陸奥国から分立し岩代国となる。しかし明治四年に若松県、明治九年に福島県と変更される。印鑑の岩代国からは明治元年から四年までの間に、表記のような組があり、

品質の保証（ブランド化）をはかっていたのではと推察される。明治維新という社会の変化への対応が、地域産物の生産・販売でも、あったんだよ、

もう少し調査しなさい、とこの印鑑は私たちに示唆している。

からむし工芸博物館の吉田有子さんが、蚊帳地を織ったことのある小中津川の本名オマキさんや、大芦の五十嵐カヨ子さんにうかがった話では、マエガラメに巻き取った分を最後までほぐさずに織ることが必要だったという。蚊帳は目がゆるい（粗い）から、ほぐすと目がくずれるのだ、という。そして織り上げた布のたたみ方も独特の方法であったそうだ。また、お二人が織った昭和年代には、蚊帳地の組合は無かったようで、個人販売だったという。

からむし（青苧）を織り、アサを織る、織る布により技法も異なる。どんな布を織り上げるか、そのためにはどのような糸を績むか、また績みやすい繊維を畑で育てるか。長い時間の蓄積と経験、工夫が一人の人間のなかに生きている。

こうした「基層文化を学び継承する」ことが尊いことで、新しい時代にとって一番必要なことであることを昭和村の人々は教えている。

●五郎丸《ごろうまる》

二〇一五年の秋、ラグビー日本代表の五郎丸歩選手が有名になった。五郎丸とは江戸時代後期から大正時代にかけて織られた布の名称として、奥会津地域一帯では知られている。南会津郡の『伊南村史』にはそうした文書類が掲載されている。

慶応二年の店卸帳に長尺晒《さらし》、細ミ作り五郎丸、雪さらし五郎丸、晒五郎丸が記載されている（『伊南村史第三巻』六六五頁）。

明治二年の若松県生産分局の写し資料では、「五郎丸　御上下《かみしも》地　千疋代三千両」とある（『伊南村史第四巻』九十五頁）。

明治十四年の第二回内国勧業博覧会で「麻五郎丸」は褒賞を受けている。また**明治十七年にも同じものが出品されたほか、明治十七年と二十年には「片山晒《かたやまさらし》　帷子地《かたびらじ》」があり「竪ヨリタル麻、横ヨラザル青苧（カラムシ）、織リ成テ後、灰水ニ浸シ、他水ニ晒シ、日光ニ乾カス　以上ノ如ク為ス事三十日後　板ニ巻キ木槌ヲ以テ打ツ」とある。ほかに「麻細綟子《もじ》　蚊帳地」がある。**（『伊南村史』）

大正三年の『南会津郡史』にも麻布の五郎丸等の事が記載されていることを『伊南村史第六巻』で河原田宗興さんが紹介している。『郡史』では、布（反物）には五郎丸、著幅、綟子、蚊帳地、細美《さいみ》があるとしている。

細美とは太さの同様なる細糸を粗に織りたるものにして畳の縁被に用ふ。著幅とは緯糸経糸ともに同様に撚りたるものにて織る。綟子・蚊帳地は緯糸太く経糸細きものを用ふ。そして五郎丸は、緯糸を撚り、経糸を撚らずして織り、最上級の五郎丸は経糸に苧麻（カラムシ）を用いて、麻布では最も高価なものであったようです。（『伊南村史』）

ここで麻とからむし（青苧）の交織布が話題となっていることは、種類の異なる草の繊維を合わせることで、それまでに無かった風合いの製品を織り出すことができるということであり、これは絹糸（蚕）、綿などでも行われている。

昭和村では古くからカタヤマ（経糸《たていと》に麻、緯糸《よこいと》にからむし）が織られており、そうした製品が現存している。

二〇一六年一月現在、からむし工芸博物館では、企画展「文字に見るからむしと麻」応用編が三月までの日程で開催されている。この数年間に村内の皆さんのご協力により公開されたアサやからむしに関する文書・資料類が紹介されている。商品である原料の生産や加工、商品規格、販売・取引に関する資料が少しずつ明らかになっている。

一方、国内の繊維植物の研究では、古く縄文時代からアサはエゴマ（ジュウネン）やマメ類とともに栽培されてきたことがわかっている。

二〇一五年十一月末に山形県南陽市で縄文前期シンポジウムがあり、私も聴講参加した。植物の利用・栽培の研究は、分析化学の進展により特に日本植生史学会が『植生史研究』にその多くを発表している。樹皮（樺類）の縄も多く出土している。当地では、樹皮はモワダ（シナ皮）が多く利用されてきた。こうした縄文時代等の植物分類学が進むことで、アサやからむしの現存物の分析にも応用できるようになり、また、生産現場を持つ昭和村の、研究対象としての価値が高くなる。まだ何も明らかになっていないからむしやアサ生産の実態・歴史を含め、調査すべきことがたいへん多く残されている。

●塩ノ岐村　馬場三蔵

『会津藩家世実紀』の明暦二年（一六五六）の記録に、会津藩の命令により「若松御用二百二疋《ひき》　御家中入用九九疋」の麻布が、塩野俣組（只見町塩ノ岐）の郷頭・源三郎によって、伊南・伊北四組より買い集められたとある（福島県立医科大教授・丸井佳津子「近世中期の大名預所について」）。まだ奥会津一帯では、からむし栽培は行われていない。からむしの栽培は一六七四（延宝二）年からはじまる（『図説　会津只見の歴史』一九七〇年刊、二二四頁。田島町史編さん室長・室井康弘執筆、会津史学会・山口孝平監修）。

昭和村でのからむしの栽培の記録は、一七五六（宝暦六）年の中向の畑証文に「からむし・青苧畑」（佐々木太市家文書・福島県立博物館蔵）とあるものが最古の記録である。また二〇一五年に新発見となった上平の菅家和孝さんの文書では、一七七三（安永二）年の青苧畑・からむし畑の書面がある。

アサの栽培が古くから続いたなかで、野尻組（昭和村）でも江戸時代中期の二六〇年前頃には、からむしが会津藩により導入推進され産地化されたと考えられる。ちょうど小千谷縮が発明され江戸での需要が拡大した時期に重なる。奥会津のからむし原料が送られ、布に織りあげ商品化する越後小千谷も、会津藩預かり地で代官所が置かれ、南山御蔵入領（原料産地）と合わせた産業政策が進められた。

山形県内の最上苧（山形市周辺）、米沢苧より最後発の会津苧（大芦苧）は、後発のため、「カゲソ」の発明により品質第一の産地として、鈴木牧之の『北越雪譜』（一八三七・天保八年）にも記載される。根元からウラまで長い苧であるものを、長さを三尺八寸に切り詰め座敷（室内）で陰干しする「カゲソ」は、それまでの他産地の屋外天日干しの長苧とは異なる品質哲学を持っていた。からむし（青苧）は越後に出荷されるが、アサは域内で集荷された。

さて、江戸時代のはじめより伊北《いほう》（只見町）の塩ノ岐にはこの一帯を治めた馬場仁右衛門がおり、一六四一（寛永十八）年の白峯銀山は会津領であること等、公益のために努力された。現在も仁右衛門こと「月山道江居士」の巨大な供養碑が八乙女に残されている（飯塚恒夫『南会津のあゆみ』二〇〇五年）。アサの集散地として塩ノ岐は政治的にも歴史的背景を持っていた。

平成六年から『広報ただみ』に連載された「明治初期の商業」は故・酒井淳氏の執筆による。酒井氏は『昭和村の歴史』も執筆され、若松の教育長もされた方で伊南村出身である。この記事に一八七三（明治六）年の「塩ノ岐馬場三造」の「金銭出入帳」のことが紹介されている。この三造（三蔵とも）は、奥会津一帯のアサを買い集めていた。その買付資金は白沢村（伊南村）の羽染惣六（大宅宗吉南会津町長の生家）が貸している（『伊南村史　第三巻』六八一頁）。

小中津川の高砂屋東原善六、中向の弥惣治・惣平、浅岐の亀太郎、滝谷の吉六、滝原の長吉などがその土地の物産（アサ、生糸、ゼンマイなど）を買い集め、吉尾峠経由で塩ノ岐へ荷を送っている。

二〇一五年一月三十一日、只見町教育委員会の所蔵資料調査（三造について）を経て、九月二十二日、二十八日に塩ノ岐現地調査をした。この二月十二日に塩ノ岐柳原の馬場敏郎さん（昭和六年生）宅にて、初代三造の居宅を教えていただいた。敏郎さんの祖先の三四郎（生糸扱い）を含め、三造らは「三軒ウチ」で物産扱い会社を共同経営していたそうだ。狩猟のための火薬や弾製造のための金属を仕入れ、域内で販売したようである。

江戸時代後期から明治時代、小中津川の東原善六家（高砂屋）は、特に「善六麻」として伊南川流域の大福帳等に記録がみられる。後代の善六については昭和村公民館前（日の出電気脇）に顕彰碑が建っている。しかし江戸時代・明治期の昭和村内でのからむしの流通調査は何ひとつ行われていない。基礎資料の収集・保全・解読と、いまだ多くの課題を残している。

●生産環境の価値

昭和村では一九八二年に奈良布の菅家文男さん、大芦の五十嵐松雄さんの二名が宿根かすみ草のブリストル・フェアリーという品種の栽培をはじめ、翌年に大岐の菅家秋男さんも栽培を行い、一九八四年四月に農協部会を設立する。販売方針で秋男さんは退会し、七月に昭和花き研究会を大岐で設立する。この研究会は三十一年の活動をし、昨年十二月に解散し、本年農協部会に入会した。

現在、昭和村には花の卸売市場や仲卸、小売店の皆さんが毎年多数来て畑（圃場）や集荷貯蔵施設（雪室）を見て、写真を撮影して帰る。写真はウェブサイト等で紹介されたり店頭に掲示されたりする。

花を収穫後に長持ちさせるために前処理剤で水揚げするが、そうしたバケツの衛生環境・清潔さなどが、現在の仕入れ時の評点となっている。加えて若い人が営農しているかも見られている。

　農作物の生産地に、仕入れる人（買付人）が来る、ということは、産物そのものだけではなく栽培環境やその農業哲学（どのような考えで仕事をしているか？）を含めて評価し、消費地での販売にその文化的価値を付与するために産地を見に来るのである。

　アサは、引いて乾燥させたヲ（麻苧）を、各集落にいる仲買人が集めて、転石峠を越えた田島黒沢の細井家か、鳥居峠を越えた伊南川流域の商家（大農家）に届ける。それが関東・京阪へ売られていた。

　一方、からむし（青苧）は越後（新潟県）から人が来て、仕入れる。その案内に地元の仲買人が付く場合もあったが、越後でからむしを売りさばく人自身が来ていることが重要である。

　今年一月三十日に大芦の皆川吉三さん（昭和十二年生）・アサノさん（昭和十七年生）ご夫妻に話を聞いたときにも、「昔は、今より吟味《ぎんみ》していました。越後から直接に、我が家にからむしを買いに来ると、品質について、去年言ったことが直っていないから、来年はこうして下さいと、直接に言われました。よい品物を作ることを第一に考えて仕事をしていたものです」と言い、「からむし畑に生えたからむし全部を採るのではなく、よいものしか採らなかったのです」と言っている。

　昭和村で、からむし栽培記録が文書で確認できるのは二五九年前の一七五六（宝暦六）年からだが、一七八八（天明八）年に野尻組を訪問した旅人の記録（『東遊雑記』）でも、アサとからむしの栽培を行っていることが書かれている。

　また一八三七（天保八）年に江戸で出版された『北越雪譜』に、最高級の原料として会津産（昭和村大芦産と思われる）の青苧である「影苧（かげそ）」という言葉が採録されている。米沢苧は撰出青苧（撰苧、えりそ）というが、それよりも会津産の影苧は上等であるとしている。最上苧を含め、引いたからむしは外に干す。室内でからむしを干しているところは昭和村だけである。室内の日影《ひかげ》で干すからカゲソ（影苧）なのだろう。客間である座敷で干す、というところを買付人に見せている。生産物を大切に扱う姿勢の表現である。また一本一本、ていねいにからむしを刈り取るところも当地の最大の特徴である。一本ずつ見極めて良いものを収穫する姿勢を作業で表現しているのである。

明治十一年下中津川の記録

　一八七八（明治十一）年四月の下中津川の記録を写真とともに紹介する（本名信一家文書）。

旧暦の四月十六日に苗代ウナイ後のことである。
麻畑ウナイを一人役（仙次郎）、青苧根掘を一人役（伊ノ蔵）。
その後、麻蒔《まき》畑ウナイ　三人役（代五郎、仙次郎、イノ三）。
青苧植　二人役（イノ三）　※イノ三の読みは伊ノ蔵

　二〇一四年八月号で、一八九七（明治三十）年夏の上平での青苧引、麻切についての手間を書いた帳面を紹介した（菅家和孝家文書）。

このようにして日記、余白へのメモ類が当時の作業の呼び名や時期を示してくれ、同時代資料としての価値が高いことを教えている。

アサと越冬用野菜、その後にからむし（青苧）の組み合わせを先人が発明し、この輪作体系が、連作障害を避け、永続性を保持してきた。それを可能にしたのは江戸時代後期だと思う。現在はアサにかわる作物をどのように導入して、からむし畑の土壌維持のために活用するのかが問われている。

●からむしの品種の記録

一八八三（明治十六）年一月に、下中津川の本名信一郎が、会津高田の大沼郡役所に提出した写しが残されているので、その資料を紹介する。一三二年前のものである。これは同家子孫の本名信一氏提供によるものである。当時の公文書はカタカナ表記であるが、ひらがなにし、漢字は現代のものに翻訳する。まだ江戸時代の候文が使われている。幹からの葉の出方（互生、対生の違い）を観察した記録はこれが最初だと思う。皆さんの畑のからむしは互生だろうか。葉の裏が緑色というのは現在まで受け継がれている。

苧麻種類撰法御答
当部内各地に於いて、苧麻（カラムシ）より良質の苧（を）を得るには、葉表緑色なるは種類相撰候哉　古苧麻の葉は互生に候哉　または対生に候哉　勧乙第一二二八号を以て御照会に相成左に御答申上候

一、葉の裏表とも緑色なるを撰む法良し
一、互生良し、多分互生なるものなり
一、対生するものは十分の一も無之ものにて、格別ためしはなし
一、葉の裏白く生するは野生苧なり、必ず種に撰むべからす

右　御照会に付、御答申上候也
明治十六年一月二六日　本名信一郎
福島県大沼郡役所　第二科　御中

同時代資料として一八八四（明治十七）年十月に、後に村長となる大芦の五十嵐伊之重（二十七歳）が『大日本農会』第四十号に投稿した「からむし（会津青苧）栽培製造の景況」には品種についての記載はない。

静岡県の福島住一著『苧麻栽培録』（一八九七・明治三十年）では、もと会津藩士で郡奉行の、青苧を担当した吉田謙三から聞いた話として、「福島県下に於て青苧と称するものと、苧麻と唱ふるものとの二種あり、ラミーは青苧と同種にして、実を幹に結ひ成長活発なり、苧麻は実を枝に結ぶ。さきに旧藩（会津藩）の当時苧麻の改良を行ひし時にあたり、青苧の品質優ることをさとり、爾来同種を栽培することとなり」としている。吉田謙三についてはその後ずっと調査しているのだがまだ不明である。

さて、二〇一〇年にからむし工芸博物館で開催された「からむし畑」の展示会（シリーズ14で冊子刊行有）で、江戸時代後期、松山の佐々木志摩之助が一八五八（安政五）年に会津藩に提出した「青苧仕法書上」の写しが喜多方市立図書館に所蔵されている。そこではからむしを詳しく観察し、表現している。青とは緑色を言う。枝の出方、節《ふし》、葉の厚さ、春の芽の出方の違いなど詳細な観察（経験）が感じられる。現代の私たちは、一五七年前ほど作物を観察しているだろうか。

「本からむしと申は、木筋色さいやかにして、ふしなく　われわれ　丸き方にて　裏薄青し、裏の大筋小筋青く、筋の間薄しろく鹿の子に見へ候か最上《さいじょう》の品に御座候」「葉の裏表青ふし枝直にのび候やらむの裏葉の裏　一面白く葉厚の枝横にさし　ふし高くなにとなしいやらしきは野からむしの下に御座候」「そうじて野からむしは春の生立二本からむしよりいきおいよくも相成　葉出候は　木もあらあらとし　直に相分かり申し候」（「青苧仕法書上」より）

●明治時代の苧麻《からむし》

　一八九七（明治三十）年発行の『織物原料辣美（ラミー）実用新書　一名苧麻栽培録』。ラミー、苧麻とはからむしのことで、特にこの時期より中国・台湾産が日本に多く輸入され、大正時代には中国産からむしを苧麻と呼ぶことが定着する。日本では青苧、苧、青麻。沖縄県ではブーと呼んでいる。

　著者の福島住一は、苧麻に将来性があるので国産化のために本書をまとめているが、時代背景を、この数年、沖縄の現地調査をした際に知り得た新しい史料から紹介してみる。

　二〇一二年に発行された沖縄県の宮古島市教育委員会編『宮古島市史　第一巻』では、宮古上布生産に関して、田代安定による「沖縄県下先島回覧意見書」（一八八二・明治十五年）が掲載されている。

「苧麻（カラムシ）」については「彼ノ名誉ノ細上布ヲ織ル元質ニシテ、従来沖縄本島ヨリ輸入セリ。故ニ若《も》シ彼ノ地ニテ苧麻ノ不作ヲ告ルトキハ、上布モ出スコト能《あた》ハス。是レ、将来苧麻ノ耕作、本島ニ於テ免《まぬか》ルヘカラサル所以《ゆえん》ナリ」（「沖縄県下先島回覧意見書」より）

　これは、明治十五年当時の宮古島における上布生産は、沖縄本島北部で生産される苧麻原料（原麻）を購入して糸を作り織っているので、生産地が不作になれば宮古島における上布生産に大きな影響がでる。そのため宮古島内での苧麻栽培・生産をすべきである、という沖縄県下の諸島を調査した博物学者（植物学、動物学等）田代安定の提案である。家屋まわりの小規模な畑から生業としての苧麻生産が続けられるなか、それを上まわる産業としての苧麻布生産は、島外に原料を求め、沖縄本島北部や西方にある台湾（日清戦争後、台湾併合日本占領下）からの購入により明治後期・大正・昭和十二年ころまで続く。

　沖縄県立芸術大学附属研究所紀要『沖縄芸術の科学二十二号』（二〇一〇年三月）に、本多摂子さんが「宮古上布の生産量と苧麻生産地の変遷について　琉球処分以降から第二次世界大戦前までの琉球新報記事と沖縄県統計書を中心に」を発表している。

　この論文では、沖縄本島北部の今帰仁《なきじん》間切では、明治三年頃より那覇で苧麻原料が高値で取引されることに影響を受けて栽培するようになった、という新聞記事から、今帰仁間切では琉球王府時代から苧麻の栽培、苧麻布の生産が盛んであったわけではなく、琉球藩の設置される明治五年と同時期から栽培されていたと考えられる、としている。

また今帰仁間切などの国頭郡での苧麻栽培は、当初から原料のみの取引を目的とした換金工芸農作物で、布は生産していなかったといえる、としている。

大正六年八月十一日の琉球新報では、「宮古にては苧麻栽培の目的を以って国頭郡より其苗を叺《かます》十二俵移送せる由」、大正七年四月十四日の記事では「元沖縄県工業技師　児玉親徳　琉球織物の改良」で「宮古上布の特色は染色の堅牢なると麻の品質が優秀なると絣《かすり》技術の精巧なるにあり　染色は宮古特有の蓼藍《たであい》と泥藍とを混用し琉球絣よりも堅牢なりと称せられ　国頭苧麻は台湾種に比して手触柔らかくして反布としての織味よし」とある。

また、昭和五年七月二日の記事では「宮古織物組合が苧麻栽培のため、苗の交付を申請」とあり、宮古島での苧麻栽培が本格化するのは昭和七年以降である、としている。

二〇〇九年現在、宮古上布の苧麻糸は宮古島内で栽培され、苧績みされた苧麻糸が使用されている。

●『苧麻栽培録』

日本経済新聞の連載小説、諸田玲子『波止場浪漫』。二〇一三年七月下旬の掲載は、七十三歳の清水次郎長（山本長五郎）が富士山麓でからむしを育てる、という内容であった。一八九三（明治二十六）年頃のこととしている。しかし次郎長は六月に亡くなり、翌明治二十七年八月には日清戦争がはじまる。幕末・明治の侠客次郎長は、静岡県内で、開墾し茶園を造成するなど農業事業も行っている（注）。

さて、福島住一という人（静岡県安部郡大里村馬淵二五　現在の静岡市）が、からむし栽培のための一冊の本を一八九七（明治三十）年に書いている。『織物原料辣美（ラミー）実用新書　一名苧麻栽培録』（東京　有隣堂発売）。ラミーとはからむしのことである。　昨年九月に東京都武蔵野市境の泰成堂書店という古書店から四千二百円で求めた。十三×十九センチで厚みは七ミリ、全百六十一頁ある。一一七年前の本で薄い紙だが、しっかりしている。この本を読んでいくと明治時代の大芦村長の五十嵐伊之重とからむし生産のことが出てきて驚いた。

著者の福島住一は旧会津藩士、吉田謙三に会い、苧麻（青苧、からむし）のことを聞いている。吉田は当時、会津藩の郡《こおり》奉行を務め、「**大に苧麻《からむし》栽培の事に興って力あり**」「**後年、中国大陸を巡回しその製法等を実地踏査を行い**」「**福島県下における情況を知っているので、その談話を掲載する**」

意訳すると「**福島県下大沼郡大芦村の近村ヶ村はもっとも本場にして他業に関せず。皆この業に従事せり。一反歩の収入一回近百八十円内外にして一ヶ年二回の収入あり。ゆえに概して蚕業盛んに関わらず苧麻適地の村々は決して蚕業に従事するものなく、田畑ことごとく、みな苧麻なり**」とまとめている。吉田が会津藩士かどうかも調査が必要である。

福島住一はさらに、福島県大沼郡衙（郡役所）に照会すればと思い立ち、手紙を送ると、即時、大芦村役場から回答がきた。返答したのは五十嵐伊之重村長。彼は博士峠から新・鳥居峠等の開設のため、大沼郡役所にはかなりの頻度で行っている。郡役所から伊之重に手紙は渡った。明治二十九年、伊之重が福島住一に送った手紙には以下のように記されている。

「拝啓　からむし（一名青苧）に関する件に付き、取調方、当大沼郡役所へ申し出の趣をもって、同役所より本村は郡内第一の良品産出地なる故をもって取調回答をする。明治二十九年八月七日　福島県大沼郡大芦村役場（印）」

　この伊之重が書いた回答書について、静岡の福島住一宅を探し調査・探索する必要が出てきた。伊之重の回答には、福島住一が所有するからむしの根（品種、種苗）は、アメリカ産、フランス産、琉球産の三種であり、それと当地（大芦産）の根との交換については、交換したい、希望する、と返事をしている。そして大芦産の中等品の青苧を福島住一に送付していることがわかる。最上品は、いまはないとも書かれている。伊之重は広く世界中のからむしの品種を集めよう、大芦産の根も世に出そうと考えていたことがわかる。

　そして、『大日本農会　第四〇号』（明治十七年）に伊之重が投稿・掲載した記事を添付している。その写しが『織物原料辣美（ラミー）実用新書　一名苧麻栽培録』にも掲載されている。

　二〇一三年四月一八日より連載の、諸田玲子氏の日経新聞連載小説『波止場浪漫』十七の春　七月二十六日

「なんですか、カラムシって」

「すいっとこう茎が長くて、青々とした葉っぱがしげる……」

「なァンだ、虫かとおもった」

「虫がよくつくっちゅうから、そいつがやっかいだけェが……そのかわり丈夫で、枯れても刈ってもまた生えてくるっちゅうんだ」

　カラムシは古来から衣類の原料として珍重されてきた。

「このあたりじゃァ知られとらんけェが、湿ったとこでも育つっちゅうけェ……」

　この空き地で試し、上手く育てば富士の開墾地へもってゆくつもりだと次郎長は話した。

「この空き地をひとりで耕すのはムリですよ」

「若い衆がおるけェ……」

「だめだめ、あてになんか、なるもんですか」

『波止場浪漫』十七の春（七月二十九日）

「富士山の開墾だって、ウチの父ちゃんや五郎兄さんがみんなをたばねてたでしょう。だれかたばねる人をつくらなきゃ」

「おみぁあにつくもんがついてたらなァ」

「いい人がいるんだけど」

「だれだ？」

「ここへつれてきてあげようか。お父ちゃんの手足になって耕してくれる人、カラムシをいっしょに植えてくれる人……」

「そったらこたァ、やってみにゃわからんずら」

「だから、やってみるまで喧嘩しないって」

「やりもせんで、するわきゃねえずら」

「約束、守ってくださいね」

　けんはきびすを返した。小走りにかけだす。

初志郎は眠っていた。

「初兄ちゃん、起きて、初兄ちゃん」

「う、うう、なんだ、朝ぱらから」

「なんでもいいから、空き地を耕してカラムシを育ててみせます、だから今度のことは大目にみてくださいって、そういいなさい」

「俺は畑仕事なんざ……」

「ハワイでさとうきび畑を耕すつもりだったんでしょ。おんなじことじゃん」

「けどハワイたァ……」

「つべこべいわないで。今を逃したら二度とゆるしてもらえないからね」

次郎長はおなじ場所にたたずんでいた。


初志郎はいきなり地べたにはいつくばった。両手をついて頭を下げる。けんには芝居がかっているようにも見えたが……。

「お父ちゃん、今度ばかりは勘弁してやって」

「親父。おれが悪かった。気がすむまで、殴るなり蹴るなりしてくれ」

次郎長は、殴りも蹴りもしなかった。しばらくにぎり拳をふるわせていたものの、

「カラムシは寒さに弱い。夏前に植えて秋にゃァ刈りとる。となりゃ、ぐずぐずできんぞ」

それだけいって歩きだした。

『波止場浪漫』十七の春　七月三〇日

初志郎は、なにごともなかったような顔で朝飯の席にあらわれた。

そのため、だれひとり、初志郎にどこへいっていたのかときかなかった。

食事のあと、初志郎はおちょうに詫びた。名役者のようによどみなく詫びをのべる初志郎を、おちょうはうたがわしげな目でながめる。とはいえもとより、よけいなことをいう女ではなかった。

初志郎は早速、静岡へ出かけた。カラムシ畑をつくるにはそれなりの準備がいる。

次郎長は清太郎をつれて美濃輪へ出かけた。

昼間は植木医院も大忙しだ。診察が終わるころになったらとにかくいってみようとおもいつつ、おちょうやはると茶の間で着物のツギハギに精をだしていたところが、三保村の乙吉があわてふためいて勝手口へとびこんできた。

「た、大変だッ。だれか、きてくれッ。植木、先生、が……」

「きょうは本町で医師会があるとかで早じまい。で、診察を終えて、おらが最後だったんでトメ婆さんと話しながら帰りかけて……」

いったん歩きだしたものの、忘れ物をしたことに気づいて、乙吉だけがひきかえした。

「するってェと荒くれどもが……先生に、女をだせ、ださねえとただじゃァすまねえぞ、なんぞとわめきやがって……」

「乙吉つぁん。すまないけど美濃輪までウチの人を呼びにいっとくれ。清太郎もいっしょにいるはずだ。それからはる、だれでもいいから人をあつめて、長屋にいるだろ、足りなきゃ芝栄いも助っ人をたのんで……急いどくれよ。あッ、けん、お待ちッ。ひとりでどうするのさ」

あわてず騒がず、てきぱきと指図をしていたおちょうも、丸太棒をつかん

でとびだしてゆく娘に顔色を変えた。

どうか、間に合いますように――。

丸太棒はあつかいづらいが、渾身の力をこめてふりまわせば、荒くれどもを追いはらえるかもしれない。恐ろしいとはおもわなかった。ただ先生を助けたい一心である。

「先生ッ。先生ッ。お怪我はありませんかッ」

　けんは勝手口からかけこんだ。

『波止場浪漫』十七の春八月二〇日
「おけんさんは次郎長さんの娘だってね。どんな人、でした、次郎長さんて?」

「どんなっていわれても……そう、子供みたいな人でした。七十四で死ぬ間際まで、清水港を開港するだの、山田長政の碑を建てるだの、とにかく、これとおもったらまっしぐらで……そうそう、最後にはカラムシ畑をつくろうってね、それはもう夢中になって……」

「その畑、どうなったんです?」

「どうもこうも……お父ちゃんは死んじゃうし、シナとの戦争が始まるし……」

「おっ父も死んだんだって、シナの戦争で」

「え? いすゞさんのお父さんが?」

「昔はそう聞かされてたけど……嘘サ」

「嘘?」

「おっ母は嘘つきだから」

　いすゞはそれだけいうと、突然いらだったように「帰っとくれ」とけんを追いたてた。

「ではいすゞさん、わたしも帰りますね。こまったことがあったら、わたしでも、植木先生でも、遠慮なく呼んでください」

　けんは廊下へ出た。歩きだそうとして耳をそばだてる。

　いすゞがうたっていた。

「春は名のみの　風の寒さや　谷の鶯
歌はおもえど　時にあらずと……」

●大正時代のからむし　大苧産が最良

　植物学者の田代安定は、当時日本占領下の台湾の台北市にて、一九一七(大正六)年に『日本苧麻興業意見』という単行本を発刊する。以下に抜粋する。

「沖縄島民は苧麻栽培に対しては特殊の技能熟練性を有し最良の繊維を生産して之を上布原料に供しつつあり而して其頗《すこぶ》る奇に堪へざる一習慣として特記すべき点は沖縄国頭地方及び北谷、読谷山の両間切にして其栽培法は他の諸島国と一種趣きを異にし普通一般に苧麻は多く山畑地に種植せる農作物なれども該地方に於いては海岸接近地等の空広たる平野畑地内に栽培し硬質の赤埴土に多量の肥料(良好堆肥)を使用し全く肥料の力に依りて最良繊美の繊維を生産せしめつつあり且其整地耕転手入に精細なる意匠を凝らし一種の専門的栽培法行はれ居れり而して此他の地方に於ては点々少量づつ栽培するに過ぎす。

　同県下宮古、八重山の両群島は前述の如く彼の有名なる先島上布の生産地たるに関わらず、其原料たる苧麻繊維は全部右北谷、読谷山地方に仰ぎつつあり故に該繊維は非常なる貴重品として取り扱はれ其価格亦我が内地等の数倍以上なり　而して紺上布は宮古島の特産とし、白地紺飛白及赤錆色縞は八

重山島の主産物と為せり。
宮古島は台湾の澎湖群島に類似せる平坦の珊瑚礁より成立つものにして人口顆多既己に耕地面積に剰余なしと雖《いえど》も八重山群島は面積広大にして人煙稀疎顆多の草原林藪不毛地を余まし加ふるに土壌沃饒にして嘗《かつ》て苧麻を栽培せし形跡に就て調査するに茎の長殆ど一間以上に舒暢し台湾生蕃地以上の好収穫ある部分多し故に向後同島に之が栽培奨励を施行するときは同島の一大主産物と為るべきは無論にして亦一方には其名産たる先島上布機業の発達上著大の救益を呈するならん」

台湾総督府内南洋協会台湾支部から一九二二（大正十一）年に発刊された名著『苧麻』は加藤清之助による。本書にも日本国内、台湾等の当時の苧麻生産量（統計）が集録されている。

この本には「福島県の苧麻産地は大沼及び南会津の二郡にて、前者は五十数町歩、後者は三町歩内外に止まる。而して大沼郡の苧園を有せるは野尻と大芦の二村なるが大芦の産を最良とせり」（四十二頁）とある。

沖縄県については田代安定の前述書を引用している。

産地構造として、越後上布生産地と野尻組（大芦村、野尻村等を含む現在の昭和村）は会津藩に属し、時に野尻組は幕府直轄領の南山御蔵入であった。野尻組等で栽培製織された原麻（苧麻）は越後に移送され、越後上布となる。加えてアサが大量に栽培され、原麻を売った後に蚊帳地の布を織りそれを売っている。

東北南部、新潟の近世での苧麻生産は、会津（野尻組）や米沢等の大量の苧麻が越後に運ばれ、糸にされ、布が織られた。しかし越後でも地苧といって自家生産の苧麻畑が近年まで存在している（渡辺三省『越後縮布の歴史と技術』小宮山出版、一九七一）。

奥会津の野尻組（昭和村）では、アサを栽培しそれを糸にして布を織った。からむし原料のみの取引（販売）を目的とした生産であった（少量、自家用に苧麻を使用することはある）。

会津地方におけるアサ取引の中心地は、中世から近世、明治期まで南会津郡伊南村（南会津町）で、野尻組西隣村である。伊南村に集められたアサ原麻・糸・布は、関東地方・江戸・名古屋・近江・京都・大阪を販路としていた。

そして苧麻のことで気になるのは、東北の苧麻栽培中心地のひとつでもある米沢の藩主・上杉茂憲が県令として明治期に沖縄県に赴任していることである。

●大芦村　伊之重のアキナイ

このところ雪の始末が大変となり、土蔵や小屋、母屋の解体が村内各地で行われている。

この夏、大芦字干場の五十嵐英明さんから連絡があり、土蔵解体のため保管文書類の調査の依頼があった。村教育委員会の根本さん、からむし工芸博物館の吉田さんと八月十六日、二十三日に訪問し調査した。この土蔵は九月上旬に解体された。

一八八九（明治二十二）年、大芦村が誕生した時の初代村長である五十嵐伊之重（いのじゅう）の生家であり、その遺品等が確認できた。現在、内容を精査中だが、途中経過として何回かに分けてお知らせする。残された資料は、伊之重の父の直重《なおじゅう》が書いた帳票類が十点ほどで主体を占めていた。幕末から明治期の奥会津では名前の末に「重《じゅう》」が付くことが多く、我が家の同時代の祖先は菊重《きくじゅう》といい別名を重兵衛と名乗っていた。

伊之重の子孫である故・英盛さん（英明さんの父）に、からむしの栽培技術等について、吉田さんとともに自宅で聞き書きを行い、繰り返し話をうかがっていた。そうしたなかで「伊之重はアキナイッパジやっていてよく東京に行っていた」ということや、伊之重の父親の「又孝《またこう》は、生きているうちに自分の墓を作っていた」ことなどを語っておられた（二〇一三年六月三日述）。

伊之重の父・直重はいくつも名前を持っており、又孝、又右衛門宗則等と記名している。名を複数持っていることは、当時は普通のことであった。

今回、書面を見てみると、幕末から又孝、明治期に伊之重が大芦の産物を江戸（東京）等に発送していたことがわかった。アサ、からむし（青苧）、マユ（繭）や、湿菌（シメジ）塩漬けなども買付、発送していた。からむしは越後（新潟）へ、シメジは東京・神田鎌倉町の伊丹屋鈴木善助商店に発送していた明治十年代と推察される木札が残っていた。裏には「道中安全」と墨書されている。

一九〇三（明治三十六）年の四月から読売新聞に「渡世のいろいろ」として伊丹屋鈴木善助商店が紹介されており、二十二軒ある乾物屋のうち二番目に古い（創業は文化文政頃）としている（『実業の栞』の引用文献の中に読売の記事あり）。江戸時代後期の文化年間に会津藩が編さんした『新編会津風土記』巻之八十二「野尻組」には、平地があり水田も多いとし「村民耕作ヲ業トシ、又　麻ヲ植テ余産トス、山中ヨリ多ク諸菌ヲ出ス」と記している。これは特に大芦村がキノコの産地であったことを示すものである。その多くは干して軽くして出す産物（ゼンマイ等）だが、キノコ類も塩漬けして出荷していたことがはじめてわかった。塩が貴重だった近世（江戸時代）よりも交通事情が改善され自由に物が販売できるようになった明治時代の特徴がうかがえる。

当地の物産を集め他所に販売していた伊之重が村長職に就くと、喰丸にあった大芦村役場への通勤の日々となり、商売は父の直重が引き継いで行っている。この明治二十二年から三十一年頃までの直重が記録した帳票類がたいへん貴重な資料となっている。

「青苧仕入帳」は一八九三（明治二十六）年のもので、直重の記帳である。五十嵐家には一八八六（明治十九）年に撮影された家族写真が残っている。ガラス乾板の古い写真は昭和村では最古のものである。写真の右が伊之重、子の伊英、父の直重、子のオハツである。

●上平　菅家和孝家文書より

二〇一四年六月十八日、私は小野川分校（現生涯学習センター）にて、奥会津大学「地域（集落）の調べ方」を担当した。五年目になるこの講座は、実際に集落を歩きながら先人の遺産を調べ、考えるというものである。これまで只見町、昭和村下中津川、小中津川、大芦、大岐等を歩いた。

今年は小野川集落を訪ね、午前中に雷神社前、大乗寺境内、地蔵堂、阿弥陀堂、五輪塔、三島神社（御伊勢の宮沢、後沢―お城沢）、名主家とアカマツ、権現様供養塔群を見た。午後はその解説と、参加者とともに地域の調べ方を話し合った。村内外より三十名の参加があり、埼玉県・群馬県・栃木県からの参加者もおられる。

この講座で、六月十日に下中津川上平の菅家和孝さんから提供された史料について読んだ。講座には和孝さんも参加された。

一六四年前の一八五〇（嘉永三）年四月に建てられた土蔵（大工　金左衛門）に収蔵してあった和孝家祖先の書いた資料のなかに、「明治三十年　家屋建築木割帳」があった。一一七年前の一八九七年に家屋と別な土蔵ひとつを建てた際の記録である。このとき建てた土蔵は昭和二十六年の下中津川大火後の復旧活動のなかで、類族家のオーハラ堂脇に解体移転された。上平は火災をまぬがれた。

この家屋建築木割帳の後段に、明治三十年夏の農作業についての手間書きが残されていた。内容を見ると、手間頼みした人の名前、いつからいつまで、のべ何人役か（給料を支払う）、その作業内容が記録されている。

家人で働くほかに、忙しいときに人を頼んだと思われるから、これ以外に家人労働の開始時期、畑からの採取などもあることを見失わないで読む。

からむし引き、アサ切り、乾燥したアサを水でうるかして（水に浸して）アサ引きと連続していることがよくわかる。以下、史料の翻刻を示す。

明治三十年、青苧引手間
青苧（あおそ、からむしのこと）引手間
旧　七月八日与利（より）
一、六人役　おかや
同　十八日与利二十二日迄
一、五人役　みくに（※）
同　十八日与利二十日迄
一、三人役　おさん
同　二十一日　あさ切
一、一人役　金一
同　二十七日
一、一人役　一（はじめ）
同　二十八日
一、一人役　寅吉
旧　八月七日
一、一人役　丑松
旧　八月十一日　麻切仕舞（あさきり・しまい、終了したこと）
一、一人役　一（はじめ）
旧　八月二十三日ヨリ　麻引
九月二日迄
一、九人役　おはや
一、九人役　おかや
一、同　おつね

※六月二十一日に、三島町名入「山びこ」で開催された「よくわかる古文書教室」で海老名俊雄先生に校閲いただいた。特に「みくに」が読めなかった。丹《に》の略字ということである。

●萬用帳

本村大芦の五十嵐正年さん（昭和二十九年生）より電話をいただき、土蔵改築中に文書史料が見つかったので調査してほしいとのことだった。

同家祖先の五十嵐長三さん（慶応元

年生）が、明治・大正・昭和戦前のいわゆる「近代」に自ら収集・関与した商関係取引帳票書類を中心とするもので、推定五百点ほどある。明治後年からの分は、年次別にまとめてある。ざっと見た中では、

明治十年　平井寧静による和漢文真筆・朱印

明治三十二年　諸通帳（冊子）税金等の領収書綴

明治三十三年　萬用帳　いわゆる家計簿

大正十五年　玉川水力電気発電所電気料領収書　等がある。

　今後、時間をかけて詳しく調査するが、長三さんがていねいに帳票類の保管を日常的に行っていたこと、それを子孫の方が現在まで保存していたことに感謝する。近代の暮らしの実相が復元できる良質な資料群である。

　大芦の五十嵐正年家文書（近代史料群）は未整理だが、一九〇〇（明治三十三）年の一年間の出費の記録帳があった。表題は『萬《よろず》用帳』、その十二月二十四日の項目に、「つむ二本、十二銭」で購入した記録があった。同家では大芦集落のほとんどがそうであったように、アサとからむし（青苧）の栽培・生産をしていた。その「おつむぎわく（苧紡ぎ枠）」（糸車）で使用するための「紡錘《つむ》」を購入したことが確認できるたいへん貴重な記録である。同家の土蔵の織物等に関する資料はからむし工芸博物館に寄贈された。

　この記録を残したのは長三さん。正年さんより五代前にあたる。一八六五年（慶応元年）生まれで、一九四五（昭和二十）年に八十歳で亡くなっている。父は春松（一八四〇・天保十一年生）、母はハツで、長男として幕末に生まれ、戊辰戦争の大芦戦争も三歳で体験し、その後の明治、大正、昭和の戦前と激動期を生きた人である。

　長三さんが三十五歳の時の記録『萬用帳』をよく読むと、その年の生活を再現することができる。まず正月と十月に山之神講割、かんのん講割の費用を出費している。そして四月七日は柳津参小使（春松・ヨシノ）とある。長三の子・ヨシノは明治二十一年に生まれているから、十三参りに六〇歳になる祖父、春松と行ったことがわかる。八月には飯豊（喜多方市）参小使。十一月には熊野講割と出ている。

　また正月十日に天王寺（ノコギリ）の「くるいとり」、四月に「なべいかけ賃」、五月に「桶《おけ》たが　かけかい」、六月に「いかけ」と、暮らしの道具は訪問してくる修理屋さんに依頼して直していることもわかる。かつては道具を繰り返し直し使用していた。「ていねいな暮らし」をしている証拠である。

青苧代金の包み紙

　明治時代の貨幣を包んだしわくちゃの和紙があった。その外側には、二ケ年の青苧《からむし》販売代金と、売った先の仲買人の名もあった。内容については解明中である。

大正七年（一九一八）旧暦七月十三日、五十嵐宅次に売った青苧代金「二六五円の置、五貫目九百匁　代百五十六円三十五銭

**　大正八年（一九一九）旧七月二十八日、五十嵐市太に売った青苧代金「十貫目〇二百目**

三六五円の置　代三七二円三十銭

販売代金を包んで、神棚にでも上げ申したのではないか、と想像できる。百年も前の、こうした紙が残り、当時の村人の微細な行為が見えることはうれしいことである。

織姫体験生でからむし工芸博物館に勤務されていた朝倉奈保子さんが「苧の道」(『会津学二号』二〇〇六年)の二〇八頁にからむしの仲買人について書いている。大芦の一太郎、一太、新六という家系の人が仲買をしている。当時は、百匁(三七五グラム)。大正八年は、からむし一俵十貫三万八千円、米一俵が十円六十銭の時代であった。

年次別に帳票類がまとめられ保管されていた

●大正時代の大芦青苧

下中津川の本名信一さん所蔵文書綴を見た二〇一三年二月に、以下の資料を確認した。

陳情書

本村ハ僻輒《ちょう》地ニ位シ殊ニ当区ハ尚山間部ニシテ交通ノ不便ハ免カレズ為ニ貨物ノ運輸ハ勿論需要品供給及経営等ニハ一層打撃ヲ受ケツツアルノミナラズ、曩《さき》ニ洪水ノ被害甚シキ上ニ気候一変シテ凶作ニ遇ヒ漸次疲弊ニ陥リツツアルハ憂慮ニ堪エズ。

以来青苧ハ地方唯一ノ物産トシテ製造法ニ努力シ吟味ヲ加ヘツツアル結果大芦青苧ト世ニ知ラザルハナク　相場モ当区ヲ標準トシテ販売致セリ、亦《また》商人モ当区ニハ先駆ケ入込シカ　水害打撃ハ地方ノ不況金融ノ疎通各方面ノ影響尠少《せんしょう》ナラズ、

現ニ昨年ヨリ地方特産モ俄然暴落ヲ来シタルニアリ、是一時ノ影響ナリヤ否ヤ

視察ノ必要ヲ認メ　昨秋本村及野尻村ヨリ各一名宛　勧業視察員トシテ新潟県小千谷地方ノ縮布製造場ヘ派遣シ深ク状況ヲ視察セラレ　其結果地方唯一ノ特産トシテ従来ノ如クニ奨励スル見込ナキ状況ヲ斎ラサレ　将来ハ第二、三位ノ物産ニ着眼シテ精製スベキ上ハ価値ナキニ非ザル状想フニ最底額ハ茲《ここ》ニ止マリタルト思ヒ　然ルニ本年ハ昨年ヨリモ更ニ四割ノ暴落ト接シタルニ至レリ、

故ニ地方ハ収入ノ途モ殆ト杜絶　其不況ハ人心ノ気力ヲ失フト共ニ　区民ノ疲弊困憊《こんぱい》ニ益々杞憂スル所トス、

要スルニ現在ノ処　一家経営上　何分ニモ収支償ハザル状　従テ諸税ノ滞納者　著シク増加スルハ現世ノ進運ニ伴ヒ国費及地方費ヲ膨張シ其負権ニ苦シミツツアル関係モ幾部ハアレド主トスル点ハ特産暴落ノ基因ニアリ、

茲《ここ》ニ地方発展策及今日ノ救済前後策ハ目前ニ迫リ現在九拾余戸ノ区民其九分通リハ涕《なみだ》ヲ注キツツ窮境ナレバ現状ヲ照シ本村経営当局者ハ一刻モ早ク経営前後策ニ付適切ナル方法ヲ構セラレ依《よっ》テ内実ニ及詳細ナル調査ノ上監督官長ニ具申シ以テ一部救済方法ヲ樹立セランコト茲《ここ》ニ区内有志一同連署ノ上　陳情シテ止マズ。

大正四年九月三十日

大芦村大字大芦有志

皆川彦三、五十嵐小重、五十嵐新太、五十嵐徳次、星甚六、星文七、星源一、金子藤次郎、五十嵐初三郎、

五十嵐春松、五十嵐文三（各朱印押）
大芦村長　星芳太　殿

一九一五（大正四）年の大芦村有志十一名による陳情書である。大芦青苧《からむし》という表現が出てくる。洪水があり、からむし（青苧）の価格が安くなり、大正三年に大芦村と野尻村から各一名、新潟県小千谷の縮布製造場を視察したことがわかる。

この時代背景を見てみる。大正元年四月豪華客船タイタニック号沈没。一九一三（大正二）年八月二十六日に奥会津一帯では大洪水。大正二年は一月から九月まで会津各地で洪水が発生。参考まで小野川の大岐では村鎮守の石段の三段目まで浸水している。二月、桂内閣総辞職（大正政変）。五月、会津藩白虎隊士であった山川健次郎が東京帝国大学総長となる。

大正三年、野口英世がノーベル賞候補。岩越線郡山・新津間鉄道全線開通。八月、日本、ドイツに宣戦布告、第一次世界大戦に参加。大正四年九月、野口英世十五年ぶりに帰国。

●大芦宮下　山本屋資料

十月末、星富一さん（大芦中組故人）の居宅・土蔵・小屋が専門業者によりバックホーで解体され更地になった。村内では冬季の雪による破損などがみられることから、この数年、空き家の解体が各所で行われるようになった。

これまでは村の公民館（教育委員会）へ村内家屋解体処分の際の立会要請があり、実際には、からむし工芸博物館の吉田有子さんが文化財保全の担当として現場に立会、百年後に必要となる情報を有した民具資料や書面資料をレスキューしてくれていた。それは小野川分校建屋に保管された。これまで本欄に掲載された新資料はこうした資料救出・保管によるものである。

十月二十四日に、福島県立博物館（会津若松市城東町）で、文化財講習会があり出席した。ふくしま歴史資料保存ネットワークの阿部浩一福島大学教授が「未指定文化財の保護について」として講演された。要旨は、日本の文化財保護法は「本来、指定・未指定というものを区別していない」「特に行政側は未指定のものは文化財と認識しない」ために、人々の暮らしを証明する貴重な文化遺産が消滅し続けている、というものであった。具体的には七年前の東日本大震災により未指定文化財の多くが地域から大量に消失して、地域の歴史が認識できなくなってしまった事例を紹介された。

十月十一日、私は、生業のかすみ草生産の関係で、千葉県幕張メッセで開催されている花の展示会ＩＦＥＸの会場にいた。ファーマーズカフェ大芦家の佐藤孝雄さんから連絡があり、星富一さん宅が明日から解体作業が行われること、そのために県外居住の関係者が昼食のため大芦家に立ち寄られ、孝雄さんが土蔵内の書面の一部を預かったので見てほしい、ということであった。

孝雄さんから資料類を預かり、内容を確認した。農作業の合間をみて、大芦のコシマキ墓地の富一家の墓碑名を写し、また小矢ノ原（江戸時代は小屋の原と表記）の忠魂碑文を写した。県外の関係者の連絡先を孝雄さんに調べてもらった。

富一さんの子で千葉県内に住む定さんに資料調査の概要を郵送した。定さんからの手紙で富一さんの長男・邦英さんの連絡先を教えていただいた。その後、有志のからむし文化の研究者らを集め、今回の資料の検討会を開いた。

　かすみ草栽培のパイプハウス解体作業が一段落した十一月、栃木県内に住む星邦英さん（昭和十五年生）に電話をした。資料の概要は定さんから転送されていたので、いろいろと現況をお伝えした。

　星富一家の資料は、江戸時代末から明治・大正・昭和初期の資料群で大福帳が主体である。それには「大芦宮下　山本屋」とした表題が多いことから「大芦宮下　山本屋文書」とした。星幸八（一八四〇・天保十一年生）、菊次（一八八二・明治十六年頃生、昭和三六年逝去、七十九歳）が作成した同時代資料であった。

●大芦山本家資料　二

　二〇一七年十二月号で紹介した大芦山本屋の資料について紹介する。

　まず、鎮守社の石燈籠について書面がはじめて確認された。

（表紙）
明治二六ヨリ七年迄　諸雑費手扣
（控）
石燈籠　一個
旧　四月五日　立マイ（建前）
（二枚目）
石燈籠一
一、金四十五円　外、白米二石五斗
石工　切ト
石工　棟梁　村　五十嵐吉重
村　星　作次
中川村　鈴木元吉
同　栗城浅次
（三枚目）
石割引立ル迄
惣人足手間　五六七人五分
一、金　十五円二銭　諸掛リ　雑費
一、金　六十三円三十三銭　寄付金
惣受高

　これは現在の大芦中組にある大山祇神社参道石段の右側にある、石燈籠建立の経費等を示したもので、燈籠に刻字された明治二十七年とも合致している。寄付を六十三円集め、支払が石工に四十五円、諸掛かりが十五円、白米等で差引が無くなる。

　注目すべきは石工の棟梁が大芦の五十嵐吉重で、石工として星作次、現在の金山町の中川と思われるが、そこから二名の計四名で刻んだということである。

　現在残る石燈籠基部に世話人の刻字がある。そのなかの星三次が、この書面の記録者と思われる。山本屋の三次はこの後、日清戦争に従軍し明治二十八年八月に鳳凰城で病死している（小矢ノ原の忠魂碑裏面二列目。大正六年建立）。三次は、輜重《しちょう》輪といって兵站の輸送を担っていたと思われる。

石鳥居　一七四七年（延享四年）
左の石燈籠　一八三三年（天保四年）
石段　一八八一年（明治十四年）
右の石灯籠　一八九四年（明治二十七年）

　星甚英先生が『歴史春秋』誌に大芦の石段について文章を寄せている。通常は石取山の石を大芦では利用しているが、この石段は舘垣山（九〇八メートル）のものを利用した、としている。

こうした戊辰戦争で焼失した村中心部と、その鎮守の整備が進むことができるのは、背景にからむし繊維の販売による村の充実があるといえる。山本屋は戊辰戦争で焼失しなかった。

●大正時代、からむしの試作依頼「台湾青心」

会津高田の福島県大沼郡役所から野尻村長宛に一九二五（大正十四）年五月四日に出された公文書が、下中津川の本名信一さん宅保管書類から確認された。朱枠の印刷されたうすい紙に、カーボン複写されたものである。

十二日の野尻村役場の受理丸印が押されている。加えて毛筆での二十二日付、村長の本名一作宛関連信書も一緒にあった。

早速内容を見てみよう。

大沼郡書記から野尻村村長に出された「苧麻《からむし》試作方依頼之件」という一枚の書類は、上意下達調で県が村に命令する内容である。

台湾青心（たいわんあおしん）というからむしの品種を野尻村で植え付け、五年間生育状況等を郡役所に報告せよ、というものである。

繊維工業が勃興して、剥皮などに機械力を利用できるものを台湾自生品種から選定し、これを栃木県の試験場が二ヶ年栽培したもので、それを麻類の生産地である野尻組でも試作してほしい、というものである。

この台湾が原産のからむしの試作は実際に行われたのか、今後調査が必要である。

これまで明治・大正時代の政府や南東諸島におけるからむし生産の動きを紹介してきた。古い時代ほど、国際的に品種が行き来していたことがわかる。農業という分野では、地域の環境を生かすために作物を選ぶということにおいていつでも開かれており、大芦からロシア・グルジアに行った事例を含め、栽培指導にも国を超えて行き来していた。歴史的に閉鎖的ではない時代がほとんどであった。開かれた産地というのが生き残る産地の前提になる。

ここで現在、からむし工芸博物館の庭に植え付け展示されている「世界の苧麻園《からむし》」を見てみる。

ここには世界の自生原種のからむしがあるが、中国、朝鮮、台湾、ブラジル、フィリピン、石垣島、国内の試験場が育成した六十四種類がある。この根株は岡山県の麻紡績会社のトスコ（東洋繊維）から博物館開館時に提供されたものである（同社は二〇〇八年に倒産、会社更生法申請・上場廃止、二〇一四年四月に更正手続きを終結している）。

この中に、本件に関しては「青心一号」「細茎青心種」「細茎青心種五」「台湾青心種」「台湾新竹青心種」などがある。来春、雪どけ後に、また芽を出すので、ぜひ観察していただきたい。

特に中国政府は三〇年以上前に同国内で栽培されているからむしの調査をしているが、湖南省を中心に一千品種以上、確認している。からむしはチャイナ・グラスという別名があるように原産地は中国である。

●昭和十七年のからむし検査

二〇一四年暮れに、からむし工芸博物館の吉田有子さんから、下中津川上平の菅家和孝さんの新しい史料が出てきましたと連絡があった。

それは一九四二（昭和十七）年の史料であった。

内容は、昭和村産のからむし（苧麻）は等級別に選別し販売してきたのに、今回の規則では一律の価格となること、その検査は選別した等級を無視し、価格に反映されず無意味である。今後の取引にも大きな支障が出るので、この検査は免除することを要請している。これはからむし産地である誇りを持ち運営してきた地域を護るために、今回の県からの指示については抵抗することを示したものである。すでに前年の昭和十六年には太平洋戦争がはじまっており戦時下の統制経済になっている。

本史料は提出したものの控え（写し）だと思われる。

大日本帝国政府の罫紙二枚には以下のようなことが書かれている。

在来苧麻検査免除申請書

一、種類　特殊在来苧麻

一、数量　壱千六拾壱貫

一、荷造　筵包本荷造リトシ一個正生八貫匁入リトス

一、仕向地　東京日本原麻会社

一、事由　昭和村産在来苧麻ハ数百年以前ヨリノ在来種ニシテ、所謂特殊青苧ノ名称ニ有之、本年五月二十一日県令第四十三条ニテ定メラレタル福島県繊維農産物検査規則第一条ノ苧麻トハ全然品種ヲ異ニシテ検査施行ノ範囲外の繊維農産物ナリ。

則ち農林省指定価格ハ上中下等ノ区別ナク、一律ノ価格ヲ以テ取引セラレルモノナルヲ以テ、無意味ノ検査ト相成ルベク、仮リニ検査実施ノ上、与位ノ等級ヲ格付相成ルモ、其ノ等級相当ノ価格ハ何処ノ指定及ビ標準ヲ以テ決定致スベキヤ。

誠ニ困惑ヲ来シ、且ツ取引上ニ大ナル支障ヲ生ズルニ至リ申スベク候。依ッテ、検査免除ヲ申請スル次第ニ御座候。

右、福島県繊維農産物検査規則第九条ニ依リ、検査免除相成度此段及申請候也。

昭和拾七年九月弐拾九日

大沼郡昭和村大字下中津川字町入□六拾参番地

保証責任昭和信用販売購買利用組合

組合長理事　東原善六

福島県農産物検査所長　北川角弥殿

この史料と同じく、菅家一喜さんに宛てた九月二十八日付昭和村農会の封筒での信書（手紙）があることから、一喜さんが供出麻類を宮下駅から十一月十日、二十日に出荷したものだということがわかる。その史料を最後に紹介する。当時の具体的な内容が示されている。

現在の歴史学・民俗学は定量化を行うようになっている。たとえば炭焼きをしていた、というのではなく、一回何俵とれる炭窯で何日おきに出したか、一ヶ月で何俵焼いたか、などと具体的に記録を残すことが求められている。そうした意味からも今回の史料は昭和村にとって、たいへん重要な貴重な記録である。

精麻は、引いて乾燥したアサと思わ

れる。屑《くず》麻（アサ）はアサのオクソ。殻剥はカラッパギ（からむしの外皮で引かないもの）。在来苧麻が、現在も村内で栽培されているからむしである。本資料の残りの部分には以下のことが記されている。

昭和十七年十一月供出
精麻　一二二一貫六〇〇匁（一等一五九、二等二五〇、三等七五〇、四等二四五、五等一三二、外六三で一二一九。検査料二四、三八）
屑麻　一一七〇貫〇〇〇匁
殻剥　八〇貫〇〇〇匁
在来苧麻　五〇貫九七〇匁（六個、五四斤五個、五〇斤一個）
十一月二十一日出荷□

●太平洋戦争

　二〇一三年から昭和村公民館等で開催されている「昭和学講座」で、本年九月四日、野尻元町の佐藤庄市さん（大正十二年生、九十一歳）による講話「語り継ぐ戦争体験　死線をこえて」があった。昭和十七年に出征し、昭和二十一年五月十五日に無事に帰郷されるまでのことを、本名幸平教育長との対談のかたちで語られた。

　庄市さんは平成十六年に『戦争のない世界を　太平洋戦争　決死行』（百十頁）を奥会津書房から自費出版されている。

アカソ等の供出

　さて、戦時中の昭和村では、「よくアカソ（赤苧、あかそ）を採らされて供出した」と村人からよく聞く。アカソは山道の道路沿いや水路脇などに自生している植物である。昭和村（野尻組）ではアサ、からむしは畑で栽培・生産しているが、アカソは野生の植物で繊維を採ることはあまりなかったようである。しかし物資不足の戦時中には様々なものを野山から採取したことが知られている。また最近ではアカソのカラッパギを編み組工芸品の素材として利用することが普及し、見直されている植物繊維である。

　本年の六月二十五日、七月五日、八日、二十日と下中津川の本名信一さんが所蔵している繊維に関する文書資料を閲覧・調査した。その中から、今回は、戦時中のものをいくつか紹介する。

　信一さん宅は江戸時代に名主を務め、その後も地区の役宅であったこと等から様々な資料を代々保管されている。下中津川大火の際も、資料は土蔵におかれたため火災から逃れた。

　当時の資料を残された信甫さんの昭和十九年頃のノートには、「松根赤松ノ優良ナルモノヲ期間中ニ（八月二日迄）出ス事」とか、「三三七五部隊ヨリ依頼、麻種（四斗）・精麻（三十貫目）・シナ皮（八貫目）十五日迄。一戸平均五十匁。麻種余分ニ取ル事」とある。

　また、手書きで筆耕したガリ版（謄写版）印刷の回覧も数点保管されていた。

　資料は、「戦時繊維非常増産ニ付左記ノモノヲ取リテ下サイ」とあり、
「桑皮、長サ二尺五寸、剥《は》グ時　切レタルモ差支ヘ有リマセン」
「アカソ、今迄通リ、乾茎ニスルノデス、今カラ刈取ッテ下サイ」
「藤皮、長サ三尺、黒皮付デ結構デス、之モ取ッテ下サイ」
「シナ皮、木ヲ見付ケタラ剥デ下サイ」

「ヒマノ木、実ヲ取終ッテモ、捨テナイデ下サイ」
以上沢山オ願ヒ致シマス。第一区。

その他、昭和十九年九月に昭和村農業会が出した回覧「麻屑供出ニ就テ」、十月十五日の「屑麻持参方ニ就テ」などがある。これには次のようなことが書かれている。

「麻屑でも捨てないで昨年の様に、洗って出して戴きます。人的不足の折柄、誠に御苦労様とは存じますが、こうして寸暇をさいて供出致しましたのが、第一線に於て勇戦奮斗せられます皇軍将兵の決戦衣料品となり又其の一部は各位の可愛御子様方の学童服として還元配給せられますから価格と人的資源とを克服せられ恩を第一線或は決戦衣料品に致されまして一貫匁でも多く供出して戴く事を念願致して居ります。尚、価格の点は大体昨年単位となります。」

以上紹介したことからわかるように、戦時中のモノ不足の時ほど、野山の植物が見直された時代はなかったのである。マツの木の根から油を取り、様々な植物から繊維を採る。またこの時代、日本政府が苧麻（からむし・ラミー）の種子を国内すみずみに配布し、その作付けが行われている。軍服用の繊維として供出させた。昭和村では種子からからむしを栽培することは行われず、株（根）分け法が定着している。

●日本政府の産業用からむし政策

『麻の知識』『東洋繊維五十年史』等により、日本のからむし産業の推移を見てみる。

明治二十年代に約二千トン生産された国産のからむし（青苧）は、明治末には四十トンに減少している。

大正年代、からむしの国内生産は減少するが、折から軍需景気に沸く亜麻紡績の刺戟をうけ、従来の手紡ぎ家内工業から企業化への気運が盛り上がり、苧麻紡績会社の設立が相つぐ。東洋麻絲紡績株式会社（現トスコ株式会社）の設立は大正七年である。原料の殆どは中国産苧麻で、年間輸入量は一万トンである。からむし（青苧）が苧麻とよばれるようになったのは、中国や台湾からの輸入が増えたこの時期からである。終戦後、昭和三十年前後から各方面で輸入した苧麻はラミーと呼ばれることが多くなる。トスコが収集した苧麻品種は佐倉のからむし工芸博物館の苧麻園に寄贈されている。

大正六年、農商務省は栃木県農事試験場において鴛海文彦技師によって、苧麻の国産化の各種試験が開始される。品種は、南方系の比較検討が行われ、大正十二年に台湾系の白皮種の成績が最も良いことが確認される（この白皮種は後年宮崎農試川南分場で選抜された細茎青心種と共に、日本の二大品種として生産の拡大に大きく寄与）。一方、適当な剥皮機がないため繊維の採取は専ら手工に頼っていたが、フランスで開発されたフォール型剥皮機を原型とする国内向け改良型が完成する。

昭和四年には暖地に於ける苧麻の試験を行うため、宮崎県農事試験場・川南分場が苧麻指定試験場に追加指定され、ここに国産苧麻の推進をする。

昭和の初期における国内苧麻紡績業

者は、東洋麻絲紡績（現トスコ株式会社）・東京麻糸・帝国製麻等七社で、中国産苧麻を使用し、国内産は昭和八年で僅か一六〇トンと需要量の一％程度であった。

そこで七社は、軍需品としても将来その発展を期すべきものとし、原料苧麻の国産化を農林省に対し陳情する。それを受け、昭和九年に苧麻生産奨励金交付要綱が制定され、苗圃の設置、苗・剥皮機の購入等に対する助成策が実行される。生産は漸次拡大し、北は山形・宮城県から南は鹿児島県に至るまで三十数県に亘って再び栽培されるようになる。

昭和十二年、日支事変が始まると麻類の需要は急激に増加し、昭和十三年の国内苧麻繊維は総じて軍需品や漁網糸用に供出するよう統制され、昭和十五年には重要国策として麻類の計画生産が行われる。苧麻については六千トンの生産目標が定められ、各種増産奨励施策が強力に推進された結果、生産量は飛躍的に増加し、昭和十六、十七年には五千トンを超す状況となる。しかし終戦時における苧麻の生産は最盛期半減の二、六〇〇トンへと減じ、昭和二十二年には四四〇トンと、昭和八年に本格的奨励を始めて以来の最低となる。

終戦後の経緯

戦後は苧麻の用途も民需や輸出に切替えられて、シャツ地・服地・生尺地・芯地・蚊帳・漁網糸・縫糸等として需要の拡大をみる一方、輸入原料が無くなり、国内産の減少等もあって原料が不足する。東洋繊維（現トスコ株式会社）・日本繊維・東京麻絲・鐘淵紡績は農林省に対し、再度、国産苧麻の増産施策を陳情する。

苧麻の栽培地は年と共に漸次北から南に移動し、中でも九州南三県（熊本・宮崎・鹿児島）がその生産条件に好適することもあって全国生産量の大半を占める趨勢にあった。東洋繊維は主産地であるこの南九州地区を推進基地として、昭和二十二年に熊本市立田山（一二〇町歩）に苧麻の試験農場を開設した。品種改良や栽培に関する試験研究を行って苧麻生産者を啓蒙し、ほぼ同時期に開設した熊本・宮崎出張所の活動と併せて増産意欲の向上に努める。

昭和三十年には四千トン近い生産量を挙げるまでに回復するが、麻業界は不況。昭和三十二年には、原料苧麻はまたまた不足する状況となり、農林省は、過去の経緯を踏まえたラミー増産指導要領（苧麻が公式に初めてラミーと呼ばれた）を新たに作成した。需要四社（昭和二十九年に鐘紡に替わって帝国繊維株式会社）の国産ラミー優先買付を条件として、一六八〇町歩の限定面積によって三千トン（当時四社の需要量約四千トン）の生産を目指すこととし、昭和一七年設立以来、国産麻類の増産活動を行ってきた植物繊維生産協会に、ラミー生産合理化推進協議会を設置する。

しかし、昭和四十一年には百トンを割る状況となり、昭和四十五年の八トンを最後として、産業用の国産ラミーは全く姿を消す。現在では中国が栽培の主産地となっている。

●戦時中の「アサ・からむし」

広島大学の垣根嘉弘さんが『経済論

叢』（二〇〇三年）に発表した論文「農地作付統制についての基礎的研究（上下）」には、たいへん興味深い事実が記されている。

一九四一年から政府は臨時農地等管理令を決定し、「不急農作物の制限・禁止」を開始した。田の主作としてイネ以外を禁止、畑作の果樹・茶・桑・桐・竹など新植の禁止、畑のスイカや花き類などの作付の禁止である。

これに「アサ・からむし（苧麻・青苧）」は入っていない。

一九四三年になると作付転換が実施される。

一九四四年七月には、「国内繊維資源の確保および国民生活の安定確保の見地より」で、桑・大麻《アサ》・苧麻《からむし》などが徳用農作物として指定され、一九四四年秋冬作より、栽培するための作付割当が九月になされる。つまり軍用に必要な衣類・ロープ類のための繊維原料は作付増加を指示されており、ほぼ全国でからむしが栽培されている。

福島県では、アサが二六〇町歩、からむしが一六〇町歩割当られる。これを見ると、全国の合計でアサが一八、一二三町歩割当られ、実際の利用面積は一二、八〇七町歩で、七一%。からむしは八、二八八町歩・三、一〇八町歩・三七%である。

参考までに、主要な県でのからむし生産の割当を多い順に記してみる。既存の栽培も多いので割当も多かったと考えられる。

鹿児島一、一五九町歩（以下同）、宮崎一、一三三、熊本一、〇五二、石川八〇〇、福岡六三〇、大分三七〇、山口三三一、岡山二九〇、広島二七六、茨城二五七、長崎二一六、島根一九〇、福島一六〇（十三位）、愛媛一五六、福井一二四、山形一〇三、愛知一〇二、新潟一〇一（以下略）となっている。

アサは栃木が五、五一三町歩、長野二、〇〇〇町歩、広島一、二〇〇町歩、新潟一、一八〇町歩等である。

一九四五年八月には敗戦となり、こうした作付がどれだけ実施されたか不明となっているが、繊維作物は供出を含め、生産が義務づけられていたことがわかる。

こうしたなか、果樹産地では株を引き抜いた関係で、神奈川・静岡・和歌山・鳥取・広島・愛媛などでは、戦後の商品生産のための農業再生に大きな影響を与えている。

●からむしを続ける強い意志

困難な時代でも、伝統作物のからむしを続けた精神とは何か、を調べている。家族のなかで、どのような会話が行われていたのだろうか、ということを聞いている。

第二次世界大戦のさなか、そして敗戦。その時期、食料が不足して、昭和村内全域で栽培されていた畑のからむしの根を掘り起こし、ジャガイモなど食料となる野菜・穀類を植えることになった。その際、根は焼いて灰にし肥料にした。

それでも、後に、すぐ畑にからむしの根を戻せるように、山際や、畑のほとり（へり、ふち）に掘った根を並べて「根をやとう」ことが行われた。戦後、それを掘り返して、畑に戻している。

しかし、畑のまま、からむしの根を維持し、強い意志を持ち栽培を続けた人々が大芦では数軒あった。五十嵐善良さん宅、そして皆川吉三さん宅等である。

一月末、からむし工芸博物館の吉田有子さんらの調査に同行して大芦赤田の五十嵐善良さん（昭和十三年生）宅を訪ねた。

重要な話をいくつかうかがった。柳津町芋小屋から大芦に婿に来た文三《ぶんざ》さんは、昼休みをせずに、植林があまり行われていなかった当時の大芦で、山に杉の木を植えたそうだ。働き者の文三爺《じい》は善良さんのひいおじいさん（曾祖父）である。幕末から明治、昭和時代にかけてのことで、長生きされた。

この文三爺は、常日頃、家族に「からむしだけは無くすんなよ」と言っており、善良さんも、それをいまも覚えているという。

皆川吉三さんの父は善次さん、母はハツ子さん。祖父は仙次さん、祖母はヤノさん。昭和十二年生まれの吉三さんは、戦中・敗戦時、小学生だった。「からむし、なげる人があったら、ナエ（根）をもらっておけよ」と、いつも家庭内では言われ続けたようだ。「からむしを畑から掘り上げ、その根を捨てる人があったら、その根をもらっておきなさい」というものである。

その理由は「を・からむしで一年の生計をたてていたから」と吉三さんは語る。「を」とは、アサのことである。「を（アサ）」で糸を績み、布を織り、染め、ほとんど自家用の衣類やスキンノウ（ふかしの敷き布）を作った。

しかし当時は現金があってもコメ・食料は買えなかったから、畑にイモなどを植えることが多かった。からむしの収穫が、なぜ一本一本、刈るのか。その長さ（規格）の意味。適した畑の環境なども教えてもらった。

昭和二十七年の村勢要覧

さて、同時代資料で戦後すぐのことを見てみよう。

『一九五一　昭和村勢要覧』（昭和村役場、昭和二十七年三月）に、昭和二十四年の夏の状況として「主要農産物収穫面積及作付農家数」が記載されている。ガリ版印刷（手書き筆耕、謄写版）で、下中津川の本名信一さん宅に保管されている資料である。

水稲農家数六〇八戸、栽培面積約二九〇町歩
あさ　四六九戸、一一五三畝
ラミー（からむし）百十八戸、二六六畝
亜麻《あま》　六戸、一三畝
楮《こうぞ》　二戸、一畝

当時、亜麻も栽培している。栽培経験のある人がまだ生存しているかもしれない。楮は、たぶん松山集落の紙すきに使われたものと思う。

主要物産は、「用材」「木炭」「漆器素地」「苧麻・大麻」「茸（きのこ）」となっている。以下原文のまま紹介する。

◎苧麻（青苧・からむし）は古来より本村の特産物で、越後縮布の原料として、新潟県小千谷町に販出する。大麻は鹿沼麻に次ぐ優良品を産する。

これらの作物は戦時中食糧栽植に転換したので、主産の減少を呈したが近年逐次増植されつつある。

大麻は生産九二〇貫で、この製品の

六十%を村外に販出し、約四十%は自家用に供し、手織で蚊帳地、股引地を生産する。

苧麻の年産額は二〇〇貫で、その大部分を販出する。大麻を縦糸とし、苧麻を横糸にして優良な洋服地を、手織で生産する。これを夏服に仕立てれば、実に瀟洒《しょうしゃ》・冷涼である。

●守り残された資料群

二〇一五年三月十三日の昭和村文化財保護審議会では、下中津川新屋敷の本名信一さん宅を訪問し、同家が所蔵している江戸時代からの文書資料を調査した。

下中津川大火で母屋等は全焼、火災から土蔵を守ったことでその中に保管していた資料が残ったものである。

一九五一（昭和二十六）年五月三日、大岐の父・清一は十八歳で消防団に入ったばかりだったそうだ。大岐の高畠の南のシモワンナ沢で村の人々と春木山（薪伐）をしていたとき、空の異変に気づいた。雪の残るクイナ山の尾根・シカブチまで登ってみたところ、佐倉と喰丸の間にある大仏山から煙が見えたそうだ。「山火事だ」と思ったようである。夕方、その日の作業を終えて村に戻るときに、まだ高畠は雪があって、その雪の上に「燃えた大神宮様の御札」「燃えた屋根のアサガラ」などが落ちていて、はじめて住宅火災だと思ったようだ。

夜七時のラジオでニュースを聞いて、火事は下中津川だと知り、大岐の消防団員はすぐに雪の柳沢峠を越えて中津川に行った。集落はほぼ燃え尽きており、残された土蔵でも、そのなかに火が入ったところを消したそうである。父・清一は消防団に入ったばかりだったそうだ。三日間ほど後片付けに通ったそうである。

大岐では、一九四二（昭和十七）年四月十一日の宮下大火も山から確認している。我が家の父・清一の叔父の福二（中国戦線で死亡）が、まだ応召前に大谷（三島町）の親戚と博士山に登山（堅雪渡り）しており、大谷の方向から煙が上がっているのをみつけたので登山を中止してすぐに家に帰った、というものである。

下中津川大火

昭和二十六年の下中津川大火が、本名信一家文書「火災概況調」で確認できる。

大火後すぐに作成されたと思われるガリ版刷りの報告書である。火事は雪どけ後のことで、母屋、小屋、土蔵内を含め焼けているため蒔（ま）き付ける種子もない。

これから畑に蒔くアサ（大麻）のタネ（種）一石一斗八升を必要としていることが後半に書かれている。当時は、この種子に見合う栽培規模であったということがわかる。尺貫法で一石（こく）は約一八〇リットルのことである。タネ一升で一畝とすれば一町一反歩ほどの面積は下中津川でアサが栽培されていた、ということだろうか。

北西の風風速一五メートル、湿度三度（原文のまま）、温度二二度、快晴。

火元　下中津川字気多渕四八三三の民家、火災原因は取灰の不始末、発火日時は午後二時五十分、鎮火は午後八時三十分。

全焼　公共一〇戸、住宅百二十七戸百十三棟、非住宅五十四棟
半焼　非住宅三十四棟
死者無し、重傷三名、軽傷十四名
罹災者数　百二十七世帯七百九十三人
畜類被害　馬一頭、緬羊三〇頭、山羊六頭、鶏六十三羽、兎八十四羽
仮小屋及び食糧関係：用材無き者八十五戸、食糧無き者七十五戸、精米すれば有り者四十五戸、少し有り者三戸。

農産物種子必要数量調

コメでは、うるち種もみ四石七斗、もち七斗。馬鈴薯二一六四貫目、大豆二石一斗七升、小豆一石八升、大麻(種子)一石一斗八升、そば九斗五升、アワ五斗、ささぎ二升。

農機具必要量として平鍬三五〇、除草器二〇〇、草刈鎌三〇〇、プラウ一〇、馬耕四〇、砕土器五〇、三角ハロー五〇、ナタ二〇〇、スコップ二〇〇、唐鍬一〇〇、小鋸一五〇、斧一〇〇、馬鍬五〇、ホーク一二〇、三本鍬一五〇、屋根屋鋏(はさみ)三

(『火災概況調』より)

●十日町市の多田滋さんの調査記録

二〇〇四（平成十六）年十月二十三日に中越地震が発生、昭和村大岐も大きな揺れで我が家の二階にあった縄文土器も棚から落ちて破損した。避難所等への救援として収穫期にあった自家用のダイコン等を送り、役場職員などが被災地新潟県内へ交替で派遣された。翌十七年の四月に新潟県中里村、川西町、松代町、松之山町が加わり新生・十日町市が誕生した。この震災の影響で平成十九年十一月に清津峡にあった中里村中条の小貫《こつなぎ》集落は閉村した。

小貫は松之山町赤倉から八百年前に移住した人々が拓いた村で、諏訪社を建て御神木のスギを植えた。それが新潟県魚沼地方では一番大きなスギで「小貫諏訪社の大スギ」として新潟県の文化財となっている。

この八月一日に十日町千手コミュニティセンターで、昭和村大芦と大岐が舞台となった記録映画『からむしと麻』（民族文化映像研究所自主製作、一九八八年）が上映され、訪問した。ちょうど十日町市山間各集落でも「大地の芸術祭」が長期間開催されており「青苧・からむし」に関する取り組みも多く出ていた。

三年前の春に十日町市博物館の佐野芳隆館長に手紙を書いて、小貫生まれの多田滋さんの消息を調査した。六月にていねいな返事が来て「多田氏は大病を患い、その後、言葉が出ないようになり、施設に入居されている」。この八月一日に同博物館を訪問したが佐野館長は定年退職し不在で、多田氏の入居施設がわからないままであった。

映画上映を企画している十日町市内の実行委の門脇洋子さんという方を通じて、この十月四日に多田滋さんの入居施設を訪問した。

日曜日午前だったが、多田さんは施設には不在でデイサービスセンターにいるとのことで、そこを訪ねた。応対された職員の方は「多田さんは、今日はベッドで横になっているが、本人に聞いてきます」と言い、「お会いします」とのことで入室した。

訪問意図をお話しし、昭和村来村等について短い時間、対話をした。言葉が出にくいということだったが、単語

は聞き取れ理解できた。

多田さんは昭和六年生まれ（八十四歳）、昭和村には二回か三回、からむしの聞き取り調査で訪問したようである。「引き盤」などの言葉など方言について語られた。御礼を申し上げ、職員の方にも詳しくお話しをして施設を出た。

多田滋さんは一九七〇（昭和四十五）年、三十九歳のときに新潟県の緊急調査で津南町『秋山郷』の民俗調査に参加している。当時は十日町実業高校の教諭だった。長野県境から津南町・中里村・十日町と隣接した自治体史の調査に加わっている。

昭和五十五年から津南町史の調査、昭和六十一年から十日町市史の調査、昭和六十二年から中里村史の調査が続いている。

昭和村大芦に調査に来たのは昭和五十五年から五十八年の五十歳ころだと思う。成果をまとめた『津南町史　資料編　下巻』は一九八五（昭和五十九）年に発刊されている。「苧《からむし》から縮《ちぢみ》まで」の六十一頁を執筆されている。詳細は後に稿を改め紹介するが、麻栽培生産には「ヲ」、からむし生産には「からむし」と付け表現することを明確にしている。「からむし焼き」「からむし引き」という言葉を記録している。

また、新潟県民俗学会の『高志路』二八一号（一九八六年）から七回の連載「越後地方の雪語彙《ごい》」に、雪に関する表現・地域の言葉（方言）を採録した記録を寄稿している。故老の発音・表現にこだわった記録をされている。

昭和村でのからむし栽培は「大芦・両原・大岐・小野川にしか残っていない」としている。多田さんが聞き取りをされた大芦地区のからむし栽培・生産にかかわる皆さんは、星庄吉・五十嵐コウエ・皆川善次・五十嵐光雄・五十嵐ヒソコ・皆川虎之助・皆川ヤチヨ・五十嵐チョウノ・五十嵐スイコの九名である（『津南町史資料編下巻』七八七頁、敬称略）。昭和村では、このような言葉（作業や呼び名）にこだわった記録調査がいまだ行われていない。そのため三十年前に行われた多田さんの「土地の言葉」による記録はたいへん貴重なものである。「はたやき」ではなく「からむしやき」、「おひき」ではなく「からむしひき」という古来からの言葉を残し伝えていくことがとても大切である。

●産地公開で伝えるもの

一九七一（昭和四十六）年に昭和農協に「からむし生産部会」が創設され、一九九〇（平成二）年に「からむし生産技術保存協会」に改組され現在に至っている。

一九八六（昭和六十一）年、第一回からむしフェアが開催され、その後、からむし織の里フェアとして、今年が第三十二回となった。

フェアは毎年七月中旬に、からむし織の里で二日間開催され、からむし栽培圃場の公開も期間中に計四回実施される。村が用意したマイクロバスが二～四台、来村された県外団体のバス数台が随行している。十年ほど前から矢ノ原高原のカスミソウ畑の公開も合わせて行われている。

今年（二〇一七年）は七月二十二日（土）、二十三日（日）に開催された。初日の早朝、公開される大芦のからむし畑を訪問した。保存協会の皆川吉三さんが、見学者が歩きやすいように、国道から畑までの百メートルほどの細い道路を、エンジン式の草刈機できれいに草を刈ったばかりだった。その後、二本の脚を立てる場所に鉄筋の棒で穴を開け、五月のからむし焼きの写真パネルを掲示できる看板を臨時に立てられた。刈り取りは「一本のからむしのモト（根本）からウラ（てっぺん）まで三回見てから、いちばん良いところを刈り取る」と父に教えられたそうである。

見学者が来て、畑を見て、刈り取りを視察後、区長事務所前の仮設テントで行う「からむしひき」の作業のための準備もしている。刈り取り、流冷水に浸け、剥ぎ、また流水に浸けて準備している。

二日目の午前の見学会を取材した。マイクロバス二台、三十余名の一般の方が来られた。あいにく小雨が降っており、傘をさしての見学である。保存協会事務局の舟木由貴子さんが、刈り取り作業概要の説明をされた。その後、吉三さんが、視察者からの質問に答えている。

そして区長事務所前に歩いて移動し、吉三さんの剥ぎの実演。奥様のアサノさんによる「からむしひき」作業が見学できた。

からむし畑の見学会では、からむしが植えてある圃場内には立ち入り禁止である。畑の周囲の土手や道からの見学・撮影である。吉三さんが視察者に次のような説明をされた。

「畑に植えた根がいたまないように、皆さんは中に入ることはできません。私自身も刈り取りの作業では、同じところを歩かないよう、踏み跡が道にならないよう留意して刈り取り作業をしています。またこれは本来、早朝か夕方の刈り取り作業です。このような日中に作業を行うことはありません。刈り取ったからむしが乾いてしまうからです。そのため通常は行わない、刈り取ったからむしにゴザをかけて直射日光を当てないようにしています」。また最後に「糸になることを考えながら、畑の作業、繊維を取り出す作業をしています」。

●縄文時代の繊維

『会津物語』（朝日新聞出版、二〇一五年）は、福島県立博物館（会津若松市城東町）の赤坂憲雄館長の企画・監修で、聞き取り調査・編集が行われた。館長着任より月に一度、木曜講座を担当され、その熱心な聴講生に飯塚保さん（昭和九年生）がいらっしゃる。

保さんは柳津町湯八木沢で生まれ育ち、その後、三島町宮下に移られ、そこで建設会社に勤務後、定年退職、現在は会津若松市城西町でキミ子夫人と暮らしておられる。

三島町宮下の奥会津書房の遠藤由美子さんが保さんから聞いた話がひとつ『会津物語』に掲載されている。

そのような縁から、遠藤さんが関与している会津坂下町塔寺の「ふくしま本の森」において、四月十日の会津学研究会の公開講座で、私は保さんと対談をすることになり、いろいろなお話しを教えていただいた。その後、二十一日にご自宅を訪問し、対談では聞けなかった細部をうかがうことができた。

　宮下から川井、斬伏峠を歩いて湯八木沢から西山温泉に湯治に行くと、帰りに湯八木沢の斬伏峠の斜面から「ミガキスナ（磨き砂）」を必ず集めて、家に持ち帰ったそうである。それで現在のクレンザーのようにナベや食器を洗ったそうで、ナガシ（台所）には必ずあった、という。

　また保さんが子どものころ、戦前のことであるが、湯八木沢の畑でウリ（瓜）類を栽培していたが、その周囲にはぐるりと三尺（約一メートル）幅くらいで繊維植物のアサの種子を蒔《ま》き付けた、という。アサの繊維は冬に使用するカンジキのひもなどにするため必要だったといい、布に織ったということはなかったようだ、という。

　キミ子夫人は宮下生まれだが、アサで畑を囲うのは瓜類を風から守るため、あるいはツル（蔓）が外に這い出さない効果があったのかもしれない、と言われた。

　敗戦となり、アメリカＧＨＱの占領下の日本では、アサの栽培は許可制となり、栽培が減少し続けてきた。かつて昭和村では、からむし畑のウセクチ（根が絶えたところ）にアサを蒔いたり、からむし畑を囲うカヤ（ススキ類）の垣の代わりにアサを蒔いて、アサの垣としたものである。畑の作物を守るというアサの利用のしかたがあることは知っていたが、今回のように野菜（瓜類）をアサで囲うというのははじめて知った。昭和村の皆さんは、そうした経験をお持ちかもしれない。しかし聞き手の問題意識、質問力が無いと、かつての時代の常識でも、現代の私たちは何も知らないままである。

　三島町宮下の荒屋敷遺跡という縄文時代晩期の遺跡から繊維束が出土、ウルシ塗りの繊維も多数確認された。ウルシをこす布が知られているが、繊維はカラムシではなかった。昨年末に、植物分析の結果、これらの繊維は「カバノキの仲間」（ダケカンバとか白樺とか、サクラも）の樹皮繊維であることが明らかになった。他地域でも縄文時代の繊維はカバノキ類が多いことが明らかになった。

　奥会津では「モワダ」と呼ぶ樹皮繊維・シナノキ、オオバボダイジュなどの樹木繊維を利用した歴史は知られているが、カバノキ類はあまり知られていない。

　三月二十七日に都内で開催された公開シンポジウム「日本列島人の起源と成立」を聴講したが、縄文時代の園耕《えんこう》という概念が提示された。現在の印象でいえば家庭菜園のようなものである。農耕というほどでもなく、集落まわりで少量の植物の管理栽培をする、ということである。そのなかに古くからアサ類の栽培とウルシやクリの栽培が確認されている。アサ類は繊維利用のほか、種子を食糧としていたと考えられている。またジュウネン（エゴマ）も縄文時代から栽培されており、この絞った油はウルシ樹液を溶くために使われていた。

●からむし栽培の現在

　米沢苧の産地であった山形県南陽市では、青苧工房の川合ひさ子さんが昭和六十三年に青苧織をはじめ、平成十四年からは南陽市内の青苧生産者など「古代織りの伝統を守る会」を結成されている。『よみがえる南陽の青苧』の著者、南陽市下荻の漆山英隆さんは、「青苧《アオソ》」の商標登録も取得されている。

「からむし」については、山形県酒田市の今野志美子さんが平成二十八年四月に商標登録をしている。

平成二十年から積極的な活動をされているのは、山形県大江町の青苧復活夢見隊（村上弘子代表）で、江戸時代の最大産地であった最上苧の中心地区である。完全に途絶えた栽培を復活させ、糸・布作りのほか、からむし葉を利用して食品加工をしている。昨年、小野川地区のグループが視察に行っている。

かつて栽培したからむしが荒れ畑にまだたくさん残っており、それを掘り上げ、畑に植えている。この地区から新潟県の上越市や、新潟市にからむし根が供給され、新たな青苧栽培の活動がはじまっている。特に新潟市では、凧揚げの綱用の栽培で、昨年から旧・白根市内で作付けされ、今年もさらに畑を拡張している。

食品加工では、新潟県の小千谷二十一企業組合（永島和人理事長）が、からむし葉入りのそば、ひやむぎを製造している。平成二十一年には「青苧」が小千谷市の地域資源として新潟県の指定、国の認定を受けた。「あおそ」の商標登録も取得している。関連して「苧《からむし》」は魚沼市の上村潔さんが「苧手打ちそば」とともに平成二十一年に商標登録している。

平成二十五年十一月には、上越市文化会館において「新潟県からむしネットワーク設立総会」が開催された。「越後青苧の会」（上越市）、「妙高からむし研究会」（妙高市）、「からむし街道」（柏崎市）、「中島屋商店」（湯沢市）、「からむし応援団」（十日町市）が会員である。また平成二十七年には新潟県内で「全国からむしネットワーク大会」も開催されている。

山形県、新潟県ともかつてのからむしの大生産地であった特徴があり、相互に情報交換をして、からむし栽培をもっと日本各地に広めようと活動を積極化している。

アサについては「日本古来の大麻を継承する会」が平成二十三年から「よりひめプロジェクト」を行い、アサ糸を作るインストラクターを養成している。昭和村の織姫体験生を終了された方々も参加されている。アサの栽培は許可制で、新規栽培はたいへん難しいのだが、島根県、岩手県、北海道で新たな栽培地が誕生している。

『手仕事の現在』（法政大学出版局、二〇〇七年）に、手仕事は「それをもって生きていく」ときの「生きる」の意味が違っている。その手仕事で食べていく、生活してゆく、という意味ではない。世の中とは異なる価値観で、より人間らしく生きていく、自然とかかわりながら生きていく、という意味であり、手仕事の選択は、生き方の選択なのである。

昭和村らしい手仕事とは、「小さな手仕事」に価値があるのである。

●オヒキバン

大芦の五十嵐甚内さん（昭和七年生）は木材に関わる生業を営んできた。父は樺太《カラフト》（ロシアのサハリン）に渡航し、木の伐採を十数名の大芦の人たちと行い、その後、帰国して甚内さんが生まれた。山神平のヤマノカミ（ハタ沢）のブナの伐採、土ソリで引きだす作業も行ったという。

明治時代に大芦からはロシア・グルジアにからむし栽培に行った夫婦がおり、そうした地域の伝統が生きている。

甚内さんは、からむしヒギを行う「オヒキバン」を、これまで三十本ほど製作している。栗の木の厚い板で製作するのだが、二十年ほど前から、これまでにない工夫をしている。

オヒキバンが割れるのを防ぐために穿孔し、金属製の棒を入れてボルトを締め、その穴を木で封しているのである。側面に丸い木のフタの付いたオヒキバンは、甚内さんが手作りしたものだ。その話を、七夕の日にご自宅で詳しくうかがった。

「昔はクリの樹を割ってから加工したので、その後に割れたり、木の狂いは出にくい。今は樹の素性にかかわらず機械でセイハン（製材）してしまうので、使用中の乾燥等で割れが出ることがある。せっかく作ったものが割れたりするのは申し訳ないから、現在の木取りしたものでは、よく考えて、ボルトを入れることを思いついた」という。オヒキバンの形状を変えずに強度を保たせる現代的な工夫はすばらしいものである。

さて、大岐の我が家のからむし引きは、強雨で倒されたため七月八日からはじまったのだが、我が父・清一（昭和七年生）にも、オヒキバンについて聞いてみた。昭和四十四年頃に、境ノ沢の上、オオバデエラの斜面の沢にあったトチノキが半分枯れていて、それを清一の父の清次が伐って持ち帰り、割って二枚の厚い板にしたそうだ。それを小野川の渡部廣次（ヒロ爺と呼んだそうだ。定雄さんの家の人）さんが大岐に泊まって、数日かけてオヒキバンを作り出したそうである。小学生の時のことで、見ていて記憶にあるそうだ。

この廣次さんは、大岐に泊まって機織り機の補修をしたり、ハナノキ（カエデ類）で杼《ヒ》を作ったりして、オオアザ（小野川・大岐）にある機織り関係の道具は、ほとんどこの人が製作したようである。

父・清一によれば、春木山で山を分けて伐採したときに、ハナノキがあれば割っておいて、それは後に機織り道具にすると思い、炭に焼いたり燃やし木にしたりせず、保管しておいたそうである。

下中津川の本名信一さん宅の機織機を見ると、明治三十六年正月に、下中津川の「大工鈴木冨次製作」（現在の麹屋）とある。また、ハタノベダイは「明治三十九年二月本名俊造作」と墨書されている。この人は大工ではないのだが、自作され、現在の所有者宅にゆずられたようだ。暮らしのなかで使う道具には、製作者の名前が書かれることはほとんどないが、同時代に生きた大工さんや、手の器用な普通の人たちが手製していることがわかる。道具も手製する文化は、次の時代に引き継ぐ必要がある。

●ヒキゴ等の製作

本社がドイツにあるセレクタ社は、ガーベラやカーネーションの育種をしている。十年ほど前に、新しくカスミソウの育種をはじめた際の日本への導入時に、品種試験を大岐で私が行った関係から「銀河」という命名の提案をして、その商品が現在世界各地で栽培されている。同社は「プチパール」や「ホワイトウィッシュ」、今年になり「グランタスティック」という品種を発表している。切り花部門はスペインのバルセロナ近郊にあり、昨年六月末に切り花部門の代表のジョルディ氏が来村し、カスミソウ栽培の講演をしている。

同社プロダクトマネジャーでコロンビアに住み世界各地の産地を巡回しているフェリペ・ゴメス氏が、八月八日に昭和村役場に舟木幸一村長を表敬訪問した。セレクタ・ジャパンの小縣信也社長が通訳された。コミュニティ、家族、小さな農業の大切さをフェリペ氏は理解していることがうかがえた。同社のカスミソウは名古屋のフクカエン種苗が国内販売している関係から、松永亮課長（三条生まれ）も同席された。フェリペ氏は大岐高畠圃場や村内でのグランタスティック生育状況を調査され、翌夜には中国上海へ移動された。昆明など産地をまわるそうだ。

さて私はこの日、役場訪問後に、大工の栗城義信さん（昭和九年新田生まれ）の下中津川の作業場を訪ねた。村内の皆さんからは「ノブ番匠《ばんじょう》」と呼ばれている。

冬期間に、からむし（苧）引きで使用するヒキゴ・ヒキイタ等を製作されている。その製品は、佐倉の道の駅（からむし織の里昭和）で販売されている。道の駅から依頼があって製作、納品している、というほうが正しいかもしれない。糸紡ぎのオツムギワクで使用する「ツム（紡錘）」も製作されている。

からむし引きをしている女性達から、ヒキゴの製作を依頼されたのがきっかけで、五〜六年ほど前から製作している。現在はステンレスのこぎり刃を切断して刃にしている。ホオノキの把手にこの刃を差し込む。

ヒキイタは、昔は木を割ってから木取りしたものだが、現在はヒノキの角材を購入して薄く加工している。村内のヒキイタを見るとホオノキの材質のものもある、とのことである。また枕の無いヒキイタも製造している。

二〇一八年五月、福島県立博物館の企画展で、義信さんの大工仕事が動画で公開されていた。当時、県立博物館に勤務されていた村内松山の鈴木克彦先生が一週間ほど通ってきて撮影・記録したのだという。先日、報告書冊子もいただいたということだった。

義信さんは中学を卒業すると新田の大工・本名吉造さんに弟子入りし六年間修行する。この修行時代に、一四五軒が焼失した昭和二十六年五月の下中津川大火の後の復興、民家建築を経験する。冬に山で木を伐採しヨキで削ってチョウナも使ったようである。丸鋸で製材した材木を使い、四〜五人の大工で一年間に一棟を建てたという。村の大工だけでは足りないので、金山町の川口・本名・横田、郡山等からも来たそうである。

弟子を終え独り立ちしてから、冬期間は毎年東京方面に出稼ぎとなり、そこでは建設現場の型枠大工をしたという。その型枠を使用する工法が村内でもはじまり、昭和村役場や、旧しらかば荘の建設現場で型枠大工と内部の造作も行ったそうである。

義信さんは現在八十四歳。盆明けの建前をめざして、阿久戸のお不動様の御堂の柱を刻んでいた。

●良い仕事を残したい

ジバタ（地機、機織り機）は、当村でも「イザリバタ」と呼ばれていた。イザリが差別用語であるという配慮から使用されなくなっているが、新潟県十日町市や小千谷市等では文化財指定を「イザリバタ」で行い、現在も昔からの呼び名で使用している。

下中津川字宿ノ原の鈴木勥《ちかし》（昭和四年生、さんは、からむしを織る「ジバタ」「タカハタ」や「オツムギワク」の製作を六十歳から独学ではじめた。製作した機織り機は三十台ほど、糸を紡ぐオツムギワクは十三台ほど製作し、古いものの修理もしたという。

残念ながら、二〇一六年六月十九日に急逝された。八十六歳だった。地域の皆さんからは「ちかばんじょ（勥番匠）」と呼ばれていた。番匠とは大工のことである。

昨年四月に自宅を訪問し、機織り道具類の製作について教えていただいた。タミイ夫人（大正十三年生）、相模原市の娘さんが同席された。名刺には「鈴木木工所　工房」と記され、玄関にある紫色のフレームの押し車にも「鈴木木工所」と書かれていた。居間にはお孫さんが子どものころ描いた「ちかばんじょ」の作業場風景が掲額されていた。

父親は製板を生業としていたが早く亡くなる。勥さんは昭和村を離れて戦時下の勤労動員で、東京の工場で旋盤工として働き、製図もするようになったそうだ。終戦となり帰郷。戦後は二十一歳の時に下中津川気多渕の栗城市喜《いちき》番匠に弟子入りして大工となり、その後、独立し、長く野尻の工務店に勤務された。定年退職してから機織り関係の道具類の製作を亡くなる直前まで続けた。

昔の人には器用な人がたくさんいて、道具類も何もかも自分で作ったのだという。村内には昔の人が作った機織り道具がたくさんあり、それから図面を起こし師匠（手本）とした。勥さんはジバタを「キカイ（機械）」と呼ぶ。

最初に村役場から織姫体験生に寄贈する機織り機の依頼があって、キカイを十台製作。これは、出来上がってからも狂いの少ないベイマツの良いところだけを材料とした。太いホオノキ（朴）の真っ直ぐで良いところを昔は使った。緯《よこ》糸を通し打ち込むヒ（杼）は、堅いナシノキが昔は多かったという。そして機織りの時のコシイタは、かつては数年乾燥させたケヤキの柾目のものを曲げて製作したが、古くはケヤキの剥がれる外皮を曲がったまま利用した。良い材料にこだわって製作しないと百年を越えて持つような道具にはならない。昔の道具がいまも使用に耐えるのは、良い材料を選んで製作されたからだという。産地とは、その仕事を支える道具の製作者が域内にいることと、そうした目立たぬ人々を尊敬できるような仕組みがあることが、最低の条件である。

望陀布の復元

千葉県袖ケ浦市の郷土博物館における平成九年の展示会のために、通常の二倍の幅のからむしの布の依頼があり、通常の機織り機では無理なので、勥さんはジバタを幅広く改良する。織り手は、当時村内に住んでいた織姫体験生を卒業された女性。ヒも一メートル二十二センチある。通常のヒは、長さ六十五センチほどである。

　これは、現在の袖ケ浦一帯はかつて「望陀《もうだ》郡」とよばれ、こうした幅広の布が織られたとする古代の記録からの復元によるものである。

　復元布を織り始めたが、長いヒが軽い。重い材質のものを制作してほしいと、織り手から要望があったので、オンノレ（オノオレカンバ）でヒを製作し、それで織り上げた。

　今年九月から十一月二十三日まで、「植物から糸や布へ　カラムシ　アサ　モメン」という特別展が袖ケ浦市郷土博物館で開催されている。私は十月八日に訪問し、勇さんの機織り機械により生まれた「望陀布（復元）」を実際に見てきた。

●多様な技法を維持

　二〇一六年十一月中旬、台湾を訪問してきた。台湾中部の彰化県のかすみ草栽培地域ではアルタイル、銀河の栽培圃場を視察した。台風被害ハウスもあった。現地種苗会社の説明と生産農家の方と、通訳を介して話を聞いた。また台北の花市場には、中南米エクアドル産の大輪かすみ草のエクセレンス、マグネット、オーバータイムという新品種が台湾産よりも一・五倍高く売られていた。台湾産は一束百元、エクアドル産は百五十元だった。漢語（中国語）圏ではかすみ草は満天星と表記される。

　台湾には政府公認の原住民族が十六、非公認もいくつかある。その民族はカラムシ（苧麻）を利用しているが、沖縄県の八重山・先島地域と共通し、アサを栽培した歴史を持たない。アサはユーラシア大陸、朝鮮半島から日本列島（縄文時代から）において利用してきたのであるが、亜熱帯地域ではなぜか利用されない。アサとからむしを利用する奥会津の文化というのはたいへん珍しいことだということがわかる。

　台北では人間国宝のユマさん（野桐工房）の栽培からむしを素材とした作品の展示会をみた。輪状式腰機（弥生時代に日本でも使用していた原始機）を使用している。

　旅の後半は台湾の東部に移動し、花蓮市の馬藍さんに二日間、案内、説明、通訳をしていただいた。

　花蓮市北部の那都蘭工作室は、家族で直状機で機織り、商品開発・生産直売をされていた。ここでかつてのからむし利用の仕方を調査取材した。

　台湾現住民の植物繊維利用を研究されているソンさんという男性が那都蘭工作室の指導をされており、この日は私たちのために台北から五時間かけて来てくれた。民族が使用するからむしは七品種あり、原則として自家栽培している。「ツーマ」（苧麻・からむし）は直径五センチほどの青竹を割ったもので繊維を取り出す。民族により道具が異なる。日本でいうナタの刃で繊維を取り出す場合、竹の刀を利用する場合等、男女が使用する道具も異なる。からむしの根の増やし方、管理も日本と異なった。

　またバナナの木の繊維を利用する花蓮南部の工房も見たのだが、沖縄の芭蕉（バナナの仲間）の繊維取り出しとは利用する部位（外皮か内皮・靭皮か）

が異なり、採取適期がとても短く、畑に栽培し植物を観察する力が必要だった。

画一化した機織り技法になってしまっている日本から見ると、台湾の植物繊維の利用の仕方は道具も技法も多様で、最小限の道具といえる輪状式腰機を現在も残し利用していること等、地域文化のあり方、保全の仕方に多くのことを気づかされた。また土地に残る基層文化・技法のていねいな調査が行われている。

日本列島のからむしの利用をふりかえれば、沖縄の八重山（宮古島等）では貝殻を利用して繊維を取り出すなど、それがいかに土地の資源を利用した優れたものであるかがわかる。

南投県の国立台湾工芸技術センターを訪問した際に、リさんという小児麻痺で脚が不自由な樹皮工芸作家の方と、通訳を介して懇談したのだが、植物の利用の仕方については亜熱帯の台湾のほうが、植物の性質を深く理解していることがよくわかった。

二〇一七年の夏、三島町の生活工芸（編組）と昭和村のからむし栽培の視察に、これら台湾の工芸作家の皆さんが来日視察に来られる。

●順次翁のからむし

二〇一六年十二月十六日、大芦の五十嵐善信さん（昭和十一年生）が、からむし生産技術者として日本政府の文化庁長官表彰を受賞された。そのことについて中向の小林政一さんがこの一月に発行した『ふるさと通信　六一号』二面に記事を掲載している。それには、「祖父の順次さんが、からむしの原麻を背負い、小千谷の市が立つ日に、民家の座敷を借りて何年か商売をした際、昭和と小千谷を行き来するなかで、最良品質のからむし一本を見つけて持ち帰り、それを育成拡大した」「からむしは人が掘るときに植えろ」と、たいへん興味深いことが初めて語られている。さっそく、善信さん、その本家筋の文雄さん（昭和十七年生）に話を聞いた。これは明治から大正時代のことと思われる。

大芦の五十嵐順次（慶応四年二月生）は、ショイッコアキンド（背負子商人）もやり、からむし（原麻）を持って新潟県小千谷に行ったことがある。そのとき、からむしの良いナエ（根株）を新潟から持ってきて少しずつ増やした。順次は善信さんの祖父。父の善久はそのナエでからむし栽培を続けたが、原麻の値段が下がり栽培は止め、その畑のナエは大芦の数名に分けた。善信さんの家のからむしも順次が持ち帰った新潟種である（文雄さんの話）。

「順次爺様《じいさま》は、大芦の鳥居峠から南郷の界に出て、只見から六〇里越から八〇里越で小千谷に歩いて行ったと思う。からむし（原麻）を売りに峠を行き来した。会津から越後（新潟県）に入ったところの道端にのがらむし（葉裏の白い野からむし）が生えていた。しかし一株だけ違うからむし（葉裏緑のほんからむし）があったので、それを採取して持ち帰り、大芦で根分けして、何年かかけて増やした。

順次爺様は八十五、六歳（昭和二十八年）頃まで、生きていやった。越後のからむしナエを順次は子の元次（明治三十四年生、善信さんの父）にも、分けて増やして畑に植えた。元次は『この越後のからむしは、違う品種だから、絶対に無くするな』といつも俺に言っていた」と善信さんは話す。

善信さんは、葉タバコを作ったり、花（かすみ草）を作ったりしたときも、このからむし根は畑の端《はし》に植えておいて、無くさないように注意した。

織姫体験生であった朝倉奈保子さんがまとめた「苧の道」（『会津学二号』奥会津書房、二〇〇六年）で、明治・大正・昭和戦前の大芦村からの背負子、仲買等について聞き書きしたことを紹介している。からむしが安かったり売れなかったりした場合は、買付に来る越後商人には売らずに、自らからむしを背負って峠を越え、越後で売り歩いたという。

五十嵐辰太郎、五十嵐文三、星庄吉などが越後売りに行った経験のあったことがあげられている。また駄賃背負の五十嵐金松は十貫目のからむしを背負い、歩いて行き三日で大芦まで帰ってきたこともあるという。

過去には、直接、越後に販売にも出ていたことがわかる。現在栽培している品種を維持しながら、さらに良い品種がないかと、県外まで広く品種を探していたこともわかる。

村内にはいくつかの系統のからむし品種があるといわれているが、その系統の調査は行われていない。

二〇一三年二月三日に沖縄県宮古島市で開催された「宮古の織物文化」シンポジウムに参加したが、宮古島内のからむしは十一品種あることが報告された（花城良廣さんの調査による）。それぞれによさがあることから、各種を保持することを行っている。

ひとつの品種に絞り込まずに、からむし品種の多様性を維持することで、標高の異なる畑での栽培、今後の気候変動や土地質の変化に対応することが可能になる。

●かっぽんたんとラミーガマ

国連食糧農業機関（ＦＡＯ）が認定している世界農業遺産地域は、日本国内では八ヶ所ある。一月二十一日、二〇一五年に認定された宮崎県北部の高千穂郷・椎葉山地域でシンポジウムが開催された。

私も一般参加した。閉会後に地元の町の皆さんとの反省会にも参加した。その際、ここではからむしを「かっぽんたん」ということがわかった。からむしの葉を丸めて、親指と人差し指の間に入れて叩くと音がする、こうした遊びは子どもの時に皆遊んだ、ということであった。それだけ身近にからむしが生育しているということである。

ただ、繊維原料等としてからむしを使用した記憶は少なく、あるいは調査されていない。それは、当地はアサの大産地であったからだ。戦前に域内には四百町歩のアサ畑があったようである。後作には大豆が植えられ「麻尻大豆」といったようだ。

野の水路の上にオコギ小屋を建て、そこでオコギ（オヒキ）をしたそうで、オカス（オクソ）も大切に採ってワタクシとして販売している。コギ方は細い竹二本を使用する。コギハシ（箸）という二本の竹ではさんで製織する。金属製品を使わないのでかなり古い技法である。

明治四年の記録に「加賀苧《かがそ》」という

二十七貫目ある太い綱を作った記録が残っている。加賀は現在の石川県だが、加賀苧とは船用の綱のことである。高千穂の麻苧は延岡より千石船で大坂に売られたと言われている。船用の材料というのが重要である。

さて、宮崎県の南西域ではからむしは「ポッポ草」と呼ばれ、刈り取り専用の鎌《カマ》が残っている。宮崎県立博物館所蔵の目録の実測図に四点確認できた。昭和三十年代まで使用し「ラミー鎌」という呼称がある。野生のポッポ草（からむし）あるいは栽培のラミー（からむし）を切る専用の刃が太い鎌である。この繊維で「トウマイフクロ（唐米袋、南京袋）」を製作したそうである。高千穂では「トマイ袋」と呼び、運動会で、この袋に両足を入れて、ピョンピョン進む競技が行われたということだ。穀類を入れる袋と思われる。ラミーとはからむしのことで、明治時代以降に海外から種子が導入される。戦前に政府は宮崎県内にからむし栽培の試験場を設置して台湾と連携している。

五日間ほど宮崎県内を歩いて調査してわかることは、アサとからむしの区別が無いこと、昭和三十年代までアサが栽培されていたことから、記憶はアサが卓越して、それ以外の植物繊維は見えにくくなっていることである。

一方で長崎県五島列島付近での江戸時代から明治時代前期の西海捕鯨では、大量のからむしを入手し鯨を捕らえる巨大な網を製作している。その原料は九州（肥後苧）と大坂市場から購入している。その一組の網に十五トンの新からむしを使用している。価格は銀六十貫目で三斗俵のコメで三千俵分である（山下渉登『捕鯨Ⅰ』）。この網は五年ほど使用できたようだ。こうした鯨組が多数あるわけである。江戸時代の西海捕鯨には一万人が労働していたといわれている（古賀康士二〇一二年論文）。そのからむしはどこから調達したのだろうか。

江戸時代後期、大量のアサがからむしとして鯨網用に流通し、また、舟運で長いからむし（長苧）を出した最上苧が奈良晒の原料とならずに、西海鯨組に高値で買われたと思う。そうした中で衣類原料用のからむしは不足し、鯨網に転用できないよう畑で短く切ったカゲソ（影苧）を、越後商人は奥会津の産地に新しく求めたものと考えられる。

モノを大切にした時代に、短く丈を揃えるという規格性はかなり異例なことである。

●宮崎県高千穂町のカラムシ

高山文彦『鬼降る森』（小学館文庫、二〇一六年）は二〇〇四年に単行本として刊行され、文庫化されたもの。著者の作家・高山氏は宮崎県高千穂町の生まれで、一九九〇年代の博士山リゾート開発問題時に取材に訪れ、月刊誌『文藝春秋』に記事を掲載された。その際、雑誌担当記者と高山氏を案内した。その内容とは別に取材余録として、一二三頁から、奥会津の博士山を訪ね、見沢という木地師の集落を訪ねたことが書かれている。

月刊雑誌『現代農業』を発刊する農山漁村文化協会（農文協）の論説委員・甲斐良治氏は高千穂町生まれで、二〇一七年十一月十三日から十五日、野尻中向のしらかば荘に宿泊され、村内のかすみ草栽培・からむし栽培を取材された。この時に高千穂町役場農林振興課園芸特産係の児嶋尚憲氏、同町伝統農法研究会の会長高藤文明氏も随行されている。

　奥会津をフィールドとして福島県立博物館の佐々木長生氏（現在は定年退職され福島県民俗学会長）らが焼畑（カノ）の共同研究をされた時に、からむし工芸博物館の平田尚子氏も「からむし焼き」（焼畑、火耕）について論文を寄せている。その編者が京都の総合地球環境学研究所（地球研）に当時所属されていた鞍田崇氏（現在、明治大学准教授、哲学、日本の民芸運動を研究）である。共同研究の成果として『焼畑の環境学：いま焼畑とは（地球研ライブラリー）』（思文閣出版、二〇一一年）を、五九一頁の大著として出版されている。

　この焼畑共同研究が縁となり、地球研から明治大学に移られた鞍田崇氏（哲学、日本の民芸運動を研究）は、昭和村を学生のフィールドワークの現場のひとつとして、喰丸体験住宅に居し、数年来、昭和村に通われている。

二〇一六年七月二十九日の午後三時三十分から二時間、ファーマーズカフェ大芦家で、地球研の『関係価値とは何か？～人と人のつながりを重視する社会～』が開催される。地球研から阿部健一氏（生態人類学）、三村豊氏（建築史）、嶋田奈穂子氏（思想生態学）らが来られた。（二〇一五年十二月に発刊された『人間会議二〇一五年冬号』（宣伝会議）に、阿部健一氏の表題の論文を寄稿されている）。この企画をした明治大の鞍田崇氏と学生さんら、聴講、店主含め十五名で、「関係価値とは何か」をテーマに懇談した。

　これが縁でＦＡＯの世界農業遺産の委員をされている阿部健一氏は二〇一六年十二月十五日に訪問した。そこで、二〇一七年一月に宮崎県高千穂町で世界農業遺産のシンポジウムが開催されることを知り、聴講参加することとなった。

　高千穂町のシンポジウムの主催者団体のひとつ、伝統農法研究会が、からむしの調査で二〇一七年十一月に来村した。昭和村のからむし振興室を紹介し、私も半日、村内関係先を案内した。

　宮崎県には戦前の日本政府が台湾経営のために川南試験場を設置して、からむしの栽培研究を行ったが、昭和三十三年に廃止され九州農業試験場となった。品種の開発も行っており、その十品種ほどが、からむし工芸博物館の「世界の苧麻園」にある（台湾の品種も十品種程度あり、六十四品種を屋外展示）。昭和十七年の日本国内のからむし栽培（当時は産業用で機械紡績、植物は苧麻・ラミーと表示）は、福島県では九十二ヘクタール・二十九トン、宮崎県は一、〇〇一ヘクタール・九三二トン、鹿児島県が九九八ヘクタール・一、〇五五トン。日本国内では計六、三一九ヘクタールの栽培があり、五、〇〇三トンの生産があった（『苧麻に関する川南試験地三〇年の業績』、一九六三年）。当時のからむし栽培面積では、宮崎県が日本一であった。宮崎県内にはからむしの機械紡績の工場も存在していた。

　高千穂町伝統農法研究会は、町内の

神楽の素襖（スオウ）と呼ばれる衣装のために、かつて町内で生産されていたからむしを復活栽培し、糸にして、布にする計画を持っている。町内では現在、からむし栽培は行われていない。役場の児嶋氏によれば台風による被害が大きいため、昭和三十年代に、からむし（ラミー）栽培はお茶の畑に転換されたという。畑のからむし根を掘り起こし、根を焼くか、土手外に捨てたろうことが想像された。

二〇一七年一二月二十日に訪問した際、高千穂町岩戸地区の高藤文明氏（伝統農法研究会長）が所有する「ムカイクボ」と呼ぶ畑の土手に自生しているカラムシを掘り、根（吸枝）を集め、「イチノハル（いちの原）」と呼ぶ高藤氏所有の畑にからむし苗（根）を定植する場面に立ち会った。

高千穂町と日之影町にはこの十五年来、ラナンキュラス切り花産地の調査・視察で、同地に赴任されていた普及員の西森竜一氏（現在は県庁）の案内で三度ほど訪問していた。今回、ラナンキュラスの栽培ハウスも視察し、露地栽培の枝物・ベビーハンズ（木苺）と、同新種の彩《あや》も視察した。

冬春のかすみ草栽培日本一の熊本県の菊地地域から、自動車で約二時間、熊本空港から一時間半の場所に高千穂町はあり、宮崎空港よりも熊本が近い地域である。

●アンギンとアカソ、からむし

二〇一七年一月から三月まで隣県の長岡市の新潟県立歴史博物館で「すてきな布　アンギン研究百年」展が開催された。この施設は二〇〇〇年夏の開館で、民俗分野担当の学芸員は陳玲《ちんれい》さんである。中国浙江省大学から新潟大学を経て開館と同時に奉職されている。

二〇〇九年秋に津南町で開催された「秋山紀行を読みとく」展で共同研究、アンギン袖無《そでなし》の詳細な研究成果「運搬用具と服飾のあいだ」を担当された。

これは縄文時代から続くといわれる編み布であるアンギンについての研究で、コモを編むような道具でからむしやアカソ、ミヤマイラクサ等で平面の布を作る。

現存する資料を分析すると背負ミノのような機能があることを発見している。考古学等では通常行われる「使用痕分析」を民具に応用したものである。経《たて》糸はからむし、緯《よこ》糸はアカソ（オロと呼ぶ）で編んだものを詳細に検討し、背中部分のアカソがワタのように柔らかくなっていることを発見している。部位によりアカソの加工具合が異なる点を考えると、用途により素材の一次加工を違えていることに気づく。

その後の研究成果が展示と図録に記載されている。アンギン製品は五十点を超え、それを分類している。緯糸となるアカソの繊維取り出し技法の解明のため、実験が行われてきた。二〇一四年から津南町の施設でアンギン織の実演をされている廣田幸子さんに依頼し、アカソの繊維精製研究が一気に進展する。

展示会場で四分ほどのスライド動画を公開しており、それを見ると次のようである。

アカソの収穫時期があり、太さ、曲がっていないものなど、以後の加工を考えた採取適期や適した種類がある。

葉を取り束ねたアカソを一週間流水に浸ける。その後、乾燥させ保存する。そして木の台の上でアカソ束を木槌か丸い竹で叩く。用途により一時間から六時間叩く。その後、繊維束を手もみして芯皮の不純物を取る。糸の太さを想定して分け、アンギンの緯糸にする。

経糸のからむしは、地苧《じそ》の二番苧を利用したようである。地苧とは、会津・米沢から青苧（からむし繊維）を購入するほか、新潟県内で自家栽培していたもののことをいう。収穫後に生えてくるものが二番苧である。

特徴的なことは、アンギンは男性が作っていたということである。女性は越後上布・縮布等の販売用の布生産をしている。こうした性差がアンギンを現代まで残してきた。山仕事に出る際に着用するものを、自分で作ったものがアンギン袖無である。

自家生産・自家消費の布がアンギンであり、そうしたありかたこそが「すてきな」ことである。販売しない価値ということを教えている。

山野にある植物からどのようにして繊維を取り出すのか？道具は使用するのか？採取時期、採取場所、そうした研究は全く行われていない。アカソ（オロ）は佐渡での利用が古くから知られていた。また昭和村でいう山菜のエラ（植物和名ミヤマイラクサ）も、秋遅く収穫して繊維として利用した事例がある（喰丸等）。民俗事例では脇田雅彦さん・節子さん夫妻が岐阜県山間地でイラ（エラ）の繊維利用と呪術性について詳細な調査をしている。奥会津地域での基層文化の調査は、山野資源を利用した経験者がまだ多く暮らしているうちに行うことが求められている。

●阿波の太布《たふ》とヒュウジ（からむし）

二〇一六年三月三日、国の重要無形民俗文化財に指定された阿波の太布《たふ》製造技術を見るために、徳島県那賀町（旧木頭村）を訪ねた。徳島市内からだと自動車で約三時間かかるため、レンタカーを借りて高知市側から東に向かい、四つ足堂峠を経て九十分で木頭の和無田に行った。高知県はかすみ草産地がいくつかあり、かすみ草サミットが開催されるなど、これまで何度も訪問しているので土地勘はある。

太布庵では、阿波太布製造技法保存伝承会の女性の皆さんが、この日は五名で、コウゾの樹皮から取り出した繊維を細く裂き、繋ぐ作業を行っていた。古くからこの地で続いてきたカジウミ（糸作り）をしていた。毎週火曜日だけ集まり作業をし、この日だけ一般に公開している。

伝承会の大沢善和会長（七十五歳）は、「かつてはカジと呼ぶ植物や、コウゾなど複数の植物から繊維を取りだして布を織っていた。そのためカジという古い言葉が各工程の作業に残っている」という。一月の厳冬期に行ったカジ蒸しなどの写真も見せていただいた。繊維取得にはクサカジとニカジ（コウゾ）の二種類の樹木がある。

古くから伝承されてきたクサカジという植物を畑に育て、それは生のままで皮を剥いで、外皮を採る。かつては、クサカジ太布は価格が高く衣類原料や木綿と交換した。

コウゾはアサを煮るのと同じ釜を使用し蒸してから皮を剥ぐ。そのためニカジという。ニカジは穀物袋（ツノブクロ）や畳の縁、あるいは染料の藍を漉す袋としたようである。しかしコウゾは紙漉きの原料として外皮のまま販売したほうが作業もラクで価格もよかったため、ニカジは紙漉き用に出荷していた。

昭和村でいえば、からむし繊維は原料のまま外部へ販売し、自家用の衣類のための布はアサを利用していた二種の繊維栽培に酷似している。

現在は、老人や村人の生きがい対策として、コウゾを共同で栽培し、糸を作り、一反から三反の布を織っているのだが、販売はしていない。太布にかかわる伝統作業はお金には換えられない基層文化の伝承のために行っているのである。

「ヒュウジを山から採ってきて出すと男の学生服になって戻ってきた」と伝承会の中山アイ子さんが語られた。戦時中の供出のことで記憶している、という。ヒュウジとは苧麻《からむし》の木頭での呼び名である。からむし、シナノキやツヅラフジも古い時代には広く使用されたようである。

徳島県内の山間部は古い地層で、風化してもろく急斜面の山が続くので落石が多く発生し、片側通行の信号のついた道路が多くあった。今回は、二十年ほど前に大阪から移住し地元で暮らす人に案内をしてもらった。彼は炭焼き（黒炭）をしている。土砂崩れで道を塞いだ多種多様な木材が道路管理者により持ち込まれ、あるものはケヤキの板にして販売し、あるものは木炭として高齢者と共同で炭焼きをしている。この炭焼きの会の代表は九十歳である。炭の価格は地元の人たちが買える安い値段でないと、需要の維持は難しい。都会に出荷して高く売ってもそれは長続きしない。土地の暮らしを支える木炭生産という使命を持ち、皆さんは活動を続けている。炭窯はレンガを使用した手作りの近代窯である。煙から採取した木酢液も販売していた。

炭焼き小屋は伝統的なヘクソカズラという長いツルを一本でらせん状に巻いて固定し、杉皮を乗せていた。炭窯が火事になりそうになると、ツルを切って引き抜くと屋根がすぐ解体できて、森林への類焼を防ぐ構造になっていた。伝統技術の屋根と近代的な炭窯、それがこの土地のやり方ということであった。

●首都圏で、からむしを伝える

二〇一〇年二月から三月にかけて「からむし織り見本市」が一ヶ月間、東京恵比寿駅前ギャラリーコウゲツで開催され、私は三月九日に訪問した。会場近くに大芦出身の五十嵐甚三郎さんの事務所があり、彼の案内だった。三月八日がミモザの日で、千葉県房総の国産ミモザのプロモーションが都内であり、その取材に東京に行っていたのである。会場には黄色いミモザが飾られていた。ここでからむしの糸績み等の実演をされていたのが増見江利子さんで、はじめてお会いして話をした。

からむし織り体験生（以下、織姫）の第六期（一九九九年・平成十一年）で来村し六年間、昭和村内に滞在し、その後四年間通って「からむし引き」をされた増見江利子さん。埼玉県内にアトリエを構え、からむしの繊維を素材とした作品を制作し、年に数回の個展、ワークショップ（体験会）等を首都圏で行っている。この六月十九日から二十九日まで東京青山のスパイラルマーケットで「草の糸」展を開催された(作品は完売)。

九月九日、十日には都内錦糸町駅前のすみだ産業会館において、第十五回東京スピニング・パーティという羊毛を主体とした手紡ぎの素材の展示即売会が開催された。九日に、「からむしの糸績み」ワークショップ(体験会)があり、増見さんが講師をされた。

増見さんとともに、同期の織姫・安達香織さんが糸績み実演、指導をされ、映像作家の方と三名で体験会を運営していた。教室内の画面には糸績みの手元のビデオが拡大されて繰り返し上映されておりわかりやすくなっていた。

この参加者は二十五名である。増見さんは通常八名程度の受講生を相手として、からむしの糸績み教室をされるそうで、二十五名というのは経験が無いので友人に手伝ってもらったそうだ。この日は、はじめての人には理解しやすい越後(新潟県)の糸績みの技法を伝えていた。一人一人に教えていくのでたいへんな仕事であるが、参加者は三時間でできるようになる。体験会は事前申込制だが、すぐに受講満席になっている。展示会自体もたいへんな混雑で、羊毛や植物繊維で糸を作り、ものを手作りすることがたいへん人気があることがわかる。増見さんは、からむし繊維の素材のよさを、ていねいに人々に伝えたいと話している。

体験会がはじまり三十分ほどして吉岡幸雄さんも会場入口近くで聴講された。吉岡さんは染織史家で、京都の「染司よしおか」の五代目。NHKEテレ(教育テレビ)の染織番組で昭和村のからむしを取り上げたこともある。この展示会で「日本の藍」について吉岡さんが記念講演された。

展示会場では全国各地のからむし繊維を糸にして布にする経験をした人々が、実演したり、懇談したりしていた。宮古島・石垣島・新潟県内・奥会津の昭和村と、からむし関連地を巡っている人たちがたいへん多いことに気付かされた。暮らしの手帖社から布の本を出版されている神田小川町の多田米子さん(九十三歳)とも会場ではじめてお会いし、名刺交換をした。国分寺の堀口廣子さんの紹介である。

●沖縄県石垣島のからむし栽培

二〇一七年九月二十五日、沖縄県石垣島市織物事業協同組合より三名の方が来村された。理事長の平良佳子さん(昭和三十三年生)、副理事長の上原久美さん(昭和三十三年生)、理事の浦崎敏江さん(昭和四十三年生)である。カラムシ(苧麻、石垣島ではブーと呼ぶ)を栽培し、糸を作り、染め、布を織っている人たちである。

東京銀座の時事通信ホールで九月二十二日から二十四日まで開催された「沖縄の工芸展」のため上京され、その後、東武鉄道・会津鉄道のリバティ号で会津田島駅、そこから三島町にある奥会津書房の遠藤由美子さんの案内で、昭和村佐倉のからむし織の里に来られた。

三月末でからむし工芸博物館の吉田有子さんが退職されたため、この日は、私が石垣島からの皆さんと懇談した。翌日は役場からむし振興室を表敬訪問されている。

博物館の北側に「世界の苧麻園」が

あり、沖縄県や台湾、中国等のからむしが植えてある。昭和村のからむし品種の形質を説明し、石垣島の品種の違いなど、実際の南島のからむしを見ながら教えていただいた。その後、ファーマーズカフェ大芦家に移り、お話をうかがった。

　石垣島では、からむしは約四十日で成長し、一年に三回から四回収穫される。三月から七月までのものが上質であるが、収穫時期により得られた繊維の品質は異なることを自覚して糸作りをしている。また亜熱帯で昭和村とは環境が異なるのだが、からむし圃場にはスプリンクラーが設置され、あるいは家屋のまわりの圃場では手による「水やり（灌水）」を毎日行う。しかし刈り取りの二日前から水やりは行わない。繊維の質や色調のため、と説明された。裂きやすい繊維を作るための工夫を重ねている。

　石垣島のある八重山諸島でのからむし品種はアカブー（赤い茎のからむし）が裂きやすいとして好まれて栽培されている。

　刈り取りは、以前は金属製のカマ（鎌）が使用されていたが、現在は剪定ハサミで一本一本切っているそうである。切断面がカマよりもつぶれず裂きやすい繊維になるそうである。またブーヒキ（からむし引き）では貝殻を使用するよりも「ブーヒキ金具」が使用されており、しかし右手の親指が痛むためマーニ（コミノクロツグというヤシの樹皮）を巻き付けて作業をした、と言う。

　刈り取ったからむしの葉落としは、昭和村ではウラ（幹の先端）から一気にこき下ろす。石垣島もそのように行っていたようだが、現在では、根本側から葉落としをすると繊維にキズが残らないとのことから変えたそうである。そして長さは、葉落としで先端部がちぎれた場所まで、として一定の長さに揃えることはない。貴重な繊維はできるだけ大切に使いたいという。これは、昭和村ではアサの刈り取りに似ている。そのままの長さを大切にする、というものである。昭和村のからむしには規格が固く存在することは、かつて商品作物として導入されたことに由来する。

　私は現在、来年農文協から出版される生活工芸双書『からむし』の調査・執筆をしていて、石垣島内で組合が経営している共同畑での刈り取り・繊維取り出し作業と、それにまつわる環境植物資源との関連を調べることになった。

　そのため今回来村された三名の皆さんの現地での取材と、特に植物と人間の関わりの聞き取り調査を行う。敏江さんは西表島の出身で、ススキで作る木炭を入れる容器（タングアミ）、昭和村では「スゴ編み」であるが、いろいろと詳しく生活技術を語っておられた。からむしの栽培とその周辺の生活技術、植物利用の認識を通して中国・台湾・沖縄・本州島と東アジアの人類の基層文化を考える。

●台湾のからむし品種

　十六年ほど前の夏に、一ヶ月間ほど小中津川に滞在し、からむし引き作業等を体験・研修された台湾の馬芬妹《まふんまい》（昭和二十七年生）さん。からむし工芸博物館の開館一年前の年で、私はボランティア参加で展示計画設計・展示品等の収集を馬場勇伍さんらと行っていた。同じく展示計画に関与されていた奥会津書房の遠藤由美子さんを通じて、馬さんを紹介され、小中津川の滞在先を訪問した。

馬さんは国立台湾工芸研究所の研究員で、植物素材を活用した織物、染め、特に藍の研究者であった。日本文化女子大学で織物を学ばれ、日本語を話された。

十年前から原油価格が高騰し、冬場に熊本県等で栽培されていたトルコギキョウは、暖房費を捻出できないため、暖かい冬の台湾に産地が移った。現在は台湾人の方が沖縄本島中部に農園を持ち沖縄でも生産がはじまり、冬場のトルコギキョウは台湾・沖縄が産地となっている。また沖縄でもかすみ草の生産が近年復活している。

私は台湾中部のかすみ草栽培の個人調査のため、この十一月下旬に自費で台湾を訪問するので、馬さんにも電子メールを送った。返事が来て、馬さんの故郷である東海岸の花蓮市も訪問することになった。

平成二十一年、馬さんは定年退職され故郷に戻り、現在は国立東華大学で織物を教え、台湾の藍染の先駆者として活躍されている。台湾藍四季研究会を創設し、今年八月二十六日から九月十八日まで台北市内の百貨店で「台湾藍と日本の阿波（徳島）藍の国際交流展」を主催している。会員には台湾の自生・栽培の苧麻を利用した作品もある。

十一月はじめ、馬さんから、七冊になった三千頁（厚さ十五センチ）近い、戦前の台北で出版された資料の写し『台湾農家便覧　第六版』（台湾総督府農業試験所、昭和十九年）が国際航空郵便で送られてきた（写真一）。これを読んでみると、まずアサの栽培は歴史上行われていないこと、苧麻（からむし）は数十種確認でき、先住民族が多用していること、日本統治となり、これら苧麻から系統選抜が行われたことが書かれている。品種の特徴をあげてみる。いくつかはからむし工芸博物館の北側にある「世界の苧麻園」で見ることができる。心（茎・軸）の色で青種、紅種のふたつにわけ、それぞれに特徴を記している（『台湾農家便覧　第六版』二〇三頁）。

青心種系は、白葉種に属し、茎心青色で、葉裏白く、草丈高く、茎は太く、繊維の長さは二五〇センチ。繊維の色は緑青色、暗青色で品質良く、繊維歩留まりは生茎の四・一パーセント。産地での栽培が多いが、平地向き品種。「大有」「青心佳苧」「鉄線枝蕃苧」「本地種」「白皮種」がある。

紅心種系は、緑葉種に属し、草丈は二メートル。茎心は淡黄色で、葉裏は淡黄色。繊維は淡紅、紅褐色、粗大で色質悪い、青心種に比べ品質不良。しかし強剛で傾斜地、乾燥地、痩薄地によく生育し、平地より山地向きの品種。「烏皮種」「人苧」「紅心佳苧」がある。

馬さんの二冊の著作では、「一六〇〇年代に台湾の藍は山藍、木藍の二種の植物を利用して染料を輸出していました。しかしそれは無くなり、一九九五年から台湾工芸研究所の馬さんらが日本の徳島県の阿波藍に研修に来られ、復活の道筋をつけました。

小さな手仕事は、工業製品よりも創造的で、文化的。自然志向や手作り感覚を好む風潮に合い、台湾藍の活動は様々な一般の方々に広がり、藍染めに親しみ学ぶ活動として広がりをみせています。

　自然由来の台湾藍は品質が良く、環境にもやさしいので、生活を潤し、芸術にも取り上げられています。台湾の藍染工芸は「台湾藍・草木情・工芸心」という文化理念のもと、地域を見直し、生活に活かし…」と結んでいる。

●世界の苧麻見本園　一

　昭和三十八年に発行された、農林水産技術会議編『苧麻に関する川南試験地三〇年の業績』（プロジェクト研究成果一三号　農林水産省）にも繊維用のからむし品種についての記述がある。

　試験研究成果としては唯一の、製本されたものである。実生繁殖、株分け、施肥、防除、栽培技法のすべてが根拠（試験データ）とともに書かれている。一五八頁の本書はPDFでインターネット上で公開されている。

　昭和十七年の全国の苧麻栽培面積は六、三二九ヘクタールで、宮崎県の栽培面積は一、〇〇一ヘクタールで第一位、二位は鹿児島県九九八ヘクタール、三位は熊本県七二〇ヘクタールであり、四位は石川県五五八ヘクタール、福島県は九二ヘクタール、山形県は記載がない。昭和三十三年には全国で九一〇ヘクタールに減少、熊本県二七〇ヘクタール、宮崎県二五〇ヘクタール、石川県一二〇ヘクタール、福島県は十ヘクタールである。

　ちなみに現在の昭和村は生産者約四十名で、七十アール（〇・〇七ヘクタール）ほどの栽培面積となっている。

　品種についての記述を掲載する。一〇二品種を所有していた。

　わが国に現存する品種はいずれも白葉系のもので、古来北陸、奥羽地方に栽培されていた在来品種には、大菜種と青麻または水苧麻種と称する二種がある。大葉種は茎は太く葉も大形で、節間が短く、葉の裏に白い毛が密生している。茎の皮層は厚く、収量は多いが品質は良くない。次の青苧または水苧の茎は細長く、葉裏の白い毛も少なく、繊維は細く美しいが収量は少ない。この両在来種は手紡苧麻糸の原料に使用されたが、台湾系の紡績苧麻糸の進出により激減した。

（一）白皮種

**　栃木農試で選定した品種で台湾南部に多く栽培されている。葉は大形で淡緑色であり、茎はやや太く、淡緑色である。分ケツ数はやや少ないが繊維の色沢は良く、耐寒、耐風性やや強く早熟である。本州中部以北または九州においてもやや寒冷な地方で一般に見られる代表品種である。**

（二）細茎青心種

**　宮崎農試で台湾青心種から選抜したもので、茎葉ともに細く濃緑色をなし、分ケツ数は非常に多く伸長も良い。繊維の色は淡褐色であり耐寒性、耐風性の点で前者に劣るが暖地では収量が約三割多い。しかし、繊維は細美で細糸紡績用に適する特性を持っている。九州沿岸や其の他の暖地で栽培面積の多い代表品種である。**

（三）宮崎112号

白皮種の自然交雑実生の系統分離により昭和十二年宮崎農試川南分場で作られた。外観は白皮種に良く似ているが暖地向である。しかし、細茎青心種よりやや耐寒性は強い。未だ栽培面積は少ない。

「しらぎね」「あおかぜ」

両者ともに嘉義正種の自然交雑実生の系統分離により作られたものである。温暖地向品種で細茎青心種より多収であるので、昭和三十三年二月にそれぞれ農林一号および二号として登録されたもので、現在（昭和三十三年時点）、鹿児島、宮崎、熊本では吸枝の増殖を行っている。（『苧麻に関する川南試験地三〇年の業績』より）

からむし工芸博物館の北側には、これら育種の原料となった品種と育成品種が移植され展示されている。

●世界の苧麻見本園　二

昭和村佐倉にある「からむし工芸博物館」の北側屋外展示圃は、二〇〇一年の落成時にトスコ（広島三原）からの提供によるからむし六十二品種を保存している。それに昭和村、石垣島種を加え六十四品種の見本園となっている。

この品種群は戦前の国内各試験場が育種素材として集めた品種で、そのなかから宮崎県川南試験地や栃木県農事試験場、トスコの山守博氏が育種しブラジル等で栽培されている品種となっている。移植時にトスコから提供されたメモを以下に紹介する。

昭和村のカラムシ

石垣島のカラムシ

山形在来種1、山形在来種2，山形白葉種、福島在来種、石川在来種、鹿児島在来種2、熊本在来種、調布種、沖縄種

中国の品種として黒皮兜、線麻、黄殻種

（川南試験地が一九五一〜一九五九年に各所より集めた育種原料の品種）

京都大学農学部より白皮四倍体2、白皮四倍体5

石川県農業試験場より米国種1、米国種3，仏国種3、仏国種4、爪哇種、細茎青心種5、鹿児島在来2、紅花種1，紅花種2、山形白葉種4、伊豆改良種、沖縄種、台湾種の嘉義山種1

栃木県農業試験場より白皮33号、芦野町採苗、砂連種、細紅花種、青心1号（日本で改良）、野生カラムシ、台湾種の青心種、台南紅心種、新竹青心種、支那種

鹿児島県農業試験場より宜蘭紅心種、阿喉烏皮種、朝鮮種

日華麻業会社より武穴産苧麻

台湾中央研究所より正種

台中州能高那役所より白花種

台南州立農業試験場より台南黒皮種、嘉義正種、嘉義山種

（宮崎県川南試験地交配による選抜種）

川交一―五〇六、川交一―七〇四、川交二―一三一五、

（実生選抜種）

川南試験地により育成された品種として細茎青心種、宮崎112号、しらぎぬ（川南1号）、あおかぜ（川南2号）、川南3号

大正一二年に栃木県農事試験場が耐寒性品種として育成した白皮種

昭和二年に日本からフィリピンへ導入された比島産種。

昭和一四年に日本からブラジルへ持ち込まれた品種の宮崎種。宮崎一一二号に類似しブラジル栽培のラミーの六から七割を占める。

昭和一六年に日本からブラジルに持ち込まれた村上種。

昭和二十八年に東洋繊維株式会社立田山農場で選抜育成した立田改良種

（山守博氏育成品種）

東洋繊維株式会社（現トスコ）がブラジルのパラナ州農業試験場との提携によって、宮崎種の自然交雑種から選抜した品種のYAMAMORI種（普及品種中最も多収型）とTPA種。TPA一九〇、F—五〇二502、O—一—七〇もトスコ育成品種と思われ、ほかに調布種、人苧種がある。

●久島桃代さんの地域研究の十年

六月九日、昭和村公民館で、昭和学講座が開催された。講師は御茶の水女子大学のグローバルリーダーシップ研究所の特別研究員である久島桃代さん（昭和六十年静岡県生）。人文地理学を専攻され、卒業研究のため二〇〇七（平成十九）年夏に三島町の奥会津書房を訪問した。地域学というものがどのようにして編まれているのかを調査・研究され雑誌『会津学』の意味を考えられた。

約十年前のことであるが、会津学研究会の代表をしている関係から、私は三島町で、久島さんにはじめてお会いした。

この縁で、二〇一〇（平成二十二）年六月に、同大の熊谷圭知先生の地域開発論の授業で、会津学研究会の取り組みを報告したことがある。熊谷先生は久島さんの指導教官の一人で、パプアニューギニアの研究者である。

その後、久島さんは大学院に進まれ、時間を経ながら、研究課題は昭和村のからむし織、それを担う人々の暮らしというように、現場に学びながら深化していった。この間に英国留学も経験し、研究のあり方など、壁にも何度もぶつかったようである。

二〇一五（平成二十七）年には下中津川上平の民家に半年間、暮らしながら調査をされ、翌年春に博士論文（地理学）を提出している。

今回の講座では、この十年間の奥会津でのフィールドワークを適切にまとめて、村民の皆さんに、からむしの意味を語られた。

私が久島さんの講演で特に学んだことは、研究課題に対して誠実に向きあい続けたことと、課題をどのように解決し、次の展望を持ち得たのか？その自らの変化をきちんと認識し報告されたことである。

多くの村人や織姫体験生へのインタビューを通じて、言葉にならない想い、それに長時間向き合いながら、言葉を探し続けたことがよく分かった。

また大芦で、からむし引きを調査するなかで、女性だけが行う作業かと思っていた作業が、男性も実際に行っていることに出会っている。からむし（青苧）の江戸時代の日本一大きな産地は山形県の最上苧《もがみそ》（現在の大江町周辺）だが、ここは男性が引き手である。原料繊維を大量に出荷する産地はほとんどが男性の引き手のようである。

　久島さんが、「からむしの精神性」を語る人々が多いこと、それは、生産農家のからむしへの態度と言葉に表れていると気づき、ていねいな調査を進めていたことがわかった。

からむしには、趣味や収入を得るための材料以上の価値があること、商品価値以上の価値があること、この文化を深く理解するためには、一緒に作業体験を行うことでしか得られないのではないか。からむしは村の人たちと織姫体験生をつなぎ、織姫体験生と昭和村をつないでいる。

　最も大切なこととして、からむしの技術にはひとつひとつに具体的な技や工夫、その家の家族の記憶が残り、それが共有されている。からむしの技術の伝承を通じて学ぶのは、その土地で生きた人びとの記憶であり、それがからむしを残している原動力となっている、としめくくられた。

●縄文時代の落とし穴遺構（大芦）

二〇一六年五月、村文化財保護審議会で、福島県会津若松建設事務所を事業主として計画されている大芦地内の国道四〇一号改良工事において、縄文時代等の遺跡に該当する可能性のある場所での工事が行われる可能性があることについて議論された。それを受け、村教委では福島県担当部局と協議をした。また該当区の地権者の協力を得た。

　同年十月二十四日、村教委担当の根本崇範さん、県文化財課の小野忠大さん、県文化財振興財団遺跡調査部の吉野滋夫さん、若松建設事務所道路課の中村敏雄さん、菅家博昭の四名で大芦の該当区域の分布調査を行った。これまで未確認の遺跡であったため、新しく「大芦中坪遺跡」と命名された。遺跡推定地を特定し、吉野さんの指導で、十二月五日から九日まで試掘調査が実施された。B遺跡とした場所にトレンチ（長方形の発掘区）七本、A遺跡とした場所に八本を試掘した。この結果、後者から落とし穴と思われる遺構が確認された。

　一九八四年に、冑宮西遺跡（現会津美里町）で縄文時代の多数の落とし穴遺構（狩猟に使用された）が確認されている。

　前年の試掘調査結果を受け、二〇一七年は村教委の渡辺智子さんが担当され、該当地域の本発掘調査が三回に分けて行われた。B遺跡は四千六百平方メートルで、六月に県文化課の岡部睦美さんが担当された。A遺跡は一万一千平方メートルを、八月から十一月まで県文化財振興財団の山元出さんが担当された。二ヶ年の発掘調査の現場作業員として参加された村民の方に御礼を申し上げる。

　発掘調査にも参加された村議の東原源伯さんの骨折りで、二〇一七年十一月十一日に遺跡地で現場説明会も開催された。

　大芦中坪A遺跡からは、縄文時代の狩猟用と考えられる落とし穴が南北方向に八基、東西方向に四基、計十二基確認された（写真）。形状がそれぞれ異なる。八基は長方形の深い掘り込み、四基は楕円形の浅い掘り込みであった。いずれも中心部底には小さな穴が掘られ、そこに杭が立てられていたと思われる。出土した遺物は、土器片二点、くぼみ石一点、遺構外から石器の剥片一点である。土器片は縄文時代中期と推定されている。

記録保存し、調査終了後は埋め戻され、国道改良工事が行われる。今後、予定路線内には数ヶ所、未確認の遺跡地も二〇一六年十月の現地調査の結果、想定されている。

二〇一七年十二月二日、東京青海の東京国際交流館国際交流会議場で開催された「歴博国際シンポジウム　再考縄文と弥生　歴博がめざす日本先史文化の再構築」に個人資格で参加した。この十年間、出土遺物の科学分析が進み、各時代の暦年代が大きく変化している。教科書で習った、あるいは各地の博物館・資料館で解説しているパネル等の修正が求められている。

昭和村公民館で開催される二〇一八年一月六日の昭和学講座で、このシンポジウムの最新事情と、大芦大坪遺跡の調査経過についても紹介する予定である。

●生活工芸双書『からむし』発刊

六月二十九日に、恒例となっている文化財講習会が行われ、約二十名の参加者があった。本年は大芦の小矢ノ原（江戸時代には小屋之原と表記）、大坪A遺跡、ドウロクジン様などを見た。その後、両原のお不動様。小野川の権現様供養碑群。旧・小野川分校で行われている民具整理の視察では、奈良布の猪股良雄さんが、まぶし作りの実演をして下さった。最後に、からむし工芸博物館を視察した（開館当初の展示に復元）。

二〇一六年一月に農文協（農山漁村文化協会、雑誌『現代農業』など出版）から『生活工芸大百科』（六〇〇頁、一万九千円）が発刊された。からむしについては、からむし工芸博物館の吉田有子さんが執筆された。

価格の高い本であったにもかかわらず、多彩な内容（ウルシやアサ、木工など多岐にわたる）を評価する読者カード（葉書）がたくさん出版社に届いたようである。そのため、生活工芸双書として九つの事例（桐、ウルシ、からむし、コウゾ等）について新たな出版計画が立てられた。『からむし』で一冊の本を昭和村で担当してほしいという要請が吉田さんにあった。

二〇一七年三月八日に、農文協から編集担当の松原喜一さんが来村され、からむし工芸博物館で会議が開かれた。村のからむし振興室の星博之室長、金子まきえさん、吉田さん、そして私が出席した。出版の計画、内容等の希望について話を聞き、協議した結果、写真は中向の小林政一さん（過去に撮影したものを含む）、吉田さんが多忙なため、執筆は私がすることとなった。

松原さんは、その年の七月二十二日のからむし織の里フェアを視察調査された。大芦中組山崎地域のからむし畑（皆川吉三さん圃場）、その後、大岐での二〇一〇年からの、からむしの復活の動き等を取材された。

二〇一八年一月、生活工芸双書（全十巻）のなかの一冊『からむし』を、ようやく書き上げた。実際に、日本国内にはカラムシ産地が多数あったので、今も野にからむしがたくさん自生している。それを利用して身の回りのナワやヒモ、小さな布などが作れるような本を編集部は目指している。

六月末日に一三六頁で出版され、現在、一冊三千円で書店等で販売されている。昭和村公民館にも寄贈してあるのでご覧いただきたい。

あとがき

二〇一八年二月、東京赤坂の農山漁村文化協会（農文協）から「地域資源を活かす生活工芸双書」シリーズの刊行がはじまった（全九巻・一〇分冊）。『きり（桐）』『うるし（漆）一』『こうぞ・みつまた（楮・三椏）』と発刊され、六月下旬に『からむし（苧）』（菅家博昭著）、次いで八月に『かや（萱）』が発刊された。

『こうぞ・みつまた』には、樹皮繊維に「苧（そ）」が付けられており、植物繊維原料一般がそうした呼称であったことが想起される。「うるし」の漉し布も細い繊維が使用されており、この生活工芸双書が取り上げる植物類は、歴史的に人々の生活の身近にあり暮らしを支えていた植物であることを強く示している。

本書『暮らしと繊維植物』の内容は、『からむし（苧）』の執筆を支えた一次資料をもとに、一連の生活工芸双書の出版に刺激される中で編まれた。

私は福島県奥会津地域の昭和村で農業専業者（かすみ草栽培）として暮らしながら、地域に残されている「からむし（苧・青苧・ブー・苧麻・ラミー）」について古老の言葉を記録し、人々の営みを凝視してきた。またこうした素材や歴史を調査する人々との交流のなかで、多くの示唆を受けてきた。そして、列島各地から沖縄・宮古・八重山・台湾とからむしに関わる人々を訪ね歩いた。

縁があり、上記の生活工芸双書の『からむし（苧）』を執筆する機会を得、二〇一七年十二月から翌年一月に執筆し、脱稿した。農文協の編集は松原喜一氏が担当され、かなりな長文を適切な読みやすい形にまとめていただいた。紙面の関係もあり根拠とした論文や、研究史等については掲載ができなかった。

このたび、奥会津書房の遠藤由美子さんから勧められ、二〇一八年二月以降の様々な研究動向も併せ、台湾のフィールドワーク等も加えて一冊にまとめることとなった。

会津学研究会の定例会等での議論も踏まえ、昭和村で個人として行ってきた栽培技法等自然認識を含めて章立てをし、村文化財保護審議会の委員として『広報しょうわ』に執筆してきたものも巻末に掲載することとした。これは、新たな資料が確認されるたび、現地でその関係者らと懇談し、来歴を記録してきたもので、現在も連載が続いている。

本書は、各地での調査経過に見られるように、これから進展も予測される。様々な課題を持ちながら地域の基層文化の保存と解明のための資料集として読んでいただきたいと願っている。

なお植物としてのカラムシ、からむし栽培の実際、繊維引きだし・糸作り等は、前著の農文協版の『からむし（苧）』を参考にしていただきたい。山形県内・沖縄県特に宮古島等の集会・資料も多く参考にした。

本書が編まれるにあたり、この数年間、国内外へのフィールドワーク・文献調査に妻・洋子が同行し、大きな示唆を含む助力を得た。彼女は台湾での糸作り実演等、言語の違いを超えて、手技が国際共通の手段になることを教えてくれた。

奥会津書房の遠藤由美子さん、中丸恵美子さん、渡部和さんには本書の出版にあたり、たいへんお世話になった。

本書を『暮らしと繊維植物』としたのは、からむしの周囲に広がる繊維植物の多様性が、暮らしと深く関わりながら活用されている現状を伝えようとしたものである。

二〇一八年九月十五日　菅家博昭

参考文献

相川郷土博物館 1991「佐渡・相川の織物 民族文化財地域伝承活動 越後のしな布紡織習俗」相川町教育委員会

赤坂憲雄編 2015「会津物語」会津学研究会 奥会津書房 朝日新聞出版

阿部さやか・高橋里奈・岸本誠司 2012「蘇りの青苧ものがたり 山形県大江町 青苧復活夢見隊の軌跡」青苧復活夢見隊

赤羽正春 2001「採集 ブナ林の恵み」法政大学出版局

赤羽正春 2011「樹海の民―舟・熊・鮭と生存のミニマム」法政大学出版局

秋道智弥 1999「なわばりの文化史 海・山・川の資源と民俗社会」小学館

朝倉奈保子 2006 苧の道 会津学研究会編「会津学2号」奥会津書房

朝日新聞金沢支局 1986「常次郎氏の春夏秋冬」朝日新聞社

朝日新聞特派記者団 1972「横井庄一さんの記録 グアムに生きた28年」朝日新聞社

新井達也 2012 東北地方南部の縄文集落の生活と生業 鈴木克彦編「縄文集落の多様性Ⅲ 生活・生業」雄山閣

粟野収吉 2013「大銀杏は見ていた」

粟野町教育委員会 1983「粟野町誌 粟野の歴史」栃木県粟野町

安渓遊地編 2017「廃村続出の時代を生きる」南方新社

安斎正人 2007「人と社会の生態考古学」柏書房

安藤紫香（正教）2002 麻作りから布まで 会津の民俗 第32号 会津民俗研究会・歴史春秋社

安藤礼二 2013「起源」の反復「柳田国男試論」から「遊動論」へ「at」18

安藤礼二 2017 縄文論序説 渡辺仁の狩猟採集社会論をめぐって「ユリイカ」49,6 青土社

井口崇 1998 望陀布の復元に関する覚書「千葉史学」32

石垣市織物事業協同組合 1992「八重山上布」

伊豆田忠悦 1960 青苧と最上紅花「日本産業史大系3東北地方篇」東京大学出版会 本論は次の書籍にも所収

伊豆田忠悦 1979「羽前地方の研究」郁文堂書店

稲田浩二・小澤俊夫編 1985「日本昔話通観」第7巻福島 同朋舎出版

印南敏秀ほか編 2001「もの・モノ・物の世界 新たな日本文化論」雄山閣

井原今朝男 2012 生業の古代中世史と自然観の変遷 秋道智弥編「日本の環境思想の基層 人文知からの問い」岩波書店

今井敬潤 2002 富山湾の漁網染色における柿渋の利用について「もの・モノ・物の世界―新たな日本文化論」雄山閣

今井敬潤 2003「柿渋」法政大学出版局

今田信一 1957 最上商人を育てた青苧 寒河江市史編纂委員会

今里悟之 2006「農山漁村の〈空間分類〉―景観の秩序を読む」京都大学学術出版会

伊藤俊治 2017 器と骨 召還される縄文「ユリイカ」49,6 青土社

伊波普猷 1973「をなり神の島1」平凡社東洋文庫227

植村和代 2014「織物」法政大学出版局

宇野隆夫 2018「モノと技術の古代史 木器編」吉川弘文館

宇根豊 2000 百姓仕事が、自然をつくる、自然を認識する 田中耕司編「自然と結ぶ 農にみる多様性」昭和堂

宇根豊 2007「天地有情の農学」コモンズ

漆山英隆 2013 よみがえる南陽の青苧

江馬三枝子 1975「飛騨白川村」未来社

「大江町史」1984

「大江町史 地誌編」1985
大久保裕美 2004「ハタの迪(みち)」からむし工芸博物館
大藤時彦編 1964 古川古松軒「東遊雑記」東洋文庫 27
岡村吉右衛門 1968「台湾の蕃布」有秀堂
岡村吉右衛門 1975 台湾の機 服装文化148
岡村吉右衛門 1977「日本原始織物の研究」文化出版局
岡村吉右衛門 1982 蕃布 台湾の染織「染織の美」19 京都書院
「教草」1977 恒和出版
小関清子 2012「縄文の布 日本列島布文化の起源と特質」雄山閣
小畑弘己 2011「東北アジア古民族植物学と縄文農耕」同成社
小畑弘己 2016「タネをまく縄文人 最新科学が覆す農耕の起源」吉川弘文館
小見重義 1980 からむしの里「農業協同組合」全国農業協同組合中央会
桂眞幸 2015「会津農書」唐箕使用初出批判 民具研究 第151号
加藤孝治 2010 ローカルなコンテクストにおける民具の理解に向けて—四国・那賀川上流地域の天秤腰機を事例に—「歴史と文化」第45号 東北学院大学
加藤清之助 1922「苧麻」(台湾総督府)南洋協会台湾支部
金井晃 2001「木地語り 企画展報告書」福島県田島町教育委員会
金井道夫 1989 ある繊維会社による原料開発輸入のための進出の効果をめぐって 農業総合研究 43 4 農林水産政策研究所
http://www maff go jp/primaff/koho/seika/nosoken/nogyosogokenkyu/pdf/nriae1989-43-4-3 pdf
金子務 2005「江戸人物科学史「もう一つの文明開化」を訪ねて」中公新書
賀納章雄 2007「南島の畑作文化 畑作穀類栽培の伝統と現在」海風社
角山幸洋 1989 手織機(地機)の東西差 産業史の立場から「民具が語る日本文化」河出書房新社
上都賀郡教育会 1977「上都賀郡誌 復刻藩」鹿沼市誌料刊行会
からむし工芸博物館 2002「アジア苧麻会議」
からむし工芸博物館 2003「アイヌ アットゥシココロ展」
からむし工芸博物館 2005「本荷」
からむし工芸博物館 2006「奈良晒と原料展」
からむし工芸博物館 2007「はぬいっこ袋」
からむし工芸博物館 2007「からむしを育む民具」
からむし工芸博物館 2008「をのこと」
からむし工芸博物館 2009「苧麻と型染め 会津が産んだハレ着」
からむし工芸博物館 2011「昭和村のからむしはなぜ美しい からむし畑」
からむし工芸博物館 2013a「会津のからむし生産用具及び製品」
からむし工芸博物館 2013b「会津野尻組の戊辰戦争」
からむし工芸博物館 2015「文字にみるからむしと麻」
鏑木勢岐 1954「銭屋五兵衛の研究」銭五顕彰会
川合正裕 2013 東北地方の「畑の神」信仰—春秋に去来する農耕神を事例として—」「歴史民俗研究 —櫻井徳太郎賞受賞論集—」第10輯 板橋区教育委員会
川井洋 2009「麻と日本人」竹林館
川人美洋子 2010「阿波藍」
菅家長平 1980「からむし年譜」昭和村農協工芸課
菅家長平(穂坂道夫)1986「野辺のゆきき—手織音の里・昭和村」ふるさと企画
菅家長平(穂坂道夫)2007 エッセー 青麻(あおそ)紀行 金山史談 第18

号 金山史談会
菅家長平 2009 ふるさと人物小伝 金山史談 第19号 金山史談会
菅家長平 2014 千咲原にて 金山史談 第23号 金山史談会
菅家藤一 2011 奥会津編み組細工「山仕事賛歌」図書新聞
菅家博昭 1985「福島県指定重要有形民俗文化財 昭和村のからむし生産用具とその製品371点」昭和村教育委員会
菅家博昭 1990「福島県昭和村におけるからむし生産の記録と研究」昭和村生活文化研究会
菅家博昭 1995 博士山に生きる人々から学ぶ」「ブナの森とイヌワシの空 会津・博士山の自然誌」
菅家博昭 1997a「大岐の少年史・昭和40年代」
菅家博昭 1997b「イヌワシ保護一千日の記録」はる書房
菅家博昭 2000「身近な自然の調べ方 会津のワシとタカ」日本野鳥の会会津支部・歴史春秋社
菅家博昭・大久保裕美 2001「苧（からむし）」奥会津書房・からむし工芸博物館
菅家博昭 2006 記憶の森を歩く 会津学研究会編「会津学」2号 奥会津書房
菅家博昭 2007 聞き書きの風景 会津学研究会編「会津学」3号 奥会津書房
菅家博昭 2008a 私の月田農園物語 会津学研究会編「会津学」4号 奥会津書房
菅家博昭 2008b ヒロロ（深山寒菅）の今 会津学研究会編「会津学」4号 奥会津書房
菅家博昭 2011 カラムシ栽培におけるコガヤ（カリヤス）の重要性「昭和村のからむしはなぜ美しい からむし畑」からむし工芸博物館
菅家博昭・吉田有子 2013「会津野尻組の戊辰戦争」からむし工芸博物館
菅家博昭 2014-2018 野尻組のアサ・からむし「広報しょうわ」昭和村
菅家博昭 2015a 地域の調べ方 会津学研究会編「会津学」7号 奥会津書房
菅家博昭 2015b 草が支えた社会 会津学研究会編「会津学」7号 奥会津書房
菅家博昭・河原田宗興 2015c からむしと麻 会津学研究会編「会津学」7号 奥会津書房
菅家博昭・吉田有子 2015d「文字にみるからむしと麻」からむし工芸博物館
菅家博昭 2018 上杉家中の山内氏 横田式部少輔旨俊とは誰か？「福島県中世史研究会10周年論集」
河野良輔 2005「長州・北浦捕鯨のあらまし」長門大津くじら食文化を継承する会
菊地和博 1992 近世最上川の文化史的考察「山形県立博物館研究報告」第13号
菊地和博 1993 青苧の生活文化史「山形県立博物館研究報告」第14号
菊地和博 2002「庶民信仰と伝承芸能 東北にみる民俗文化」岩田書院
菊地和博 2013「やまがたと最上川文化」東北出版企画
菊地成彦 1982 野尻郷のからむし栽培 福島の民俗 第10号 福島県民俗学会
菊地成彦 1983a からむし栽培のルーツと展望「歴史春秋」第18号 会津史学会
菊地成彦 1983b 会津のからむしと越後の縮布「歴史手帖」11,9 名著出版
菊地成彦 1984 からむし産業を支えるもの 福島の民俗 第12号 福島県民俗学会
菊地成彦 1986『昭和村史料集（その1）』昭和村教育委員会
「木頭村誌」1961 徳島県木頭村
着舎場永珣 1977「八重山民俗誌 上巻・民俗編」沖縄タイムス社
木村茂光 1996「ハタケと日本人 もう一つの農耕文化」中公新書
木村茂光編 2003「雑穀 畑作農耕論の地

平」青木書店
木村茂光編 2006「雑穀Ⅱ 粉食文化論の可能性」青木書店
木村茂光 2009「中世社会の成り立ち」吉川弘文館
近畿民俗学会 1958「阿波木頭民俗誌」陵霄文庫刊行会（後藤捷一）
近世麻布研究所・滋賀県麻織物工業協同組合 2007「高宮布」
近世麻布研究所・十日町市博物館 2012「四大麻布 越後縮・奈良晒・高宮布・越中布の糸と織り」
工藤雄一郎 2012「旧石器・縄文時代の環境文化史 高精度放射性炭素年代測定と考古学」新泉社
工藤雄一郎編 2014a 縄文時代の人と植物の関係史「国立歴史民俗博物館研究報告」第187集
工藤雄一郎編 2014b「ここまでわかった！縄文人の植物利用」新泉社
工藤雄一郎・一木絵理 2014c 縄文時代のアサ出土例集成「国立歴史民俗博物館研究報告」第187号
工藤雄一郎編 2017「さらにわかった！縄文人の植物利用」新泉社
グレゴリー・スミッツ、渡辺美季訳「琉球王国の自画像 近世沖縄思想史」ぺりかん社
ケネス・M・エイムス、ハーバード・D・G・マシュナー、佐々木憲一監訳・設楽博巳訳 2016「複雑採集狩猟民とはなにか アメリカ北西海岸の先史考古学」雄山閣
原始布・古代織参考館 2006「古代の編具と織機」出羽の織座・米沢民芸館 山村商店
国学院大学民俗学研究会 1981「民俗採訪 栃木県鹿沼市旧西大芦村 福岡県八女郡星野村」
国立歴史民俗博物館 2017 企画展示 URUSHIふしぎ物語—人と漆の12000年史—
小池善茂・伊藤憲秀「山人の話 ダムで沈んだ村「三面」を語り継ぐ」はる書房
河野通明 2015『大化の改新は身近にあった』和泉選書
古賀康士 2012 西海捕鯨業における中小鯨組の経営と組織—幕末期小値賀島大坂屋を中心に— 九州総合研究博物館研究報告 10
小柴吉男・小松順太郎対談 2012「漆と編み組の源流 荒屋敷遺跡発掘秘話」奥会津書房
小島孝夫 2009「クジラと日本人の物語—沿岸捕鯨再考—」東京書店
児玉彰三郎 1971「越後縮布史の研究」東京大学出版会
児玉彰三郎 2010「上杉景勝」児玉彰三郎遺著刊行会 初版1979
小林茂 2003「農耕・景観・災害 琉球列島の環境史」第一書房
小林政一 1981「奥会津のざっと昔」文芸協会出版
小林政一 1979「昭和村のむかしばなし」昭和村教育委員会
小林政一 1988「写真集 消えゆく からむし」ふるさと企画
小林政一 2002「小林キンのざっと昔」ふるさと企画
小林政一 2006「昭和村のざっと昔」ふるさと企画
斎藤たま 2013「暮らしのなかの植物」論創社
酒井耕造 2007「近世会津の村と社会—地域の暮らしと医療—」
佐賀市教育委員会「縄文の奇跡！東名遺跡」雄山閣
坂根嘉弘 2003a 農地作付統制についての基礎的研究（上）広島大学経済論叢 27 1
坂根嘉弘 2003b 農地作付統制についての基礎的研究（下）広島大学経済論叢 27 2
阪本寧男 1988「雑穀のきた道 ユーラシ

ア民族植物誌から」NHKブックス
桜井英治 2011「贈与の歴史学　儀礼と経済のあいだ」中公新書
佐々木長生 2015「会津農書」にみる畑作民俗誌 福島県立博物館紀要 第29号
佐々木長生2016「会津農書」にみる麻の栽培と民俗 下野民俗 第49号 下野民俗研究会
佐々木由香 2015 縄文・弥生時代の編組製品製作技術の特徴と時代差「シンポジウム縄文・弥生時代の編組製品研究の新展開—植物資源利用・技法・用途—」明治大学先史文化研究所
笹沼恒男・西田悠希 2018「青苧復活夢見隊十周年記念展「蘇りの青苧ものがたり」特別講演　DNA解析から見た大江町の青苧　講演要旨」
笹沼恒男・西田悠希・村上弘子・高橋里奈・松田淳一 2018 DNAマーカーを用いた山形県大江町の伝統工芸作物「青苧」の遺伝的多様性の解明「育種学研究20（別1）」九州大学於・日本育種学会第百三十三講演会発表
笹沼恒男 2018 四月一八日学長定例記者会見配布資料「大江町の青苧の特徴をDNA解析で解明」（二〇一八年六月二十五日改）
佐瀬与次右衛門 1982「会津農書　会津農書附録」日本農書全集19 農文協
佐瀬与次右衛門・佐瀬林右衛門 1982「会津歌農書　幕内農業記」日本農書全集20 農文協
佐藤国雄 1991 志村俊二さん　山人の暮らしを語り継ぐ出版人 アエラ編集部編「現代の脇役」新潮社
佐藤羊一郎編 2010a「ユーラシア農講史」第5巻 臨川書店
佐藤洋一郎 2010 地球環境問題にみる歴史学と自然科学の融合 水島司編「環境と歴史学　歴史研究の新地平」勉誠出版
佐藤洋一郎監修 2011「焼畑の環境学—いま焼畑とは」思文閣出版
椎葉クニ子・佐々木章 1998「おばあさんの山里日記」葦書房
下田村史編集委員会 1971「下田村史」下田村史刊行委員会
設楽博已 2017「弥生文化形成論」塙書房
設楽博已編 2017 弥生文化のはじまり 季刊考古学 第138号
篠崎茂雄 2008 麻ひきにみる地域性「野州麻　道具がかたる麻づくり」栃木県立博物館
篠崎茂雄 2014 アサ利用の民俗学的研究　縄文時代のアサ利用を考えるために「国立歴史民俗博物館研究報告」第187号
篠崎茂雄 2011 麻作りに生涯をささげた地域の篤農家　中枝武雄「人物でみる栃木の歴史」随想舎
篠原徹・西谷大 2011 野生植物と栽培植物の境界と生業との関係性 国立歴史民俗博物館研究報告 164
下野市教育委員会（栃木県）2014「下野市埋蔵文化財調査報告書第十一集　甲塚古墳　下野国分寺跡史跡整備関連発掘調査報告書」
志村俊司編 1984「山人の賦Ⅰ」白日社
志村俊司編 1985「山人の賦Ⅱ」白日社
志村俊司編 1988「山人の賦Ⅲ」白日社
周藤吉之 1962「宋代経済史研究」東京大学出版会
祝嶺恭子 2013「ベルリン国立民族学博物館所蔵　琉球・沖縄染織資料調査報告書」沖縄美ら島財団
昭和農協青そ（苧）生産部会 1976 青そ（苧）栽培について
昭和村からむし織後継者育成事業実行委員会 2004「ハタのみち」
昭和村教育委員会 1975「昭和村史料在家目録」
昭和村教育委員会 1986「昭和村資料集（その1）」
昭和村役場総務課企画係 2014「からむし

の学校　からむしを知る・考える・伝える」
「昭和村の歴史」1973　福島県大沼郡昭和村
縄文時代の資源利用研究会 2012「縄文時代の資源利用―民俗学と考古学から見た堅果類の利用及び水場遺構―」白石昭臣 1988「畑作の民俗」雄山閣
白水智 2015「古文書はいかに歴史を描くのか　フィールドワークがつなぐ過去と未来」NHK出版
信州大学繊維学部 2011「はじめて学ぶ繊維」日刊工業新聞社
新明宣夫 2007「小田付組新井田谷地村新明家文書集　巻一」おもはん社
新明宣夫 2012「肝煎文書にみる会津藩の八十年　新明家文書巻二」おもはん社
末田智樹 2013 西海捕鯨業地域における益冨又左衛門の拡大過程　国際常民文化研究叢書 2
杉本耕一 1986 米沢藩青苧転法と越後縮産地の動向―機前層および青苧商人の反対運動を中心に―」山田秀雄先生退官記念会編「政治社会史論集」近藤出版社
杉本耕一 2006 越後縮の生産と地域社会―十日町市域の生産と流通―「日本海域歴史大系　第5巻近世篇Ⅱ」清文堂
鈴木新一郎 1982「からむしとの歩み　技術伝承の継承と地場産業振興のために」福島県昭和村産業課
鈴木牧之記念館 2008「江戸のユートピア秋山紀行」
鈴木三男 2015 縄文・弥生時代の樹皮製品の素材とその地域性「シンポジウム縄文・弥生時代の編組製品研究の新展開―植物資源利用・技法・用途―」明治大学先史文化研究所
鈴木三男 2017 鳥浜貝塚から半世紀―さらにわかった!縄文人の植物利用―「さらにわかった!縄文人の植物利用」新泉社
須田雅子 2016「苧麻をめぐる物語―奥会津昭和村と宮古・八重山の暮らしと文化―」
須藤護 2010「季野文化の形成　日本の山野利用と木器の文化」未来社
清家章 2018「埋葬からみた古墳時代　女性・親族・王権」吉川弘文館
繊維学会編 2004「やさしい繊維の基礎知識」日刊工業新聞社
台湾総督府殖産局 1927「農業基本調査書第12主要農産物経済調査其の2 苧麻」
高橋九一 1983「稗と麻の哀史」翠楊社
高橋貴 1986 中世上野における畠作をめぐって―「長楽寺永禄日記」を中心に―地方史研究協議会「内陸の生活と文化」雄山閣
高橋八重子 1994 阿波の太布（Ⅰ）比較文化研究 27
高橋八重子 1995「藍のいのち」
高橋実 2003「座右の鈴木牧之」野島出版
高千穂町 1972「高千穂町史　年表」
高千穂町 1973「高千穂町史」
高千穂町老人クラブ連合会 1991「高千穂の古事伝説・民話」
高千穂町 2002「高千穂町史郷土史編」
滝沢秀一 1990「アンギンと釜神さま―秋山郷のくらしと民具―」
滝沢秀一 2005「編布の発見―織物以前の衣料―」つなん出版
「滝沢秀一さん巻頭言集」創刊号～第326号 2013 べんきょうするお母さんのひろば
滝沢洋之 1976 カラムシと小千谷縮　会津の民俗　第6号　会津民俗研究会・歴史春秋社
滝沢洋之 1996 カラムシ紀行―壱岐・対馬・北九州にその伝播ルートを求めて―日本民俗学 205
滝沢洋之 1997 最上・米沢地方のカラムシについて　会津の民俗　第27号　会津民俗研究会・歴史春秋社
滝沢洋之 1999「会津のカラムシ」歴史春

秋社
滝沢洋之 2005 中国の農村に原風景を見る 会津の民俗 第34号 会津民俗研究会・歴史春秋社
滝沢洋之 2013「会津に生きる幻の糸 カラムシ ―伝播のルートを探る―」歴史春秋出版
竹内淳子 1982「織りと染めもの」ぎょうせい
竹内淳子 1995「草木布Ⅰ・Ⅱ」法政大学出版局
竹川重男 1990 会津藩の「負わ高」の検討「福島県立博物館紀要」第4号
田島町史編纂委員会 1988「田島町史」第2巻
田代安定 1917 日本苧麻興業意見 国光印刷
多田滋 1984 苧から縮まで 1984「津南町史 資料編下巻」新潟県津南町
多田滋 1998「十日町市郷土資料双書8 越後縮の生産をめぐる生活誌」新潟県十日町市史編さん委員会
橘礼吉 2015「白山奥山人の民俗誌―忘れられた人々の記憶」白水社
徳永光俊 1996「日本農法の水脈―作りまわしと作りならし―」農文協
田中熊雄 1981「宮崎県庶民生活誌」日向民俗学会
田中熊雄 1988「続 宮崎県庶民生活誌」日向民俗学会
田中俊雄・玲子 1975「沖縄織物の研究」紫紅社
田中はる菜 2012「原住民工芸」の表象と制作をめぐる一考察：台湾原住民の織物復興を事例に 史学 81 三田史学会
田中裕子編 2007「手仕事の現在 多摩の織物をめぐって」法政大学出版局
田辺悟 2002「網」法政大学出版局
谷本雅之 2005 産業の伝統と革新「日本史講座」東京大学出版会
谷本雅之 2015「在来的経済発展」論の射程 ―「在来」・「近代」の二元論を超えて―「日本史学のフロンティア1」法政大学出版局
朝鮮総督府 1930 朝鮮総督府中央試験場報告 支那苧布の現状
陳玲 2009 運搬用具と服飾とのあいだ―アンギン袖無を中心として―「秋山紀行を読みとく」津南町教育委員会
陳玲 2017「すてきな布 アンギン研究100年展示解説図録」新潟県立歴史博物館
筑波大学民俗学研究会 1990「大芦の民俗 福島県大沼郡昭和村大芦」
津南町教育委員会 2009「秋山紀行を読みとく」
津南町教育委員会 2011a「植物繊維を「編む」―アンギンの里 津南の編み技術と歴史―
津南町教育委員会 2011b「津南シンポジウムⅦ 植物繊維を「編む」―アンギンの里 津南の編み技術と歴史―」
津南町教育委員会 2012 討論録・植物繊維を「編む」「津南学」1
津南町教育委員会 2013 追悼滝沢秀一「津南学」2
十日町市博物館 1983「織物生産工程」
十日町市博物館 1987「図録 妻有の女衆と縮織り 重要有形民俗文化財 越後縮の紡織用具及び関連資料」
十日町市博物館 1994「図説 越後アンギン」
十日町市史編さん委員会 1988「市史リポート とおかまち」第2集
十日町市史編さん委員会 1991「市史リポート とおかまち」第5集
東北農政局福島統計情報事務所会津坂下出張所編 1983「昭和村の農業」福島県・昭和村
東洋大学民俗研究会 1974「粕尾の民俗―栃木県上都賀郡粟野町旧粕尾村―」
得能壽美 2003 古文書にみる人頭税時代「人頭税廃止百年記念誌 あさぱな」八重山人頭税廃止百年記念事業期

成会
得能壽美 2007「近世八重山の民衆生活史—石西礁湖をめぐる海と島々のネットワーク—」榕樹書林
栃木県立農事試験場 1932「苧麻（ラミー）栽培法」
栃木県立博物館 2008「野州麻の生産用具」
栃木県立博物館 2008「野州麻 道具がかたる麻づくり」
長澤武 1990 信濃と麻 山村民俗の会編「住む・着る」エンタプライズ
中西僚太郎 2001 1910年代前半における野州麻生産地帯の農業経営—上都賀郡南押原村の一農家の事例—「鹿沼市史研究紀要 かぬま歴史と文化」第6号
長野県購買連松本支所 1941「野生苧麻採集運動必携」
永原慶二 1990「新・木綿以前のこと 苧麻から木綿へ」中公新書
永原慶二 1997「戦国期の政治経済構造」岩波書店
永原慶二 2004「苧麻・絹・木綿の社会史」吉川弘文館
仲間伸恵 2015 地機からみる宮古の織物 琉大史学 第17号
永松敦 1990 椎葉神楽の衣裳と住まい 山村民俗の会編「住む・着る」エンタプライズ
中山誠二 2010「植物考古学と日本の農耕の起源」同成社
名久井文明 2011「樹皮の文化史」吉川弘文館
名久井文明 2012「伝承された縄紋技術 木の実・樹皮・木製品」吉川弘文館
名越護 2017「南島植物学、民俗学の泰斗 田代安定」南方新書
南陽市史編さん委員会 1990-1992「南陽市史 上・中・下」南陽市
南陽市史編さん委員会 1980「南陽市史編集資料」第3号
南陽市史編さん委員会 1980 北条郷青苧御役一件文書「南陽市史編集資料」第4号
南陽市史編さん委員会 1981 北条郷青苧栽培と青苧商人「南陽市史編集資料」第6号
南陽市史編さん委員会 1982 北条郷宮内熊野一山文書「南陽市史編集資料」第7号
南陽市史編さん委員会 2013「南陽市史編集資料」第42号
南陽市史編さん委員会 2014 菅野佐次兵衛家文書（2）「南陽市史編集史料」第43号
南陽市史編さん委員会 2015 平善兵衛家文書第二部「南陽市史編集史料」第44号
西脇新次郎 1935「小千谷縮布史」
新国勇 2017 文化のチカラで町おこし 地域文化論集第2集「郡山再発見」郡山女子大学短期大学部文化学科
日本化学会 2011「衣料と繊維がわかる」東京書籍
日本繊維技術士センター 2012「繊維の種類と加工が一番わかる 技術評論社
日本村落研究会 池上甲一編 2007「むらの資源を研究する フィールドからの発想」農文協
日本村落研究会 鳥越皓之編 2007「むらの社会を研究する フィールドからの発想」農文協
日本林業協会 1948 山村実態調査報告書（栃木県上都賀郡小来た川村および板荷村）
農林省農政局特産課 1942「苧麻（附、麻類ノ統制等ニ関スル資料）
農林水産技術会議編 1963 苧麻に関する川南試験地30年の業績 プロジェクト研究成果13号 農林水産省 http://agriknowledge affrc go jp/RN/2039014196
能代修一・小林和貴 2015 縄文時代・弥生時代の編組製品の素材植物とその地域性「シンポジウム縄文・弥生時代の

編組製品研究の新展開―植物資源利用・技法・用途―」明治大学先史文化研究所
野本寛一 2008 生業民俗研究のゆくえ 歴博編「生業から見る日本史」吉川弘文館
野本寛一・赤坂憲雄 2013「暮らしの伝承知を探る」玉川大学出版部
野本寛一・三国信一 2014「人と樹木の民俗世界―呪用と実用への視角―」大河書房
野本寛一 2016「季節の民俗誌」玉川大学出版部
箱石大編 2013「戊辰戦争の史料学」勉誠出版
橋本雄 2005「中世日本の国際関係―東アジア通交圏と偽使問題―」吉川弘文館
橋本雄 2012「偽りの外交使節 室町時代の日朝関係」吉川弘文館
長谷部八朗 1983 離島村落の変貌過程とその課題―沖縄・南大東島の場合―」駒沢社会学研究 20
羽染兵吉 2007「からむし（苧麻）全集」
秦荘町教育委員会 2004「今に伝わる近江上布の織りと染め 近江上布制作の手引き」
八海山酒造 2011 特集暮らしの中の上布「魚沼へ」30
馬場雄伍編 2002「木地師の跡を尋ねて山中の墓に手を合わせ乍ら」昭和村教育委員会
浜松市博物館編集 2018「地域と考古学の会・浜松市博物館・静岡県考古学会シンポジウム 静岡県と周辺地域の官衙出土文字資料と手工業生産」地域と考古学の会
原田幹 2017「東アジアにおける石製農具の使用痕研究」六一書房
「播州織の研究」2013 西脇市郷土資料館
藩政史研究会編 1963「藩政成立史の綜合研究 米沢藩」吉川弘文館
東村純子 2006 織物と紡織「列島の古代史5 専門技能と技術」岩波書店
東村純子 2008a 輪状式原始機の研究 古代文化 第60巻
東村純子 2008b 輪状式原始機の民族考古学 台湾原住民の機織技術から 台湾原住民研究 第12号
東村純子 2009 古代日本の紡織技術と生産体系に関する考古学的研究（要旨）京都大学
東村純子 2011「考古学からみた古代日本の紡織」六一書房
東村純子 2012a 原始機解明の糸口―唐古とアイヌ、台湾―「森岡秀人さん還暦祈念論文集」菟原刊行会
東村純子 2012b 考古学からみた紡織技術と生産「紡織の考古学―紡ぐ・織る・縫う―資料集」山梨県考古学会
東村純子 2013a 弥生・古墳時代における麻布の製作技術「古代の繊維―古代繊維技術研究の最近の動向―」奈良文化財研究所
東村純子 2013b 考古学からみた「地機」「発見！わが家の「はた織りさん」―白山周辺の手織機「地機」とその地域性―」はたや記念館ゆめおーれ勝山
東村純子 2016 織物と紡織の考古学 月刊せんい 繊維機械学会誌69,6
東村純子 2017 輪状式の原始機 甲塚古墳出土の機織型埴輪にみる新知見「日本考古学協
東村純子 2018 古代の在地社会における織物生産像「地域と考古学の会・浜松市博物館・静岡県考古学会シンポジウム 静岡県と周辺地域の官衙出土文字資料と手工業生産」「地域と考古学の会 第83回総会 研究発表要旨」日本考古学協会
平田尚子 2011a「昭和村のからむしはなぜ美しい からむし畑」からむし工芸博物館
平田尚子 2011b 植物繊維における火耕―福島県昭和村のからむし焼き―「焼畑

の環境学―いま焼畑とは」思文閣
平野哲也 2001 江戸時代後期における鹿沼麻の流通―在村麻商人による麻と魚肥との相互流通―「鹿沼市史研究紀要かぬま歴史と文化」6号
平野哲也2004「江戸時代村社会の存立構造」御茶の水書房
平野哲也 2010 近世 木村茂光編「日本農業史」吉川弘文館
平野哲也 2015 江戸時代における百姓生業の多様性・柔軟性と村社会「日本史学のフロンティア 列島の社会を問い直す」法政大学出版局
平野哲也 2016 関東内陸農山村における魚肥の消費・流通と海村との交易 渡辺尚志編「生産・流通・消費の近世史」勉誠出版
ひろいのぶこ・長野五郎 1999「織物の原風景―樹皮と草皮の布と機―」紫紅社
ひろいのぶこ 2007 麻の糸績みと手織りの現状―中国四川省と湖南省から― 稲賀繁美編「伝統工藝再考 京のうちそと」思文閣出版
広瀬和雄編 2007「弥生時代はどう変わるか 炭素14年代と新しい古代像を求めて」学生社
福島県立博物館 2010「ふくしまうるし物語」
福光麻布織機復刻プロジェクト 2016「越中 福光麻布」桂書房（富山市）
藤木久志 2008「戦う村の民俗を行く」朝日新聞出版
藤尾慎一郎 2011「〈新〉弥生時代 500年早かった水田稲作」吉川弘文館
藤尾慎一郎編 2017「弥生時代って、どんな時代だったのか？」朝倉書店
藤丸昭 1987 阿波太布の技法を伝えた岡田ヲチヨ「阿波の女たち」徳島市立図書館
辺見じゅん 1984 語り部のふるさとをいく（4）福島県大沼郡昭和村「婆さまが苧（お）を績（う）む奥会津の山里」『アサヒグラフ』3190号
古尾谷知浩 2014「漆紙文書と漆工房」名古屋大学出版会
文化庁文化財保護部編 1975「民俗資料選集 紡織習俗Ⅰ」国土地理協会
文化庁文化財保護部編 1981「民俗資料選集 紡織習俗Ⅱ」国土地理協会
本馬貞夫 2009 貿易都市長崎の研究 九州大学出版会
牧野清 1975「登野城村の歴史と民俗」
増田昭子 2007「雑穀を旅する スローフードの原点」吉川弘文館
増田昭子 2011「雑穀の社会史」吉川弘文館
増田昭子 2013「種子は万人のもの 在来作物を受け継ぐ人々」農文協
増田レア 2011「山仕事賛歌」図書新聞
真鍋篤行 2016 近世における網漁の展開と生態利用―房総半島東岸の地曳網漁を事例に 渡辺尚志編「生産・流通・消費の近世史」勉誠出版
水島茂 1982「加賀藩・富山藩の社会経済史研究」文献出版
峰岸純夫 2003「史料纂集 長楽寺永禄日記」続群書類従完成会
宮内泰介編 2009「半栽培の環境社会学 これからの人と自然」昭和堂
宮城文 1972「八重山生活誌」沖縄タイムス社
宮崎県立西都原考古博物館 2015「美と技と祈り 台湾原住民の植物利用と南九州人の軽石利用」
宮崎県苧麻協会 1938「簡易火力乾燥設備のすすめ」
宮崎清 1985「藁Ⅰ Ⅱ」法政大学出版会
宮古苧麻績み保存会 2017「改訂版 おばあたちの手技 宮古諸島に伝わる苧麻糸手績みの技術」
宮原武夫 1994 上総の望陀布と美濃―東国の調・大嘗祭・遣唐使―「古代国家と東国社会」高科書店
宮良賢貞 1979「八重山芸能と民俗」千葉

歴史学会　根元書房
民族文化映像研究所　1984「越後奥三面—山に生かされた日々—」
民族文化映像研究所　1987「奈良田の生活と自然のつながり　焼畑を中心に」山梨県早川町教育委員会
民族文化映像研究所　1988「資料集　からむしと麻　福島県昭和村」
民族文化映像研究所　1993「茂庭の焼畑資料集」
村川友彦　1981　会津地方の近世における麻と苧麻の生産—伊南・伊北麻を中心に—」福島県歴史資料館研究紀要　第3号
「明治前期産業発達史資料　別冊（14）Ⅱ」1966　明治文献資料刊行会
森浩一　2009「日本の深層文化」ちくま新書
盛本昌広　2008a「軍需物資から見た戦国合戦」洋泉社
盛本昌広　2008b「贈答と宴会の中世」吉川弘文館
盛本昌広　2009「中近世の山野河海と資源管理」岩田書院
盛本昌広　2012「草と木が語る日本の中世」岩波書店
盛本昌広　2013　生業の多様性と資源管理　井原今朝男編「環境の日本史3中世の環境と開発・生業」吉川弘文館
文部省　1954「イリの村の生活とこども山村社会の形成過程を見つめて」博文堂出版
柳津町教育委員会　1977　琵琶首「柳津町誌　下巻　集落編」381頁
柳田国男　1974「一目小僧その他」角川文庫
山口裕文・河瀬眞琴　2003「雑穀の自然史その起源と文化を求めて」北海道大学図書刊行会
山路勝彦　2011　蛇行する原住民工芸—タイヤル族の織布文化、脱植民地化とモダニティ—「台湾タイヤル族の100年」風響社（初出2009「国立民族学博物館研究報告」34-1）
山下渉登　2004「捕鯨ⅠⅡ」法政大学出版局
山田昌久　2005　縄文・弥生幻想からの覚醒—先史社会研究における狩猟・採集・育成技術の経済構造化論—佐藤宏之編「食糧獲得社会の考古学」朝倉書店
山田昌久　2014「縄文時代」に人類は植物をどのように利用したか「講座日本の考古学4　縄文時代　下」青木書店
山田昌久　2016　総論植物繊維利用に関する遺物誌・実験誌　特集原始・古代の植物繊維資源化技術　考古学ジャーナル　683
「山に生かされた日々　新潟県朝日村奥三面の生活誌」1984
山本隆志　1994「荘園制の展開と地域社会」刀水書房
山本直人　2002「縄文時代の植物採集活動—野生根茎食料化の民俗考古学的研究—」渓水社
横井庄一　1974「明日への道　全報告グアム島孤独の28年」文藝春秋
横井庄一　1983「無事がいちばん　不景気なんかこわくない」中央公論社
横井庄一　1984「横井庄一のサバイバル極意書　もっと困れ！」小学館
横井美保子　2011「鎮魂の旅路　横井庄一の戦後を生きた妻の手記」ホルス出版
横山昭男　1983　近世山形地域史の諸問題「歴史手帖」121号　名著出版
横山昭男ほか　1997「さがえ周辺の歩み最上川と舟運　青苧・紅花商人」（再編復刻版）ヨークベニマル
吉川昌伸・工藤雄一郎　2014　アサ花粉の同定とその散布「国立歴史民俗博物館研究報告」第187号
吉岡忍　1995　日本とその周辺における機織り文化の基層と展開　1995　吉田集而編「生活技術の人類学」平凡社

吉岡忍 2011 織機と織物と織り技術：共同研究：手織機と織物の通文化的研究(2010-2013) 民博通信 132
吉岡忍 2013 世界の織機と織物 民博通信 142
吉田真一郎 2012 柔らかい布について「四大麻布 越後縮・奈良晒・高宮布・越中布の糸と織り」近世麻布博物館・十日町市博物館
吉田有子 2015「文字にみるからむしと麻」からむし工芸博物館
四柳嘉章 2009「漆の文化史」岩波新書
ルバース・ミヤヒラ吟子・高漢玉・春木雅寛 桐板に関する調査研究（2）—繊維顕微鏡観察およびその考察—「沖縄県立芸術大学紀要」第3号
歴史学会編「古代国家と東国社会」高科書店
六本木健志 2002「江戸時代百姓生業の研究—越後魚沼の村の経済生活—」刀水書房
若狭徹 2017「前方後円墳と東国社会」吉川弘文館
若林喜三郎 1984「年々留 銭屋五兵衛日記」法政大学出版局
脇坂俊夫 2004 飛田安兵衛 —長機の製作と播州縞の創始—」西脇市郷土資料館紀要「童子山」第11号 西脇市教育委員会
脇田節子 2003 おばあさんの洗濯「生活学第28冊 衣と風俗の100年」日本生活学会
脇田雅彦 1989 イラクサの伝承〈岐阜県内〉東海民具 10
脇田雅彦 1990 美濃・飛騨 古い着物の素材 山村民俗の会編「住む・着る」エンタプライズ
脇田雅彦 1992 岐阜県内のイラクサについて—美濃・徳山村を中心に— 日本民具学会編「衣生活と民具」雄山閣
脇田雅彦・節子 1996a 美濃国・藤橋村〈元・徳山村〉の靭皮繊維 野生の麻「ミヤマイラクサ」の伝承」月刊染色α 186 染織と生活社
脇田雅彦・節子 1996b 続 美濃国・藤橋村〈元・徳山村〉の靭皮繊維 野生カラムシ〈苧麻〉の伝承」月刊染色α 187 染織と生活社
脇田雅彦 1997 美濃・徳山にみる食生活の推移—塚地区を中心に—」日本民俗学 210
脇田雅彦・節子 1999 ウスタビガのマユの伝承—岐阜県を中心に—」民具マンスリー 370
脇田雅彦 2002 岐阜県のアサの伝承—加工技法を中心に「もの・モノ・物の世界—新たな日本文化論」雄山閣
脇田雅彦 2008 座談会 脇田さん、辿ってきた道を語る「名古屋民俗」56 名古屋民俗研究会
和田晴吾 2015「古墳時代の生産と流通」吉川弘文館
渡辺三省 1971「越後縮布の歴史と技術」小宮山出版
渡邊太祐 2015 中世における漆器製作工程の復元 日本歴史 801
渡部武・順子 2000「アジア文化叢書 西南中国伝統生産工具図録」慶友社
渡辺仁 2000「縄文式階層化社会」六一書房
渡辺史夫 1976「米沢藩の特産業と専売制—青苧・漆蠟・養蚕業—」布忘出版
渡辺史夫 1986「出羽南部の地域史研究」郁文堂書店
渡辺史夫 1990 村山地方における青苧の生産と流通 横山昭男教授還暦記念会編「山形地域史の研究」文献出版
渡辺史夫 1995 近世における最上苧の生産と流通「山形県立博物館研究報告」第16号
渡辺誠 1992 編布の変遷 日本民具学会編「衣生活と民具」雄山閣
渡辺美季 2012「近世琉球と中日関係」吉川弘文館

中国

中国農業化学院麻類研究所主編 1993「中国麻類作物栽培学」農業出版社

台湾

翁立娃・余金虎・李天送・李建國 2001「布農的家―潭南社区文化傳承系列―傳統織布篇　阿媽的織布箱」浩然基金会 台湾台北市

翁立娃 2013 布農織布文化與男子傳統服「LIMA 原住民女性傳統藝術」2013 文化部文化資産局（台湾台中市）

国立台湾工芸研究所 2006「原味原藝　在原郷　花東地区原住民工芸展」

許哲齊 2011 織起　原郷回憶路　専訪泰雅編織藝術家　尤瑪・達陸「国家公園」DEC 2011

順益台湾原住民博物館ガイドブック 2010

馬芬妹 2010 臺灣藍染工藝産業的變遷與新発展 台湾文献第61巻2期　國史館臺湾文献館

馬芬妹 2017 台湾藍染工芸の変遷発展と微型文化産業 会津学研究会例会配布資料

尤瑪・達陸（ユマ・タル）2000「布農族人　経済文化活動之変遷」順益台湾原住民博物館

尤瑪・達陸（ユマ・タル）2017「苧麻産業関連図」台湾苗栗縣泰安郷象鼻村野桐工坊

余金虎・歐陽玉 2002「台湾原住民系列41　神話・祭儀・布農人」晨星出版（台湾台中市）

菅家博昭
Kanke Hiroaki

1959年 福島県生まれ
専業農家（かすみ草・季節の草花の栽培）
会津学研究会　代表
住所：福島県大沼郡昭和村大岐1723

別冊 会津学 *Vol.1*

二〇一八年十一月十五日 発行

発行人 菅家博昭
編　集 奥会津書房
福島県大沼郡三島町宮下中乙田九七九
電　話（〇二四一）五二―三五八〇
ＦＡＸ（〇二四一）五二―三五八一
制　作 エムズオフィス